LOS CHICOS QUE JUEGAN CON FUEGO

IÑIGO AGUAS

LOS CHICOS QUE JUEGAN CON FUEGO

CROSS BOOKS

CROSSBOOKS 2023
crossbooks@planeta.es
www.planetadelibros.com
Editado por Editorial Planeta, S. A.

Avda. Diagonal, 662-664, 08034 Barcelona

Primera edición: marzo de 2023
ISBN: 978-84-08-26919-9
Depósito legal: B. 3137-2023
Impreso en España

El papel utilizado para la impresión de este libro está calificado como papel ecológico y procede de bosques gestionados de manera sostenible.

1

Hacerse famoso, hacerlo sobre la mesa

Sé que no debería estar viendo esto. No está bien que me quede escondido detrás de la puerta mientras Olivia, mi nueva jefa, mantiene relaciones sexuales en su despacho. En mi defensa, debo decir que la puerta estaba entornada y que yo lo único que quería era llegar quince minutos antes el primer día de ensayos para causar una buena impresión. Pensaba que así le demostraría a Olivia lo importante que es para mí esta oportunidad, lo mucho que valoro que ella y el resto del equipo hayan confiado en mí para que interprete a mi personaje.

Quiero ser famoso. Que la gente recuerde mi nombre.

Aunque si algo voy a recodar es este polvo. Y ni siquiera lo estoy echando yo.

Debería irme. Pero los gemidos, la carne desnuda y blanca, y toda esa atracción que nace de aquello que se nos prohíbe ver o escuchar hacen que me quede anclado donde estoy. Me parece muy morboso observar desde mi escondite lo que están haciendo. Tener sexo en un lugar donde en cualquier momento te pueden pillar me parece algo de otro nivel. Y eso que me he ganado cierta fama en mi instituto por ser el que se monta tríos con Liam, mi mejor amigo... No es ningún secreto que a él y a mí nos gusta quedar con chicas que estén dispuestas a follar con los dos a la vez.

Tengo suerte de que ellos aún no hayan reparado en mí.

No tienen ni idea de que uno de los actores que han fichado para la nueva obra, o sea yo, está viéndolo todo.

Olivia, la directora del teatro en el que empiezo a trabajar esta misma tarde, está tumbada sobre su mesa, abierta de piernas. Recuerdo que cuando la conocí en el *casting* me pareció algo estirada. Vestía un traje sofisticado y llevaba el pelo recogido en un moño perfecto. Aquella imagen nada tiene que ver con la que ahora me ofrecen mis ojos. Lo único que lleva puesto es un sujetador morado de encaje y un collar de perlas. El resto de la ropa está esparcida por el suelo.

El collar se agita violentamente sobre su pecho como si fuese a romperse de un momento a otro, porque un tío alto y de una delgadez atlética, mucho más joven que ella, la está agarrando de las piernas mientras se clava una y otra vez en su interior.

—¿Me dejas que te dé más fuerte?

«¿Se puede más fuerte?», pienso yo.

—Hazlo.

Entonces el chico observa a Olivia como si dentro de él se hubiera extendido una fuerza oscura. Su cuerpo comienza a moverse a más velocidad. Todo en él se traduce en movimiento, sudor y respiración.

Y sí, se puede más fuerte. Vaya si se puede. Si no fuera por los gemidos de Olivia, pensaría que él intenta partirla en dos a base de empujones y de hundirse hasta el fondo.

Mi jefa tiene buen gusto. No, no soy gay. Tampoco bi. Pero no hace falta que me gusten los chicos para reconocer que alguien es guapo. Y este de aquí lo es.

Puede que incluso más que mi mejor amigo.

El tío que está penetrando sin piedad a Olivia tiene el pelo muy negro, corto por los lados y más largo por la parte de arriba. Estudio su cara. Cejas finas, mandíbula marcada y unos labios gruesos que se mantienen firmes en una línea recta. No sonríe. Y yo siempre he dicho que para que alguien me parezca atractivo tiene que gustarme su sonrisa. Pero, claro, eso era antes de verlo a él. También ayuda que tenga una tableta de acero, los bíceps marcados y dos buenos pectorales que tiemblan con cada nueva penetración. El sudor que resbala por su cuerpo le otorga un brillo dorado. Tiene muy poco vello, apenas la sombra de una línea oscura que nace por debajo del ombligo. Parece una versión malvada de Hércules, con esa belleza clásica que te hace pensar en libros de historia del arte.

Los músculos de su torso se aprietan cuando se hunde hasta el fondo. Retira brevemente la cadera antes de volver a por más.

Me llevo una mano a mi entrepierna casi de forma inconsciente. Qué rabia tener que conformarme con solo mirar. Porque sí, ser actor es mi sueño, siempre lo ha sido, pero si hay algo que ahora mismo me tienta más es el sexo. La edad y las hormonas, supongo.

Me encantaría estar más cerca de esos cuerpos desnudos. Que me invitasen a unirme y que ese polvo que empezó siendo de dos terminase siendo de tres. Poder hacer con ellos lo que acostumbro a hacer con Liam y la chica de turno que conocemos una noche de fiesta.

Aunque, claro, no sería lo mismo sin mi mejor amigo. La confianza que tenemos Liam y yo se refleja cada vez que compartimos cama con una mujer. Y tenemos normas. Nada de besos ni tocarnos entre nosotros, solo besamos y acariciamos a la chica. Esto hace que el sexo sea fácil y cómodo. Lo que nos gusta de un trío es ver al otro disfrutar. *Ver.* Nunca hemos ido más lejos, por mucho que algunos de nuestros compañeros del instituto de Blacktown piensen que también nos hemos liado entre nosotros. Eso no nos va.

Blacktown termina donde empieza el bosque. Su límite está marcado por una estación de tren abandonada. El pueblo está formado por filas de casitas iguales. El teatro, donde me encuentro ahora, está en la ciudad de al lado. Casi todo está fuera de Blacktown, para ser sincero. Eso nos convierte en esclavos del coche. Aquí todos, cuando cumplimos dieciséis, nos sacamos el carnet. Lo único a destacar de Blacktown son las historias de hombres lobo que se cuentan para asustar a los niños y que estos no se acerquen ni al bosque, ni a la estación de tren abandonada.

Eso... y la canción.

La canción que se escribió en el garaje de una casita de

este pueblo y que convirtió a The Scream en una banda de rock increíblemente famosa. *Todos mis silencios*, así se llama la canción. La gente de fuera empezó a hablar de Blacktown. El nombre del pueblo salía en canales como la MTV, en las noticias y en los periódicos. Fue la primera vez que me sentí orgulloso de ser de aquí, como si haber nacido en el mismo lugar en el que había nacido la canción que les cambiaría la vida a tres personas adultas —personas que, lamentablemente, yo no conocía— me hiciese también especial a mí. Desde entonces supe que quería ser una estrella y brillar como ellos.

Nos pasó un poco a todos. Todos queríamos brillar.

Los lugareños empezaron a mostrar sus dotes artísticas. De pronto, el panadero cantaba ópera. El carnicero pintaba. Mi amiga Beatrice y yo nos empeñamos en que queríamos ser actores. Y descubrí que todo el mundo hacía o se le daba bien algo. The Scream fue lo que nos motivó a encontrar la fuerza para luchar por los sueños. Fue como si el pueblo entero se convirtiese en un pájaro que quería extender sus alas.

Pasaron años.

Ninguno de nosotros lo consiguió.

No salieron nuevas estrellas.

Pero es algo que pienso cambiar.

En la siguiente estocada Olivia gime descaradamente.

—¡Ah! ¡Ah! ¡Aaah!

Está claro que mi nueva jefa está demasiado entretenida ahora mismo como para acordarse de que tiene una responsabilidad que atender como directora de teatro. No tiene pinta de que vayan a interrumpir el polvo. Pero son casi las seis de la tarde, la clase comienza en unos minutos y el resto de la gente estará a punto de llegar. Como no se den prisa, no voy a ser el único espectador. Un recibimiento por todo lo alto.

—Eso es. Así, así... —gruñe el chico.

Los deditos de los pies de Olivia se doblan del gusto. Tiene las piernas completamente separadas para él, ofreciéndole su intimidad y dejándolo entrar a su antojo. Y él lo hace con tanta fuerza que Olivia tiene que agarrarse al borde de la mesa para no saltar por los aires. Algunos papeles se empiezan a caer y dan varios giros antes de llegar al suelo. La madera no deja de crujir. El collar de perlas no va a ser lo único que se rompa como la siga machacando a ese ritmo. Va a desmontar la mesa entera. No creo que aguante mucho más. Y estoy sufriendo por el ordenador que hay en la esquina.

Hay tanto por ver que se me olvida que ellos también pueden verme a mí.

Y entonces ocurre.

El chico se vuelve hacia la puerta y me pilla mirándolos.

—Mierda —maldigo en voz baja.

Me llevo un buen susto, pero, en lugar de gritar, permanezco quieto. Muy quieto. Estoy intentando hacerme invisible.

Él clava sus ojos en los míos. Cada uno es de un color diferente. El ojo derecho es azul claro, el izquierdo marrón miel. Los dos igual de fríos y calculadores.

El corazón me va a mil.

Los siguientes segundos son decisivos. El chico tiene que decidir qué hacer conmigo. Puede insultarme o, en el mejor de los casos, puede simplemente dejarlo pasar y seguir follando.

Opta por lo segundo. No parece tener la intención de chivarse. O eso me parece al ver que sigue moviéndose contra el cuerpo de mi jefa.

Ella, desde su posición, es la única que no puede verme. Tendría que girar el cuerpo completamente.

Él, sin dejar de follar, me taladra con la mirada.

En mi interior crece la extraña necesidad de querer saber su nombre.

Hay algo que no entiendo. Cuando me ha visto, ¿por qué no ha reaccionado como lo haría una persona normal? Debería estar cabreado conmigo por espiarlos y cortarles el rollo. Pero no tiene pinta de que le haya cortado el rollo. Sigue penetrando a Olivia como si nada. Su cara no refleja sorpresa. Y no sé si es porque no le molesta tener público o porque desde el principio sabía que había alguien observándolos tras la puerta del despacho y eso le pone. Aquí cada uno tiene sus propias fantasías.

Noto los pulmones pesados y me obligo a respirar. Estaba reteniendo el aire en el pecho, procurando no hacer ni un solo ruido. Apoyo mi mano con cuidado en el marco de la puerta.

No puedo apartar la mirada de sus ojos.

Tan diferentes. Tan salvajes. Tan masculinos.

Creo que nunca me había pasado esto antes con un chico, lo de no poder apartar la mirada. Cada vez estoy más seguro de que solo se debe a su heterocromía. Son unos ojos tan interesantes que resulta difícil no seguir pegado a ellos.

Él no me gusta. Sus ojos sí.

Lo único que hace que no me sienta un acosador es que él tampoco deja de mirar mis ojos, a pesar de que los míos son marrones y no tienen nada de especial. Por eso me sorprende que se quede mirándolos como si hubiese descubierto algo importante. Después su mirada cambia y me observa con lujuria. Aunque se mantiene serio, sus pupilas se dilatan. Eso me descoloca. Me desconcierta, la verdad. Tengo la sensación de que disfruta con mi presencia, como si hubiese decidido convertirlo en nuestro secreto.

—¿Qué pasa? —pregunta Olivia, con el collar de perlas agitándose sobre su pecho.

Él rompe el contacto visual conmigo y se vuelve hacia mi jefa.

—Nada. Me había parecido ver a alguien.

—La puerta —comenta alarmada—. Dime que hemos cerrado la puerta.

—Tranquila. —La coge del cuello con la mano derecha y se hunde en su interior—. Tú solo disfruta.

Después se mueve más rápido.

Ella le rodea la espalda con las piernas.

Él la embiste hasta llevarla al orgasmo.

Tardan un minuto en recuperar el aliento. Están sudorosos. Y las preguntas rondan por mi cabeza como polillas. La primera, ¿de dónde ha salido este chico?; la segunda, ¿de qué conoce a mi jefa? De Olivia recuerdo haberme fijado en su anillo de casada. La diferencia de edad entre ellos dos salta a la vista. Él no tendrá más de dieciocho y ella aparenta tener quince años más.

No, no están juntos. Es imposible que sea su marido.

Llegar a esa conclusión me tranquiliza de una forma que me sorprende. ¿A mí qué me importa si están juntos o no?

—¿Qué hora es? —pregunta Olivia incorporándose.

Ahora sí, doy un paso atrás y me escondo por completo detrás de la puerta.

—Las seis menos tres minutos —oigo que responde el chico.

—¡El ensayo! —exclama sobresaltada—. ¡Mierda, mierda, mierda! ¿Dónde está mi ropa? Pásame la blusa. Y tú vístete también.

Me escabullo por el pasillo. Cuando ya me he alejado lo suficiente, me apresuro hacia la sala de producción. Allí me encuentro con el director de escena, los productores y mi amiga Beatrice. Me presenté con ella al *casting*. Primero saludo al equipo, después Beatrice me da un fuerte abrazo y me susurra al oído lo ilusionada que está con este proyecto. Sonrío y le beso la mejilla. Vamos juntos al instituto y somos del mismo grupo de amigos. Los dos soñamos con convertirnos en estrellas del cine. Hacer grandes cosas. Comernos el mundo.

Olivia llega a tiempo, aunque con la blusa metida de cualquier forma por dentro de los pantalones y algo despeinada. Se atusa el pelo con disimulo y carraspea antes de hablar.

—Beatrice, Nate, bienvenidos.

—Gracias —respondemos a la vez.

—Para nosotros es un honor que forméis parte de la obra.

Beatrice va a hacer de Anna Karenina. Yo seré Aleksey Aleksándrovich, el hombre con el que ella está casada.

—Sois muy jóvenes —continúa Olivia, mirándonos alternativamente— y entiendo que esta es una gran oportunidad que no podéis desaprovechar. Por eso quiero que os lo toméis en serio.

Asentimos con la cabeza.

—Bien. —Olivia sonríe y señala detrás de mí—. Beatrice, Nate, os presento a vuestro compañero de reparto, Marc. Los tres seréis los protagonistas de esta obra. Él será quien interprete a Vronsky.

Me vuelvo y choco con unos ojos que ya he visto antes.

2
Sus ojos

«Marc.»

Al principio ese nombre no me ha dicho nada, aunque descubrir quién es ha sido suficiente para provocarme un escalofrío que me ha sacudido de arriba abajo.

El chico de antes.

El de la mirada hipnótica.

El que folla como un animal.

Se me hace raro verlo con tanta ropa. Pantalones negros y ajustados y un jersey del mismo color con una camiseta blanca debajo. Ambos fingimos que no nos hemos visto hace unos minutos, aunque siento calor al recordar cómo empujaba su cadera para clavarse dentro de Olivia. El sonido seco y constante, los gemidos... Las imágenes de su cuerpo empapado de sudor pasan por mi mente como un fogonazo. No me puedo creer que ahora ese chico esté aquí, que lo tenga delante y que vaya a trabajar con él. Beatrice va a flipar cuando se lo cuente.

Trago saliva y me espabilo. Mi amiga ya se ha presentado y yo sigo sin decir nada.

—Hola —saludo a Marc y le tiendo la mano.

Él la mira dos o tres segundos, quieto, pensándose si debería o no tocarme. Al final lo hace. Extiende el brazo y su mano se acopla a la mía. Estar en contacto con su piel hace que un cosquilleo se extienda a lo largo de mi brazo derecho.

Noto las mejillas sonrojadas.

No sé si es solo cosa mía o si él también lo siente. Esa conexión que nace de compartir un secreto con alguien, un secreto algo turbio. En realidad, no sabemos nada uno del otro. Él sigue siendo un completo desconocido para mí y yo para él.

—Hola —responde.

Después de dar un suave apretón retira su mano. Aunque no su mirada, que se queda fija en la mía.

De cerca, el azul de su iris derecho es todavía más claro. Lo mismo le pasa con el marrón miel del izquierdo. Sus ojos son brillantes, diferentes. Quizá por eso imponen. O quizá sea por la manera en la que me mira. Nunca nadie lo había hecho con tanta intensidad.

Es como... como si quisiera estar dentro de mí.

Vale, eso ha sonado fatal.

—Encantado de conocerte...

«Con ropa», iba a añadir, pero atino a morderme la lengua y terminar la frase antes.

Meto mi mano en el bolsillo derecho. El cosquilleo que me recorre la piel desde que sus dedos me han tocado se deshace como un hechizo que pierde fuerza.

—Igualmente, Nate.

Me gusta como suena mi nombre en su voz.

Intento mantenerme serio a pesar de tener ganas de sonreír. Ni siquiera sé por qué tengo ganas de sonreír de repente, pero debo mostrar una actitud madura y profesional delante del equipo. Todos confían en mí para interpretar a Aleksey Aleksándrovich. Voy a demostrarles que no se equivocaron al escogerme entre los cientos de candidatos que se presentaron a la audición. La obra es un movimiento de la productora que tiene como objetivo buscar jóvenes talentos anónimos y potenciar la cultura en los pueblos pequeños. Se estrenará el año que viene, concretamente, el 9 de febrero. Solo buscaban tres actores: dos chicos y una chica. ¿Por qué solo tres? Porque la idea es contar la historia de amor prohibido entre Anna Karenina y Vronsky de la forma más minimalista e íntima posible. Esa es la versión oficial. Los rumores dicen que este es el primer proyecto en el que Olivia ocupa el puesto de directora y que la productora no quería arriesgarse dándole un presupuesto alto por si luego la cosa no funcionaba.

Muchos de los chicos con los que competía por el papel eran de mi instituto. No todos los días se buscan talentos desconocidos cerca de casa, así que bastante gente quiso probar suerte. En un pueblecito como Blacktown, donde nunca ocurre nada desde lo de The Scream y que está tan cerca de Nueva York, si un día te dicen que en la ciudad de al lado están buscando tres jóvenes actores para una obra de teatro, lo primero que piensas es que, si te cogen, lo siguiente será que un cazatalentos te vea actuar y termines dando el salto al cine. Parece imposible, pero ¿quién no ha soñado alguna vez con ser una estrella?

Solo conozco a una persona a la que nunca le ha interesado ser famoso: Liam. Y, contradictoriamente, ser el chico más guapo del instituto te convierte de forma automática en uno de los más populares.

Fuimos muchos los que probamos suerte haciendo el *casting*, pero ninguno lo deseaba tanto como Beatrice y yo. Estábamos obsesionados. Liam se metía con nosotros cada vez que tenía oportunidad.

—Seguidme —nos pide Olivia, con un tono firme que no se parece en nada a la voz chillona que le salía cuando estaba a punto de correrse.

Nos enseña todas las instalaciones y deja su despacho para el final. Los folios que estaban desperdigados por el suelo forman ahora una pequeña torre de papel sobre la mesa. La ventana está en cuña y el aire fresco que entra ventila la habitación.

—Si no me encontráis aquí, tenéis mi número. Llamadme y seré toda vuestra —dice Olivia mirando a Marc sin demasiado disimulo, o eso me parece.

—Perfecto —responde él, antes de que Beatrice y yo abramos la boca.

El cruce de miradas cómplices que se dedican hace evidente que van a pasar muchas horas juntos en ese despacho.

Beatrice me hace señas con los ojos, después los fija en el culo de Marc, que está de espaldas a nosotros, y vuelve a mirarme mordiéndose el labio para no sonreír. La muy cabrona. Pongo los ojos en blanco y finjo que no me he fijado yo también en lo apretado que le queda el pantalón.

Ella se ríe. Siempre que Beatrice ve a un chico que le parece «follable» no duda en hacérnoslo saber a todos: a Liam, a Melody y a mí.

Beatrice y yo fuimos novios en el primer año de instituto y duró solo un par de meses. Luego nos dimos cuenta de que no estábamos hechos para tener una relación romántica. Desde entonces se ha convertido en una de mis mejores amigas. La complicidad y confianza que tengo con ella es un punto a nuestro favor a la hora de trabajar con las emociones de los personajes. Lo que no sé es cómo voy a conseguir sentirme igual de cómodo ensayando junto a Marc. Él no tiene la culpa, pero no dejo de imaginármelo teniendo sexo con Olivia sobre la mesa del despacho.

Intento no mirarlo de nuevo.

El móvil de Olivia suena dentro de su bolso.

—¿Sí? —responde al tercer tono—. ¿Ya estás aquí? Vale. Les estaba enseñando mi despacho. Genial. Pues aquí te esperamos, cariño.

Cuelga, lo vuelve a guardar y cierra la cremallera.

—Mi marido —nos anuncia.

Marc traga saliva. Está a punto de conocer al marido de la mujer a la que se está follando. No me gustaría estar en su pellejo.

Pienso otra vez en mi jefa gimiendo como una loca y me río por lo bajo. Es una risita casi imperceptible, pero noto los ojos de Marc clavados en mí incluso antes de alzar la vista. Su expresión es dura, ahora sí parece enfadado conmigo. Espero que no haya pensado que me estaba riendo de él. Tampoco me da tiempo a preocuparme, porque justo entonces, un hombre de estatura media, con una generosa nariz, el pelo blanquísimo y un barrigón que parece llegar a los sitios antes que él, se acerca con aire despreocupado.

Casi me da un infarto al reconocerlo.

No. Puede. Ser.

—Charlie Day —se le escapa a Beatrice, alucinada.

Los dos nos quedamos con la boca abierta.

Charlie Day es uno de los directores de cine más prestigiosos de Hollywood. Este hombre te puede cambiar la vida si quiere. Participar en una de sus películas te catapulta a la fama. No me puedo creer que de verdad sea el marido de mi jefa. Aunque lo cierto es que nunca habla de su vida privada. He visto mil entrevistas de Charlie Day. Este año lo han nominado a los Oscar y a los Globos de Oro. Y ahora está aquí. En el teatro. Con nosotros. Es él de verdad, de carne y hueso.

—Así que vosotros sois los que lleváis el peso de la obra —comenta nada más llegar. Nos mira uno a uno y sonríe.

Olivia se pone a hablar con él. Ni siquiera estoy atento a la conversación, lo único en lo que puedo pensar es que Charlie Day sabe mi nombre.

No se queda más que un par de minutos, hasta que alguien lo llama por teléfono y nos dice que tiene que volver al trabajo.

—Chicos, vendré a veros actuar el día del estreno.

Es mi oportunidad. Miro a Beatrice y sé que está pensando lo mismo que yo.

El señor Day nos desea suerte con la obra y se despide de nosotros.

—A la sala de ensayos —nos pide Olivia, y los tres la seguimos por el pasillo.

Beatrice y yo comentamos con emoción lo que acaba de pasar.

—Casi me hago pis cuando lo he visto —dice mi amiga—. Nate, ¿te imaginas que nos ve en el estreno y me coge para ser la próxima prota? —Aplaude entusiasmada—. Mejor aún, ¿te imaginas que nos coge a los dos?

—¡Sería increíble!

Empezamos a fantasear y a soñar a lo grande. Charlie Day se enamorará de nuestra actuación, nos ofrecerá salir en su próxima película, y mi amiga y yo nos haremos ricos y famosos. ¡Famosos! Nos ponemos a saltar como idiotas con una alegría infantil, pero entonces nos llega la risa amarga de Marc, que se ríe y se gira hacia nosotros. Niega con la cabeza y nos mira como si estuviera a punto de decirnos que ya somos muy mayores para no saber que los Reyes Magos son los padres:

—Ya, claro. ¿Y qué más?

Desde que nos ha escuchado a Beatrice y a mí decir que es nuestra oportunidad para convertirnos en estrellas le ha cambiado la cara.

Y yo, que no me callo ni una, le suelto:

—¿Qué problema tienes?

—Parecéis dos críos en un parque de atracciones.

—¿Qué pasa? ¿Tus padres no te llevaron a ninguno de pequeño?

Olivia nos lanza una mirada de advertencia a los tres, sin dejar de caminar.

—Parece que a alguien le molestan los sueños de otros —dice Beatrice por lo bajini—. Eso, o que lleva un tiempo sin follar y está amargado.

Si ella supiera...

Marc debe de tener un oído supersónico, porque lo escucha. Y le contesta, claro.

—Me molestan las tonterías que llega a decir la gente.

—¿Y por qué te parecen tonterías? —pregunto yo.

—¿De verdad pensáis que tenéis alguna posibilidad?

—Alguna que otra más que tú, sí.

Beatrice no sabe por qué lo he dicho, pero Marc lo entiende a la primera. Supongo que por eso le escuece tanto. No le ha tenido que hacer ninguna gracia enterarse de que el hombre al que Olivia le pone los cuernos es el mismísimo Charlie Day. Lo que para nosotros es una oportunidad, para él es una putada enorme. Si el señor Day se entera de que Marc se está follando a su mujer, podría vetarlo en la industria del cine antes incluso de empezar su carrera como actor. Teniendo esa información privada y tan comprometida suya, no puedo evitar sonreír con cierta malicia y pensar que, de alguna forma, ya he ganado. Juego con ventaja. Y, sinceramente, después de cómo nos ha cortado el rollo a Beatrice y a mí..., que se joda.

Entramos en la sala de ensayos. Las paredes son blancas y tiene dos grandes ventanales por los que entra mucha luz natural. Cuatro sillas de plástico forman un pequeño círculo en medio de la sala.

—Chicos, concentración. Vamos a ensayar la primera escena.

Beatrice y yo nos sentamos juntos. Marc escoge la silla que queda frente a mí. Se deja caer sobre el asiento con las piernas extendidas. Tiene las piernas kilométricas, así que las puntas de sus deportivas casi rozan mis zapatos.

Olivia nos reparte a cada uno un taco de folios. Es el guion. Lo abro por la primera página.

—Bien. Os doy un minuto para que os metáis en la piel de vuestro personaje, ¿vale? Quiero seriedad. El tiempo es oro.

Leo en mi cabeza las primeras líneas del diálogo. Quiero hacerlo bien, esto es importante para mí. Intento concentrarme y sentir que dejo de ser yo y me convierto en mi personaje. El señor Aleksey Aleksándrovich. Llevo medio minuto en silencio cuando alguien me da una patadita. Miro inmediatamente a Marc. Sé que ha sido él. Parece muy concentrado en su guion, así que doy por hecho que ha sido sin querer y sigo a lo mío.

Otra patadita.

No habrán pasado ni cinco segundos. Hago acopio de una paciencia que no tengo, porque soy una persona muy nerviosa, y lo dejo pasar.

Otra patadita.

Es la tercera. Dos vale, pero tres no.

Carraspeo, dejo el guion y le planto cara.

—Marc.

—¿Mmm?

Pone cara de falsa inocencia, fingiendo que no sabe lo que le voy a decir.

Beatrice y Olivia también me miran y me siento un poco cohibido, no por mi amiga, sino por mi jefa, porque es evidente que no le hace demasiada gracia mi interrupción.

—Nada. Que me estás dando pataditas y..., bueno, eso. Que pares.

—¿Yooo?

«No, tú no, mi prima que está en el pueblo. No te jode.»

—Sí. Con la zapatilla. —Por si es tonto y necesita que se lo expliquen todo.

—Yo a ti no te he tocado —lo dice como si le diese asco y frunciendo mucho el ceño—. Y me acabas de sacar de mi personaje. Ahora voy a tener que volver a empezar de cero por tu culpa.

Voy a replicar, pero Olivia me regaña.

—¿Podemos dejar de perder el tiempo y seguir repasando el guion?

Lo que más me jode es ver a Marc con una sonrisa burlona pegada a los labios. Se ha salido con la suya. Parece un niño que quiere chinchar a otro porque se aburre y no tiene con quién jugar. Pues si se aburre, que juegue con Olivia a profesora y alumno en el despacho, pero a mí que me deje en paz.

Cuando Olivia nos dice que ya ha pasado un minuto ensayamos la escena. Me siento incómodo trabajando con Marc. Y ya no es por el encontronazo de antes ni porque me lo imagine en el despacho haciendo *eso*. Son sus ojos. A ver, sé que suena ridículo, pero sus ojos me fulminan cada vez que chocan con los míos y así es imposible seguir bien el texto. Es como intentar comer en un restaurante teniendo a una persona que te está mirando fijamente todo el rato para que levantes el culo y poder quedarse con tu mesa. Incómodo de cojones.

Al final me equivoco varias veces leyendo una frase que no me tocaba. Beatrice intenta echarme un cable y me señala con el dedo la línea por la que vamos, pero Marc no deja de provocarme dándome pataditas sin que Olivia se dé cuenta, y cuando llega mi turno vuelvo a leer la frase de otro. Sobra decir que tampoco consigo hacer una buena interpretación y que Olivia se muestra disgustada conmigo.

—¿Nate? ¿Puedes hacer el favor de tomarte esto en serio?

No quiero decepcionarla. A ella no. Es la mujer de Charlie Day.

—Sí, perdón.

Me empiezan a sudar las manos. Encima necesito ir al baño urgentemente. Vamos, que todo mal.

Beatrice me mira preocupada. Y Marc sigue con su sonrisa de cabrón, sentado en la silla de cualquier manera. Disfruta viendo lo fácil que le resulta desconcentrarme y hacerme sufrir. Y no lo entiendo. Se supone que somos compañeros, no rivales. Entonces, ¿por qué no deja de mirarme como si ahora le cayera fatal si cuando lo he pillado montándoselo con la jefa parecía estar encantado de tenerme de espectador? ¿Qué ha pasado? ¿Es por la discusión de antes? Como sea por eso, que ha sido una auténtica gilipollez, además de una mosca cojonera, es un rencoroso.

—Vale. Repetimos desde el principio.

Lo único que me sirve de consuelo es que si hay alguien que actúa mal de verdad... ese es Marc.

Yo reconozco que no es mi mejor día, pero lo de él no hay por dónde cogerlo.

Olivia no le dice nada, aunque, claro, ¿qué le va a decir si es evidente que lo ha metido en la obra porque se lo está follando?

Beatrice me dedica una mirada y no necesito más para saber lo que piensa: «es un desastre». Se está aguantando la risa y yo aprieto los labios para no sonreír, porque tampoco quiero parecer otro rencoroso como Marc, aunque debo reconocer que en lo más profundo de mi interior llevo un Nelson de *Los Simpson* en miniatura que lo señala con su dedo amarillo y se ríe de él en su cara: «Jaaa, jaaa».

3
Una situación incómoda

Me encierro en un cubículo y reviso los mensajes que tengo sin leer para distraerme y no pensar que estoy en el baño del teatro en lugar de en el de mi casa.

Estoy viendo un *tiktok* cuando la puerta se abre de golpe y oigo la voz de la última persona que me apetece tener cerca.

—¿Nate?

Marc me va a ganar a inoportuno, porque hay que tener pocas luces para querer entablar una conversación con alguien que ha salido corriendo del ensayo y se ha encerrado en el servicio.

—Nate, sé que estás aquí.

Su voz llena todo el espacio. Maldita acústica de los baños públicos.

—¿Podemos hablar? —insiste.

No respondo. A ver si así se va.

—Creo que hemos empezado con mal pie. No quiero que te lleves una mala impresión de mí y quería pedirte perdón por haberte molestado antes.

Pues no tiene pinta de que vaya a irse, no.

—¿Hola? ¿Nate?

Silencio.

«Vete, vete, vete.»

—¿Sabes que es de mala educación no responder? —pregunta con chulería, porque al parecer también tiene poca paciencia. Igual que yo.

—Estoy cagando.

—Ah.

—Sí. Si no te importa...

Me quedo esperando su contestación mirando la puerta.

—No, no me importa, tranquilo. Todos cagamos.

¿Que qué? Cierro los ojos y resoplo.

—Me refiero a si no te importa irte. Así no puedo cagar.

—Yo también quiero mear —dice, seco.

Me paso las manos por la cara.

—Vale, pues mea y vete.

Escucho una cremallera, y, sin que se le corte el chorro, sigue hablando como si nada.

—Cuando Olivia nos ha presentado a Charlie Day... parecía que te hacía gracia la situación. Que me haya acostado con su mujer. Porque sabes que si él se entera estoy jodido.

—Ni siquiera me he reído —digo al final.

—Sí que te has reído.

—Pero eso ha sido antes de lo de Charlie Day. Me he reído cuando Olivia nos ha enseñado el despacho porque me he acordado de lo que estabais haciendo antes ahí.

Marc vacila un momento hasta que me vuelve a llegar su voz desde el otro lado de la puerta.

—Bueno, pues yo pensaba que era por lo otro. Y no me ha hecho gracia, Nate, no me ha hecho nada de gracia. Por eso luego...

—... te has puesto a darme pataditas cuando estábamos ensayando.

—Sí.

—Ya. Muy maduro por tu parte —le echo en cara.

—Tendrás morro... Tú te has reído porque te has acordado de que hace un rato nos has visto follando sobre la mesa del escritorio. ¿Eso te parece ser maduro?

Tiene razón, pero no se la voy a dar. Y como no sé qué responder me quedo callado.

Sigo dentro del cubículo. Oigo que él tira de la cadera.

—Aun así, se te veía contento por la situación —dice, como si no se fiase del todo.

—Si estaba tan contento era porque Charlie Day nos ha dicho a los tres que va a venir a vernos, no por el lío en el que te puedas meter tú.

—Ah. Vale. Tiene sentido.

Esta vez los dos nos quedamos callados. Yo en la taza esperando a que se vaya para poder terminar lo que he venido a hacer, y él... él parece que mucha prisa no tiene. No quiero cagar con Marc a tan pocos metros, sé que es algo infantil por mi parte y que el servicio es para lo que es, pero me da vergüenza.

—¿Has terminado de mear? —gruño.

—Eh... sí —se oye desde el otro lado.

—Pues vete.

—Me podré lavar las manos, ¿no? —responde a la defensiva.

Seguro que nunca se las lava y solo lo hace por joder.

—Ah. Que ahora te lavas las manos —le digo con los ojos clavados en la puerta.

—Claro que me lavo las manos. ¿Por qué lo dices?

—Porque después de follar con Olivia has venido directo a la salita en la que estábamos todos.

—Es diferente.

—Es asqueroso, Marc.

—No tienes ni idea de cómo funciona el sexo.

—Si tú lo dices...

—Se nota que eres un crío y que te queda mucho por aprender.

—Tú en cambio eres un experto. Un *Kama Sutra* con patas. No te jode.

—Me defiendo bastante bien, ¿no te parece? —Y acompaña sus palabras con una risita suave que resuena por las paredes del servicio.

—¿Me lo preguntas a mí?

—Hombre, te lo pregunto a ti porque lo has podido ver en primera línea.

Noto las mejillas calientes.

—¡Eres un creído! —le grito a la puerta, para que sepa que a mí no me hace ninguna gracia.

—Y tú un puto mirón.

—Tampoco te has quejado. Se te veía cómodo teniendo a otra persona viéndote marcar pectorales y tableta.

Eso último no debería haberlo dicho en voz alta. Marc no tenía por qué saber que me he fijado en lo cachas que está. Me tapo la cara con las manos, muerto de vergüenza. Menos mal que no me ve.

—¿Perdón? —dice él.

Intento que mi voz salga lo más despreocupada posible.

—Que estás encantado de conocerte a ti mismo, Marc.

—Y no muy contento de haberte conocido a ti.

—A mí tampoco es que me hayas caído de puta madre si es lo que te preocupa.

—No me preocupa —dice con desprecio.

—Bien.

—Bien.

Nos quedamos callados. Cruzo los brazos por encima del pecho. Y luego oigo que dice:

—Me hacía gracia verte con la boca abierta. Ahí estabas tú, asomando la cabeza para espiarnos a Olivia y a mí. Joder..., se te caía la baba.

—Y una polla —replico con las mejillas ardiendo.

Porque sí estaba espiándolos, pero *no* se me caía la baba.

—Igual es lo que necesitas para estar calladito.

—¿Eh?

—Que te metan una polla en la boca. Igual es lo que te hace falta.

Pego un salto. ¿Cómo puede ser tan capullo de decirme algo así a la cara?

Bueno, a la cara no, porque ninguno de los dos ve al otro. La puerta de madera nos separa para que no lleguemos a las manos. Aunque yo, de chungo, poco. Como mucho le habría hecho una peineta. Pero me da rabia que Marc, sin conocerme de nada, me juzgue de esa forma. Que me diga que no tengo ni idea de sexo. Que soy un puto mirón. Que necesito que me metan una polla en la boca para estar calladito.

Con lo último se ha pasado.

Se ha pasado muchísimo.

—¡¿Qué acabas de decir?!

—Paso de seguir hablándole a una puerta.

Me pellizco el puente de la nariz y cuento hasta diez para no echar la puerta abajo de una patada.

Oigo unos pasos. Pulsa el grifo. El sonido del agua. Se termina y lo vuelve a presionar para seguir lavándose las manos.

—¿Te falta mucho? —Me impaciento—. Joder, venga, date prisa.

—Me falta lo que me tenga que faltar.

—Eres insufrible.

—Y solo nos quedan cinco maravillosos meses por delante —dice burlón, justo antes de echarse a reír.

«Respira, cuenta hasta tres, respira, vuelve a contar, respira.»

Marc tarda una barbaridad, así que al final acabo como puedo y me limpio. Porque la vergüenza que me estaba dando la situación se ha transformado en rabia, y la rabia no me deja pensar con claridad. Me ha puesto demasiado nervioso y, de repente, mi única prioridad es estar frente a él para poder gritarle, mirándole a los ojos, que deje de reírse de mí de una puta vez.

Y por eso ahora no hay ninguna puerta de madera que se interponga entre él y yo.

Entre Marc... y mis partes íntimas.

Sí. Con las prisas no me subido ni los calzoncillos ni los pantalones.

Ahora él, de momento, no se ríe. Tiene los ojos abiertos como platos porque está viendo que me vuelvo a dejar caer sobre la taza con la cara roja y los pantalones bajados hasta los tobillos. Me mira descolocado, sus cejas suben y se confunden con los mechones negros y desordenados que le caen por la frente. Aprieta los labios de una forma un tanto extraña, como si se hubiese quedado congelado justo antes de romper a reír de nuevo. Y reconozco que si la situación hubiera sido otra seguramente me habría dado por reírme yo con él. Me imaginaba a Marc con una expresión permanentemente seria y altiva, no esperaba esta nueva versión en la que su expresión facial es tan cómica que se acerca a la de los Teleñecos. Claro que el motivo de su reacción tan cómica soy yo... y mi circunstancia.

Por eso mi mirada cambia del enfado al susto, porque me doy cuenta de lo que acabo de hacer, de la pinta que tengo y de lo humillante que es que un chico al que no conozco y con el que desde hoy empiezo a trabajar se lleve esta imagen de mí.

Cierro la puerta con el corazón golpeándome fuerte en el pecho.

¿Por qué no puedo dejar de hacer el ridículo?

—Mierda —maldigo para mí mismo.

—Sobre todo mierda.

—¡Cállate!

Se ríe y yo me tapo la cara con las manos. Aunque es una tontería que me tape, Marc no me puede ver y en realidad ya ha visto casi todo.

—Joder, ¡sal de aquí! ¿Es que no piensas dejarme nunca en paz? Primero lo del guion y ahora esto. Empiezo a creer que te gusto —lo último lo digo sin pensar y me arrepiento al instante.

—Es tu olor, que me vuelve loco —dice socarrón.

—Vete a la... ¡Agh! ¡¡Que te den!!

Por supuesto, le da un ataque de risa y se marcha, mientras yo me quedo con los pantalones bajados y con cara de idiota, después de que me haya visto en la versión más antimorbo que se pueda imaginar.

4
Beatrice tiene alas

Nunca me las he dado de persona guay. De hecho, estoy convencido de que en otra vida, una en la que Liam no fuera mi mejor amigo, habría sido un pringado. Me gusta la soledad, soy algo torpe, sobre todo si me pongo nervioso, y un poco tímido al principio, hasta que cojo confianza. Físicamente soy normal. Ni feo ni guapo, un chico mono. Mono sin tirar cohetes.

Pero tener a Liam pegado a mí hace, como a mí me gusta llamarlo, de efecto animadora.

El efecto animadora es cuando ves a un chico normalito con una rubia que parece recién salida de desfilar para Victoria's Secret. Entonces vuelves a mirar al chico y oyes una vocecita en tu interior que dice «algo tendrá para estar con una chica así» o «seguro que es un tío estupendo», porque no contemplamos la posibilidad de que en realidad el tío pueda ser imbécil y estar con una rubia de revista, y mucho menos que la tía encima sea inteligente y encantadora. O el pensamiento que nunca falla: «Seguro que la tiene enorme».

Sea como sea, nuestra mente busca la forma de hacer que el feo de la pareja escale posiciones para encontrar una explicación lógica a que los dos estén juntos.

Con Liam me pasa un poco eso, que en el insti me ven con él de aquí para allá, luego salimos de fiesta y terminamos follando con esta y con la otra. La gente se entera, y a la gente le encanta hablar, sobre todo cuando se trata de sexo y nos pilla a todos en una edad tan mala. Y al final todo el mundo empieza a verme de otra forma, quizá no como un *fuckboy* —menos mal y gracias, porque, sinceramente, qué pereza—, pero sí como si todos hubiesen encontrado una razón de peso para verme tan unido a Liam. Razón que no se molestan en buscar en las personas con un físico como el suyo, que cumple con el canon de belleza porque es algo que le ha venido de fábrica.

Entonces la rueda se pone en marcha. Y gira y gira y gira:

«Es que Nate también tiene su punto.»

«A mí me han dicho que tiene un pollón.»

«Debe de ser un máquina en la cama.»

Son frases que he escuchado por los pasillos.

Lo que yo decía: efecto animadora.

No es fácil escapar de los prejuicios, porque nos han educado así. Luego nos venden el cuento de que hay que quererse mucho y que la belleza está en el interior, pero todos sabemos que la Bestia era un príncipe buenorro antes de convertirse en esa cosa de dientes y pelo. Y vale que Bella no sabía que estaba delante de un muñequito Ken, pero sí que sabía, desde el principio, que el tío tenía un puto castillo y que estaba forrado. Lo mismo Bella solo buscaba un *sugar daddy* y no tenía un pelo de tonta.

La que tampoco tiene un pelo de tonta es Beatrice.

Mi Beatrice.

Reconozco que siento debilidad por ella.

Su historia no fue precisamente un cuento de hadas. Pero se enamoró hasta las trancas y vivió el amor de una forma tan intensa, pura y real que solo por eso, y a pesar de lo que le ocurrió después a ese chico, que la destrozó por completo, mereció la pena.

Beatrice, la chica con cara angelical que cantaba en el coro de la iglesia todos los domingos, la que sacaba buenas notas e iba con uniforme a clase —falda gris por debajo de las rodillas y camiseta de manga larga del mismo color, a pesar de que en su colegio no había código de vestimenta, lo cual era una excusa más para meterse con ella—, pasó de que sus compañeros la llamasen monja o sor Beatrice a que la llamasen puta.

Fue por besar con lengua a un chico que le sacaba diez años en la puerta del cole.

El chico en cuestión iba con una camiseta de tirantes negra, pantalones cortos con agujeros, los brazos llenos de tatuajes y *piercings* en las orejas y la nariz. El pelo rapado al cero por los lados y por arriba una cresta horrible que se había teñido de rojo fosforito. Parecía un demonio. Se llamaba Noah. Beatrice estaba encantada con él. Representaba todo lo que a ojos de sus padres estaba mal: un chico con unas pintas horribles, sin estudios y con un dudoso futuro por delante. Le entraba la risa al pensar en la cara que pondrían sus padres si los vieran juntos. Les habría dado un infarto.

Y también le divertía comprobar que todas esas compañeras que la llamaban puta mojaban las bragas cuando veían aparecer a Noah subido en su enorme moto. Aparcaba frente a la puerta del colegio y le tendía el casco a una sonriente Beatrice, que no dudaba en remangarse la falda hasta la cintura para poder subirse a la moto de un salto. Le daba igual enseñar las bragas. Después sonaba el rugido del motor. Entonces ella entrelazaba los dedos sobre el estómago de Noah y apoyaba la cabeza en su espalda con la cara vuelta hacia el colegio, donde estaban todas sus compañeras mirándola muertas de envidia.

—Me sentía la protagonista de una peli —dijo.

Lo cierto es que Beatrice podría haberse sentido pequeña e insegura por culpa del *bullying*, pero le sucedió todo lo contrario. Nunca le importó la opinión de la gente y, cuanto más la llamaban puta, ella se sentía un poco más libre y más suya.

—Ser la mala del cuento tiene sus ventajas —me explicó una vez—. Cuando todos te llaman puta ya no puedes caer más bajo, y si ya no puedes caer más bajo puedes hacer lo que te dé la gana. Te pongo un ejemplo. En mi colegio la gente estaba obsesionada con las apariencias. A esa edad tu mundo entero se resume en ser de los populares o los marginados, y nadie quiere pertenecer al segundo grupo. Pero si tus padres no tienen dinero para comprarte unas zapatillas nuevas, los niños se ríen de ti y tú tienes que buscar la forma de defenderte para no acabar siendo un marginado. Vamos, que todos antes o después se construían una máscara.

Y no pude estar más de acuerdo con ella. A mí el colegio me parecía una jungla. Liam me enseñó a defenderme para que los niños no se metieran conmigo.

—Mi ventaja —continuó Beatrice— era que, como para ellos yo solo era la puta del cole, les daba igual si la ropa que tenía en mi armario era de marca, si me crecían mucho las tetas o si me ponía gorda como una foca.

—Así que decidiste ser cien por cien tú.

—Sí. Yo iba todos los días con uniforme a clase, pero era la única que no llevaba puesto un disfraz.

Sonreí porque me la imaginé subida en la moto de Noah, con su falda gris flotando en el aire, como una Marilyn Monroe moderna dándose a la fuga.

—Me hubiese gustado conocerte a esa edad. A ti y a Melody.

—Melody iba a mi colegio, pero no a mi clase. Aún no éramos amigas, aunque me sonaba de verla por los pasillos y en el recreo. Era un poco como yo con el tema de la ropa. También tenía su propio uniforme.

—Porque siempre iba de negro —adivino.

—Sí, exactamente igual que ahora. Lo único que ha cambiado es que ahora también lleva los labios pintados de negro y la sombra de ojos.

—Cuando empecé el instituto, la primera impresión que me llevé de Melody fue: «Seguro que la chica emo se corta y es una antisocial». Me daba un poco de miedo —le confesé a Beatrice bajando la voz, porque no me sentía orgulloso—. Y luego, ya ves, es la que tiene más cabeza de los cuatro.

—Sí. Luego la conoces y es todo amor y bondad.

—Es que por dentro es un peluchito blandito y rosa.

Beatrice y yo compartimos una sonrisa de ternura pensando en Melody.

—Joder, en serio, ojalá os hubiera conocido antes —le dije.

—¿Sabes? Creo que cada persona que llega a tu vida lo

hace para enseñarte algo. En ese momento yo necesitaba conocer a Noah. Él me enseñó a volar.

Se quedó mirando a la nada, haciendo un viaje en moto al pasado, y volvió a hablarme de ese chico al que yo no había visto ni en fotos.

—Cuando íbamos por la carretera me quedaba embobada viendo sus brazos llenos de tinta. El dragón chino que se enroscaba desde el hombro hasta la muñeca, las frases de libros que había leído y que con el paso de los meses se iban haciendo más borrosas, la sirena que buceaba en su antebrazo... Todos eran especiales, porque eran suyos y se los había marcado en la piel para contar al mundo su propia historia.

—Y porque a ti un chico con tatuajes te pone muchísimo.

—Buff. No lo sabes tú bien. Cada vez que me cruzo con uno así por la calle me entran ganas de pasarle la lengua por encima. Menudo peligro tengo.

Se mordió el labio para contener una risita.

—Pero lo que me pasaba con Noah era de otro nivel —dijo, y entonces volvió a ponerse seria—. Cuando me llevaba en moto, durante unos cinco o diez segundos, me atrevía a extender los brazos como si fuera un avión. Disfrutaba del aire que me daba en la cara. Era mi parte favorita del día. En ese momento me sentía libre. Sentirte libre es otra forma de volar, Nate. Con Noah, yo era un pájaro y tenía alas.

—¿Por eso tienes un pájaro tatuado?

Me había fijado en él la primera vez que nos acostamos, pero entonces no le pregunté su significado. Es muy pequeño y está bien escondido: si no se baja las bragas, no lo ves. Sus padres, por supuesto, no lo saben.

—Sí. El pájaro soy yo. Pero también es Noah. Él se tatuó otro igual detrás de la oreja.

—Qué bonito.

—Qué bonito no, qué putada. Porque lo veo todos los días y me acuerdo de él.

5
Charlie Day y el gran problema

A la mañana siguiente, Liam abre un sobrecito de azúcar y lo vierte sobre su café.

La última vez que me fijé en sus manos con tanta atención estaba abriendo un preservativo. Después se enfundó la polla y volvió a subirse a la cama. Éramos tres personas desnudas justo antes de empezar el trío. Nosotros dos y otra chica más.

Estoy con él en la cafetería del instituto. También están Beatrice y Melody.

Liam y Melody son los otros dos integrantes de nuestro grupo.

—He empezado a hablar con alguien —nos comunica Melody.

—¿Qué? —Beatrice deja su taza de café a medio camino de llegar a sus labios—. ¿Con quién?

—Un chico de Blacktown.

Su confesión convierte de golpe a Melody en el centro de nuestras miradas. Sé que odia sentirse observada, pero todos queremos conocer los detalles.

—¿Nombre?

—Pues a ver, lo he conocido por una *app* de gente anónima. La gracia de esa aplicación es que se interactúa con otras personas de las que solo sabes su sexo. Él tampoco sabe cómo me llamo yo ni me ha visto.

—Vamos, que podrías estar teniendo conversaciones subidas de tono con tu primo sin saberlo —comenta Liam con una sonrisa pícara.

Beatrice se echa a reír. Melody pone los ojos en blanco y resopla entre dientes.

—Por suerte para mí, y para vuestra tranquilidad, yo no tengo primos.

—En menudos sitios raros buscas el amor —le dice Beatrice—. No sé, Melody, a mí esa *app* me da mala espina. Tiene pinta de ser la típica en la que los chicos solo envían fotos de su polla.

—Él no es así.

—¿Él?

—El chico con el que estoy hablando.

—Ah, el chico sin nombre y misterioso.

—No me ha pasado fotos guarras. Eso dice mucho de él.

—Lo que dice es que la tiene pequeña.

—El tamaño no lo es todo, Beatrice.

—Te lo digo en broma, mujer. Oye, ¿por qué no salimos un día tú y yo de caza?

—Porque nadie se fijaría en mí. Por eso me gusta tanto hablar por esta *app*. Allí todos somos invisibles y eso es justo lo que hace que yo no me sienta invisible. No entra en juego tu cuerpo, sino la conexión que tienes con la otra persona.

—Melody, cariño..., te lo tengo que decir.

—¿Decir el qué?

—Que lo más seguro es que ese chico te esté mintiendo y en realidad sea un viejo que se está haciendo una paja mientras te pregunta cuál es tu color favorito.

—Siempre piensas mal de todos los hombres —protesta Melody.

—Porque los hombres son crueles.

—No todos somos como Noah —responde Liam a la defensiva.

A Beatrice le cambia la cara al escuchar el nombre de su ex. Y, joder, después de lo que le pasó a ese pobre chico no entiendo cómo Liam es capaz de soltar semejante burrada por la boca.

—Tío, ahí te has pasado —le recrimino a Liam—. Pídele perdón ahora mismo.

—Perdón. Lo retiro. —Liam levanta las manos en son de paz.

—¿Lo ves, Melody? Te lo he dicho. —Beatrice sonríe sin ganas—: Los hombres son crueles.

—¿Me perdonas? —insiste Liam. Parece arrepentido de verdad.

—Sí. Pero la próxima vez que lo menciones te corto los huevos.

Liam traga con fuerza y asiente.

Melody cambia rápidamente de tema al ver cómo le brillan los ojos a Beatrice.

—Oye, ayer empezasteis los ensayos de la obra, ¿no? ¿Qué tal fue?

Se lo contamos. No todo, porque hay cosas que guardo solo para mí, como el episodio del baño con Marc, que perfectamente podría pertenecer a una película de comedia y habría tenido su gracia, pero que en la vida real no tenía ninguna si te tocaba ser a ti el que hace el ridículo delante de otro.

Bebo un poco de café. Alzo la mirada y miro a Liam y a Melody. Mientras hablaba me he ahorrado partes de todo lo que pasó ayer en el teatro. Solo he contado hasta donde sabe Beatrice.

Liam es el primero en dar su opinión.

—A ver, que Charlie Day vaya a ir el día del estreno es una pasada, eso es evidente.

—¿Pero?

—Tenéis que hacer algo con Marc si no queréis que lo eche todo a perder.

Beatrice y yo pensamos en lo que nos acaba de decir. Lo sé porque nos miramos como si esperásemos encontrar la solución reflejada en los ojos del otro.

—Liam tiene razón —coincide Melody—. Si el chico que interpreta a Vronsky no sabe actuar, por mucho que vosotros lo hagáis de diez, no os vais a terminar de lucir en el escenario. Y sería una pena, porque Charlie Day os va a estar viendo y puede ser la oportunidad de vuestra vida. Pero si queréis tener alguna posibilidad de que se interese por vosotros, todo tiene que salir perfecto.

Después prueba su café y pone cara de haberse quemado la lengua.

Beatrice resopla agobiada.

—El puto Marc nos va a joder la obra.

—No digas eso.

—Es verdad, Nate. Va a ser un desastre.

—Que no, tonta. Aprenderá.

—¿Cómo? El primer ensayo se le ha dado como el culo.

—A mí tampoco me salió bien —le recuerdo.

—Pero fue por culpa de Marc.

—¿Por qué fue su culpa? —le pregunta Liam a Beatrice.

—No dejaba en paz a Nate.

Liam frunce el ceño.

Esa parte nos la hemos saltado. En realidad, yo me he saltado todo lo que tuviese que ver con Marc porque, por alguna razón que desconozco, siento que debo guardar algo de todo lo que este me provoca, que quiero que solo sea para mí.

—¿Y por qué no lo dejaba en paz?

—Medio discutimos con él por una chorrada —contesto.

Beatrice remueve el líquido marrón con el palito de plástico.

—Pero la tomó con Nate. Marc lo estaba mirando todo el rato, rollo acosador.

—Tampoco me miraba todo el rato —replico por alusiones.

—Sí. Todo. El. Puto. Rato.

—Exagerada.

—¿Exagerada yo? Que tenía a Marc casi enfrente y me enteraba de cada movimiento que hacía —insiste, y después le sigue contando a Liam—. El tío miraba a Nate y, cuando este no miraba a Marc, se ponía a darle pataditas para que le hiciera caso. Así una y otra vez.

Entonces Liam me mira fijamente.

Tiene la mandíbula apretada.

Ha roto el sobrecito de azúcar en cuatro o cinco trozos.

—¿Y tú le hacías caso?

Por su tono, diría que no le hace demasiada gracia enterarse de que Marc estaba intentando llamar mi atención.

¿Está celoso?

No. Claro que no está celoso. Se trata de Liam, mi mejor amigo. De hecho, es más que un amigo. Liam es como un hermano para mí.

Además, Marc es heterosexual y yo también. Que no, que es imposible. Que ni siquiera debería estar pensando en cosas que no tienen ni pies ni cabeza.

Bebo otro sorbo de café y me aclaro la garganta.

—Yo lo único que hacía era intentar concentrarme en mi personaje, pero me salió regular.

—Te salió fatal, cariño —me corrige Beatrice—. Pero yo sé que lo puedes hacer mil veces mejor.

Melody nos reconduce hacia el problema que hay que resolver.

—¿Y tenéis alguna idea de cómo vais a conseguir que Marc mejore?

—Le enseñaremos nosotros —respondo lo primero que se me ocurre.

A Beatrice no parece gustarle la idea.

—¿Ahora qué vamos a ser sus *coaches*?

—Es eso o cruzarnos de brazos y no hacer nada.

Pone los ojos en blanco, aunque luego lo medita en silencio.

—Está claro que el tío no va a mejorar por arte de magia —admite al final.

—Yo veo muy difícil que una persona aprenda a actuar bien en tan poco tiempo. —Melody se muestra más negativa.

—Pues tendremos que empezar cuanto antes, ¿no? —digo mirando a Beatrice.

Ella asiente con un gesto.

—Pero ¿cómo se lo decimos? No sabemos nada sobre él. Solo que es un pésimo actor.

—Y que se está follando a la directora.

Todos clavan su mirada sobre mí.

—¿Marc? —Beatrice ha puesto la cara que sabía que pondría.

—Los pillé en el despacho.

—Vale, ahora entiendo cómo ha conseguido que le den el papel.

Chasquea los dedos como si por fin todas las piezas hubiesen encajado en su cabeza.

—Pues tened cuidado —nos advierte Melody—, porque como Charlie Day descubra que su mujer le pone los cuernos...

Liam abre mucho los ojos.

—¡Hostia! Como se entere, no va al estreno ni de coña.

No lo había pensado. Me da un bajón enorme.

—Menuda putada, Beatrice —digo mirándola—. Ya verás como al final perdemos la oportunidad de nuestra vida por culpa de esos dos.

—Eso no va a pasar —me contradice, aunque suena igual de preocupada que yo—. Charlie Day no tiene por qué enterarse.

—Estaban follando con la puerta abierta. Como alguien del equipo los pille y se lo cuente, estamos jodidos. Y encima tenemos que hacer algo para que Marc actúe bien y todo salga adelante.

—No se va a enterar. Nadie va a decir nada —me asegura—. El 9 de febrero vamos a tener a Charlie Day sentado en primera fila. ¡Y nos va a salir una actuación de puta madre! —Su optimismo me saca una sonrisa—. Todo va a salir bien, ¿vale?

Suspiro y relajo los hombros.

—Vale. Pero como Charlie Day se entere y no venga a ver la obra, te juro que mato a Marc.

—Hombre, tú matas a Marc y yo me cargo a Olivia —dice Beatrice.

—Tendréis que hacer guardia para que nadie pille follando a esos dos —comenta Melody con una sonrisita adorable.

—Esta situación parece una broma de mal gusto. Es surrealista —digo.

—Mirad el lado positivo —interviene Liam, aunque por su tono sé que no va a mencionar ninguno—: además de *coaches*, los dos vais a tener la gran suerte de ser... redoble de tambores... ¡vigilantes de seguridad sexual!

—Y una mierda. —Beatrice lo fulmina con la mirada.

A Liam le entra la risa floja. Melody, con la taza sobre sus labios porque le ha pillado bebiendo, también se ríe y, en el proceso, escupe el café que le queda en la boca y le mancha la camiseta y el pelo a Beatrice. Esta se levanta en un acto reflejo, pega un grito y tira la silla hacia atrás. Las miradas de todos los que están en la cafetería se concentran ahora en nuestra mesa.

—¡Mi pelo! ¡Mis tetas! ¡Mierda, Melody, tenía que ser el único día que voy con camiseta blanca a clase!

Liam señala las tetas de Beatrice con el dedo, donde está la mancha de café, y comenta con Melody lo que ve:

—Parece la cara de un perro, ¿no?

—Tío, te iba a decir lo mismo. Es un puto perro.

Pongo los ojos en blanco y suspiro.

—En serio, surrealista.

6
Si dudas, estás perdido

Ayer, cuando terminé el entrenamiento de béisbol, tenía el resto de la tarde libre. Hoy lo tengo que compaginar con el teatro porque es jueves.

Liam me lanza la pelota y yo consigo golpearla con el bate. Empiezo a correr. La pelota sobrevuela el campo en diagonal, paso la primera base sin problemas y corro hasta la segunda. Creo que me da tiempo de llegar a la tercera base antes de que el equipo contrario coja la pelota. Me arriesgo y sigo rodeando el campo mientras oigo los gritos de mis compañeros a mis espaldas.

—¡Nate, para!

—¡Estás loco! ¡No vas a llegar!

Muevo las piernas lo más rápido que puedo. Noto el sudor resbalando por mi espalda. No quiero que me eliminen, pero la adrenalina hace que me sienta más vivo. Más yo. Aunque la principal razón de que me esté esforzando por llegar a la siguiente base no es otra que Liam.

«No dudes —me dice siempre—; si dudas, estás perdido. Tienes que dar lo mejor de ti. Demuéstrales que eres mucho mejor que ellos.»

Y quiero demostrárselo a ellos, sí, pero sobre todo a él. Que esté orgulloso de mí. Tener su aprobación.

Alguien del equipo contrario coge la pelota y la lanza hacia el compañero que espera en la tercera base. Pero yo llego medio segundo antes de que él pueda atraparla con las manos. Al frenar en seco levanto una pequeña capa de polvo. ¡Lo he conseguido! Mis compañeros gritan para felicitarme. Los del otro equipo me miran con rabia. Todos excepto Liam, que me sonríe abiertamente y me dice «así se hace» moviendo los labios. Está feliz porque sabe que he seguido su consejo, y ver el orgullo en su mirada me hace sentir que de alguna forma ya he ganado y que el esfuerzo ha merecido la pena.

Después se vuelve hacia el próximo bateador y yo me preparo para volver a correr.

Liam y yo nos apuntamos a béisbol porque era lo que querían nuestros padres. Su padre se llama James, el mío Lee. Los dos se conocieron jugando en el equipo de la universidad. Quedaron después del entrenamiento del primer día para tomarse unas cervezas y terminaron a la una de la madrugada cantando en un karaoke.

Desde entonces fueron inseparables. Lo hacían todo juntos, y querían seguir haciéndolo cuando fueran mayores y cada uno formara su propia familia. Así que planearon su futuro como dos niños que deciden cómo será su vida dentro de diez años. Vivirían en Blacktown, ese pueblo tranquilo a las afueras de Nueva York en el que no les resultaría muy difícil conseguir una bonita casa con garaje y jardín. Serían vecinos. También tendrían un hijo de la misma edad para que ambos fueran juntos a clase.

En el último año de carrera, conocieron y se enamoraron de nuestras respectivas madres. Pero ninguna de las dos mujeres ha podido competir contra ese vínculo tan fuerte que los une.

Mi madre, antes de que Lee le pidiera salir, llegó a pensar que él y James eran novios.

Por todo eso, Liam y yo estábamos destinados a ser amigos.

Y sucedió como no podía ser de otra forma.

El primer recuerdo que tengo de él es en el salón de mi casa viendo una serie de dibujos animados, riéndonos a carcajadas por cualquier tontería. Otro en el que intentamos hacer un dibujo y terminamos con las manos y la cara llenas de pintura. O cuando aprendimos a ir en bici y a Liam casi lo atropella un coche. Estuvo una semana castigado sin ella, pero usaba la mía.

Recuerdo que a Liam le regalaron una tienda de campaña por su cumple y que nos empeñamos en dormir en el jardín. Nos pareció una buena idea, pero no tuvimos en cuenta el frío ni el miedo que nos daría estar ahí los dos solos, con una linterna, siendo unos niños con tanta imaginación. Empezamos a oír ruidos extraños, a asustarnos con las sombras que la linterna proyectaba detrás de cada uno. Sentíamos nuestra casa cerca y a la vez increíblemente lejos. Pero conseguimos aguantar despiertos hasta que salieron los primeros rayos de sol, porque nuestros padres nos habían dicho que no duraríamos toda la noche y pensábamos que, demostrándoles que se equivocaban, estaríamos logrando algo que era importante para nosotros. Algo que nos hacía sentir mucho más adultos, a pesar de que éramos solo unos críos.

En realidad, esa noche en la tienda de campaña sí fue importante para los dos, aunque no tenía nada que ver con hacerse adulto. Porque al principio ambos fingíamos ser valientes, pero por dentro estábamos muertos de miedo. Y cuando el miedo salió a flote y vi que Liam estaba llorando, empecé a hacerlo yo también.

Ahí me di cuenta de que con Liam no tenía que esconderme.

Podía ser yo.

No me importaba mostrarme vulnerable con él.

Y creo que a él le pasó lo mismo conmigo.

Liam se acercó para abrazarme. Enterró su cara en el hueco que hay entre el cuello y el hombro y se quedó muy quieto. No sé cuánto tiempo estuvimos así, pero el latido de su corazón me calmó. Y luego lo sentí en mi pecho. Y supe que lo que sentía se parecía mucho a ese vínculo del que tanto había escuchado hablar a mi padre.

Ahora, siempre que nuestros padres nos ven juntos, tengo la sensación de que para ellos somos un reflejo de su propio pasado, como una película en blanco y negro que cobra vida ante sus ojos.

—Nos van a ganar —se lamenta uno del equipo contrincante.

—Tú intenta coger la pelota sin que caiga al suelo —le dice el que tiene al lado.

Sonrío. Nos estamos dejando la piel, aunque esto es solo un entrenamiento. Cuando hay un partido de verdad, todos los que estamos aquí jugamos en el mismo equipo. Entrenamos de lunes a viernes, de cuatro a cinco y media. Ahora lo compagino con teatro, dos días a la semana, martes y jueves, de seis a ocho. Del campo de béisbol al teatro tengo unos quince o veinte minutos en coche. Por eso, nada más terminar el entrenamiento, me doy una ducha rápida y me cambio de ropa.

Estoy cerrando la mochila cuando Liam sale de la ducha con el pelo empapado y una toalla rodeándole la cintura.

—¿A qué vienen tantas prisas?

—Tengo teatro.

Asiente con la cabeza.

Él sabe que empezar a trabajar en la obra de *Anna Karenina* es un paso más para conseguir mi sueño de ser actor. Eso es lo que realmente me hace feliz. El béisbol es solo un pasatiempo.

Liam tiene las cejas gruesas, pestañas largas y masculinas y una bonita nariz. Si a eso le sumamos unos ojos enormes y verdes que parecen dos esmeraldas, junto a esa cara de rasgos algo aniñados y el pelo rubio ceniza, sale la combinación perfecta para llevarse a las chicas de calle. En serio, he visto mil veces el efecto que causa en las mujeres. Cuando algún compañero del equipo de béisbol da una fiesta en casa, todas las tías que miran a Liam directamente a los ojos durante más de tres segundos seguidos terminan dibujando una sonrisa bobalicona. Se les cae la baba con él, y no solo porque sea guapo. Porque sí, mi amigo es guapo, eso es innegable. Pero como dicen Beatrice y Melody, más que una belleza de otro mundo, como es el caso de Marc, que parece esculpido en mármol blanco para exponer su cuerpo en un museo, Liam es de una belleza más común y, además, tiene «algo» que engancha.

Es esa seguridad con la que se mueve y actúa.

Cómo te mira y sonríe para conseguir lo que quiere.

Por eso me chocó ayer verlo celoso cuando Beatrice le contó lo que me pasó con Marc: «Lo estaba mirando todo el rato, rollo acosador».

Nunca había visto a mi mejor amigo apretar tanto la mandíbula.

Yo siempre imito su baile de apareamiento cuando hablo con las chicas. Tengo memorizadas sus frases estrella y sé cuándo hacer una pausa y sonreír y cuándo levantar una ceja para producir ese efecto que Liam ejerce en las mujeres. Pero algo tiene que fallar, porque no consigo los mismos resultados. Y sé que lo que «falla», por decirlo de alguna forma, soy yo, que no estoy tan bueno como él. No pasa nada, lo tengo asumido y no es algo que me afecte en absoluto. Nunca me he sentido inseguro con mi físico, me gusta tal y como soy; de hecho, me sé sacar partido y me las apaño con lo que me ha tocado. Y que soy del montón bueno, eso también. Ojos marrones, pelo negro y algo rizado, de constitución delgada, pero sin llegar a parecer un espagueti, que estoy echando cuerpo gracias al béisbol.

Además, mi madre dice que cuando quiero soy muy gracioso y que ser gracioso suma puntos con las chicas. Una parte de mí está de acuerdo con ella y la otra dice que con eso solo consigues que quieran ser tu amigo.

—¿Lo de esta noche sigue en pie? —me lo pregunta en voz baja para que el resto de nuestros compañeros no nos oigan.

Hemos quedado con una chica para hacer un trío. Se llama Emily. Yo no la conozco en persona, Liam sí.

—A las diez en su casa.

La mayoría de las chicas que se apuntan a hacer un trío es porque al principio su idea era follar solo con Liam. Después él les habla de mí, les explica que a nosotros nos gusta compartirlo todo... y les propone un juego. Habla con ellas de cómo es tener sexo sin prejuicios. De lo mucho que van a gozar cuando les acaricien el cuerpo a cuatro manos. De que lo más importante es que haya comunicación entre los tres, porque el sexo solo es sexo cuando lo disfrutan todas las personas implicadas.

Liam tiene mucha labia. También una carita de niño bueno bajo la que se intuye un lado oscuro y sexi. Normal que las termine convenciendo a casi todas.

—Vale. A las diez.

Dos compañeros pasan por delante de nosotros envueltos en una toalla. Se oye el sonido del agua cayendo de la alcachofa y el chapoteo de las chancletas al caminar.

Miro la hora en el móvil. Ya son menos veinte. Voy a llegar tarde al segundo ensayo.

—¿Llevas condones o los llevo yo? —pregunta Liam.

—Joder. Se me ha olvidado comprar.

—Bah, ya ves tú —me tranquiliza—. ¿Cuántos llevo? ¿Cuatro? Por si la tía quiere repetir...

—Cuatro está bien.

Los ojos grandes y verdes de Liam se oscurecen durante un segundo.

—¿Sabes lo que estaría mejor? —susurra, sonriendo de lado.

—¿El qué?

—Repetir lo de la doble penetra...

—¿Qué cuchicheáis? —pregunta un compañero. Tiene una sonrisa maliciosa pegada a los labios.

—Nada, cotilla. Cosas nuestras.

El chico se mete en la ducha.

Liam me sonríe con complicidad. El pelo mojado le sienta bien. De uno de sus mechones cae una gota que luego resbala por su clavícula. Se desliza dejando un caminito brillante sobre su pecho desnudo. La sigo con los ojos mientras la gota recorre su apretado abdomen como si estuviera bajando unas escaleras. Llega al ombligo, sigue bajando un poco más y se pierde dentro de la toalla, donde se aprecia que Liam tiene algo más de vello.

Esa zona marca un límite invisible.

Aparto la mirada y trago saliva.

¡¿Qué me está pasando?!

Desde que he conocido a Marc noto que me fijo más en cómo somos físicamente nosotros, los chicos.

—Bueno, me voy que llego tarde —lo digo casi sin oír mi propia voz.

Liam mira mi boca, mis ojos y mi boca, otra vez.

—Sí, vete.

Doy un paso atrás, pero entonces él da dos hacia delante y me abraza para despedirse. Al hacerlo, pega su cuerpo contra el mío. Me dejo atrapar por sus brazos. Hundo la nariz en su pelo y respiro el perfume de su champú. Huele de maravilla. Noto su cuerpo caliente y húmedo mojándome la ropa. No me importa si me moja. Me gustan sus abrazos porque son fuertes, de esos que te dejan un poco sin aire, saben a hogar y te obligan a sonreír. Siempre que nos abrazamos pienso en él como alguien que forma parte de mí. No es solo mi mejor amigo. Es mi familia.

Lo único que me incomoda es que, al apretarse contra mí, me clava el móvil que tengo en el bolsillo derecho.

—Nos vemos —dice en mi oreja, todavía sin separarse—. Y suerte con ese tal Marc. Espero que Beatrice y tú podáis convencerlo.

—Ojalá salga bien.

No me doy cuenta de que a mi amigo se le ha caído la toalla hasta que empiezo a oír los silbidos.

—¡Fiu fiuuu!

Liam da un paso atrás.

Está completamente desnudo.

—¡Joder, pero si al cabrón se le ha puesto dura! —Ríe un compañero.

Liam protege sus partes con las manos.

—No digas gilipolleces —protesta él. Tiene las mejillas sonrojadas.

Recoge su toalla y se la pasa por la cintura para volver a atársela.

Y... hay un bulto.

Un bulto que empuja la tela hacia delante.

Entonces caigo en que lo que se me clavaba antes en la pierna no era el móvil, porque el móvil lo tengo en la mano y mi bolsillo estaba y sigue vacío.

7
Se está riendo de mí

No tengo problemas para aparcar. Me bajo del coche y le envío un mensaje a Beatrice para avisarle de que estoy en el teatro. Ella me contesta que ya está dentro. Si no vamos juntos en el coche es porque Beatrice vive a diez minutos andando desde su casa.

—¿Qué tal el entreno con Liam?

Oigo su nombre y pienso en cómo se le marcaba la erección en la toalla, en que la he tenido apretándose contra mi pierna derecha y he creído que era mi móvil. En la cara de susto que se nos ha quedado a los dos cuando, después de que se le cayera la toalla y se la volviera a atar a su cintura, nos hemos vuelto a mirar. En la despedida tan torpe con la que he salido del vestuario, porque de repente yo estaba muy nervioso y él también. Y lo rápido que me ha latido el corazón hasta que he entrado en el coche y he encendido la radio.

—Bien. Como siempre.

Sé que lo de la erección no ha sido por mí. Ha sido porque él estaba recién salido de la ducha y se ha estado frotando los huevos y el pene. Primero para enjabonarse y luego para secarse. El agua caliente, el roce de la toalla y la conversación sobre el trío de esta noche han hecho el resto. Estaría pensando en la doble penetración y la cosa se ha venido arriba antes de tiempo.

—¿Nate?

—Dime.

—Te has puesto rojo.

«Deja de pensar en cómo se le marcaba la polla.»

—No me he puesto rojo.

—Lo que tú digas. Mira, ahí está Marc. Vale, recuerda que tenemos que intentar hacernos amigos de él.

—A ver cómo sale.

Porque hay un pequeño problema. No se me da bien hacer amigos. Y menos si es alguien que ya me cae como el culo.

Durante años siempre hemos sido Liam y yo. Nunca he echado de menos formar parte de un grupo grande. Cuando tu mejor amigo es también vecino tuyo y pasas casi las veinticuatro horas pegado a él, no necesitas a nadie más.

Ojalá Liam estuviera aquí para aconsejarme. Él sí que sabe caer bien a la gente. Le sale de forma natural. Intercambia un par de frases, dibuja una sonrisa amable y ¡magia! Hace que parezca fácil. A mí me resulta complicado. O quizá solo es pereza.

—¡Hola, Marc! —A Beatrice le sale una vocecita de dibujo animado.

—Ah, hola —responde, sin mucho interés en ella.

—¿Qué tal estás?

Marc se encoge de hombros.

—Bien.

No le devuelve la pregunta. Se queda callado... hasta que clava sus impresionantes ojos sobre mí.

—Hola, Nathaniel.

—Nate.

—¿No te gusta que te llamen Nathaniel?

—La verdad es que no.

A Marc se le dibuja una sonrisa por las comisuras. Pero una sonrisa de capullo.

—Entonces te seguiré llamando Nathaniel.

Se está riendo de mí.

Me dan ganas de decirle que se puede ir a la mierda. Así, sin más, en un segundo. Creo que Beatrice también nota mi creciente enfado, porque me tira de la manga del abrigo para que me esté quieto. Me recuerdo a mí mismo que el objetivo es llevarse bien con Marc y que lo del nombre es una tontería. Pero me molesta, no puedo evitarlo. Solo me llama así mi madre cuando va a echarme la bronca.

—¿Qué hacéis aquí? —Olivia llega hasta nosotros—. Todos al escenario, ¡ya!

El segundo ensayo es un desastre. Un desastre en mayúsculas. La directora sigue sin reconocer dónde está el problema. Y el problema no somos precisamente Beatrice y yo. Marc puede ser todo lo guapo que quieras y tener los ojos más increíbles del universo, pero cuando le toca decir su parte del diálogo no transmite nada. Lo oyes hablar y es todo tan plano que no te lo llegas a creer. No conecta con su personaje, ni con su historia, ni con sus emociones. Y si no consigue conectar, por mucho que se sepa su parte del guion al dedillo, es imposible que le salga una actuación medio decente encima del escenario. En un momento concreto, incluso he llegado a pensar que había una cámara oculta entre nosotros y que todo era una broma. Pero no lo es, realmente vamos a trabajar con Marc, y yo me quiero pegar un tiro porque no sé cómo vamos a hacerlo Beatrice y yo para que nuestro compañero mejore en tan pocas semanas. Si es que quiere dejarse ayudar por nosotros, que esa es otra.

A las ocho en punto, nada más terminar el ensayo, Beatrice se acerca a Marc, que está recogiendo sus cosas para irse a casa. Trata de tontear con él y usar sus armas de seducción, pero el tío o se las sabe todas o simplemente no está interesado, porque pasa de mi amiga.

—Te toca.

—Me va a mandar a la mierda.

—Bueno, tú de todos modos ve a hablar con él.

—Vale. Sí. —Inspiro hondo—. ¿Y qué le digo?

—Eeeh... Pues le hablas de lo que sea que habláis los tíos. ¡Yo qué sé! Piensa algo. Improvisa. Pero intenta caerle bien y seguir con el plan.

Me acerco a Marc y le propongo que ensayemos los tres juntos.

—Así podemos repasar el guion y perfeccionar el papel.

—No.
—¿Cómo?
—Que paso.
—¿No quieres ensayar para hacerlo mejor?
—Sí, pero para eso ya tenemos programados dos ensayos a la semana, ¿no crees?
«Lo que creo es que estamos a cinco meses del estreno y tú necesitas un intensivo.»
No puedo decirle eso. Aunque me quedaría tan a gusto.
Estamos en septiembre, puede parecer que hay tiempo de sobra, que no hay que alarmarse, pero luego las semanas pasan sin que nos demos cuenta. Llegará febrero y tendremos que defender la obra delante de Charlie Day. Mejor ser precavidos con aquello que puede definir tu futuro.
—Creo que cinco meses pasan volando —le informo— y que cuanto más ensayemos, mejor nos saldrá.
Marc se queda mirándome fijamente a los ojos, sin decir nada. No sé cuántos segundos transcurren, pero los suficientes para que yo me sienta increíblemente nervioso.
—Tú preocúpate por hacer bien tu parte y deja que yo me preocupe por la mía —dice seco.
Lo que tiene de guapo lo tiene de gilipollas.
—Qué borde eres —me quejo.
—No me gustas, Nathaniel.
Eso hiere mi orgullo. ¡Ni que yo le hubiera pedido salir! ¿Quién coño se cree?
Me muerdo la lengua para no soltarle una de las mías.
—No te lo decía en plan cita, es solo para mejorar.
—Ah. Por si acaso.
—Por si acaso, ¿qué?
—Por si acaso creías que me ibas a llamar la atención.
Uf. Se la está ganando. Se la está ganando a pulso. Resoplo e intento que mi voz suene calmada, aunque por dentro estoy hecho una furia.
—Mira, Marc, ni de coña me fijaría en alguien como tú.
—No es la impresión que me llevé de ti cuando nos conocimos.

—Entonces aún no habías abierto la boca y no parecías un imbécil.

Sonríe de lado.

—No dejabas de mirarme...

—Normal, ¡te estabas follando a la jefa!

—A ella no le hacías mucho caso. Me mirabas a mí.

Después levanta el mentón con actitud altiva.

—¡Eres un creído! ¡Te miraba porque tú me mirabas a mí!

—Ya. Estaba decidiendo si avisar a Olivia de que había un pervertido espiando en la puerta. Sabes que todavía se lo puedo contar, ¿no?

¿Es una amenaza? ¿Me está amenazando en serio? Por favor, que no me toque mucho las pelotas. Porque la lío. No me considero una persona violenta, pero todos tenemos un límite, y Marc está caminando por el mío como si fuese la cuerda floja.

Suelto un suspiro largo, cuento hasta tres y hago un último intento por ofrecerle mi ayuda y no enzarzarme en una nueva discusión.

—Entonces no te interesa quedar para repasar las escenas.

—Si voy... ¿quieres que te lleve papel higiénico por si te da otro apretón o ya tienes en casa?

—El papel higiénico te lo puedes meter por el culo.

Se ríe y eso me enrabieta más.

—¿Vas a ensayar con nosotros o no?

—Lo siento, Nathaniel —dice guiñándome un ojo.

Ya está otra vez.

—Que no me llames así.

—Entendido, Nathaniel.

Joder. Es como un niño pequeño.

Se da la vuelta dispuesto a irse.

—Puto imbécil —murmuro en voz baja.

—¿Decías algo?

Se vuelve hacia mí con las cejas arqueadas y su sonrisa de chulo. Sé que quiere provocarme, pero la paciencia nunca ha sido una de mis virtudes, así que termino soltándolo todo sin importarme ya nada. Total, está claro que nunca vamos a ser amigos.

—Sí, decía que eres imbécil.

—Ah. Pues vale.

Su pasotismo, sumado a que se encoge de hombros y me mira con esa sonrisita estúpida, hace que me hierva la sangre. Aprieto los puños y lleno de aire mis pulmones antes de soltar mierda por la boca.

—¡Eres un puto imbécil! ¡Y un creído! ¡Y... y...! —«Estás muy bueno»—. ¡Me caes fatal!

Respiro agitadamente.

Marc parpadea. No contesta enseguida. Primero se queda unos segundos callado, mirándome. No parece molesto, solo un poco sorprendido, como si nadie antes se hubiese atrevido a gritarle en su propia cara. O igual me mira así porque piensa que me he vuelto loco.

—Te has quedado a gusto.

No es una pregunta, pero yo se lo confirmo.

—Sí. La verdad es que sí.

Mi sinceridad parece hacerle gracia. Dibuja una sonrisa pequeña y sin maldad.

—Adiós, Nate —murmura.

Luego sigue su camino. Y a mí se me olvida que me parece un imbécil, porque, por lo menos esta vez, ha tenido la amabilidad de decir bien mi nombre. Eso y que cuando mi nombre ha salido de sus labios lo ha hecho con un tono íntimo y ronco que no esperaba. Lo cual me ha dejado un poco confundido y un poco con la piel de gallina.

Alcanzo a Beatrice.

—¿Buenas noticias?

—Nada, no quiere.

—Joooder.

—No quiere *ahora*, pero tú tranquila, que este al final nos va a decir que sí.

—Ya... —No parece muy segura.

—No, en serio. Lo voy a convencer.

—¿Cómo?

—Aún no lo sé —reconozco—. Pero tengo claro que lo voy a convencer de una forma u otra, porque si para que nos cambie la vida necesito que Marc aprenda a hacer una buena actuación..., haré lo que haga falta para conseguirlo.

Seguir con el plan y hacernos famosos. Es lo único que debería importarme. Me lo recuerdo a mí mismo, y no necesito más para volver a ver a Marc como un gran inconveniente. O un grano en el culo.

Alzo la vista y lo busco en la distancia. Todavía está lo suficientemente cerca como para que pueda apreciar cómo se le mueve el pelo por la brisa. Me fijo en su espalda. En el movimiento de sus brazos. En lo engreído que me parece solo por su manera de caminar.

¿Este quién se cree, un lord paseando por sus jardines?

Seguro que de niño ya era un pequeño demonio.

Marc

Tenía ocho años, pero en el libro que sujetaba con las manos era un héroe de veintitrés que le estaba plantando cara a un dragón enorme. A Marc le gustaba cambiar el nombre del héroe de la historia por el suyo propio. Así lo sentía todo mucho más vivo, más real.

El héroe no tenía miedo. En eso los dos se parecían. Marc tampoco tenía miedo de plantarle cara en clase a todo aquel que lo llamara gordo. Le daba igual que fueran cinco contra uno. Si iban a por él, no dudaba en sacar los puños y pelear hasta el final. No era una pelea justa, Marc llevaba siempre las de perder, pero no se achantaba.

Y no tendría la misma fuerza que todos esos niños juntos, pero ni sumando a cincuenta como ellos serían más valientes que Marc.

Él mismo lo sabía porque lo había visto con sus propios ojos.

Cuando su puño impactó en la mejilla de un niño de su clase —uno de los cinco que lo atacaban—, el dolor, el miedo y la sorpresa se reflejaron en ese rostro que intentaba hacerle daño por ser diferente. Entonces pensó: «Son unos cobardes. Tienen que venir en grupo a por mí porque no se atreven a hacerlo uno por uno». Y se le escapó una sonrisa maliciosa. Solo con eso ya sentía que había ganado.

Volvió a golpear a otro niño, esta vez en el pecho, mientras recibía la patada del tercero en la espinilla y el puño del cuarto en el costado. Marc se defendía como podía de los ataques. Le llovían patadas y puñetazos. Siempre se llevaba la peor parte. No tenía escapatoria. Lo único que podía hacer era pelear hasta el final.

Lo que hacía diferente a Marc de los otros niños no era que estuviese gordo, sino que, cuando lo golpeaban a él, su rostro no reflejaba ninguna emoción.

Nada.

Marc era un libro cerrado que nadie podía leer.

—¡Dejad de pelearos!

Un profesor llegó corriendo hasta ellos.

Los separó en dos grupos. Colocó a Marc a la izquierda y a los otros cinco niños a la derecha.

Marc permaneció en una postura desafiante por si a alguno de ellos se le ocurría atacarlo otra vez. Aunque sabía que ninguno se atrevería a tocarlo si era por separado, estuviese o no un adulto delante. Volver a ser consciente de ello le dio más fuerza. Se sintió más seguro. Y eso que de por sí ya era un chico con mucha seguridad. Pese al *bullying* que tenía que soportar.

Entonces miró a cada integrante del grupo que se metía con él con una mirada altiva y llena de burla. Tampoco es que le dejasen muchas opciones; era eso, crecerse, hacerse grande frente a la amenaza... o dejarse pisar por sus compañeros.

Se limpió la sangre de la nariz con el dorso de la mano. Lo hizo sin perder la sonrisa maliciosa de su cara.

—¿Queréis más? —los desafió.

El profesor lo reprendió con los ojos, pero no intervino porque conocía suficiente a todos sus alumnos como para saber que Marc no era el que daba problemas, sino el que se enfrentaba a ellos según le venían. Y también sabía que Marc odiaba que un adulto diese la cara por él. Era un buen chico al que no dejaban en paz porque no encajaba con el resto. Cuando lo miraba de cerca y chocaba con esos ojos tan especiales, cada uno de un color, azul cristalino y marrón miel, le daba la sensación de que a Marc lo habían metido en su clase a la fuerza. Como el que intenta meter un triángulo dentro de un círculo.

Marc era diferente a los otros niños de su edad. Más grande, más fuerte, más astuto. Su mirada era la de alguien que ya ha vivido muchas vidas, y todavía le quedaba la suya por delante porque seguía siendo un crío.

—Gordo —susurró uno de los niños.

—Todos a clase.

Marc ignoró a su profesor y se dirigió al niño que lo había insultado.

—¿Qué has dicho, que a tu madre se la está follando un gordo? ¿Y a tu padre no le molesta?

Esa era su personalidad. Acción reacción. Se enfrentaba a todo el que se le ponía por delante. No tenía miedo.

—A clase. Vamos —repitió el profesor. No quería que se volviesen a pelear.

—Yo por lo menos tengo madre.

Fue solo un segundo, pero el rostro de Marc reflejó un batiburrillo de emociones que lo llenó todo. Anhelo. Dolor. Rabia. Impotencia.

Después inhaló con fuerza y volvió a ser imperturbable.

—Yo también tengo madre. —O eso le había dicho su padre.

Pero lo cierto era que él no la conocía y que tampoco sabía dónde estaba.

—A clase. Todos. Es la última vez que lo repito.

Los seis obedecieron.

Marc seguía sangrando por la nariz.

Y de no ser por aquel líquido rojo, que le goteaba como un grifo mal cerrado y le manchaba la camiseta, sus compañeros habrían vuelto a clase dudando de si le habían llegado a dar o no una paliza. Porque pelear contra Marc era como darle golpes a un muro que, a pesar de que pudieran causarle alguna grieta, siempre permanecía en pie.

Al fin y al cabo, si algo había aprendido leyendo tantos libros era que, por muy valiente que fuera un héroe, si quería sobrevivir, tenía que vencer al puto dragón.

8
Ya te gustaría...

—¿Tan mal os ha ido con Marc? —me pregunta Liam mientras conduce.

Estamos llegando a casa de Emily, la chica con la que hemos quedado para hacer un trío.

—Sí. Y me ha empezado a llamar Nathaniel. Es un imbécil. Y se lo he dicho.

—¿Y qué te ha dicho él?

—Se ha despedido y por fin he conseguido que diga bien mi nombre.

Liam encuentra un sitio libre y aparca. Salimos del coche y empezamos a caminar por la acera.

—¿Marc estaba sonriendo? Cuando ha dicho tu nombre, quiero decir.

—No. —Luego hago memoria y caigo en que sí—. Bueno, un poco sí que ha sonreído.

Entonces Liam frunce el ceño, como si aquel detalle fuese importante y lo cambiase todo. A mí me parece una estupidez.

—Imagino que sabes que el tío estaba tonteando contigo, ¿no?

Suelto una carcajada, no lo puedo evitar.

¿Marc? El tío que se folla a la jefa en el despacho y con el que he hecho el mayor ridículo de mi vida, ¿tonteando conmigo?

—¿¿Qué?? Vamos, ni de puta coña.

Liam se queda callado, caminando a mi izquierda. Lo miro de reojo. No entiendo por qué se ha puesto tan serio de repente.

Nos detenemos frente al portal y llamo al timbre.

—¿Te pasa algo, Liam?

Baja la mirada.

—Nada, que durante los ensayos ese chico no dejaba de mirarte. Y hoy te ha estado picando llamándote Nathaniel en lugar de Nate.

Sé lo que intenta hacerme ver, pero es que Liam se equivoca. Marc no se va a poner a tontear conmigo cuando puede tener a la mujer que le dé la gana. Además, de que soy un chico. Y a los dos nos gustan las chicas. Es un detalle importante.

—Te equivocas con él.

—Intentaba molestarte con lo del nombre. Estaba jugando.

Recuerdo el pique que hemos tenido al terminar los ensayos y se me escapa una sonrisa.

—Pero porque Marc es como un niño pequeño —le quito importancia.

—Creo que él sabe muy bien lo que está haciendo.

—Te digo que lo hace por joder.

—Y yo te digo que lo hace porque le molas.

Dejo de sonreír y me vuelvo hacia Liam. ¿Qué ha sido eso? Algo le pasa. Lo noto más tenso. Y me confunde que insista tanto en lo de Marc y que lo vea todo tan claro.

—¿Te das cuenta de que hablas de Marc como si lo conocieses y ni siquiera lo has visto en persona?

Él me mira como si no me estuviese enterando de nada.

—No me hace falta conocerlo en persona para saber que le gustas. Lo sé y ya está.

«Es superhetero y me ha pillado cagando en el baño. ¿Te suena alguna novela romántica que empiece así? Porque me sé muchas en las que los protagonistas chocan sin querer, luego el chico ayuda a la chica a recoger sus apuntes del suelo y los dos comparten una mirada intensa y se enamoran. Pero en esta el chico no me tiende mis apuntes. No. Me pilla cagando en el baño y con los pantalones en el suelo. No sé, Liam, yo a esa historia mucho futuro no le veo, sinceramente.»

—Pues si le gusto, yo no me he enterado.

Mi amigo resopla y pone los brazos en jarras.

—Ese es el problema. Que necesitas un letrero gigante que ponga «me gustas mucho, Nate» para darte cuenta.

Después traga saliva como si hubiese hablado de más. Vuelvo a llamar al timbre. Los dos nos quedamos en silencio. Veo su silueta reflejada en el cristal del portal, junto a la mía.

—¿Sí? —La voz que se oye a través del telefonillo nos saca del momento incómodo.

—Somos nosotros —respondo a Emily, y luego aclaro—: Liam y Nate.

Se abre la puerta. Yo la sujeto con una mano, pero me aparto para dejar pasar a Liam.

—Las damas primero —digo con guasa, intentando disipar la tensión tan rara que se ha creado entre los dos.

Liam suspira y niega con la cabeza, pero luego se ríe de mi comentario. La risa lo relaja.

—Qué imbécil eres, *Nathaniel* —responde a conciencia.

Al ver que me sigue el juego, siento que volvemos a estar bien. Eso me gusta y me hace feliz.

—Un momento... ¿Estás tonteando conmigo? —Me pongo una mano en el pecho de forma teatral.

A Liam se le pega una sonrisa preciosa en los labios.

—Ya te gustaría —contesta. Pero lo hace mirándome la boca antes de pasar y llamar al ascensor.

Estamos bebiendo cerveza con Emily en el salón de su casa. Es una chica guapa y pelirroja. Nos dice que ella nunca ha hecho un trío antes y que tiene mucha curiosidad por saber por qué nos gusta tanto.

—Porque es divertido.

—Pero ¿cómo surgió la idea?

Liam se aclara la garganta.

—Viendo porno. Le confesé a Nate que me gustaría probarlo algún día y él me dijo que también sentía curiosidad, que podía estar bien.

—Sí. A los dos nos excitó la idea y dijimos ¿por qué no?

—¿Así? ¿Tan fácil?

—Mujer, tanto como fácil no fue —le explica Liam—. Antes de lanzarnos estuvimos hablando mucho sobre cómo lo haríamos.

—Liam y yo tenemos marcados unos límites. Sabemos lo que podemos y no podemos hacer en la cama para que el otro no se sienta incómodo.

Emily nos observa con una mirada morbosa.

—Ponedme un ejemplo.

—No nos besamos —responde él—. Con la chica sí, pero no entre nosotros.

—¿Por qué no?

—Porque no nos va.

—Ah, yo daba por hecho que erais bi.

Liam niega con la cabeza.

—Nos gusta compartir la misma tía, pero no fluidos.

—Pero al liaros los dos con la misma persona a la vez, en realidad ya lo estáis haciendo.

—Visto así, sí —reconozco yo.

Emily nos mira sentada en el sofá y sonríe.

—A mí me pondría mucho. Y creo que a vosotros también os podría llegar a gustar. ¿No sería mejor dejarse llevar sin normas? ¿Ver qué os apetece hacer cuando no os ponéis ninguna barrera? Y que estamos hablando de un beso, no de que os deis por el culo.

Liam y yo compartimos una mirada.

Me fijo en su boca. En que la cerveza le ha dejado los labios pegajosos y muy brillantes.

De pronto noto un nudo en el estómago porque por un segundo me pregunto cómo sería hacerlo.

Besarlo a él.

Después me siento fatal conmigo mismo.

—Son las normas —oigo decir a Liam, y luego le da otro trago a su cerveza.

Emily parece algo decepcionada.

—Las normas son aburridas.

—¿Te parece aburrida la idea de que te follen dos tíos a la vez?

Entonces sí, las comisuras de Emily empujan hacia arriba y dibuja una sonrisa de chica mala.

—Puede molar. Pero os aviso que a mí me gusta el sexo sucio —resume en pocas palabras—. Y ya que me estreno con vosotros, quiero acordarme de esta noche.

—¿Cómo de sucio? —me intereso.

—Me pone mucho imaginarme que os empiezo a comer la polla a los dos... y que luego uno me da por el culo mientras yo me monto encima del otro.

—¿Doble penetración? —pregunta Liam.

—Sí.

—Joder —jadea.

—¿Qué? ¿Hay alguna norma estúpida que os impida penetrarme a la vez?

—Yo no recuerdo ninguna. ¿Tú, Nate?

—Tampoco.

Mi amigo y yo sonreímos. Cuando esta tarde estábamos en las duchas, después de acabar el entrenamiento, Liam me ha mencionado lo de la doble penetración. Pensar que ahora es la chica la que se nos adelanta y propone hacerlo me la pone dura. Sé que no soy el único, que Liam también está increíblemente cachondo. Conozco esa mirada. La pone siempre que la situación se calienta. Y en este salón empieza a hacer un calor muy tonto. El tipo de calor que nos acerca instintivamente a Liam y a mí al centro del sofá, donde se encuentra Emily.

—¿Crees que vas a poder con dos pollas al mismo tiempo? —le pregunta Liam.

—No lo sé.

—Pero la idea te excita.

—Mucho —admite ella.

—Bien. Podemos probar.

Emily se muerde el labio inferior y sus ojos se deslizan por el abultado paquete de Liam. Hace lo mismo conmigo. Me mira como si ya nos estuviera haciendo una mamada. Después su mano se posa sobre el muslo de cada uno. Bajo el tacto de sus dedos la tela me arde, me aprieta, me incomoda. Me encantaría estar desnudo, que Emily nos abriese la bragueta y nos hiciese una buena paja hasta corrernos en su boca.

—¿Vamos a mi habitación?

—Por favor —contestamos a la vez.

Emily ríe. Resulta bastante evidente que Liam y yo estamos manteniendo las formas para no parecer dos animales.

Me levanto del sofá, incómodo por la erección. Cojo el botellín de cerveza antes de que mi mano decida ir por libre y termine arrancándole la ropa a la chica allí mismo. La presión que mis vaqueros ejercen sobre mi pene para que este siga en su sitio debería ser denunciable. Qué dolor. Necesito quitármelos.

Emily nos guía hasta su habitación.

Nada más entrar, sin mediar palabra, se vuelve hacia nosotros y coge mi cara y me besa. Rápido, fácil y al grano. El beso me pilla desprevenido, así que tardo un segundo en separar los labios y dejar que su lengua entre en mi boca. Emily me está besando con una determinación impresionante. Se nota que es un par de años mayor que nosotros y que no es alguien que se ande con tonterías. Le gusta el sexo igual que a todo el mundo y no se siente avergonzada por ello.

—Besas muy bien —dice. Me rodea el cuello con las manos y se aprieta contra mi erección—. Pfff. Ahí está.

Suspira al notar por encima del vaquero lo duro que estoy, lo mucho que deseo esto. Luego me suelta sin más y se acerca a Liam para reclamar su boca. Aprovecho para terminarme el botellín de un solo trago y dejarlo en la mesita de noche.

—A ver cómo lo haces tú —reta a Liam.

Sus manos acunan la cara de él. Emily lo besa igual que ha hecho conmigo. Desde donde estoy puedo ver sus lenguas moviéndose con ganas. Se devoran con un hambre que parece haber despertado de golpe. Y el hambre los obliga a desnudarse el uno al otro. Las camisetas de ambos caen al suelo.

—El sujetador —Emily se dirige esta vez a mí—, quítamelo.

Me acerco por detrás y lo desabrocho. El sujetador se desliza por sus brazos y cae junto a las camisetas. Los pechos de Emily quedan desnudos y expuestos ante la atenta mirada de Liam, que no duda en alargar las manos y tocarlos con delicadeza. Los acaricia admirando su forma, luego se inclina, hunde la cara entre ellos y hace una profunda inhalación.

—Me encanta cómo hueles —dice con tono oscuro y sexi.

Instintivamente, entierro mi nariz en el pelo de Emily y respiro para olerla yo también. Entonces Liam se pone a pellizcarle los pezones con los dientes. Primero el derecho, después el izquierdo. Cuando termina de chuparlos, dibuja una O con la boca y sopla con mimo. El cuerpo de Emily se arquea al recibir aire caliente en esa zona tan sensible.

—Aaah... sí.

Mi amigo sonríe y los vuelve a chupar hasta dejarlos en punta. Ella emite otro gemido y gira la cabeza para buscar mis labios.

—Bésame, Nate —me pide.

Beso a Emily pegando mi pecho a su espalda mientras la boca de Liam juega con sus tetas.

—Quítate esta mierda —dice tirando de mi camiseta torpemente.

Lo hago. Me quedo sin la parte de arriba y al volver a abrazarla el calor de su piel se funde con el mío. Nuestras lenguas atan y deshacen nudos en la boca del otro.

—Qué tetas tienes... —oigo decir a Liam, que sigue concentrado en sus pechos, hasta que Emily deja de besarme a mí y lo besa a él.

Yo le aparto el pelo hacia un lado y le dejo un beso húmedo debajo de la oreja que la hace temblar. Emily vuelve a girarse hacia atrás para besarme a mí. Luego hacia Liam para besarlo otra vez a él. Cambia de boca a cada minuto.

Siento los labios de Liam cerca y, a la vez, los siento increíblemente lejos.

Entonces pienso en lo que Emily nos ha dicho antes. Lo de besarnos. Dejarnos llevar, sin barreras. Aunque es difícil dejarse llevar con alguien que no quiere besarte a ti.

¿Y yo? ¿Quiero besarlo a él?

Creo que, en una situación tan caliente como esta, no me importaría probar algo nuevo. Experimentar. Pero, claro, no quiero poner a Liam en una situación que le resulte violenta ni hacer nada con lo que no vaya a sentirse cómodo. Es mejor limitarnos a hacer lo que siempre hacemos cuando quedamos con una chica que nos gusta a los dos.

Cuando Liam no la está besando le está comiendo las tetas, y cuando no la estoy besando yo le estoy comiendo el cuello. Ahora mismo, todo lo que ocurre en la habitación se resume en manos, lenguas y gemidos.

Emily me insta a que me acerque más a ella, y lo mismo hace con Liam. Quiere sentirme contra su espalda y sentirlo a él contra su pecho. Le gusta tenernos cerca a los dos y nos lo hace saber desde el principio.

—¿Por qué seguís con el pantalón puesto?

Nos terminamos de quitar la ropa y pasamos a la cama.

—Túmbate, Nate —me pide.

—Qué mandona eres —me quejo con una sonrisa.

—Y tú ponte de pie —le pide a mi amigo.

—¿De pie?

—Sí, delante de mí. ¿Quieres que te coma la polla o no?

Asiente. Yo me tumbo bocarriba, completamente desnudo. No me produce pudor ver a Liam desnudo también, porque hemos hecho esto muchas veces. Eso sí, siempre procuramos no fijarnos en el miembro del otro. No es una norma como tal, es más... por pudor y respeto. Aunque tampoco sentiría que mi amigo me falta el respeto si lo pillo mirándomela. Pero sí sería un tanto extraño.

—Espera, los condones. —Liam salta de la cama para coger un par.

Me tiende uno con una sonrisa lobuna y vuelve a sumarse a nosotros.

Emily espera a que me ponga el condón y después se sube a horcajadas sobre mí. Coge la punta de mi pene y la guía con la mano hasta su abertura. Me hundo poco a poco en su interior.

—¿Bien?

—Sí.

—Estás muy apretada... —susurro.

Emily me observa con los ojos cada vez más abiertos. Respira por la boca y jadea mientras introduce unos cuantos centímetros más.

—Ya está —dice.

—Sí, ya está. —Celebro con una sonrisa—. ¿Te ha dolido?

—No. Estoy bien.

Por si acaso, me quedo quieto. Dejo que sea ella la que marque el ritmo. Emily cierra los ojos y sube la cadera hacia arriba, luego se deja caer abajo. Cada vez que lo repite yo me hundo en ella con mayor facilidad. Noto que las paredes de su interior se separan para hacerme espacio y acoger mi pene.

—Ven —llama a Liam, invitándolo a participar.

Él se pone de pie sobre el colchón y le mete la polla en la boca. Emily la devora como si fuera un caramelo.

—Estás húmedo —comenta al sacársela, pero no suena como una queja, sino todo lo contrario.

—Normal. Me pones muy cerdo.

Para provocarlo, Emily rescata un poco de líquido preseminal con la lengua y se lo traga sin dejar de mirarlo fijamente a los ojos.

—Tú también estás muy guarra, ¿eh?

—Sí. —Luego me mira a mí—. Puedes follarme, Nate. ¿O es que tengo que hacerlo yo todo?

Liam lanza una carcajada y yo me ruborizo.

—A sus órdenes, señora —susurro tímido.

Luego se la clavo hasta el fondo y Emily suelta un gemido que llena toda la habitación.

—Eso es. Fuerte.

La chica me ayuda a que los movimientos sean más y más rápidos cabalgando sobre mi polla, sin dejar de chupar la de mi amigo y hacerle una paja con la mano.

Después rotamos. Liam se pone el condón y se tumba bocarriba, y yo me pongo de pie para que ella me haga una mamada.

—Aaah... Así... así...

A los cinco minutos nos suplica, muerta de deseo:

—Ahora los dos. Folladme a la vez.

Liam me busca con los ojos.

—¿Cómo lo hacemos? ¿Te tumbas tú y yo me pongo de rodillas?

—Sí.

Me vuelvo a tumbar bocarriba. Emily se tumba sobre mí, bocabajo, y se introduce mi erección sin problemas. Sus tetas se aplastan sobre mi pecho. Después, Liam se pone a comerle el culo. Le encanta hacerlo. A veces creo que tiene una obsesión.

—Sigue follándome —me pide Emily, moviendo ligeramente la cadera.

—Pero Liam está...

—Fóllame —insiste.

—Por mí no te preocupes, Nate —dice mi amigo.

Asiento y me muevo despacio.

Intento no pensar en lo cerca que queda la boca de Liam, porque no es la primera vez que practicamos la doble penetración, pero sí la primera en la que uno le está comiendo el culo a la chica mientras el otro le está penetrando el coño. Eso me pone nervioso y me excita a partes iguales. Siento que Liam y yo nos estamos saltando alguna norma. Aunque no recuerdo que hayamos hablado sobre si esto está dentro o no de los límites, así que en realidad no tendría que ser algo raro ni que nos hiciera sentir incómodos, ¿no? Joder, no lo sé. Solo sé que la boca de mi mejor amigo está increíblemente cerca de mis huevos y que me puede rozar con su barbilla como no tenga cuidado. Una parte de mí no quiere que eso ocurra, la otra quiere saber cómo reaccionaría mi cuerpo. Cómo sería que Liam me acariciase donde nunca lo ha hecho.

—Creo que ya puedo probar a meterla. ¿Tienes lubricante?

—En el primer cajón —gime ella señalando la mesita de noche.

Liam se lubrica el dedo índice y juega con su abertura. Cuando consigue que Emily esté más dilatada, reparte el lubricante a lo largo de su pene y se acerca más a ella.

—Despacio —pide.

—Tranquila, no tenemos ninguna prisa.

Emily hace una mueca de dolor.

—Y tú —me llama—, ni se te ocurra moverte hasta que yo te vuelva a decir que puedes hacerlo.

Los tres nos quedamos en silencio. Solo se nos oye respirar.

Me gusta volver a sentir a mi mejor amigo así de cerca y que de alguna forma estemos conectados por el cuerpo de una mujer. Ahora todo es mucho más íntimo. Liam y yo somos como dos piezas de puzles diferentes que encuentran la forma de encajar a través de otra nueva.

—¿Voy bien? —le pregunta Liam a ella.

—Sí. Vas muy bien.

El sudor de Emily se mezcla con el mío. Cada vez hace más calor en la habitación, y no ayuda que estemos haciendo un sándwich entre los tres.

—Ya casi está entera. Eres una campeona —bromeo.

—Sssh. Que me cortas el rollo.

Liam se ríe.

—Nate, no desconcentres a la chica, que le está poniendo mucho empeño.

—El que faltaba —protesta Emily—. Una bromita más y os apañáis solitos.

—¿Qué?

—Nos callamos, nos callamos —digo por los dos.

Emily sonríe. Echa las manos hacia atrás y busca el culo de Liam a tientas. Después lo atrae hacia ella para hacer que termine de hundirse del todo.

—¡Aaah!

—Joder, Emily —lo oigo jadear a él.

—¿Qué pasa?

—Que se siente de maravilla que estemos los dos dentro de ti.

Coincido con Liam. La sensación de estar los dos dentro de ella es flipante. Emily está tan apretada y húmeda que parece imposible que le hayan entrado dos pollas a la vez. Pero lo ha hecho. Estamos dentro de ella. Y la cara de viciosa que pone la muy cabrona hace que me muera de ganas de darle duro. Quiero oírla gritar de placer. Que se vuelva más loca, más sucia y más libre de lo que ya ha demostrado ser con nosotros.

—¿Podemos movernos?

—No, Nate. Dame un segundo.

Emily sube ligeramente la cadera, muy despacio. Soy demasiado consciente de la manera tan deliciosa en la que mi polla empieza a salir centímetro a centímetro de su apretado coño. La manera en la que se desliza por sus labios y sale hasta la punta. La manera en la que luego vuelve a bajar y yo vuelvo a estar totalmente dentro de ella. Me envuelve un calor agradable. Y esa increíble sensación se multiplica por tres al estar con mi mejor amigo, porque lo que Emily hace con mi pene también lo hace con el suyo. Verlo me pone demasiado.

Liam abandona lentamente el cuerpo de Emily y luego regresa para reclamar ese espacio que ahora le pertenece.

—Joder, nena, ¿es que quieres volvernos locos? —le pregunta Liam volviéndola a sacar, pero sin meterla de nuevo.

—¿Os gusta?

—¿Que si nos gusta? ¿No ves la cara de Nate? Porque yo la estoy viendo desde aquí y está disfrutando como un enano. Esa cara solo la pone cuando le falta poco para acabar.

—¿Acabar? ¿Ya?

—De momento aguanto —susurro.

Emily se incorpora, pone un pie a cada lado de mi cadera para poder impulsarse mejor hacia arriba y cabalgarme. Sube y se deja caer sobre mi polla una y otra vez. Me agarro con fuerza a las sábanas y se me escapa una palabrota. Ella sonríe al ver mi reacción.

—Qué mala eres.

—Me gusta serlo.

La chica se frota con mi erección dentro de ella.

Liam sigue sin meter la suya, prefiere quedarse viendo las caras que pongo, cómo me muerdo el labio inferior mientras intento contener el intenso placer que corre por mis venas, sacudiéndome el cuerpo entero.

—Frena un poco —protesto con una sonrisa.

Pero Emily no me hace caso. Da pequeños saltitos con los que me hundo en ella hasta el fondo. Y se mueve demasiado rápido, así que el placer se intensifica como una bola de fuego que se hace más y más grande.

—Se va a correr —le advierte Liam.

—No te vas a correr —dice mirándome.

Cierro los ojos. Necesito que pare. Porque sí: estoy llegando al límite demasiado rápido.

—Para, por favor —le pido entre jadeos.

—¿Te corres?

—Me falta poco.
—Pero no quiero que lo hagas. Todavía no.
—Yo tampoco. Déjanos disfrutar más de ti.
Emily asiente y se detiene en seco.
Noto como salgo de ella.
¡Dios! Dejo de respirar y le envío información a mi cerebro para que él también eche el freno. Detener el placer cuando estás a punto de llegar al orgasmo tiene cierto parecido a estar meándote encima y aguantarte las ganas.
Cuando me calmo, suelto todo el aire que estaba reteniendo en los pulmones y hago una nueva inhalación.
—¿Y bien?
—No me he corrido.
Liam sonríe porque eso significa que podemos seguir jugando los tres un rato más.
—Mi chico, otro campeón —bromea.
—«Mi chico» —repite Emily con una sonrisa—. Eso ha sido muy... cariñoso. Algunos pensarían que hasta un poco gay.
—Sé lo que vas a decir —me adelanto yo.
—Liam, ¿estás seguro de que no quieres besar a Nate?
Liam no contesta inmediatamente.
Primero me mira a mí y clava sus ojos verdes sobre los míos.
Después sacude la cabeza.
—No.
Antes de que Emily pueda hacerle otra pregunta, Liam la embiste con fuerza desde atrás y la hace gemir. Empieza a follarla sin piedad, aprovechando que ahora solo tiene su polla bombeando dentro de ella y puede moverse mejor. Todo lo demás que no sea sexo pasa a un segundo plano.
—Ah... ¡Aaah! Mmm...
Cada vez que él se aprieta contra su culo, surge un sonido seco que suena como un aplauso. La está penetrando con tantas ganas que por un momento pienso que la va a partir en dos. Pero Emily parece encantada de tener a Liam embistiéndola con tanta brutalidad.
—Sigue así, Liam... ¡Ah! —Se vuelve a clavar en ella—. ¡Ah! —Otra vez—. ¡Ah! —Otra.

Los observo estando increíblemente cerca de ellos, desde abajo, tumbado bocarriba, con Emily encima a cuatro patas.

Liam parece otra persona. Alguien más oscuro, más grande, más hombre.

—Menudo culo tienes, joder. El mejor que he probado.

—No pares... —Emily intenta girar la cabeza para ver a mi amigo.

Él la detiene.

—No, a mí no. Sigue mirando a Nate, Emily. Quiero que él vea lo mucho que te gusta sentir mi polla dentro.

Entonces Emily me observa con la boca entreabierta, rota de placer.

Y después de preguntarme cómo sería besar a Liam, ahora mi pregunta es cómo sería sentirlo a él, entero, dentro de mí.

—Bésalo —le ordena Liam a Emily.

Emily se muerde el labio inferior y luego se inclina sobre mí, acercándose a mi boca para besarme. Lo hace con desesperación, ahondando en ese beso como si fuese su salvavidas. Solo se separa de mi boca un segundo, y es para pedirme que la toque ahí abajo.

—Tus dedos —gime.

Coge mi mano y me la pone sobre su coño, húmedo y caliente. Mis dedos buscan su clítoris.

Me pongo a trazar círculos, a mimarlo a conciencia para darle placer. Emily se retuerce y entierra la cara en mi cuello, respirando trabajosamente por la boca. Su aliento me hace cosquillas.

—¿Te gusta?

—Sí. Pero necesito sentirte a ti también... dentro. Igual que a Liam.

—Fóllala, Nate —me susurra mi mejor amigo—. Los dos juntos.

Asiento. La tengo tan dura que me duele.

—Vale, juntos.

Restriego la punta por sus labios antes de empezar a meterla. El calor es muy agradable. La termino de meter del todo y luego vuelve a recibir a Liam por detrás. Dejamos que Emily se mueva primero y esperamos órdenes. Sus movimientos de cadera son lentos y acompasados. Liam y yo nos quedamos muy quietos mientras ella se acostumbra a tenernos a los dos dentro nuevamente.

—Mucho mejor así.

Liam le aparta la melena a un lado para besarla en la nuca. La abraza por la espalda y sus dedos se aferran a sus pechos. Le pellizca los pezones, ya muy sensibles. Emily abre la boca y deja escapar un gemido profundo. Mis manos trazan una línea invisible por sus piernas blancas hasta apretarse en su culo suave y redondo.

—Aaah...

Otro gemido. Noto cómo su interior se estira y le pregunto si ya podemos movernos.

—Ya podéis follarme —nos da permiso.

Empiezo a machacarla con ganas. Los minutos de tregua que me ha dado antes me permiten ahora volver a penetrarla sin miedo a no durar demasiado.

Liam se apunta a darle por detrás.

—Lo que estás haciendo con nosotros es increíble —susurra.

Cada vez que nos hundimos en Emily se crea una especie de unión entre los tres. La chica, Liam y yo. El sexo nos conecta y nos mantiene unidos a todos los niveles posibles.

—Casi estoy... —la oímos decir entre jadeos.

Liam fija sus ojos verdes en los míos. Sé lo que me quiere decir, lo que tenemos que hacer. Cojo una bocanada de aire y pasamos a movernos más rápido. A dar el doble de nosotros. A clavarnos en ella hasta hacer tope y volver a por más. A convertirlo todo en algo mucho más salvaje y guarro.

—Me corro —anuncio entre gemidos.

—En mi estómago. Córrete en mi estómago —pide ella.

La saco de golpe, me quito el condón y me corro sobre Emily, y luego la mitad de mi corrida cae sobre mi propio abdomen. Me muerdo el labio inferior a tiempo para no pegar un grito.

Liam es el siguiente en terminar. Sale de ella y se corre sobre su espalda. Él sí que grita, y su gemido recorre las cuatro paredes de la habitación.

—¡Aaah, sí, joder!

Por último, Emily se lanza a mi boca y me besa antes de abrazarme con muchísima fuerza y alcanzar el orgasmo.

—Guau. Ha sido...

—Espectacular.

—Una puta pasada.

Estiro el brazo para coger la caja de clínex que hay en la mesita de noche. Le paso un par a Liam. Él le limpia la corrida que tiene Emily por toda la espalda, y yo la que tiene por su estómago y por mi abdomen. Hay tanto semen pegado a su piel que el clínex se humedece rápido y coge cierto peso. Lo tiramos tal cual por el inodoro. Luego nos turnamos para darnos una ducha rápida.

Liam y yo compartimos una mirada cargada de significado mientras nos abrochamos los pantalones. Los dos estamos sonriendo. Es la mejor parte de tirarse a la misma chica con tu mejor amigo. Que conocemos los límites de cada uno. Sabemos lo que nos gusta y lo que no. Hasta dónde podemos llegar. Nos entendemos perfectamente con la mirada. Sé cuándo él está incómodo, si no termina de disfrutar la paja o la mamada... o la cara que pone cuando le gusta demasiado y no quiere correrse tan deprisa. Sobre todo, sé lo mucho que Liam y yo disfrutamos del sexo sucio, duro y sin prejuicios.

Todos tenemos alguna fantasía sexual, pero la mayoría de la gente se conforma con masturbarse en casa mientras ve un vídeo porno. Yo tengo tanta confianza con mi mejor amigo que puedo cumplirla y no sentirme raro después.

—Ha sido la hostia —vuelve a repetir.

De pronto se oye el sonido de unas llaves al girar sobre la cerradura. Alguien está abriendo la puerta de la entrada. No me preocuparía demasiado de no ser por la expresión de Emily.

Está pálida.

—La he cagado —dice con un hilo de voz.

—¿Tu compañera de piso? —le pregunto.

—No, mi novio.

—¿Tienes novio?

—Sí. Os tenéis que esconder.

—¿Qué? ¿Dónde?

Barre la habitación con la mirada.

—En el armario. Meteos en el armario.

—Estás de coña —se queja Liam.

—Ahí no entramos.

Se oyen pasos desde el pasillo.

Emily nos habla en voz baja, pero hecha un manojo de nervios.

—Si no os metéis en el puto armario de los cojones, mi novio os va a ver y se va a liar a hostias con vosotros. Y a mí me echa de casa.

Y así es como terminamos Liam y yo, encerrados en el armario de la chica con la que acabamos de follar.

Es pequeño y está demasiado oscuro como para no chocar entre nosotros.

—Dime que no te acabo de pisar.

—No te preocupes —contesta.

Su voz suena tan cerca que me da un escalofrío.

Los dos nos quedamos en silencio, esperando a que Emily vuelva para decirnos que ya podemos salir.

—Mierda. Cuánta ropa tiene esta chica.

—Pues sí. —Ríe—. Esto se parece cada vez más a la escena de una peli. Espera, ya sé, ven aquí.

Liam me abraza.

—Así ocupamos menos sitio —añade.

Nos quedamos unos segundos quietos, dándonos calor con la piel. Su pecho arde. Me viene un *flashback* de los dos abrazados en su tienda de campaña, muertos de miedo. Durante un segundo cierro los ojos y vuelvo a ser ese niño. Han pasado tantos años...

Su corazón late muy deprisa y el mío no se queda atrás. Los dos estamos nerviosos, pero por una razón diferente a cualquiera que haya habido antes. Algo nos está cambiando por dentro. Siento que este abrazo es más que un abrazo. Que hay un secreto que no nos atrevemos a compartir en voz alta. Y me gustaría tener el valor para preguntarle a Liam qué es exactamente, porque me da miedo estar malinterpretándolo todo. Quizá él tampoco tiene una respuesta que explique por qué este abrazo es distinto. O quizá Liam piensa que todo sigue igual entre nosotros y me estoy rayando por nada.

Rodeo su espalda con mis brazos. Noto un bulto en su entrepierna. Y entonces se me cierra la garganta, porque siento que Liam y yo nos hemos hecho adultos sin darnos cuenta y que todo empieza a ir demasiado deprisa.

Me separo unos centímetros de él para mirarlo de frente. Mis ojos se acostumbran a la poca luz que entra en el interior del armario y buscan los suyos. Sonrío tímido cuando los ojos verdes de Liam me devuelven la mirada. Él también me sonríe a mí.

Nuestras caras siguen increíblemente cerca, aunque ninguno de los dos se aparta. Compartimos esa intimidad y probamos a respirar sintiendo el aliento del otro rozando nuestra boca.

No sé muy bien qué estamos haciendo.

Supongo que en esto consiste dejarse llevar, en quedarse callado y hablar solo con la piel.

Los dedos de Liam bajan inseguros por mis hombros hasta encontrar mis manos. Su cabeza se inclina hacia mí y yo cierro los ojos y dejo que se acerque. La punta de su nariz roza mi mejilla y hace una fuerte inhalación, oliéndome.

Creo que me va a besar.

Y creo que, si no me besa, lo voy a hacer yo.

—Ya podéis salir.

Es Emily.

Abre las puertas del armario y el chorro de luz nos obliga a parpadear varias veces.

—Se está duchando —resume.

Respiro, asiento y me separo de mi mejor amigo.

Emily se pone a hacer la cama.

—«Las damas primero» —dice Liam, imitándome de una forma horrible mientras me sujeta la puerta del armario como yo he hecho antes con la del portal.

—«Qué imbécil eres, Liam» —Ahora lo imito yo a él, cambiando mi nombre por el suyo.

Le saco el dedo corazón y su sonrisa se ensancha.

—«Un momento... ¿Estás tonteando conmigo?» —Me vuelve a imitar él a mí.

Parece que quiere jugar. Y yo no puedo evitar fijarme en su boca durante un brevísimo segundo... y tragar saliva.

Él también lo hace. Me come con los ojos.

—«Ya te gustaría» —le susurro al pasar, mirándolo de reojo.

Liam se muerde el labio, conteniendo unas ganas que ninguno sabe de dónde han salido.

—No. Ya te gustaría a ti.

9
Islas Fiyi

Me paso la semana entera pensando en el armario de Emily. En lo que sucedió dentro de él. En lo que estuvo a punto de pasar entre Liam y yo si Emily no nos hubiese interrumpido justo antes de lanzarnos sobre la boca del otro.

La mayor parte del tiempo no me separo de Liam. Estoy con él en clase, en el entrenamiento de béisbol, en mi casa. Aun así, ninguno de los dos menciona nada sobre lo que ocurrió en el armario de Emily y, según pasan los días, empiezo a creer que quizá Liam nunca pensó en besarme en serio, que solo fue un momento de debilidad y confusión, y de pronto no tengo claro hasta qué punto toda esa tensión sexual que se respiraba cuando estábamos tan cerca el uno del otro, escondidos dentro del armario, abrazándonos y dándonos calor con la piel, fue algo que sentimos tanto Liam como yo, o en realidad fue todo cosa mía y llegué a malinterpretar el cariño que me tiene por la amistad que nos une con un deseo que él no siente por mí y que yo no esperaba sentir por él.

El martes y el jueves me turno con Beatrice para hacer guardia en el pasillo y vigilar que nadie se acerca demasiado al despacho de Olivia, del que nos llegan gemidos ahogados y el ruido que hacen las patas de la mesa con cada nuevo empujón. Cuando terminan, nos dirigimos rápidamente a la sala donde vamos a ensayar e intentamos no pensar en lo que han hecho dentro. Pero la sonrisa radiante de Olivia, su blusa mal abotonada y la coleta a medio hacer son un recordatorio constante. En realidad, eso es una tontería, lo que sí me importa es el favoritismo tan descarado que muestra hacia Marc, que a mí me hace rechinar los dientes y me pone de mal humor. Una cosa es que tengan sexo juntos, que me parece estupendo, y otra es que eso le dé a Marc carta blanca para hacer una actuación de pena y que la directora lo pase por alto porque en la intimidad el tío es un diez.

Marc, por su parte, además de equivocarse con el texto y no expresar bien las emociones, no deja de clavarme la mirada siempre que puede. No sé si intenta buscarme las cosquillas o si pretende que me sienta pequeño e inseguro a su lado, pero no funciona. O intento que no se note que un poco sí le funciona. Porque lo cierto es que sigo sin acostumbrarme a lo grande y fuerte que es. A sus ojos. A lo nervioso que me pone cuando estos me atraviesan. Me ruborizo, y él sonríe satisfecho como si hubiese logrado su objetivo.

Cinco días después.

—No deja de mirarte —me dice Beatrice el martes siguiente—. Creo que hasta Olivia se ha dado cuenta.

—Te mira a ti.

—Oh, no. Te aseguro que Marc no me está mirando a mí.

Giro un poco la cabeza, lo justo para que mis ojos choquen con otros azules y marrones que me estaban esperando.

Entonces su sonrisa se ensancha, algo burbujea en mi interior y me veo obligado a apartar la mirada.

Tengo a Liam delante. Estamos en la cafetería del insti con Beatrice y Melody. Su mirada verde se queda fija un segundo en mis ojos.

Otro segundo en mis labios.

Otro en mis dedos, que abrazan la taza de café.

—¿A que no sabéis con quién estoy hablando? —dice Beatrice.

—¡Salseo! —Melody pega un saltito en su silla.

Todos bebemos un sorbo y yo me paso la lengua por la comisura para limpiarme una gotita de café. Los ojos de Liam, rápidos como una flecha, captan el instante. Después se mira las manos. Ahora soy yo el que lo mira a él.

—Da clases aquí.

—¡¿Estás tonteando con un profesor?! —Melody se escandaliza.

Al principio Liam y yo no prestamos mucho interés.

Liam esconde una sonrisa que parece un secreto. Y llego a creer que los dos estamos pensando lo mismo: «El otro día casi nos besamos».

Pero han pasado casi dos semanas. Quizá solo me ha sonreído porque le ha salido así.

Beatrice saca el móvil para leernos en voz alta los mensajes subidos de tono.

Entonces sí, le hacemos caso:

—Va y me dice: «Me temo que voy a tener que abrirle un expediente».

Se supone que Beatrice quiere imitar a un hombre adulto de cuarenta y pocos, pero mi amiga es tan exagerada que le sale una voz de anciano de noventa años, lo cual es gracioso y da mal rollo a la vez.

—Y yo le contesto: «Ábrame primero las piernas, profesor». —La voz que se pone a sí misma es de actriz porno, y al leer el siguiente mensaje vuelve a poner voz de viejo—: «Está siendo una alumna muy mala».

Liam parpadea y sacude la cabeza.

—Pero ese señor ¿cuántos años tiene?

—Cuarenta y cinco. No me interrumpas.

—Ah. Es que me ha recordado a mi abuelo.

Lo que yo decía...

—Calla. Sigo. —Y lee con voz de actriz porno—: «Sí... soy muy muy mala». —Y después cambia a la del abuelito de Heidi—: «Merece un castigo», «castígueme con un examen oral sorpresa», «¿qué llevas puesto ahora?», «la falda gris de colegiala que tanto te gusta», «pareces una chica buena... Me pone mucho que luego seas tan guarra», «es que soy buena en todo»,

«¿sí...?», «si quiere, le hago una mamada y usted me pone la nota, profesor».

A Melody casi le sale café por la nariz.

—¡¿En serio le dijiste que le hacías una mamada?!

—Sí, sí. Y le envié también el emoji de la berenjena y el de la lengua. ¿Sabes qué me respondió? Que era tarde y que tenía que acostar a los niños.

—Guau.

—¡Lo sé! Puto viejo verde... Seguro que mientras su mujer le estaba leyendo un cuento a los niños, él se la estaba cascando en el baño y se corrió leyendo mis mensajes. Y luego, pues lo típico, que se corren y se arrepienten porque se acuerdan de que tienen una familia maravillosa.

—A buenas horas —dice Liam.

—Pero ¿lo has hecho más veces? Hablar con hombres casados —pregunta Melody, contrariada.

—A ver, a ver. Que yo en cuanto me dicen que tienen mujer los bloqueo. Y cuando he quedado ha sido porque he dado por hecho que no estaban casados —nos deja claro a los tres—. Igual el problema es ese, que doy por hecho que los tíos solo van a ser unos cerdos en la cama hasta que veo algo que no debería haber visto.

—¿Que es...?

—¿Qué va a ser? La puta foto familiar: una mujer sonriente que no sabe que su marido la está engañando, tres niños que no saben que su padre es un hijo de puta, un perro que no tiene la culpa de nada porque es un perro... Y el hombre con el que acabas de follar, al que de pronto odias y que te empieza a parecer más gordo, más calvo y más feo.

—Joooder —dice Liam—. Bueno, por lo menos el profesor te lo ha dicho. Ahora ya lo sabes.

—Sí. —Beatrice se cabrea de repente—. Supongo que se sentiría fatal y se diría a sí mismo: «¿Qué coño estoy haciendo?, y encima con una menor». El muy cerdo. Siempre igual. ¡Hombres!

Da un golpe sobre la mesa y derrama el café sin querer. Los demás arrastramos la silla hacia atrás.

—¡Tu puta madre! —le chilla al café, como si el líquido

tuviera la culpa—. No sé cómo lo hago, pero siempre se me cae medio café encima.

Nos reímos. Ella no.

Beatrice se levanta y va a coger servilletas.

—Me sigue chocando ver a Beatrice con esas pintas de niña de comunión y que luego sea tan... tan así —les digo al resto.

—Malhablada —completa Liam—. Es que cuando quiere es muy burra. No tiene pelos en la lengua.

—Ella en sí misma es una contradicción preciosa —apunta Melody.

—Pues igual que tú —señala Liam.

—Lo de preciosa no, pero que soy contradictoria te lo compro, porque, tal y como voy vestida y maquillada, igual sí que aparento ser alguien que no soy.

—¿Igual? A mí me daba cosa hablarte en clase —recuerda Liam—. Pensaba que me ibas a echar un hechizo de *Dragones y mazmorras* o algo peor. Para mí eras la bruja emo del instituto.

—Gracias. Tú siempre sabes cómo subirme la autoestima —ironiza.

—Sabes que te quiero mucho.

—Lo sé.

Observo a Melody. Sus labios pintados de negro. La sombra de ojos. El jersey talla XXL, por supuesto negro, como toda la ropa que se pone, que le queda exageradamente grande y le llega a las rodillas. Su piel blanca, como una muñeca de porcelana. Al ser tan pálida, parece una chica que se quedó atrapada dentro de una película en blanco y negro. Lo que hace especial a Melody es que, aunque por fuera pueda parecer un personaje de Tim Burton, su interior no tiene nada que ver. Porque si su interior fuera un paisaje, sería una pradera con ponis de colores.

—También eres preciosa —le digo a Melody.

—¿Yo...? Qué va, Nate. No lo soy. Pero gracias por pensar que sí. —Se pone roja. Por fin un poco de color.

—Y también eres contradictoria en que te encanta hablar de sexo y eres la única virgen del grupo —dice Liam.

—Eso es porque Beatrice quiere llevarla por el mal camino —la defiendo.

—Yo la llevo por el camino de la felicidad —me corrige Beatrice, que acaba de volver con un fajo de servilletas, seca la mesa y nos reparte una a cada uno—. Melody se tiene que soltar la melena. El día que me haga caso y deje de llevar ese jersey horrible...

—¡Oye! ¡Que sigo aquí!

—Cariño, esconder ese cuerpazo debería ser delito. —Se sienta delante de ella.

—Tú nunca me has visto sin jersey.

—Ojo de loca no se equivoca. —Le hace un escáner mirándola de arriba abajo.

Entonces Melody abraza su cuerpo, como intentando taparse aún más. Sé que se siente incómoda por estar hablando con nosotros sobre su físico. Eso, y que Beatrice no se ha dado cuenta: ella nunca intentaría hacer sentir incómoda a la que es su mejor amiga. La quiere con locura.

—Estábamos diciendo que eres una contradicción preciosa —le digo a Beatrice, para desviar la atención.

Melody me lo agradece con una media sonrisa.

—Reconozco que es parte de mi encanto —bromea.

—Es que cuando Beatrice abre la boca —dice Liam— parece que te va a leer un pasaje de la Biblia y en realidad es para decirte que se la ha chupado a uno en los baños hace cinco minutos.

Los cuatro rompemos a reír y escupimos el café. Menos mal que tenemos servilletas.

—Pero sí que estuviste cantando en el coro de la iglesia, ¿no? —pregunta Melody con suavidad.

—Me obligaron mis padres.

Liam desplaza la vista de Melody a mí.

—¿Vosotros os imagináis a Beatrice enamorada?

Lo que me imagino es a un chico con *piercings*, cresta roja y brazos tatuados. Así era su gran y único amor hasta la fecha.

—Lo estuvo. Una vez —digo.

—No —dice Beatrice.

—¡Sí! ¡Es verdad! —recuerda Melody.

Nuestra amiga se tensa y evita mirarnos a los ojos.
—No me he enamorado de nadie.
Los tres pronunciamos su nombre al unísono:
—Noah.
Y el nombre se queda flotando en el aire hasta que Beatrice parte su servilleta por la mitad como el que rompe una fotografía.
«Ha roto su nombre —pienso—, Noah ahora es No-ah.»
—Fue hace tanto que ya ni me acuerdo de él. —Se toca el cuello.
Es imposible que no se acuerde. Cuando me contó su historia con Noah, yo le pregunté qué pasó con ese chico lleno de tatuajes que iba a recogerla al colegio en moto.
Su respuesta me dejó helado:
—Ay, mi Noah... —Beatrice cerró los ojos un segundo para respirar—. Murió en un accidente con la moto. Le pasó un camión por encima. Por lo menos iba con el casco puesto, aunque de poco le sirvió.
No le pregunté nada más.
Ahora Beatrice se levanta y se alisa la falda. No parece enfadada ni triste, pero tampoco feliz.
—Necesito ir al baño. Me ha bajado la regla.
La vemos salir por la puerta de la cafetería.
—No le ha bajado la regla —dice Melody, bajito, como si sintiera que está traicionando a su amiga al confesarnos algo que nosotros ya intuíamos.
—No tendría que haber sacado el tema de Noah —me lamento—. Normal que se ponga sensible, después de lo que pasó...
—Tampoco es para tanto —dice Liam.
Lo miro a los ojos, sorprendido por lo cruel que parece. Él no es así.
—Que no es para tanto mis cojones. ¡Lo atropelló un puto camión!
Liam parpadea. Ahora el sorprendido es él.
—¿Que lo atropelló un camión?
—Un camión. Sí. Lo mató en el acto.
—No, no. A mí me dijo que tuvo una movida con unos

negros a los que les pillaba droga y que se piró porque iban a por él. —Liam relata la versión que conoce.

No sé qué decir. De repente Noah está vivo.

Turno de Melody:

—A mí me dijo que sintió la llamada y que ahora predica la palabra de Dios.

Y yo que me sentía fatal por Beatrice y hasta le di el pésame.

—A cada uno le ha contado un final diferente —se lo digo a ellos y a mí mismo—. Vale, Liam, ahora entiendo por qué le dijiste a Beatrice lo de que no todos los hombres son como Noah. Yo pensaba que estaba muerto. Pero tú ya sabías que estaba vivo.

—Joder, Nate, ¿en serio me ves capaz de decir eso de alguien que está muerto?

—Ya, ya. Tienes razón.

—Igual ni lo de Noah es real. —Liam empieza a poner en duda toda la historia.

—Noah es real —la defiende Melody. Claro, ella fue al colegio con Beatrice, aunque entonces solo se conocían de vista—. Estuvo saliendo con él. Yo los veía juntos casi todos los días. Hacían cosas de novios: Noah siempre venía a recogerla en moto, se quedaba esperándola en la puerta del colegio. Y luego a Beatrice empezaron a llamarla puta porque se besaban con lengua y él le sacaba diez años. Todo eso es real. Lo único que no es real es el final.

—¿Por qué se lo inventaría? —digo.

—Eso se lo tenemos que preguntar a ella —propone Liam.

Decidimos salir para hablar con Beatrice.

Nos la encontramos a la salida de la cafetería, mirando el móvil.

—¿Qué pasó con Noah en realidad? —le pregunto—. A cada uno nos has contado una historia diferente.

Beatrice nos mira a los tres.

—Tenéis razón —admite—. Noah viajó por toda Europa y se enamoró de una italiana. Ahora tiene tres hijos. Y una hipoteca. ¿Contentos?

—¿¿En serio?? —pregunta Melody con una inocencia adorable.

—Claro que no —respondo yo.

—Beatrice, cuando mientes te tocas el cuello —le dice Liam.

—Yo no me... Está bien. —Sonríe—. Robó un banco y se escapó con el botín. Creo que ahora vive en las islas Fiyi.

Lo ha vuelto a hacer. Se ha tocado el cuello.

Liam, Melody y yo compartimos una mirada de comprensión y aceptamos que Beatrice no nos va a contar lo que de verdad pasó. Y no porque nuestra amiga sea una mentirosa, sino porque está claro que Noah es su talón de Aquiles y que ella ni quiere ni se siente preparada para hurgar en esa herida que sigue sin cicatrizar después de tantos años.

Por eso Liam decide seguirle el rollo:

—¿En las islas Fiyi? Qué cabrón.

10
Tenderle la mano al enemigo

—Vamos a repasar el argumento de la obra. —Olivia nos mira a Marc, a Beatrice y a mí.

Es el primer martes de octubre. Estamos en la zona de las butacas. Llevamos un mes ensayando, pero a Olivia le encanta repasar la historia de Anna Karenina cada cierto tiempo.

—Stiva es el hermano de Anna y le pone los cuernos a Dolly, su mujer. Cuando esta se entera de la infidelidad piensa en abandonarlo, pero, para intentar impedirlo, Stiva llama a su hermana Anna y le pide que vaya a Moscú y convenza a Dolly de que le dé otra oportunidad.

Beatrice sonríe. Le encanta hacer de Anna Karenina.

—Y la hermana menor de Dolly, que se llama Kitty —sigue—, está enamorada de Vronsky y espera que algún día este le pida la mano, pero él no tiene intenciones de casarse.

Marc se cruza de brazos al oír el nombre de Vronsky, el personaje al que interpreta.

—Ahora llega mi parte favorita —susurra Beatrice.

—Cuando Anna llega a Moscú, Vronsky y ella coinciden en la estación de tren.

Beatrice y Marc se miran brevemente.

—Y se enamoran. Nadie se lo esperaba —ironiza él.

Olivia tuerce el gesto.

—Sí, luego se enamoran. Pero no lo digas como si fuera

solo una historia de amor. *Anna Karenina* es mucho más. Es una crítica contra la aristocracia rusa.

Marc asiente y suspira. Tiene la actitud de un crío que se está aburriendo. Eso me molesta. Si se aburre, que se vaya a su casa y no vuelva.

—Total, que Anna y Vronsky bailan juntos en una fiesta y la gente empieza a ver que ahí pasa algo. Ella está casada con Aleksey Aleksándrovich, así que Anna empieza a ser la comidilla de todos.

Nada más decir el nombre de mi personaje, Marc me atraviesa con la mirada. Intento que sus ojos no me impresionen esta vez, pero al parecer sigo sin acostumbrarme a que cada uno sea de un color distinto. Por eso me resultan tan atrayentes. O quizá no es el color, y lo que me atrae tanto de él es intentar descubrir qué esconde bajo esa mirada.

—Y cuando Anna vuelve a San Petersburgo, es su propio marido el que le advierte que la gente está hablando de su actitud y la están criticando por pasar tanto tiempo con Vronsky —explica Olivia, a pesar de que nos sabemos la historia de memoria. Repasar la obra es igual de interesante que ir a misa los domingos—. Son gente de la alta sociedad, superficial y llena de prejuicios. Por eso llama tanto la atención entre ellos la personalidad de Anna. Ella es alguien que derrocha sensualidad a cada paso y que rompe con lo establecido al dejarse llevar por la pasión. Es fiel a sí misma y a lo que siente.

Marc deja de mirarme, suelta otro largo suspiro de los suyos y niega con la cabeza. No sé muy bien cómo interpretarlo, pero de pronto recuerdo las palabras que me dijo Liam la primera semana que empecé con el teatro: «No me hace falta conocerlo en persona para saber que le gustas».

Casi me echo a reír.

¿Gustarle? Ni siquiera le caigo bien.

Bueno, él no parece llevarse bien con nadie. Nadie excepto Olivia, pero porque el roce hace el cariño. Yo he sido testigo de eso. De cómo se rozan el uno al otro, me refiero.

Olivia ahora se dirige exclusivamente a Beatrice para darle instrucciones.

—Quiero que muestres esa pasión cuando te subas al escenario. El público tiene que ver a una mujer completamente enamorada de Vronsky, que no puede luchar contra lo que siente su corazón, porque el amor es demasiado fuerte.

Pasamos a hacer el ensayo. Hoy toca la escena del baile de la fiesta.

—Beatrice, Marc, al escenario.

—¿Y yo?

Olivia señala una butaca de la primera fila para indicarme dónde me tengo que quedar.

—Siéntate ahí. Hoy no creo que nos dé tiempo a ensayar nada más, peeero —se apresura a añadir, porque supongo que ve que tengo cara de fastidio y se imagina lo que estoy pensando— vas a poder ver cómo trabajan la escena Marc y Beatrice, y mirando a otros se aprende mucho.

Vamos, que sí, que hoy me podría haber quedado en casa.

Marc sonríe al ver que no me hace mucha gracia pasarme las siguientes dos horas sin hacer absolutamente nada. Después, Olivia insiste en que es muy importante que esté atento a mis compañeros porque luego mi personaje tendrá que mostrar la preocupación y el dolor que siente al ver que empieza a perder a su mujer. A mí me parece que podría haber aprovechado ese tiempo para tomarme una cerveza con Liam después de entrenar.

—Bien, que cada uno se coloque en un extremo. Marc, tú allí. —Señala a un lado del escenario—. Y tú, Beatrice, allí. —Señala el otro—. Cuando empiece a sonar la música, quiero que os vayáis acercando lentamente al centro.

Hay una marca dibujada en el suelo para que sepamos dónde es.

Suena la música y hacen un primer intento.

—Beatrice, más sensualidad. Y tú, Marc, mírala con deseo.

Se vuelven a colocar cada uno en un extremo del escenario.

Me fijo en que Marc está nervioso. Quiere hacerlo bien, pero no se suelta. Puedo apreciar desde la butaca que cada músculo de su cuerpo permanece en una tensión constante. Beatrice, en cambio, está relajada y segura de sí misma.

—¿Preparados?

Suena la música. El segundo intento es peor que el primero. Beatrice consigue ser mucho más sensual, pero el problema viene cuando la pareja se encuentra en el centro. Marc coge a Beatrice por la cintura con demasiada rigidez. Salta a la vista que no desea bailar con ella y que se siente incómodo. A mí lo único que me transmite es que le están obligando a hacer eso y que le gustaría estar en cualquier otro lugar. Y es una pena, porque físicamente pegan bastante y podría salir algo bonito.

—Marc, relaja los hombros. Beatrice, muy bien.

Tercer intento. Olivia pone la música. Otro desastre. Para la música.

—Vale, esto no funciona —admite por fin—. Marc..., te voy a pedir que intentes buscar a Beatrice con la mirada.

—Sí —responde seco.

Vaya, vaya, parece que a alguien no le gusta mucho que le den órdenes.

—Conecta con ella.

—Sí.

—¿Alguna vez te has enamorado?

—No.

«Lo sabía.»

—¿Y hay alguien que te haya gustado mucho?

«Te va a decir que no otra vez», pienso.

—No —contesta Marc.

—Vale, vale. Entonces piensa en alguien que te atraiga cuando mires a Beatrice. —¿Está hablando de sí misma?

Repiten desde el principio.

Beatrice intenta tirar de Marc y conseguir que la escena del baile salga adelante. Lo intenta de verdad. Pero él se mantiene frío y rígido cada vez que sus cuerpos se tocan, como un bloque de hielo de metro noventa.

Sé que Marc está agobiado. Lo sé porque nuestras miradas se enredan con una facilidad pasmosa y sus ojos me hacen pensar en un león al que tienen encerrado en una jaula. El león da vueltas sobre sí mismo, buscando una salida. Las paredes de la jaula se estrechan. Pero no quiere admitir que tiene miedo, porque se supone que es el rey de la selva y su ego se lo impide. Nadie puede saber que también es débil.

La metáfora del león me ayuda a entender mejor a Marc. A él y su actitud pasota y borde. Es todo mentira. Una máscara. Pretende engañar al mundo con esa mueca de indiferencia que se lleva aprendida de casa. Pero yo sé, por cómo le brillan los ojos, por la tensión contenida en sus brazos y porque casi no respira, que en realidad esto también es importante para él. Y, sobre todo, que lo está pasando mal haciendo este ejercicio. En el fondo, le gustaría poder conectar con Beatrice y no sabe cómo hacerlo.

Me pregunto si yo podría ayudarle.

Esta vez no para conseguir nada a cambio. No. Ayudarle de forma sincera y desinteresada. Porque ya no estoy pensando en Charlie Day ni en mi futuro como actor, sino en Marc y su problema de seguridad cuando se sube al escenario.

Quiero que aprenda a meterse en otra piel que no sea la suya.

Que lo haga como el que se quita y se pone otro abrigo distinto.

Quiero hacerlo por él.

Y no sé si la idea nace a raíz de que no puedo ver a nadie pasándolo mal y quedarme de brazos cruzados, o bien porque, después de compartir con él un mes entero de ensayos, al final Marc ha despertado en mí un sentimiento de ternura con el que no contaba.

Cuando termina el ensayo, Beatrice y yo salimos al exterior. Mi amiga no puede estar más disgustada.

—¡Ha sido horrible! Parecía que le habían metido un palo por el culo. No sabe bailar, no sabe moverse y al parecer tampoco le sale mirarme a los ojos. ¿En serio tenemos que trabajar con él? ¿Es que no piensan echarlo?

Me quedo en silencio. Beatrice decide tomar cartas en el asunto.

—Vamos, Nate.

—¿Adónde?

—A hablar seriamente con Olivia. Llevamos un mes entero de ensayos y el tío sigue haciéndolo igual de mal que el primer día. Esto no puede seguir así.

—Espera. ¡Espera! Todavía podemos ayudar a Marc.

—Que no, que el chico no va a aprender mágicamente a ser un buen actor. Hay gente que vale y gente que no ha nacido para ser una estrella y tiene que dedicarse a otra cosa.

Volvemos a entrar en las instalaciones. Sigo a Beatrice, que se dirige a toda leche al despacho de Olivia, donde espera encontrarla.

—¿Oyes eso? —pregunta Beatrice.

Lo que se escucha es:

—Aaah, aaah, aaah.

—Sí, claro que lo oigo.

También sé lo que estamos a punto de ver.

—¿Ya están follando otra vez? —protesta.

Y yo no quería mirar, pero la puerta está entornada y... Olivia tumbada sobre la mesa, con sus piernas colgando de los hombros de Marc, y Marc de pie haciendo todo el trabajo. Mira muy serio a Olivia, como si estuviera enfadado con ella y la estuviese castigando con sexo duro.

Beatrice y yo hablamos susurrando.

—Mierda, Nate. Vámonos.

Cambia de idea, porque, aunque nos hemos seguido turnando para hacer guardia, Beatrice nunca había llegado a estar tan cerca de la puerta como para verlos en plena acción. Y, además, la puerta siempre ha estado cerrada.

—Espera —le digo.

—No. Vámonos antes de que nos pillen.

—Marc no va a decir nada.

—¿Qué?

—No lo sé. —Es verdad: no sé qué coño estoy haciendo, pero sé que me quiero quedar—. Es que no me quiero ir. Vete tú si quieres.

Beatrice me mira como si hubiera perdido la cabeza.

—¡Estás loco! ¿Cómo te vas a quedar aquí?

Lo siento. Por muy mal que me caiga, hay algo en Marc que me atrae y hace que no pueda dejar de mirarlo. Creo que son sus ojos. Me pierdo en ellos. Después mi mirada recorre con más atención el resto de su cara y luego baja hasta su cuerpo.

Beatrice tira de la manga de mi camiseta.

—Vá-mo-nos.

—Olivia no nos puede ver —le informo, señalando su posición—. Y a Marc no le importa tener público. Es más, creo que le pone.

Por lo menos, le puso el primer día.

—Esto está mal —replica Beatrice, pero luego se contradice al decir—: Desde aquí no le puedo ver la polla.

Me río por lo bajo.

—Joder, Beatrice.

—¿Qué? Si tú no te vas, yo tampoco. Y si vamos a verlo, quiero verlo todo.

Beatrice y yo oímos cómo Marc le pregunta a Olivia:

—¿Más fuerte?

Mierda, esa voz. La que le sale cuando está follando. Rasgada, masculina, roja. Sí, roja. Si cada voz fuera de un color diferente, la suya sería de un intenso rojo sangre. Evoca pasión y sensualidad. Pero también oscuridad y peligro. Porque Marc tiene pinta de ser de los que nunca se enamoran y te dejan sin estabilidad emocional.

—¿Dónde ha aprendido a moverse así? —susurra Beatrice, interesadísima por lo que está ocurriendo en el despacho de Olivia.

—Ni idea.

—Así que esto es lo que me estaba perdiendo cada vez que hacía de «vigilante de seguridad sexual», como dice Liam.

—Sí.

—Estoy húmeda.

Mientras, Marc le pregunta a una sumisa Olivia:

—¿Quieres más fuerte o no?

Esta asiente como puede.

—S-sí.

Entonces Marc dibuja una sonrisa de chico malo.

—Conque sí, ¿eh? —Sale lentamente de ella y vuelve a hundirse de una sola estocada—. Toma, toda para ti.

Olivia se retuerce del gusto, arqueando la espalda como un gato.

—No pares. No pares.

Él obedece a sus exigencias. Sigue machacándola con una

fuerza increíble. Se nota que hace mucho ejercicio y está en forma, porque mantiene un ritmo rápido y violento y no parece cansado.

—¡Por Dios! Que la va a abrir como una sandía —exclama Beatrice—. ¿Tú se la has llegado a ver? La polla.

—No.

—Seguro que la tiene enorme.

Me encojo de hombros. No sé si quiero verla. Y tampoco sé si soy yo o si es culpa de los gemidos de Olivia, que grita como una loca cada vez que él empuja, el caso es que me la empiezo a imaginar, y lo que me imagino es bastante grande. Joder. Siendo sincero, creo que tiene un pollón.

Vale, sí quiero verla.

—Te gusta que te folle bien duro, ¿eh? —lo pronuncia con tanta sensualidad que me hace pensar que me lo está diciendo a mí, aunque le esté mirando todo el rato a ella.

Y se me hace raro. Porque yo no soy gay.

Vamos, creo que no lo soy.

¿O en el fondo sí lo soy y no lo sabía? Porque no puedo negarme a mí mismo muchas cosas que me están pasando, aunque no quiera reconocerlas... ¿Todo esto que estoy sintiendo cuando tengo a Marc cerca qué es? ¿Y lo que pasó dentro del armario con Liam? Ni siquiera sé qué fue exactamente lo que sentí, ni cómo lo vivió él, porque ninguno de los dos ha sacado el tema.

Joder, estoy hecho un lío.

Olivia extiende los brazos y tira un taco de folios.

—Aaah... Es justo lo que necesitaba.

Marc pega otros tres empujones. En el último, su polla se hunde hasta la raíz y gruñe al correrse. Aquello parece una explosión. Echa la cabeza hacia atrás y se queda unos segundos más dentro de Olivia, sin sacarla. Separa ligeramente los labios para respirar por la boca. Trata de recuperarse de todo el esfuerzo. Su cuerpo está bañado en sudor. Gotitas pequeñas y brillantes se deslizan desde su cuello.

Miro brevemente a Beatrice. Tiene una sonrisa enorme pegada a la cara y parece que se va a poner a aplaudir y vitorear a Marc por el espectáculo que nos ha ofrecido.

—¡Bravo, bravo! —susurra en mi oreja, descojonándose de la risa, aunque pasando el mismo calor que yo.

Marc aprovecha esos segundos de tregua que le da el haberse corrido para mirarme de nuevo. A mí. Lo hace sin pestañear. Su mirada es tan intensa que casi parece que intenta decirme algo.

—Al parecer eres el siguiente, Nate —bromea Beatrice.

Aquello me provoca una mezcla de vergüenza, nerviosismo y expectación.

—Qué dices. —Disimulo poniendo los ojos en blanco.

Después Marc besa a Olivia y comenta:

—No ha estado mal.

—¿Que no ha estado mal? ¡Ha sido fantástico!

Beatrice no puede estar más de acuerdo con ella.

Ya en la calle, mi amiga sigue flipando con todo lo que ha visto, y eso que yo ya se lo había contado.

—Si hiciera la escena del baile la mitad de bien de lo que fo...

—Sssh —le aviso, porque veo que Marc corre hacia nosotros para alcanzarnos.

—Hola, Nate. ¿Puedo hablar contigo un segundo? —Todavía tiene sudor en la frente.

—Eh... claro —respondo sorprendido, y miro a mi amiga.

—Tranquilo, yo te espero allí.

Beatrice señala la esquina de la calle. Nos deja solos.

Me vuelvo hacia Marc sin saber muy bien qué esperar de él. ¿Se habrá enfadado por espiarlos una segunda vez? Tendría todo el derecho del mundo a hacerlo, la verdad.

—Apunta mi número —me pide.

Conque era eso: al final va a ensayar con nosotros. Genial. Por fin acepta nuestra ayuda.

Saco el móvil y sonrío.

—Me alegro de que te lo hayas pensado mejor —contesto, convencido de que, después de un mes sin hacer ningún avance, se ha dado cuenta de que tiene que ponerse las pilas y que necesita nuestra ayuda.

—¿A qué te refieres?

Frunzo el ceño.

—¿No vas a quedar con nosotros para ensayar?

—Ah. Creo que paso. Qué pereza.

—¿Pereza?

—¿Ensayar contigo y Beatrice? Sí. Me da mucha pereza.

Resoplo.

El mínimo sentimiento de ternura que antes me había despertado desaparece de un plumazo por culpa de su chulería. Me había convencido de que llevaba una máscara y que en el fondo era buen tío, pero quizá estaba equivocado y en realidad le gusta ser un borde.

—¿Por qué eres tan cabezón?

—Nate, apunta mi número.

—Ah. Creo que paso. Qué pereza —le copio hasta el tono de desprecio con el que me lo ha dicho antes.

Entonces el que sonríe es él. Qué labios...

—¿Seguro que no quieres mi número? —vuelve a preguntar.

Vale, ¿se ha dado cuenta de que le estaba mirando la boca? Espero que no. Y espero que tampoco me eche en cara que lo haya visto tener relaciones sexuales con Olivia otra vez.

Cruzo los brazos y me pongo serio.

—¿Y para qué lo iba a querer si me estás diciendo que pasas de quedar con nosotros?

—Para avisarte la próxima vez que vaya a follar con Olivia. Así ves el polvo entero y no llegas cuando vamos por la mitad.

Se me ponen rojas hasta las orejas.

—La puerta estaba...

—Abierta. Lo sé. La he dejado así a propósito.

—¿Por qué?

—Por si hoy te apetecía mirar. La primera vez me dio morbo y... no sé. Me apetecía repetir la experiencia.

Que me confirme que le gusta que lo vea manteniendo relaciones sexuales hace que me sienta mejor.

—Venga, apunta mi número —vuelve a hablar con esa chulería que no soporto—. Trabajas conmigo, ¿no? Igual lo necesitas en algún momento.

—Igual lo que necesitas tú es más horas de ensayo —le lanzo la pullita.

—No hago horas extras.

«Con Olivia sí.»

—Pues te hacen falta —contesto en su lugar.

—¿Tú crees?

Lo pregunta calmado, pero con esa arrogancia tan suya que a mí me saca de quicio.

A la mierda. Decido ser completamente sincero con él.

—De hecho, sí. Creo que no tienes ni idea de actuar.

Marc asiente.

—Es verdad. No se me da bien.

¿Cómo? Su confesión me pilla por sorpresa. No esperaba que me diera la razón. Pensaba que se pondría a la defensiva y que me la devolvería como si esto fuera un partido de tenis.

—Entonces, si ya lo sabes, ¿por qué no aceptas nuestra ayuda?

—¿Por qué queréis ayudarme?

—Somos compañeros.

—Ese no es el motivo principal.

—Solo queremos ayudarte.

Marc me escruta con la mirada. Sabe perfectamente que en el fondo hay otra razón. Y parece que lo sabe solo con mirarme a los ojos, que no necesita nada más.

—Nate, no me mientas.

La forma en la que me lo pide, con un tono suave y a la vez frío, hace que trague saliva y asienta con la cabeza.

—Es por Charlie Day. Queremos causarle una buena impresión.

—Vamos, que no me ayudáis porque sea vuestro compañero, sino para intentar conseguir que Charlie Day se fije en vosotros sin que yo la cague.

—Sí —reconozco, porque así es como surgió la idea.

—Eso es lo que no me gusta de los actores. Se os presenta una oportunidad y vais todos como buitres.

—Habló el primero que tiene que callar. El que se folla a la directora para conseguir un papel.

Marc sonríe burlonamente.

—El papel no me lo dieron por mi relación con Olivia.

—¡Y encima tienes el morro de mentirme después de pedirme que yo no te mienta a ti!

—Te estoy diciendo la verdad —me asegura, sin perder la sonrisa de sus labios—. No fue por eso. Fue por otra cosa.

Lo fácil sería pensar que se lo está inventando, pero la convicción con la que lo dice me hace dudar. Y la duda apaga mi enfado y despierta mi curiosidad.

—¿Y por qué fue?

La sonrisa de Marc se expande despacio. No dice nada. Imagino que es su forma de quedar por encima. Guiñarme un ojo y marcharse después de hacerme querer descubrir algo nuevo sobre él.

11
Seis cervezas y un chicle de fresa

Beatrice le está haciendo una sesión de fotos sexis a Melody en ropa interior. Yo estoy con ellas, en la habitación de Melody, recostado en la pared donde tiene un póster de AC/DC. Beatrice se agacha y dispara otra foto con su iPhone para inmortalizar a una Melody que permanece tumbada sobre su cama y mira a cámara con una sonrisa nerviosa. En realidad, no enseña nada que no enseñaría en la playa con cualquier bikini, pero Melody se siente una chica atrevida y sensual gracias a la lencería negra que se ha comprado esa misma tarde con nosotros en un subidón repentino de autoestima.

Después de que Beatrice le diga cómo colocar las piernas y los brazos para realizar las diferentes posturas y sacar tropecientas mil fotos, las dos amigas se sientan a los pies de la cama y escogen las mejores —a mí no me piden opinión— para que Melody se las envíe al chico con el que sigue hablando por la *app*.

El otro le contesta un minuto después con otra foto.

Melody siente entonces una mezcla de ilusión y nervios que no la dejan respirar. Se abanica la cara con una mano como si hubiera cometido una locura y no se reconociese a sí misma. Cuando pincha en el mensaje, lo que se encuentran es una foto de un pene erecto tomada en el baño de cualquier forma. Y lo sé porque Beatrice le quita el móvil y le da la vuelta para enseñármelo a mí también. Joder. El chico ni siquiera se ha molestado en limpiar el pegote de pasta de dientes que hay en el espejo o de elegir un ángulo más favorecedor. Se lo podría haber currado un poquito, ¿no?

Beatrice suelta una risita que ya no puede contener. A mí se me escapa otra. Pero Melody no se ríe. A Melody lo que le pasa es que le da el bajón. Se lo veo en los ojos. Y luego me lo confirma con palabras.

—Me siento tonta.

—¿Tonta por qué? —pregunta Beatrice.

—Por haberme tomado tantas molestias en sacarme fotos que fueran sensuales y mínimamente artísticas y a cambio recibir algo tan... no sé. Tan cutre.

—Es un tío, ¿qué esperabas? —le dice entonces la otra—. Por lo menos ahora sabemos que no mentía en la edad, porque esas manos no son de viejo. Y la foto es un dos, vale, pero la polla es un diez.

—Tiene pollón —coincido con mi amiga.

—No debería haberle enviado nada. Ahora se me ha quedado una sensación horrible en el pecho porque siento que lo acabo de engañar. La chica de las fotos no soy yo.

—Claro que eres tú. ¡Es tu cuerpo! —dice Beatrice—. Por el amor de Dios, Melody, mírate. Nate, dile lo buena que está.

—Estás buenísima.

Melody se protege los pechos con los brazos, sintiéndose de pronto desnuda delante de sus amigos.

—Pero yo no soy así.

—¿Así cómo?

—Tan atrevida.

—Hoy sí lo has sido —continúa Beatrice—. Hoy a ti te apetecía mandar todos esos complejos a la mierda y mostrarte sexi. Y más sexi no puedes estar.

—Ya, y como experiencia ha estado muy bien y te lo agradezco, pero la mayoría de las veces yo no tengo esa seguridad en mí misma. Y ahora me siento una impostora.

—Te aseguro que la mayoría del tiempo él tampoco la tiene así de grande —intervengo yo y, aunque Melody no suelte una carcajada como lo hace Beatrice, sí que se le escapa una sonrisa.

Yo era extremadamente tímido y, si no fuera por Liam, habría sido el rarito de la clase. El que se sienta en los primeros sitios del autobús, cerca de los profesores. El que se queda en cualquier esquina comiendo su almuerzo y espera a que el recreo termine, apartado del resto de sus compañeros, que juegan a darle patadas a un balón y corren y gritan, llenos de vida y de fuerza, y te hacen sentir que no encajas dentro de esa jungla. El que no habla mucho. El que agacha la cabeza cuando el típico matón se burla de ti porque te considera más débil.

Pero yo no estaba solo. Nunca lo he estado. Tenía a Liam.

Y tener a Liam es tener a alguien que te empuja a hacer las cosas que te dan miedo. Que te obliga a salir de esa zona de confort en la que te sientes seguro, pero donde la vida sabe a poco. Él me enseñó a hablar con chicas guapas sin ponerme nervioso. Me enseñó a defenderme verbal y físicamente. A relacionarme con mis compañeros de clase. A ser consciente de que no necesito hacer el mono para sentirme integrado en esa jungla salvaje de testosterona, porque con su ayuda puedo ser yo mismo y no sentirme un bicho raro. Uno no tiene que pedir perdón ni agachar la cabeza por lo que es. Porque cada uno tiene una forma diferente de moverse, hablar y mirar. Y es ahí, en esos detalles que nos hacen distintos unos de otros, donde reside la belleza.

Eso lo aprendí de Liam.

Ojalá todas las personas como yo, las que alguna vez han sentido que no encajan, tengan la suerte de conocer a alguien como él. Alguien que coja tu mano y te haga entender que para encajar no hace falta pertenecer a un grupo grande. Que el mejor equipo se forma entre dos personas.

—Nunca te he dado las gracias por ser mi amigo.

Liam se vuelve hacia mí y pone cara de sorpresa.

—La amistad no se agradece, Nate. Ocurre y ya está.

—Entonces gracias por ocurrir y ya está.

Sonríe con los ojos y asiente.

—Vale. Yo también te doy las gracias por ocurrir.

—¿Te apetece pillar cerveza y beber en el coche antes de ir a casa de Blake?

Es viernes y Blake, nuestro compañero de béisbol, da una fiesta porque sus padres se han ido de vacaciones y le han dejado la casa libre.

Liam consulta la hora en el móvil.

—Me apetece. Puede ser bonito. Tú, yo y un par de cervezas.

—Suena a cita perfecta —bromeo.

—Sobre todo por la compañía —me vacila siguiendo mi propia broma, pero entonces noto un aleteo en el estómago que decido ignorar al momento.

Cogemos su coche. Hacemos una parada en una gasolinera para comprar un pack de seis latas. Del alcohol siempre se encarga Liam, porque no tenemos la edad y la dependienta bebe los vientos por él. Por eso me sorprende cuando apaga el motor y, en lugar de abrir la puerta y decirme que vuelve en dos minutos, se queda en su sitio, mirándome con las manos aún en el volante.

—Hoy vas tú.

—¿Qué dices? A mí no me va a vender alcohol.

—Si tonteas con ella, sí. Y yo ya te he enseñado cómo hacerlo.

—Pero...

—Pero nada. Baja del coche. Venga, Nate. Confío en ti.

—Joder. Vale.

Deduzco que la dependienta ha reconocido el coche de Liam desde el ventanal, si no no me explico la cara de desilusión que pone al ver que el que entra por la puerta soy yo y no él. Tiene un delantal manchado de grasa, el pelo recogido en una coleta fina y con mechas rubias, unos labios salchicha que parecen moverse a cámara lenta cuando la veo resoplar de aburrimiento.

La tienda es pequeña, blanca, con una larga estantería que divide el espacio en dos pasillos donde puedes encontrar revistas, bolsas de patatas, tabaco, refrescos y alcohol. Voy directamente al frigorífico y cojo las cervezas, con la mala suerte de que, al girarme, choco con un desconocido y las latas salen volando. Revientan al impactar contra el suelo. Son como fuegos artificiales de espuma y líquido amarillo y pegajoso. Y el pasillo no es lo único que se queda hecho un asco. La persona con la que he chocado tiene los pantalones empapados, parece que se haya meado encima.

—¡Me cago en la puta! ¡Que eran nuevos, joder!

El grito llena la tienda entera y yo me quiero morir, porque reconozco el timbre de su voz. No puede ser que tenga tan mala suerte.

Alzo la vista y me encuentro su cara. La cara de Marc. No solo está enfadado, es que me asesina con los ojos.

—Lo siento, lo siento, lo siento. Te los pagaré. Te compraré otros pantalones.

Creo que es mi expresión de miedo lo que hace que él abandone toda su ira. Se pasa un dedo por el entrecejo y suelta el aire con fuerza, vaciando sus pulmones. Supongo que sabe que no ha sido a propósito y que le puede pasar a cualquiera. Lo que no sabe es que yo soy muy dado a que estas cosas me pasen siempre a mí.

—No... No te preocupes.

Ahora la que tiene deseos de matarme es la dependienta.

—¡Lo que faltaba! Pues no lo pienso limpiar, no, señor. Si lo manchas tú, lo limpias tú. —Saca una fregona y me la lanza como si quisiera abrirme la cabeza—. También lo pagas tú.

—Sí.

Se mete un chicle de fresa y empieza a mascarlo con la boca abierta mientras me vigila.

—Lo quiero todo como los chorros del oro.

Marc se quita los pantalones sin un atisbo de vergüenza, camina acercándose a la dependienta como si estuviera haciendo un pase de modelos y le pregunta con voz seductora si puede usar el servicio.

A la rubia casi se le cae el chicle.

—S-sí. Claro. Úsame..., digo, usa lo que quieras.

Hace un segundo sus ojos estaban llenos de cuchillos diminutos que apuntaban hacia mí, ahora puedo ver cómo le salen corazoncitos rojos que persiguen a Marc allá donde va.

Normal. Marc es un tío que está cañón y encima lo habrá visto marcando paquete.

Se oye el secador. Termino de fregar el suelo, escurro la fregona y le pido perdón por las molestias. Ella ni me mira, está demasiado ocupada admirando a Marc, que sale con los pantalones sucios, aunque algo más secos. Yo soy invisible hasta que se acuerda de que no puedo irme sin pagar las cervezas que se han echado a perder. Le explico que solo tengo dinero para seis, pero ella replica que ese no es su problema.

—Ni siquiera eres mayor de edad. A ti no te puedo vender alcohol.

Estoy sacando el dinero del bolsillo cuando Marc me pasa un brazo por los hombros. Mi cuerpo reacciona tensándose. Pero no rechazo su contacto, porque entonces él se pone a tontear con la dependienta para intentar echarme un cable. Lo que no entiendo es por qué lo hace. No me llevo bien con él y le acabo de dejar los pantalones hechos un asco.

—Me gusta tu uniforme. Es sexi como tú.

—¿Sí?

—¿Lo has hecho alguna vez con el delantal puesto? Y me refiero *solo* con el delantal.

—No... —Se ruboriza ella.

—Un día de estos me vuelvo a pasar por aquí, si quieres —se ofrece Marc, con los ojos clavados en ella y su brazo todavía sobre mis hombros—. Puedo follarte en esta misma mesa.

«Por supuesto que puede. Hacerlo sobre la mesa es su especialidad.»

—O en el suelo —añade—. Donde más morbo te dé.

Me cuesta tragar saliva.

Nunca he conocido a nadie al que le dé tan poco pudor ofrecerle echar un polvo a una desconocida delante de otra persona, sobre todo, hacerlo para compensar el incidente con unas cervezas. Incidente que he provocado yo y que me iba a tocar pagar a mí hasta que Marc ha ofrecido su polla en bandeja.

La sonrisa de la dependienta es tan grande que el chicle dibuja una telaraña en sus labios.

—¿Cuántas cervezas decías que eran?

No, si encima se las va a regalar.

Antes de salir, Marc me ofrece las seis latas.

—Te las ha dado a ti. —Y gratis.

—Anda, Nate, no digas tonterías.

Me quedo mirándolas unos segundos antes de aceptarlas.

—¿Por qué lo haces?

—No lo sé. Me apetecía. —Se encoge de hombros.

Marc tira de la puerta y se queda sujetándola para dejarme pasar. Qué caballero... y además haciéndome favores. Esto es raro. Es muy muy raro.

Lo miro con suspicacia.

—¿Cuál es la trampa?

—No hay ninguna trampa. Yo... Solo son cervezas.

Entrecierro los ojos sin dejar de observarlo. Él aguanta mi mirada con una sonrisa preciosa. Parece sincero.

—Pues gracias. En serio. No tendrías que haberte molestado.

—Tú habrías hecho lo mismo por mí.

Me pongo en la situación. Una persona que me cae como el culo me pringa de cerveza y me amarga la noche. No, claro que no habría hecho lo mismo por él. Y, como no contesto enseguida, Marc se da cuenta.

—Bueno, no importa. —Sonríe comprensivo—. Ha sido un placer.

Nos quedamos quietos en la entrada de la gasolinera. Echo un rápido vistazo al coche de Liam, solo para comprobar que sigue en el mismo sitio antes de volver a mirar a Marc.

Intento buscar cualquier cosa de la que él haya salido beneficiado en todo esto para no sentir que le debo una.

—Ahora tienes otra tía con la que follar.

A Marc se le escapa una carcajada que me pilla por sorpresa.

—¡Oye! ¿Por qué te ríes?

—No voy a follar con la dependienta.

—Ah, ¿no?

—No es mi tipo.

—¿Y cuál es tu tipo?

Me doy cuenta de que sueno demasiado interesado. De eso, y de que quiero que su respuesta sea «tú». O «tú, Nathaniel», para que no pierda la costumbre de intentar picarme cada dos por tres. Pero que sea yo. Que me diga que soy su tipo y que también me follaría encima de una mesa.

Marc ignora mi pregunta, me mira de arriba abajo y se despide de mí con una sonrisa divertida.

—Nathaniel, Nathaniel... Con la que has organizado ahí dentro se me ha olvidado comprar el vino.

Los pantalones me aprietan dolorosamente la erección.

No sé si sonríe así por eso.

—Voy a volver a entrar, ¿vale? —dice—. Pásalo bien esta noche.

—Sí. Y tú.

12
Algo así

Dejo las cervezas en el maletero de Liam.

—Has tardado.

—He tenido un contratiempo.

—¿Y eso? ¿No te las quería vender?

—Peor: se me han caído al suelo y han reventado. Pero luego me ha dado seis nuevas. —Se lo cuento mientras me abrocho el cinturón.

—¿Y no te ha hecho pagar las doce? Con lo rancia que es esa tía... Eso es que le has gustado. Va a ser verdad lo de que el alumno termina superando al maestro.

—No, no. A ti se te sigue dando mejor ligar que a mí. Yo solo...

Miro por la ventanilla, veo salir a Marc de la gasolinera con una botella de vino y entrar en su coche.

Sonrío.

—... yo solo he tenido suerte.

—Ya —dice—. Por cierto, ¿adónde vamos?

—Me da igual.

—Tampoco muy lejos, que luego tenemos que volver para ir a casa de Blake.

Lleva veinte minutos conduciendo cuando se desvía de la carretera y entramos en un campo de trigo. Apaga el motor, salimos del coche y saca las cervezas del maletero. Nos apoyamos en el capó. Miro hacia el horizonte, fijando la vista en el sol, cada vez más bajo, con su luz atravesando el trigo y simplificando el paisaje en amarillos y naranjas. Parecen llamas de fuego.

Tengo la sensación de que si extiendo la mano voy a quemarme.

Pero el calor no se concentra delante de mí, el calor está a mi izquierda y es de carne y hueso.

Eso me reafirma que algo ha cambiado en nuestra relación.

Lo noto. Ahora mismo. Aunque los primeros cambios empezaron en septiembre. Cuando Beatrice y yo le hablamos sobre Marc y Liam reaccionó como si tuviera celos. O su erección en las duchas clavada en mi pierna mientras me abrazaba. Después vino la petición de Emily de besarnos para ella; ahí las dudas y la curiosidad se mezclaron en mi interior. Quedarnos encerrados en el armario y compartir el mismo aire lo terminó por enredar todo mucho más. Fue su aliento en mi boca, cómo nos ardió la piel durante ese abrazo, las pulsaciones aceleradas. Fueron todas esas pequeñas cosas que antes no estaban y que, desde entonces, me hacen ser consciente de que se ha abierto una bifurcación en nuestro camino. Un camino que durante estos años junto a Liam ha sido como caminar en línea recta. Sin curvas. Y ahora...

Ahora me gustaría poder dibujarle una en su mano con mi dedo. Llenar su piel de curvas invisibles.

—Estás muy callado.

—Estaba pensando —respondo, sin dejar de contemplar el atardecer.

—¿En qué?

—Es una chorrada.

—Seguro que sí. Pero quiero oírla.

—Estaba pensando en dibujar curvas con los dedos. —Es lo más cerca que he estado de decirle lo que empiezo a sentir por él.

—¿Curvas?

—Sí.

—¿Por qué?

—Las curvas son útiles. Con ellas puedes desviarte del camino y tomar otra dirección.

Sé que Liam acaba de sonreír. Lo sé antes de girar la cabeza y comprobarlo yo mismo. Lo que no tengo claro es si sonríe porque le ha hecho gracia o porque sabe que estoy hablando de nosotros.

Nos quedamos estudiándonos el uno al otro lo que parece una eternidad. Su mirada, de un verde electrizante, destaca sobre el cielo anaranjado.

—¿Qué dirección te gustaría tomar?

—Aún no lo sé.

Mis ojos bajan lentamente hasta su boca. Mostrándome el camino.

Liam se incorpora. Abre su lata con un clic y se la acerca a los labios para que la espuma no se derrame por el borde. Le deja la boca brillante, húmeda. De pronto tengo muchísima sed, así que dejo de mirar a mi mejor amigo, abro mi lata, bebo un buen trago y, como quiero que olvide la conversación que acabamos de tener, empiezo una nueva.

—Esto no tiene nada que ver —digo—, pero ¿has visto el cielo?

—¿Qué le pasa?

—Se está quemando.

Señalo la bola de fuego con la cerveza y Liam se parte de risa.

—Cuando éramos pequeños y veías un rayo decías que el cielo se estaba rompiendo —me recuerda.

Y yo vuelvo a ver a Liam de pequeño con su pijama de rayas. Los dos asomando la cabeza por la ventana de mi habitación mirando hacia la oscuridad salpicada de estrellas que, de pronto, se veía interrumpida por una raíz de luz enorme que nos dejaba con la boca abierta.

—Pensaba que nos iba a caer un trozo encima —reconozco, y me río de mí mismo.

—Siempre has tenido mucha imaginación.

—No. Siempre he tenido mucho miedo.

—¿Miedo? Eras bastante valiente —me contradice.

—Porque estaba contigo. Tú me hacías sentir seguro. Pero cuando faltabas a clase porque estabas enfermo yo me sentía solo y me hacía muy pequeño.

Bebemos más cerveza. Nos quedamos un minuto entero en silencio, envueltos por el cielo rojo, el trigo amarillo y naranja.

Liam aplasta su lata con la mano y coge otra.

—Oye, Nate. ¿Tú crees que habríamos sido amigos si nuestros padres no se conociesen?

—Creo que hay cosas que están destinadas a ser. Y que nosotros somos un buen ejemplo de ello —respondo sin dudar.

—Joder, macho. El alcohol te hace decir cosas intensas.

Le pego una colleja y él se descojona.

Después volvemos a subirnos a su coche.

Estamos de camino a casa de Blake cuando recibo un mensaje de un número que no tengo guardado en la agenda. Solo dice «hola». Podría ignorarlo, pero la curiosidad me puede. Contesto con tres signos de interrogación. La persona que me escribe parece que quiere jugar a las adivinanzas conmigo.

???: No sabes quién soy?

Yo: No tienes foto de perfil.

???: Vale, empiezo otra vez.

???: Hola, Nathaniel.

Su nombre me viene directamente a la cabeza. Saber que el tío se las ha apañado para conseguir mi número y salirse con la suya me hace sonreír. Y no sé si un par de mensajes deberían tener el poder de hacerme sonreír o no, sobre todo viniendo de alguien que ni siquiera me cae bien... Aunque sí un poquito mejor después de conseguirme las cervezas gratis. No esperaba verlo hoy. Y mucho menos que se portase tan bien conmigo.

???: A que ahora sí que sabes quién soy?

Yo: Marc.

???: Sí. Espero que no te hayas bebido todas las cervezas y me estés escribiendo borracho.

Yo: Espero que no te hayas terminado la botella de vino blanco.

Yo: El vino puede ser muy traicionero, ¿sabes?

Yo: Y eres tú el que me está escribiendo a mí.

???: Me la he terminado hace un rato. Pero a mí solo una botella no me hace nada.

???: Soy demasiado grande y tendría que beber otra más. O combinarlo con alguna cerveza.

Guardo su contacto.

Yo: Por qué tienes mi número?

Marc: Porque siempre consigo lo que quiero.

Será fantasma...

Veo por el rabillo del ojo que Liam me lanza una mirada rápida.

—¿Con quién hablas?

—Con nadie.

—Pues ese «nadie» te tiene sonriendo como un bobo.

Me encantaría decirle que no es lo que parece. Solo sonrío porque Marc es un capullo que, ahora mismo, me hace gracia. Pero está muy lejos de gustarme.

Y esto último que he dicho no me lo creo ni yo.

—Era un meme. —Y esto tampoco.

No sé por qué me sale mentirle. A Liam siempre se lo cuento todo. Casi todo.

Tecleo para escribir a Marc.

Yo: Te lo ha dado Beatrice?

Marc: No. Se lo he pedido a Olivia.

Yo: Después o antes de follar?

Marc: Después.

Este chico no tiene remedio.

Niego con la cabeza y me muerdo el labio inferior. Sé que es una tontería, pero me encanta que Marc haya querido conseguir mi número. El hecho en sí de querer algo mío me ilusiona.

Yo: Y también te ha dado tiempo de hablar con ella?

Yo: Qué poco has tenido que durar.

Marc: Me has visto dos veces en acción, creo que a eso te respondes tú solito.

Marc: De todas formas, si quieres a partir de ahora te dejo siempre la puerta abierta.

Marc: Por si necesitas confirmarlo más veces.

Marc: O tomar apuntes.

Yo: Estaba de coña.

Marc: Y yo.

Yo: Por cierto, no necesito tomar apuntes. Yo también me defiendo bien.

Marc: Me alegro por ti.

Es tan borde. Pongo los ojos en blanco, aunque por dentro sonrío. Sigue escribiendo.

Marc: Y le pedí tu número el primer día por si pasaba cualquier cosa.

Marc: Aunque prefería que me lo dieses tú, es lo que se suele hacer entre compañeros. Estar en contacto.

Yo: Entonces el de Beatrice también lo tienes.

La sonrisa me llega a los ojos con el siguiente mensaje. Son solo dos letras.

Marc: No.

Y luego...

Marc: Solo quería el tuyo.

—¿Otro meme? —me pregunta Liam al ver mi cara.

—Algo así.

Es evidente que él no se lo cree.

Liam detiene el coche en un semáforo.

Y entonces lo pillo leyendo mi conversación con Marc.

Bloqueo la pantalla del móvil. Me molesta que haya leído unos mensajes que eran privados. Pero no se lo digo porque, de alguna forma, me siento culpable por haberle mentido dos veces. Aunque haya sido con una tontería.

—Nate, a ti ese compañero tuyo, Marc —escupe su nombre—, ¿te parece guapo?

—Sí. ¿Por qué?

—Por nada.

Liam tamborilea el volante con los dedos mientras espera a que la luz se ponga verde.

—¿Y quién te parece que es más guapo de los dos? ¿Marc o yo?

—Los dos me parecéis muy guapos.

—Pero ¿quién dirías que lo es más?

—Diría que... que no es un concurso de belleza.

Asiente y hace una mueca con la que parece decir «me siento estúpido». Después presiona el acelerador y gira en la siguiente rotonda para meterse por la calle que le indica Google Maps.

—Oye, Nate. Perdona por haberte mirado el móvil. Yo... no sé qué me pasa con el tal Marc, pero no me fío de él.

Tiene razón. Hay algo en Marc que me hace desconfiar a mí también. Quizá es por la extraña relación que tenemos. No quiere ensayar con Beatrice y conmigo, es borde, cabezón, y a veces tengo la sensación de que me tiene jurada una rivalidad que no sé de dónde le sale. Pero otras veces lo pillo mirándome y se le escapa una sonrisa. Una sonrisa que no está cargada de malas intenciones, sino que es tímida, sincera, y que demuestra que él también es una persona vulnerable y con sentimientos, porque la ternura siempre nos hace a todos un poco más humanos.

Pienso en las palabras de Beatrice y me pregunto si la razón de que Marc me busque las cosquillas es más simple de lo que parece.

Quizá le gusto.

Quizá es eso lo que le pasa conmigo.

La idea me sigue pareciendo un tanto descabellada, pero eso explicaría por qué Marc no deja de mirarme durante los ensayos siempre que puede, con esa mirada intensa que conecta directamente con mi estómago y lo pone del revés. Igual no es que le caiga mal, sino que no sabe cómo relacionarse conmigo porque le rompo los esquemas. O igual no estoy dando ni una y Marc no siente nada por mí.

Ese chico es un misterio. Me resulta muy difícil de leer. Ahora, después de más de un mes viéndolo dos veces por semana en el teatro, va y me envía mensajes al móvil como si fuésemos dos personas que se llevan de maravilla. No termino de pillarlo. Su actitud me tiene despistado. ¿Con qué Marc me encontraré el siguiente martes?

Ah, y luego está eso de que no le dieron el papel por estar follando con la directora del teatro. Eso quiere decir que oculta un motivo. Que Marc tiene un secreto. Y quiero descubrir cuál es.

Aparto a Marc de mi cabeza y miro a Liam.

Conduce muy serio. Se ha creado un silencio incómodo dentro del coche después de hablar sobre Marc y de que Liam me confesase que no se fía de él. Tiro de humor para ponerle fin.

—Tienes miedo de que me haga amigo de Marc y cambie de compañero para hacer los tríos, ¿es eso? —bromeo.

Liam suspira. Parece triste, como si no dejase de darle vueltas a algo que se guarda para él en lugar de compartirlo conmigo en voz alta. Se queda unos segundos más así, pensativo y callado, con los ojos puestos en la carretera. Después de un minuto eterno, solo dice dos palabras:

—Algo así.

Y no me hace falta más para saber que todo es mucho más complicado de lo que parece a simple vista.

Marc

Siempre que venían los amigos de su padre a ensayar en el garaje de su casa, Marc prefería encerrarse en su habitación a leer o escribir. El grupo de rock de su padre no le interesaba para nada. A aquel niño de diez años le gustaba quedarse en ese rinconcito de paz donde nadie más entraría. Pasar las horas entre novelas de aventuras que le hacían viajar a otros lugares, lugares en los que dejaba de ser el chico gordo y sin amigos atrapado en Blacktown. O inventar otros nuevos en los que nadie más había estado. Esos que se le ocurrían cuando pensaba adónde le gustaría escapar, qué poder elegiría para él si fuera un superhéroe y, sobre todo, quién quería ser.

Escribía todas esas cosas que se le pasaban por la cabeza cuando pensaba demasiado y no tenía con quién compartirlas, sin más pretensión que entretenerse y llenar las horas vacías.

Marc disfrutaba de ese tiempo para él, pero también echaba de menos tener amigos. Odiaba sentirse tan solo. Quería encontrar a alguien con quien sí pudiera encajar. Sabía que no sería una tarea fácil, primero, porque vivía en un pueblo perdido y conocía a casi toda la gente de su edad, y segundo, porque cuando se enfrentaba al espejo —solía evitar mirarse en uno para no ponerse triste—, la imagen que tenía de sí mismo chocaba con la que le devolvía su reflejo. «Gordo» era la palabra que se repetía en su cabeza una y otra vez. En ocasiones, con la voz de un niño de la escuela que no paraba de molestarlo en el recreo; otras, más de las que le gustaría reconocer, se lo decía a sí mismo. «Gordo. Gordo. Gordo.»

No se gustaba. Sentía que su interior y su exterior no iban de la mano.

«¿Cómo puedo encajar con alguien si ni yo mismo encajo con lo que soy en realidad?», se preguntó un día, cansado de estar encerrado en esa jaula de carne y huesos de la que no podía huir.

Escribió una canción sobre eso.

Solo necesitaba un boli, una libreta y encontrar el principio o final de esa maraña de ideas que bullían en su mente para poder tirar del hilo y desenredarla poco a poco.

Marc parecía un muro, alguien imperturbable, con esos ojos fríos que imponían y asustaban a todos sus compañeros. Pero por dentro intentaba proteger un corazón que estaba lleno de grietas.

13
Leer entre líneas

Más que una fiesta, la que tienen aquí montada parece una competición para ver quién se emborracha antes. Se nota que los padres de Blake no están. Han conectado los altavoces, la música suena altísima y la cocina está llena de alcohol. Cada miembro del equipo ha traído a su respectiva novia o a la chica con la que están de rollo. Lo bueno de que Liam y yo no estemos con ninguna es que nos tenemos a nosotros mismos, y eso lo hace un poquito menos deprimente. No es algo por lo que me hubiera preocupado demasiado, aunque ahora la idea de que Liam conozca a una chica y vaya en serio con ella me inquieta. Solemos hablar de lo complicado que resulta encontrar a esa «persona especial», pero tarde o temprano acabará ocurriendo: mi amigo se enamorará, probablemente de una animadora con una melena de anuncio de champú, y yo me quedaré en casa comiéndome los mocos, porque entonces ya no podré seguir quedando con él y otras chicas para hacer un trío. Lo estoy viendo venir. Si hay alguien a quien se le da bien ligar, ese es Liam. Yo solo soy una imitación. Y lo que no es de verdad no brilla.

Joder, como se eche novia, me va a tocar espabilar y buscarme un rollo antes de convertirme en el amigo celoso que compite con la chica de su colega para ver quién consigue pasar más tiempo con él.

Blake nos presenta a su novia. Por supuesto, es animadora, como la mayoría de las chicas que están en la fiesta. También han invitado a un equipo de béisbol de la universidad porque el hermano de Blake juega con ellos, así que es una noche de presentaciones y de conocer gente nueva. El siguiente a quien nos toca saludar parece un gigante sacado de una novela de fantasía. Ojos oscuros, nariz enorme y labios apretados. Medirá más de dos metros y tiene cara de pocos amigos, aunque me da la sensación de que siempre es así.

—Nate, Liam, os presento al colega de mi hermano. Se llama Ryder y es el capitán del equipo.

Cuando el tal Ryder me estrecha la mano, siento una punzada de dolor y hago una mueca porque me crujen todos y cada uno de los huesos. Qué bruto y cuánta fuerza tiene el tío. Nos saluda con una voz grave y profunda.

—Y esta es su novia —añade Blake.

Detrás de Ryder aparece una chica de cabello pelirrojo que... Liam y yo ya conocemos.

—Hola, soy Emily, encantada.

No. Me. Jodas.

Intento que no se note demasiado mi cara de sorpresa.

—Hola —la saludamos nosotros.

Los tres fingimos que no nos conocemos de nada. A mí me sudan las manos, pero Emily se muestra tranquila, como si coincidir con Liam y conmigo en la misma fiesta no fuera una putada enorme. Supongo que da por hecho que no vamos a chivarnos, no después de ver al gigante de su novio. Ryder nos podría mandar al hospital de una paliza, que es lo que haría si se enterase de que los chicos a los que acaba de saludar se han montado un trío con su novia. Como el secreto es tan reciente, tengo la sensación de que si Ryder me mira a los ojos lo va a descubrir. Encima es que lo hicimos en su cama, donde duerme con Emily todas las noches. Espero que ella, por lo menos, tuviese la decencia de cambiar las sábanas en cuanto nos fuimos.

Tras superar con éxito el momento «tierra trágame», Liam y yo bebemos, nos animamos y bailamos haciendo el tonto en el salón. Una hora después me estoy tomando mi cuarta copa con él. Me noto algo mareado, pero me lo estoy pasando en grande. Al final bajan la música para que podamos oírnos entre nosotros.

Liam y yo nos ponemos a hablar de relaciones y sexo.

—Ojalá me gustasen los hombres —confiesa—, las mujeres son demasiado complicadas.

—Igual el problema lo tenemos nosotros.

—Igual sí. Pero tú y yo, por ejemplo, nos entendemos de puta madre.

—Normal, somos amigos.

Se queda mirando su copa.

—¿Crees que nosotros haríamos buena pareja? —me pregunta.

No respondo, porque al pensar en nosotros como pareja se me encoge el estómago.

Liam suelta una carcajada, interpreta mi silencio como una negativa y luego se hace el ofendido.

—¡Oye! Tampoco estoy tan mal, ¿no?

Me gustaría decirle que no, que claro que no está mal y que tengo ojos en la cara. Lo que me jode es que esta noche lo veo más guapo que de costumbre. Tampoco sé muy bien por qué me jode, ni si tiene eso algún sentido.

Mierda, mierda. ¿Se puede saber qué me pasa con Liam? Solo ha sido una pregunta sin importancia. Siempre que va un poco pedo me suelta este tipo de comentarios en tono de broma, y yo nunca me he puesto nervioso, pero ahora estoy casi temblando, porque..., joder, no puedo evitar acordarme de cuando nos escondimos dentro del armario de Emily. Tengo la sensación de que esa noche, Liam y yo dejamos algo sin terminar. Pienso en lo cerca que estaba su cara de la mía, en sus dedos bajando por mis hombros, en las ganas que me entraron de morderle la boca y... y...

Y ahora ni siquiera me atrevo a mirarlo a los ojos.

—No estás mal —respondo con un hilo de voz.

—Tú tampoco estás mal —coincide él.

Los dos nos quedamos en silencio. Cada uno bebe de su copa, en mi caso porque necesito el alcohol para relajar esos nervios tontos que no se van y que no sé de dónde salen.

Aún no he hablado con Liam de lo que pasó en casa de Emily. Bueno, de lo que estuvo a punto de pasar. Los dos sabemos que tenemos una conversación pendiente. Por eso me despista que, tal y como están las cosas, luego vaya y me suelte un «ojalá me gustasen los hombres».

¿Quiere decir que en realidad también le pueden gustar? ¿Está tanteando el terreno para ver mi reacción?

Igual sí que necesito un cartel gigante porque soy incapaz de leer entre líneas.

Como en todas las fiestas que se celebran en una casa, terminamos jugando a «Yo nunca». Eso sí, solo entre los chicos de nuestro equipo y sus respectivas novias o rollos. Los de la universidad dicen que es un juego para niños, así que Emily y Ryder tampoco se apuntan. Y menos mal, que a mí se me nota todo en la cara y la primera ya empieza bastante fuerte.

—Yo nunca he hecho un trío —dispara Blake.

Por supuesto, Liam y yo nos convertimos en el centro de las miradas. Todos esperan a que bebamos un trago. Está claro que nuestra vida sexual no es ningún secreto para nadie.

—Cabrones. —Liam ríe y bebe de su copa.

Yo también alargo el brazo para beber de la mía.

—Yo nunca he puesto los cuernos —dice la novia de Blake.

Beben seis personas.

—Yo nunca me he liado con más de dos personas en una noche.

Bebo yo y beben cuatro más.

—Yo nunca me he sentido atraído por alguien de mi mismo sexo.

Liam coge su copa y bebe.

Espera.

Liam está bebiendo.

Me mira mientras lo hace y se lleva una decepción conmigo al ver que yo no estoy bebiendo de mi copa. Cuando termina de tragar, deja su copa un poco más separada de mí y más junta del que tiene a su izquierda. Vale, lo pillo, no le ha hecho gracia. No he sido del todo sincero y entiendo que Liam sienta que lo he dejado tirado; pero si él esperaba que yo también bebiese, querría decir que *sí* hubo tensión sexual cuando estuvimos encerrados en el armario de Emily. A los dos nos entraron ganas de besarnos y estuvimos a punto de hacerlo.

Liam es el siguiente en lanzar un «Yo nunca» al aire.

—Yo nunca he querido besar a nadie que está aquí.

Ahora sí, bebo sin pensármelo dos veces, convencido de que Liam también lo hará. Pero, esta vez, mi amigo no bebe de su copa. Me siento ridículo. Algunos compañeros me miran y cuchichean. Me puedo imaginar lo que están diciendo, que a veces me cuesta leer entre líneas, pero no soy tan estúpido como para no saber que están hablando de lo mucho que me gustaría besar a Liam. Estoy por gritarles que es mentira, que ni de coña besaría a mi mejor amigo, pero me quedo callado... y un poco chafado también. Porque, si soy sincero, cuando Liam ha reconocido delante de todos que alguna vez se ha sentido atraído por un chico, pensaba que se estaba refiriendo a mí. Luego me consuelo diciéndome que, quizá, solo se está vengando porque me debía una y que no debería tomármelo tan a pecho.

Liam bebe en el siguiente «Yo nunca» porque sí le gustaría tener sexo en un sitio público. Deja su copa mucho más cerca de la mía. Un gesto pequeño que nos vuelve a acercar.

Juego hasta que me termino la copa. Voy a la cocina a prepararme una nueva y noto que alguien sigue mis pasos. Es Liam. Me señala su vaso vacío para que vea que él también se acaba de terminar la suya y que por eso está aquí. Y me da la sensación de que lo hace como... como si no quisiera que yo creyese que le apetece pasar otro ratito a solas conmigo, en la cocina, apartados de la fiesta. Pero eso no tiene ningún sentido.

Echo cinco hielos, desenrosco el tapón de la botella y lleno un tercio de mi copa. He perdido la cuenta de cuántas llevo.

—Nate, creo que voy muy borracho porque me está entrando un calentón que flipas —me confiesa Liam con las mejillas sonrojadas.

—Hazte una paja en el baño.

—Con una paja no se me quita el calentón.

—Pues aquí todas las chicas están pilladas. Como no quieras apañártelas con una naranja...

—¿Qué? —pregunta sin entenderme.

—Coges una naranja, le haces un agujero en el medio y..., ya sabes. No te rías. —Liam se ríe a carcajadas y me termino uniendo a él—. Yo no lo he hecho nunca, pero la gente se apaña con cualquier cosa cuando quiere meter su rabo en un agujero.

Le paso la botella de ginebra.

—¿Y tú cómo sabías lo de la naranja?

—Me salió un vídeo de un tío que lo hacía en Twitter.

—Y te quedaste viéndolo.

—Sí, no sé, me pareció curioso. —Me encojo de hombros. Después saco dos latas de Sprite del frigorífico y le tiendo una a Liam.

—¿Como para probarlo tú también?

—No, no. Eso no me va.

Cada uno abre su lata, echamos la mezcla y me quedo escuchando el sonidito que hacen los hielos al chocar contra el cristal de las copas mientras el líquido burbujea en su interior. Liam bebe y me mira a los ojos.

—¿Te puedo hacer una pregunta un poco íntima?

—¿Después de todos los tríos que hemos hecho me preguntas si puedes hacerme una pregunta íntima? —Se me escapa una risita porque me hace gracia.

Él bebe un sorbo más largo que el anterior. Se pone serio y luego me suelta:

—¿Tú dejarías que te la comiese un tío?

Uy. Esa no la había visto venir.

—En principio, no.

—¿Crees que no te podrías llegar a correr?

—¿Y tú? —le devuelvo la pregunta, y me doy cuenta de que siento verdadera curiosidad. Eso y que quiero que me diga que sí.

—Responde tú primero y luego te respondo yo.

El calor me sube a la cabeza.

—Hombre, por poder, me podría correr —le digo, aunque luego hago un apunte—: Me refiero, si cierro los ojos y pienso que me la está comiendo una chica, pues lo mismo sí.

—Ya. Yo también.

Noto la garganta seca. Me llevo la copa a los labios. Liam juguetea con la suya acariciando el borde con las yemas de sus dedos.

De pronto dejo de beber porque me veo incapaz de seguir ocultándolo. Me gustaría mucho probarlo con un hombre. Y me gustaría mucho más que fuera con él.

Sé que el alcohol tiene bastante que ver con que ahora me sienta tan valiente y dispuesto a todo, pero Liam tampoco es que se esté quedando atrás.

Bebo otro sorbo, buscando en la bebida ese último empujón que me hace falta para dar el paso, inspiro fuerte, y entonces le pregunto algo que ni yo mismo creía que me apetecería con tantas ganas.

—¿Te gustaría probar?

Los dedos de Liam se detienen en su copa y levanta la mirada.

—¿Con un tío...?

—Con un tío no. Conmigo.

14

Cuestión de dejarse llevar... o no

Sus ojos resbalan hasta llegar a mi boca y se quedan ahí, muy quietos. Liam me mira como nunca lo ha hecho. Sin prisas. Sin tener que disimular. Con una mezcla de calma y excitación que lo obligan a sonreír.

—¿Qué? —le pregunto, un tanto impaciente.

Me siento vulnerable después de ofrecerle tener sexo oral conmigo y no haber obtenido una respuesta más allá de una mirada cargada de intenciones. En otras circunstancias, que alguien me mirase de esa forma habría sido más que suficiente para dar el siguiente paso. Con una chica yo ya me habría lanzado a su boca y la estaría besando. Y la actitud de Liam deja bastante claro que a él le apetece la idea tanto como a mí. Pero se trata de mi mejor amigo. Necesito que me lo confirme en voz alta, con palabras.

—¿Qué? —repite él, con sus ojos verdes pegados a mi boca.

—Eso digo yo, ¿qué pasa? Te has quedado muy callado.

—Estoy pensando en lo que me has dicho.

—Ah, vale. Y... ¿te lo tienes que pensar mucho? —No pretendo sonar borde, pero la espera me mata.

Liam sonríe juguetón.

—Hombre, mi mejor amigo me acaba de proponer hacerme una mamada.

—Lo dices como si te hubiese propuesto matrimonio. Que, por cierto, tampoco he especificado si te la iba a comer o no. He dicho que podríamos probar, pero igual solo quiero que me la comas tú a mí.

—¿Y tú no me la vas a comer a mí después? —Abre mucho los ojos, disgustado con que se dé esa posibilidad.

—Bueno, he visto que Blake tiene naranjas en el cajón de abajo de la nevera. Así que, si cuando yo termine, a ti te pica... —bromeo.

Llega a tener una naranja más a mano y me la lanza a la cabeza. Estoy convencido.

—A ver, a ver. Si te la como yo, luego tú me la vas a comer a mí —deja claro—. Vamos, creo que es lo justo.

Suelto una carcajada al ver lo serio que se ha puesto.

—Estaba de coña. Claro que te la comería. Joder, que parece que no me conoces.

—En ese aspecto..., no.

—Bueno, hemos hecho tríos. Me has visto comiendo coños muchas veces.

—Pero nunca te he visto comiéndote una polla.

Sonrío. Me gusta que sea tan directo.

—Siempre hay una primera vez para todo —contesto con picardía.

—Y quieres que sea conmigo.

—¿Por qué no?

—Porque igual sale mal —responde Liam, y veo dudas donde antes había deseo.

Nos llegan la música y el alboroto del salón. Todo el mundo sigue con la fiesta; bebiendo, hablando entre ellos, jugando al «Yo nunca», liándose... Eso me recuerda que no estamos solos, que en cualquier momento alguien puede entrar a servirse una copa y cortarnos el rollo.

Intento provocarlo.

—¿Te preocupa no saber cómo comer una polla? Porque, si quieres, yo te puedo ir dando instrucciones sobre la marcha. —Y me pongo a imitar la voz del GPS—: «A quinientos metros, gire la lengua a la derecha».

Al final consigo hacerlo reír, que era mi intención.

—Lo que me preocupa es que luego nos sintamos incómodos entre nosotros —dice, poniéndose serio de nuevo—. Y también me da un poco de cosa que tú y yo...

Deja la frase sin terminar.

—Ya hacemos tríos, Liam. Tampoco es que vaya a ver nada que no haya visto.

—Pero *eso* que has visto nunca ha estado dentro de ti.

Me llevo la copa a los labios y bebo, porque se me acaba de quedar la boca seca con solo imaginarlo.

—Entonces, ¿quieres o no? —pregunto nada más tragar.

—¿Tú quieres?

—Ya te he dicho que sí.

—¿Y dónde podemos...?

Sonrío.

—Aquí no. —Barro la cocina con la mirada—. ¿En el baño? Creo que tiene pestillo.

—Espera. ¿Quieres que nuestra primera experiencia homosexual sea en el baño?

—¿Por qué? ¿Estabas pensando en que fuera algo más romántico?

Liam resopla y niega con la cabeza.

—Mira que eres gilipollas.

—¿Y eso de «experiencia homosexual»? —repito, partiéndome de risa—. ¿Cómo puedes ser tan mono?

—Oye, ¡que yo no soy mono! —protesta.

Está molesto conmigo porque me ha despertado ternura, y es como si eso le hiciese sentir menos hombre.

—Ser mono no tiene nada de malo —le aseguro—. No pasa nada si eres dulce.

—Lo estás arreglando —me advierte irónico.

—¿Por qué? ¿Qué he dicho?

—También puedo ser un imbécil. Con las chicas.

—¿Y por qué me lo dices como si eso fuera algo bueno?

—Porque nadie se queda con los chicos dulces. Todos prefieren a los capullos como Marc.

Al oír el nombre de Marc me tenso.

—¿Qué pinta él ahora?

Liam inspira hondo. Se cruza de brazos sin soltar su copa.

—Te he visto cómo sonreías en el coche. Sé que estabas hablando con él. He leído algún mensaje.

Y entonces me pongo a la defensiva. Me molesta que a Liam le moleste.

—He hablado con Marc, sí, ¿y qué?

—Nada. Da igual.

—¿Estás celoso?

—No.

—Ya, pues lo parece.

—Pues no estoy celoso —dice cortante.

—Pero estás enfadado y se te han quitado las ganas de hacer nada conmigo.

—Sí. Ya no me apetece —responde, con un tono desagradable que no me gusta ni un pelo.

Asiento con la cabeza y me doy cuenta de yo también estoy cabreado con él. ¿Que no le apetece hacer nada conmigo? ¡Vale! Si piensa que voy a intentar darle la vuelta a la situación para que volvamos a estar bien, que espere sentado. Encima ha sido Liam el que ha empezado con todo el juego de las preguntitas calientes, no yo.

—¡Tú te lo pierdes! —exclamo.

—¿A que ya no te parezco tan dulce?

Me mira desafiante, con una chulería que no reconozco en él y que no le pega nada.

—No. La verdad es que te estás comportando como un auténtico capullo. Enhorabuena, te vas pareciendo más a Marc.

—¡Mira qué bien! —Liam dibuja una sonrisa tirante—. Supongo que ahora solo falta que tú sonrías con cara de tonto y luego ya podemos pasar a los preliminares —replica, burlándose de mí.

Alcanzo mi lata; me entran ganas de tirársela a la cabeza, pero me aguanto y relleno mi copa con lo que ha quedado de Sprite. Echo también un dedo de alcohol, y es que, aunque mientras hablábamos en la cocina no hemos dejado de beber, después de esto necesito un buen copazo.

Liam me imita y luego me pide que le pase la botella. Lo hago porque su tono vuelve a ser suave. Entonces nuestros dedos se rozan sin querer.

Noto un tirón en el estómago.

Estoy molesto por su actitud, él también lo está conmigo, pero las ganas siguen ahí. Claro que, por mucho que nos apriete la erección, el ambiente se ha enrarecido demasiado como para que me salga ponerme de rodillas y bajarle los pantalones, o dejar que él me los baje a mí. Y creo que todo este mal rollo es más culpa suya que mía, porque Liam ha tenido una actitud de niño de cinco años, con una rabia que no entiendo de dónde le ha salido. Aun así, me jode pensar que todo se ha torcido a raíz de haberle dicho que era mono.

Cuando volvemos al salón, la gente ya ha dejado de jugar al «Yo nunca» y todos están hablando o bailando en pequeños grupos. Blake nos pregunta por qué hemos tardado tanto y otro del equipo le contesta haciendo la broma fácil.

Vemos a Emily discutir con su novio. Ella se acaba de enterar de que Ryder le envía fotos de su polla a otra chica.

—¿Te la has follado?

—Hablaremos de esto con calma en casa.

—Te he preguntado si te la has follado.

Se hace un silencio general en el salón. Solo se escucha la música sonando de fondo. Todos se vuelven hacia ellos y los miran con curiosidad.

—No.

—¿Es verdad eso que dicen de que le has enviado fotos de tu polla?

—Sí.

—¿Cuántas fotos? —le pregunta Emily a Ryder.

—Yo qué sé. Tampoco las he contado —responde con chulería.

—¿Y me contestas así? ¿Después de lo que me has hecho?

—Llevamos un par de semanas que no estamos bien.

—Y por eso te follas a esa zorra.

—No me la he follado. Y no es ninguna zorra. —Ryder aprieta las manos en puños.

—¿Tanto te gusta?

—Sí. Y tampoco vayas de digna, que sé que tú también has hecho tus cosas. Así que la próxima vez que vayas a llamar zorra a una chica acuérdate de que tú no eres mejor que ella.

Tras esa revelación, la gente empieza a cuchichear. Emily responde al ataque levantando aún más la barbilla, desafiándolo, y Ryder sigue con la cabeza agachada para poder mirarla a los ojos. Él es demasiado alto y, en comparación, ella parece muy pequeña.

Emily rompe el nuevo silencio y decide poner punto y final a la relación.

—Se acabó. Hemos terminado.

—Pues vale.

Ryder se encoge de hombros y dibuja una sonrisa estúpida, dándole a entender que en realidad le da lo mismo. Eso cabrea más a Emily. Lo insulta, coge su bolso y su abrigo, y sale corriendo de la casa de Blake pegando un portazo. Los demás nos quedamos unos segundos callados hasta que, poco a poco, la fiesta vuelve a la normalidad.

Hablo con Liam de lo que ha pasado con Emily. Se nota que los dos queremos hacer las paces, porque no nos gusta estar enfadados.

—¿Crees que deberíamos enviarle un mensaje? —me pregunta Liam.

Pero el mensaje lo recibe él. «Necesito hablar con alguien y ahora mismo solo os tengo a ti y a Nate», ha escrito Emily.

Antes de salir nos despedimos de todos. Blake quiere saber por qué nos marchamos tan rápido. Ponemos como excusa que mañana tenemos pensado madrugar. Él sabe que es mentira, pero asiente con un gesto y nos da un abrazo.

—Nos vemos en el entrenamiento —se despide.

Encontramos a Emily sentada en el porche. Sonríe de oreja a oreja al vernos, aunque el rímel corrido la delata. Estaba llorando. Se limpia con un clínex, se reajusta la tira del bolso y se pone en pie. Nos pide que la acerquemos a su casa en coche, a lo que nosotros asentimos con un gesto. Emily se pasa todo el trayecto soltando mierda de su —ahora— exnovio. Cuando llegamos a su calle, Liam encuentra un sitio libre para aparcar. Nos invita a subir con ella; en esta ocasión le decimos que no, porque es muy tarde, pero luego Emily le recuerda a Liam que en realidad no debería conducir en su estado y que como lo pille la policía se le va a caer el pelo. En eso tiene toda la razón.

No debería haber cogido el coche y nos la hemos jugado, sobre todo porque podríamos haber tenido un accidente. Ladeo la cabeza para mirar a Liam, después me quito el cinturón de seguridad y él hace lo propio para salir del coche.

Y así es como volvemos a acabar en la habitación de Emily. Compartimos una botella de vino blanco sentados en el borde de la cama.

—Mañana vamos a flipar con la resaca —les aviso.

El viaje en coche me ha revuelto el estómago, pero creo que no voy a vomitar.

—Todavía queda noche por delante —replica Liam, arrebatándome la botella para beber a morro.

Bebe sin cuidado, y un chorrito de vino resbala por su barbilla y le moja el cuello de la camiseta. Se limpia con la manga y luego desliza la lengua por sus comisuras para rescatar gotitas de alcohol. El gesto me parece de lo más sexi. Después le pasa la botella a Emily, pero a mí ella me da igual, solo me importan los labios de mi amigo. Están entreabiertos y muy brillantes. No puedo dejar de observarlos y pensar en lo mucho que me apetece repasar con mi lengua el mismo caminito que acaba de hacer la suya.

Empiezo a calentarme como lo he hecho antes en la cocina de Blake.

—¿No quieres más? —Emily agita la botella de vino delante de mi cara.

—Claro que quiero.

Bebo a morro, sin dejar de mirar la boca de Liam. Me gusta comprobar que sus ojos verdes hacen varios viajes a la mía y se sonroja. Emily, que está sentada entre los dos y parece enterarse de todo, nos estudia con una sonrisa pícara. A continuación, posa una mano en mi pierna y otra en la de mi mejor amigo. Nos acaricia dibujando círculos con la yema de sus dedos, que con cada nuevo giro se acercan más y más a nuestro paquete. El dormitorio recupera la misma atmósfera ardiente y sexual de cuando estuvimos la vez anterior. Durante un minuto entero los tres nos quedamos callados. Solo se oye el sonido de nuestra respiración acelerada.

Miro la boca de Emily. Está muy cerca de la mía y me apetece besarla.

Luego mi mirada vuelve a saltar hasta la boca de Liam. También tengo ganas de besarlo a él.

—Chicos, creo que esto se nos puede ir de las manos —nos advierte Liam intentando echar el freno. Aunque por su lenguaje corporal, sé que le apetece tanto como a nosotros.

—¿Y? —susurra Emily—. No me vengas ahora con que no sabías que íbamos a follar. ¿Por qué crees si no que os he pedido que me acerquéis a casa?

—¿Para ahorrarte el dinero del taxi?

Niega con la cabeza y sonríe.

—Para follar los tres. Así, por lo menos, me llevo una alegría. Es lo que necesito después de cortar con Ryder. —Hace una pausa y después nos asegura a los dos—: Ah, y por él no os preocupéis, que no se va a pasar por el piso. Ya le he dicho que se quede a dormir en casa de la otra. Creo que al final se quedará en casa de Blake, pero aquí no viene.

Liam se inclina hacia delante y me busca con la mirada.

—Nate, ¿tú qué dices?

—Lo que tú quieras.

—Yo solo quiero si tú quieres.

«Yo lo que quiero es besarte. Me muero de ganas.»

Mi erección palpita dentro del bóxer. Emily la palpa poniendo la mano encima y hace lo mismo con la de mi amigo.

—Los dos la tenéis como una piedra. Eso es un sí.

Tras decirlo, se lanza a Liam y lo empieza a besar. Él le corresponde al beso. Luego Emily se separa unos centímetros y se vuelve hacia mí. Acerca su cara a la mía para buscar el contacto de mis labios. Nuestras bocas encajan, resbalan, se dan calor. Cierro los ojos por instinto. A pesar de que me gusta cómo besa, noto un pinchazo en el pecho, porque también quiero besar a Liam, pero no me atrevo a dar el paso con él. En este momento envidio a Emily, hace que besar a un chico parezca lo más sencillo del mundo.

Como si ella me hubiera leído la mente, nos pregunta a los dos:

—Esta vez ¿podemos hacer un trío normal?

—Pero...

—Pero nada —le corta a Liam—. He visto cómo os mirabais el uno al otro. Y me parece una chorrada que os sigáis reprimiendo cuando está claro que a los dos os apetece.

Silencio.

Liam evita la mirada de Emily y se empieza a mirar las manos. Lo imito, miro mis manos. Emily no insiste, así que nadie habla, y cada segundo que pasamos los tres callados me siento más tonto. No sé qué hago mirando mis uñas mordidas si lo que me apetece es morderle la boca a mi mejor amigo. Se supone que el alcohol te hace más valiente.

Después Liam vuelve a mirar a Emily.

—¿Por qué te da morbo que nos liemos?

Sus labios están un poco más rojos. Los de ella también.

—¿A vosotros no os daría morbo ver a dos chicas liándose?

—Supongo que sí —reconoce.

—Pues ya está.

Liam se gira hacia mí. Lo primero que veo son sus ojos grandes y verdes, mirándome. Luego se deslizan hacia mi boca como una hoja que se desprende del árbol y cae con suavidad al suelo. Yo también bajo mi mirada hasta la suya. Sus labios están un poco hinchados porque ha besado a Emily, aunque siguen siendo finos.

Liam tiene una boca muy bonita. Y... me gusta poder mirarla sin tener que disimular.

«Pues ya está», escucho la voz de Emily en mi cabeza, como un pistoletazo de salida.

—¿Y bien? ¿Qué habéis decidido?

Emily echa el cuerpo hacia atrás y apoya los antebrazos en el colchón para dejarnos espacio, lo cual le otorga un primer plano de nuestros perfiles. Muy *voyeur*.

Se supone que ahora es cuando todo explota. Siento que se está creando un momento importante, aquí, en esta cama, entre los tres. Emily, Liam y yo. Ella se acaba de convertir en un personaje secundario que observa la escena y nosotros, en los protagonistas de una de esas pelis que desde el principio sabes cómo acaban. El corazón me late frenético. Me pregunto cómo será besar a mi amigo, cómo será su sabor, si sus labios serán tan suaves como parecen.

Pero ninguno de los dos se mueve y al final Liam sacude la

cabeza. Y como me da miedo que se eche atrás, me escucho pedirle:

—Ven aquí, tonto.

Parpadea.

—¿Adónde?

Casi parece que lo pregunta en serio, pero sé que lo único que le pasa es que está igual de nervioso que yo.

Aun así, especifico:

—Aquí. —Me toco el labio inferior con un dedo.

Liam fija sus ojos en ese punto como si fueran una flecha y mi boca el centro de una diana.

Sonrío al ver que traga saliva y que se inclina ligeramente hacia delante. Yo también acerco mi rostro al de él.

—Nate —me llama Liam cuando casi no queda distancia entre uno y otro.

—Tranquilo —susurro—. No voy a hacer nada que tú no quieras.

Me echo unos centímetros hacia atrás, solo para poder contemplar mejor su rostro.

Sus ojos verde esmeralda.

Su pelo rubio ceniza.

Sus labios rojos y masculinos.

Nunca nos habíamos estudiado el uno al otro tan de cerca, con tanta intimidad. Si no lo beso inmediatamente es porque no pienso robarle un beso, al revés, quiero que él también quiera dármelo a mí. Por eso me quedo unos segundos quieto y espero a que tome una decisión: puede apartar el rostro si no se siente cómodo con la idea de que lo vaya a besar... o puede quedarse y dejar que ocurra.

15
El último empujón para que todo ocurra

Cierro los ojos. El calor que emana de su piel me contagia. Hacemos un par de respiraciones más en silencio y, cuando termino de contar hasta diez en mi cabeza, vuelvo a abrirlos. El estómago me cosquillea al ver que Liam no se ha separado ni un solo milímetro de mí.

Eso me da el último empujón.

Acorto la ridícula distancia que nos separa y pego mis labios a los suyos. Son mucho más suaves de lo que me había imaginado.

Al principio solo me atrevo a besarlo con la boca cerrada, pero cuando sus manos acunan mi rostro me relajo del todo, la dejo entreabierta... y se me escapa una especie de gemido. Los labios de Liam se curvan en una sonrisa. Mi lengua decide ir por libre, busca el contacto con la suya y, al chocar con ella, las dos se ponen a jugar. El beso se convierte en algo serio, en un lío de lenguas, dientes y saliva. Sus manos pasan de mi cara a mi nuca y de mi nuca a mi espalda. Liam me toca con desesperación, como si al besarnos nuestra piel se hubiese despertado de golpe y ya no hubiera vuelta atrás.

—Nate, muérdele el labio inferior a Liam —me ordena Emily.

Creo que es porque ya he dado el paso más difícil con Liam y lo demás me parece coser y cantar, eso, o que voy demasiado pedo —los tres lo estamos—, pero el caso es que la orden de Emily me excita muchísimo.

Atrapo su labio inferior con mis dientes, empiezo a morderle la boca con cuidado y Liam suelta un gruñido. Sus manos pasan a hundirse en mi pelo al tiempo que las mías se dejan caer cuesta abajo por su espalda hasta llegar a su culo. Se lo estrujo por encima del pantalón. Él sonríe y me devuelve el mordisco que le acabo de dar.

—Liam, quítate la camiseta. Mejor: quítale la camiseta a Nate y que Nate te la quite a ti.

Hacemos lo que Emily nos pide. Nos ponemos en pie y nos las quitamos. Yo a él, él a mí.

—Ahora el pantalón.

Nos quedamos en bóxers. Me alivia ver que mi mejor amigo sigue duro, que no se le ha bajado, ni siquiera cuando me he peleado con su cinturón y he escupido una palabrota. Al final lo ha tenido que desatar él. Me daba miedo que eso le hubiese cortado el rollo, pero lo que me encuentro es una erección que parece estar a punto de abrir un agujero en el calzoncillo. Sigo el dibujo de su pene recorriendo con mis ojos la tela gris. Cuando llego a la punta, el gris se convierte en un gris muy oscuro porque está mojado.

—Ahora, Liam, hazle una mamada a Nate y...

—Emily —le corta él, nervioso, y veo que se pone rojísimo a pesar de que todavía va pedo.

—... y que Nate te la haga luego a ti. Venga, Liam, hazlo.

—Joder, chica. Espera un poco, que aún no me he hecho a la idea.

—Es solo un pene.

—Sí, ya sé que es solo un pene. Pero me estás poniendo nervioso siendo tan mandona.

—Pues no te pongas nervioso, hazlo y punto. ¡Sin pensar! Cuanto más vueltas le des, peor.

Liam pone los ojos en blanco. Después se vuelve hacia mí, se muerde el labio inferior y me mira dubitativo.

—No lo hagas si no quieres —le digo yo, porque por muy borracho y cachondo que esté Liam me transmite su miedo y me siento responsable, y tampoco quiero sentir que lo estoy usando o que me aprovecho de la situación. Solo quiero seguir si él también quiere—. En serio, si tienes dudas, paramos. ¡Y no pasa nada! Pero como me la chupes bajo presión, me voy a sentir fatal, y luego me voy a enfadar contigo por haberlo hecho medio obligado. Yo quiero que te apetezca hacerlo, si no, no —insisto, porque quiero que le quede bien claro.

—Quiero hacerlo. Me da miedo no saber hacerlo bien y que no te guste, pero me apetece probar —me asegura, mirándome a los ojos.

—No tienes que ser un experto. Yo tampoco tengo ni idea de cómo se come una polla.

—Te pega hacerlo de pena, no sé por qué.

Le pego un puñetazo en el hombro y Liam estalla en carcajadas. Me gusta verlo relajado, más seguro.

—Sin presiones, ¿vale?

—Sin presiones —repite él, asintiendo con la cabeza—. Pero como te corras en mi boca te juro que te mato.

El que se echa a reír esta vez soy yo.

—De acuerdo, no lo haré, pero entonces tú tampoco te corras en mi boca.

—Os podéis correr en la mía —se ofrece Emily.

Liam inspira, clava sus ojos en mi bóxer y saca mi erección, muy despacio. Sus dedos están calientes, la sensación es agradable, aunque también se me hace rarísimo ver mi polla en su mano. Me vuelvo a sentar en el borde de la cama, esta vez completamente desnudo. Liam se pone de rodillas frente a mí con mi pene apuntándole a los ojos. Cuando empieza a masturbarme, al principio su mano se mueve con suavidad sobre mi tronco, apretándome lo justo para que me dé placer. Sus movimientos cogen velocidad con cada subida y bajada, aumentando esa sensación de cosquilleo que me acelera el pulso. Mi amigo tiene el detalle de escupirme en la punta para que no me tire la piel. Llevo una mano a su cabeza y lo agarro del pelo, aunque dejo que él siga marcando el ritmo porque me gusta que Liam tenga la libertad de hacer conmigo lo que le dé la gana. Se queda un rato observándola con atención, apreciando la forma en la que mi piel sube y baja con los movimientos de su mano, lo dura y caliente que está por su culpa.

Nunca me había sentido tan desnudo, y eso que he estado desnudo delante de otras personas muchas veces. Sobre todo con él.

Emily se está haciendo dedos. Sigue sentada a nuestro lado. Se frota el clítoris sin quitarnos un ojo de encima.

—Chúpasela —jadea.

Liam acerca su rostro a mi polla. Mis piernas se tensan por lo que está a punto de hacer. Contengo la respiración al notar que la punta de su lengua se posa en esa zona de piel tan sensible. La desliza de abajo arriba con suavidad, dando su primer lametazo. A mí me sacude un escalofrío, él pone cara de asco.

Expulso el aire.

—¿Tan horrible es?

—Tío, me da mucha cosa todo esto.

—¿Lo dejamos aquí?

Liam niega con la cabeza y prueba a dar otro lametazo. Este parece gustarle más que el anterior. Prueba de nuevo. Otro más..., otro... y se la mete entera en la boca. Después de eso empieza a chupármela, deslizando su lengua de arriba abajo, y luego de abajo arriba. Una y otra vez.

—Joder —gimo.

Se la saca y dibuja una sonrisa cansada.

—¿Le voy pillando el truco?

—Lo estás haciendo genial.

—Pero mientras se la chupes, no dejes de pajearle —le dice Emily a Liam, y la mano de este vuelve a cobrar movimiento por arte de magia.

—Aaah...

El calor y el cosquilleo se intensifican. Cierro los ojos y me imagino que en lugar de Liam me la está comiendo Emily, solo para hacer la prueba de si con una chica me pone más. Y me doy cuenta de que, en realidad, no hay mucha diferencia. Me gusta de las dos formas. Quizá hasta me da más morbo con él, pero es pronto para admitirlo, porque esto es nuevo para mí y, aunque ahora su boca en mi pene esté de puta madre, no sé cómo nos sentiremos por la mañana al recordarlo.

Ahora sus labios suben hasta la punta y bajan hasta los

huevos, así una y otra vez. El cabrón ha cogido confianza y lo hace bien. Tan bien que, a los dos minutos, su lengua consigue llevarme al borde del precipicio.

Mierda. Me voy a correr.

—Liam... —pronuncio su nombre con la voz entrecortada.

Él no responde. Claro, no puede, tiene la boca llena.

—Nate se corre —le advierte Emily.

—Quítate —le pido.

Pero no nos hace caso a ninguno de los dos. Liam me sigue chupando con tantas ganas que en cualquier momento me voy a correr. Y no quiero hacerlo en su boca. Bueno, sí que quiero. Aunque no es lo que habíamos acordado.

—Li..., ¡aaah! —no termino de decir su nombre entero, el orgasmo me obliga a gritar.

Me vacío en su boca. Echo la cabeza hacia atrás y suelto un gruñido. Liam sonríe mirándome a los ojos, con mi pene todavía dentro de él, y me sorprende lo guapo que está.

—Mi polla te favorece —me escucho decirle, sin pensar.

Liam se saca mi erección. Al principio me mira con la boca cerrada, pero luego pone cara de estar aguantándose la risa. Después, veo que su nuez se mueve a lo largo de su garganta porque... está tragando. Y entonces sí, se ríe por mi cumplido.

Espera, ¡¿qué?!

—¿Te acabas de tragar mi semen?

—Sí.

Saca la lengua para que vea que no ha dejado ni una gota.

—¿Y qué tal? —pregunta Emily, sonriendo con un brillo oscuro en los ojos.

—Asqueroso. —Coge la botella de vino y bebe para quitarse el sabor que se le ha quedado—. Pero estaba tan cerdo que me apetecía.

—Yo no me lo voy a tragar —me apresuro a decirle.

Liam me lanza una mirada de disgusto.

—Menudo egoísta, colega.

Intercambiamos los papeles. Él se sienta donde yo estaba hace un segundo y yo me pongo de rodillas en el suelo, acercándome a su polla y notando el calor que emana de ella mucho antes de tocarla. Dejo los labios entreabiertos y los poso en su cabeza. Sus piernas se tensan como si hubiese pulsado un botón. Mi lengua, al principio tímida, se pone a dibujar círculos sobre su punta. Echo una mirada y veo que Liam cierra los ojos. Lo sigo chupando despacio, disfrutando de ese sabor salado al que me acostumbro y que cada vez me gusta más.

Su mano me agarra de la cabeza.

—Más rápido —me exige.

Lo chupo de arriba abajo, acelerando la paja.

—Trágatela.

Me la meto en la boca hasta llegar a la campanilla. Lo escucho soltar una palabrota y luego un gruñido ronco de lo más sexi.

—Aaah... Qué cabrón. Así no voy a durar nada.

No sé de dónde me nacen esas ganas de llevar a Liam al límite. Quizá es porque le estoy haciendo una mamada y nunca pensé que llegaríamos a tanto, y me gusta la sensación de vértigo y libertad que eso me proporciona. Además, siempre me ha puesto cachondo verlo disfrutar, por eso hacemos tríos, ver la cara de placer del otro es parte del juego. Pero de verlo disfrutar porque una chica se la está comiendo a estar comiéndosela yo mismo hay un paso enorme. Y qué bien haberlo dado esta noche, porque nos lo estamos pasando genial.

—Eso es. Haz que se corra —dice Emily, que sigue con la mano dentro de sus bragas, tocándose.

Liam no aguanta mucho más. Su respiración se acelera y sé que está a punto de correrse, que le falta poco. No me pide permiso para acabar dentro de mí, pero yo tampoco me aparto, sigo chupando, moviendo la cabeza a conciencia. De repente su polla hace una fuerte palpitación y me dispara un chorro de semen. Me llegan cuatro disparos más, el último más débil que los anteriores.

—Dios mío —gime, agotado.

Después sale de mí. Me deja la boca llena de un líquido viscoso, caliente y con un sabor muy fuerte. Cierro los ojos y me lo trago haciendo una mueca. No sé hasta qué punto lo he hecho porque me apetecía a mí o por contentarlo a él, pero si hay alguien que disfruta viendo cómo me lo trago todo, esa es Emily, que, tras estar un rato frotándose el clítoris con la yema de los dedos, consigue correrse.

—Ten, bebe, campeón —me dice Liam ofreciéndome la botella con una sonrisa de haberse salido con la suya.

Bebo lo que queda de vino y sacudo la cabeza, porque el sabor que me ha dejado su semen, como a clara de huevo crudo, no desaparece y es horrible.

—¿Mejor ahora?

—¡Puaj!

No sé qué cara pongo, pero debe de ser muy graciosa para que se ría con tantas ganas. Y como la risa de Liam es contagiosa, yo también me empiezo a reír con él, y la siguiente en unirse a nosotros es Emily. El dormitorio se llena de carcajadas, calor y olor a sexo.

Nos quedamos a dormir allí, los tres juntos.

Por la mañana, me despierto con resaca y el cerebro frito. Después de una ducha rápida y vestirnos con la misma ropa de ayer, me subo al coche con Liam y volvemos a casa en silencio. No decimos ni mu, porque ninguno se atreve a comentar nada de lo que hicimos anoche, y el ambiente se vuelve incómodo para los dos.

16
Huir del romanticismo

—Todavía no asimilo lo que hice con Liam en casa de Emily.

Estoy con Beatrice y Melody en una cafetería. Necesitaba contarles lo que me pasó ayer para pedirles consejo.

—Tanto beber agua con secreto... y, claro, al final pasa lo que pasa —bromea Beatrice.

—¿Te raya porque es un chico? —quiere saber Melody.

Niego con la cabeza.

—No. Ya sabéis que yo en el sexo soy...

—Un guarro —suelta Beatrice—. Igual que yo, y a mucha honra.

—... un aventurero —la corrijo—. Y como buen aventurero, quiero seguir explorando mi sexualidad y todo lo que tenga que ver con el placer. Así que sí, que ahora me puedan empezar a gustar también los hombres lo veo hasta como una ventaja. Pero, claro, que el hombre que me guste sea precisamente mi mejor amigo..., hostia.

—Ya no es una ventaja —coincide Melody.

—No, que me guste Liam es una putada enorme.

Beatrice intenta quitarle hierro al asunto.

—Pero tampoco es que te hayas enamorado de él.

Me atraganto con el café y ellas se ríen. ¿Enamorarme? ¿¿Yo?? Solo con oírlo ya me da vértigo. Eso son palabras mayores y están muy lejos de lo que siento.

Cuando consigo dejar de toser, me limpio con una servilleta y me aclaro la garganta.

—Por Dios, ¡no! No es que de repente me haya dado un golpe en la cabeza y me haya enamorado de Liam. Cuando digo que me gusta quiero decir que ahora pienso en él..., bueno, en lo que hicimos anoche, y... no sé.

—Que te la pone dura, vamos. —A Beatrice le gusta llamar a las cosas por su nombre.

—Muchísimo. ¿Ves? Eso es lo que no entiendo, hasta hace un mes ni siquiera había sentido la curiosidad de besar a Liam y ahora no puedo dejar de pensar en que besa de putísima madre.

Beatrice y Melody comparten una mirada cómplice.

—Yo ya me lo veía venir.

—Y yo.

—¿Lo habíais hablado entre vosotras?

—Alguna que otra vez —reconoce Melody—. Por eso no nos ha sorprendido.

—Sí, era de esperar. Entre que folláis juntos y que los hombres solo pensáis con la polla... —lo último lo dice guiñándome un ojo.

—Pero yo a Liam lo quiero.

Siento la necesidad de recalcarlo a pesar de que son mis amigas, porque no es que el chico me la ponga dura y ya está. Hay sentimientos. Y los sentimientos siempre lo enredan y complican todo.

Melody asiente.

—Hombre, pues claro que lo quieres, es tu mejor amigo.

—¿Has hablado con él?

—No. Solo un «¿nos vamos?» para salir de casa de Emily y «adiós» al bajarme de su coche.

—¿Y él no te ha escrito o te ha dicho algo luego?

—No. —Reviso los últimos mensajes, por si acaso. Ninguno es suyo—. Nada.

—¿Y no le vas a escribir por lo menos un mensaje?

—¿Y qué le digo? «Oye, Liam, que no quiero que se joda nuestra relación, pero tampoco puedo hacer como que no hemos tenido la polla del otro dentro de nuestra boca y nos hemos corrido. Porque ha pasado. Hemos cruzado la línea. Nos hemos besado y..., bueno, todo eso. Y ahora no sé qué hacer. Porque nosotros prometimos que el sexo nunca sería un problema, pero siento que al cruzar esa línea también he perdido a mi mejor amigo. Por lo menos, una parte de todo lo que éramos juntos sí que la he perdido. Porque ya no pienso en ti solo como el chico con el que me iba de vacaciones y construía castillos de arena, ese sigue existiendo en mi corazón, aunque ahora convive con un nuevo Liam. El que se ha hecho un hombre. Y no puedo evitar pensar en que los dos hemos crecido, que nuestro cuerpo ha cambiado y que me siento mal cada vez que te recuerdo desnudo.»

Beatrice parpadea, alucinada con mi respuesta y sonriendo como una boba.

—Niño, le dices eso y me caigo muerta. ¿Todo eso te ha salido así, del tirón?

—Igual me he pasado de intenso.

—Ya sabía yo que detrás de esa fachada de «follo con quien me da la gana» había espacio para un corazoncito. ¡Ay, Melody, que nuestro Nate es un romántico!

Y ahora las dos se ríen. Lo que faltaba.

—No soy un romántico —protesto como un niño pequeño.

—¿Que no? ¡Ha sido una declaración de amor en toda regla!

—Pero amor como amigos —dejo claro.

—Es que, para mí, la amistad es la historia de amor más bonita que existe..., pero esa no nos la cuentan.

Melody, que ha dejado de reírse y se ha puesto seria otra vez, me toca el hombro para que le haga caso.

—Creo que lo que nos acabas de decir a nosotras es justo lo que le tienes que decir a Liam. Pero antes deberías tener claro qué es lo que quieres tú. Me refiero a si quieres que se vuelva a repetir lo del viernes o prefieres dejarlo ahí. Porque al final eso es lo más importante.

No me hace falta pensarlo dos veces para saber qué es lo que quiero. Aun así...

—Me da miedo hacer lo que me pide el cuerpo y cagarla, ¿sabes?

—¿Y qué te pide el cuerpo?

—Follar con mi mejor amigo.

Melody estalla en una carcajada. Beatrice pone los ojos en blanco.

—Adiós a la historia de amor..., hola de nuevo a pensar solo con la polla. ¡Con lo bonito que te había quedado lo otro!

—Le dijo la sartén al cazo.

—Pero estamos hablando de ti. No de mí.

—Y te he dicho que no soy nada romántico.

—Y yo te digo que tiempo al tiempo.

Bebo más café sin hacer mucho caso a su advertencia.

No sé si estoy pensando «solo con la polla», como ella dice, pero lo de que necesito follar con mi mejor amigo es cierto. No es un capricho, es que, sencillamente, no puedo pensar en otra cosa. Da igual que lo haya visto desnudo cien veces. Nunca había pensado en el cuerpo de Liam como algo que me podría llegar a excitar. Y ahora no dejo de recordar su boca y la manera tan salvaje en la que me besó. Lo fuerte que se apretaron sus dedos contra mis nalgas para tenerme más cerca. Lo suave y caliente que se sentía su polla cuando la empujó contra mis labios. Su cara de placer mientras se vaciaba dentro de mí. El sabor salado de su semen. O la carcajada que se le escapó al ver la mueca que hice justo después de tragármelo.

No. Es imposible que vuelva a ver a Liam solo como un amigo.

Ninguno de los dos puede.

Y espero que él no piense que lo que hicimos fue un error.

Porque repetirlo sería la hostia.

17
Tú, yo y todos los domingos

—¿A qué hora viene Liam?

—No sé si vamos a quedar.

Mi madre y yo estamos en la cocina recogiendo la mesa después de comer. Veo un signo de interrogación bailando en sus ojos cuando me pasa los platos. Los meto en el lavavajillas.

—Pero es domingo. Los domingos siempre quedáis para ver una peli en el salón.

Tenemos esa tradición desde que somos pequeños. Recuerdo que hubo una época en la que Liam y yo nos obsesionamos con *Pesadilla antes de Navidad*. Estuvimos viéndola cada domingo durante cinco meses. Nos la sabíamos de memoria y jugábamos a decir en voz alta los diálogos a la vez que los personajes.

Pero ya no somos esos niños.

Desde el viernes por la noche, ni siquiera puedo ver a Liam con los mismos ojos. Ayer no hablamos en todo el día —lo de «¿nos vamos?» y «adiós» no cuenta— y no recuerdo haberme pasado tantas horas sin recibir un mensaje suyo o sin oír su voz.

Me pregunto si Liam también habrá hablado con Melody y Beatrice. Me pregunto qué les habrá contado a ellas, si comparte mi punto de vista y se lanza a la piscina conmigo... o si prefiere quedarse en el bordillo.

De pronto, me imagino a mí mismo mirando a través de la ventana de mi habitación y sintiéndome como Taylor Swift en el videoclip de *You Belong With Me*, y después al siguiente que me imagino es a Liam, asomándose desde la ventana de enfrente con un cartel gigante en el que ponga «me muero por volver a besarte y ver esa peli contigo». La opción de dejar luego la peli a medias y hacernos una paja en mi habitación es una buena alternativa. Mucho mejor que pasar el domingo solo y rayado, eso seguro.

—Voy a preguntarle.

—Dile que le he comprado las palomitas de mantequilla que tanto le gustan.

Sonrío.

—Mamá, estás en todo.

Liam llamará al timbre en cualquier momento. Miro la hora que marca el reloj de la cocina por enésima vez. Son las cuatro y tres minutos de la tarde y estoy tan nervioso que no me reconozco. En serio. Me parece surrealista que me entren estos nervios tontos porque mi mejor amigo está a punto de llegar a mi casa, cuando ha estado tantas veces aquí que ya es como si fuera también la suya.

Vale, entonces, cuando le abra la puerta, ¿le doy la mano o cómo lo saludo?

Tiene gracia, la última vez que nos vimos los dos estábamos borrachos y nos habíamos corrido en la boca del otro, y ahora me preocupa que Liam se sienta incómodo conmigo si le doy un abrazo nada más entrar. Podría serlo. Todavía no sé cuál será la actitud con la que va a venir. Mejor dejar que él me salude como quiera.

Llaman al timbre y pego un salto del susto.

Abro la puerta, veo esos ojos grandes y verdes. Entonces el corazón me late con más fuerza porque me viene una imagen de la noche del viernes. Él sin la parte de abajo y su pene muy cerca de mi cara, a punto de entrar en mi boca. Aprieto los labios en un acto reflejo. Intento darme prisa en ponerle mentalmente los pantalones para que no me empiecen a sudar las manos.

Liam se aclara la garganta.

—Nate.

—Hola.

Durante unos segundos nos quedamos inmóviles en la entrada, sin saber muy bien qué hacer o lo siguiente que deberíamos decir. Menos mal que mi madre aparece en escena y nos obliga reaccionar.

—¡Liam! Pero pasa, hombre, pasa. —Él entra y saluda a mi madre—. ¿Qué tal estás?

Habla un poco con ella.

—He comprado las palomitas que te gustan.

—Gracias. —Liam sonríe agradecido—. Es una de las mejores cosas de venir a esta casa, que siempre hay palomitas.

—De hecho, una vez tu madre me pidió que no comprase porque estabas castigado. Tendrías siete años. Pero como yo soy de las que piensan que una peli sin palomitas no se disfruta igual, hicimos un trato los dos. Podías comer las palomitas que quisieras si no le decías nada a tu madre.

—Y no se lo dije —le asegura Liam con cierto orgullo.

—No, no se lo dijiste. Desde pequeño se te ha dado muy bien guardar secretos.

Mi madre sonríe a Liam con ternura, como si aún pudiese ver a ese niño que se llenaba la boca de palomitas hasta que no le entraba ninguna más.

—Por cierto —dice entonces mirándome a mí—, tenéis el salón libre, que tu padre ha quedado con James y yo tengo que hacer un par de recados.

—Esos dos no pueden pasar un día sin verse.

—¿¿Vuestros padres?? ¡Les da algo!

—Pues igual que a nosotros —dice Liam.

—¡Peor! —exclama mi madre, y los tres nos reímos—. Bueno, me voy, que me van a cerrar. Disfrutad de la peli y portaos bien —se despide y sale por la puerta.

Liam y yo nos quedamos solos. Vuelve el silencio. Necesito hacer algo, lo que sea. Siento que si el silencio se prolonga demasiado esto va a ser un desastre.

—Vamos a la cocina.

—Sí. —Me sigue desde atrás.

Cogemos un par de refrescos, un bol de palomitas y nos ponemos a ver la peli en el salón. Cuando me he sentado en el sofá me he sentido automáticamente más relajado. Creo que a Liam le ha pasado lo mismo. Y creo que ya puedo hablar con él sin ponerme nervioso.

—Nate, ¿por qué has elegido *Pesadilla antes de Navidad*?

—Me apetecía recordar viejos tiempos. Antes la veíamos siempre. ¿Te acuerdas de que con nueve años nos apuntamos a un curso de *stop motion* porque queríamos hacer una peli con muñecos de plastilina?

—¡Es verdad! ¿Cómo se llamaban? *Los hermanos*... algo, y voladores.

—*Los hermanos escupefuego voladores*. Se suponía que éramos nosotros dos, pero a mí me hiciste una cabeza gigante con la que nunca me he sentido identificado.

—Ahora se me dan mejor las manualidades.

Toso y sale disparada una palomita.

Genial, casi me atraganto y mi imaginación vuelve a hacer de las suyas. O, mejor dicho, Liam lo hace. Concretamente, una paja con las manos y la boca.

Me sorprende la facilidad con la que me enciendo y todo salta por los aires. La timidez del principio ya no es un problema, no, ahora tengo otro: que estoy supersalido y debo controlarme. Intento apartar la imagen de sus labios chupando mi erección antes de que se me ponga del todo dura. Pienso en cosas tristes. También miro la peli.

—Ha sonado fatal —reconoce avergonzado—. Lo de que ahora se me dan mejor las manualidades. No lo decía con doble sentido ni nada. Aunque sé que parece que era una indirecta porque, bueno, tú y yo... eh... En fin. Que mejor me callo y vemos la película.

—Vale.

Pero no me concentro, primero, porque Liam tiene la cara roja; segundo, porque acaba de mover la pierna derecha y su rodilla está tocando la mía. No la aparta, la deja ahí y se crea un punto nuevo de calor. Y se ha sentado mucho más cerca que otras veces. Eso puede significar algo. O puede que no. Es el problema de no haber tenido «la conversación», que no sé cómo están las cosas ni qué va a pasar a partir de ahora.

Dejo de prestar atención a la película, otra vez.

—¿Quieres que hablemos de lo que pasó el viernes?

Se vuelve hacia mí.

—No lo sé. ¿Tú lo quieres hablar?

—No lo sé —miento, pero solo para que Liam no se sienta presionado a hacerlo ya.

Volvemos a mirar la tele. Jack acaba de descubrir la ciudad de la Navidad, yo he descubierto que puedo empezar a sentir cosas por mi mejor amigo.

Como si supiera que estoy pensando en él, coge mi mano, sin decir nada. Siento un cosquilleo. Él siempre tiene las manos muy calientes y..., joder, que la película ya me da igual. Quiero saber por qué le da la vuelta a mi mano y se pone a acariciarme el interior de la palma con las yemas de sus dedos, dibujando curvas. Es la primera vez que Liam tiene un gesto así de cariñoso conmigo y no sé muy bien cómo interpretarlo. ¿Está dejando la puerta entreabierta a que pase algo más? ¿Es una invitación? ¿Puedo besarlo si me apetece?

Espera. Dibuja curvas.

Antes de ir a la fiesta de Blake fuimos a un campo de trigo para ver el atardecer y beber cerveza. Allí me preguntó en qué pensaba. «En dibujar curvas con los dedos», respondí, eso, y que las curvas eran útiles para desviarse del camino y tomar otra dirección. Ahora es Liam el que las dibuja en mi piel. Igual intenta decirme que podemos elegir nuestro próximo destino. Y que el destino puede ser nuestra boca, porque, después de esto, se podría decir que acabamos de incluirla en el mapa.

Lo miro de reojo.

Liam tiene el rostro relajado, con los ojos puestos en la pantalla mientras sus dedos continúan bailando sobre mi piel llenándome de curvas invisibles. Es como si le saliera solo. Como si lo hubiera hecho mil veces antes y no fuese raro para ninguno los dos. En el último roce, casi llegando a la muñeca, nace una corriente eléctrica que me pone los pelos de punta. No es un escalofrío. Es algo más intenso. Más íntimo. Como una bola de fuego que da varios giros en tu estómago antes de ponértelo del revés.

Quiero besarlo.

Voy a besarlo.

Pero algo no sale bien.

Liam parece darse cuenta de lo que está haciendo, porque entonces se fija en que nuestras manos están juntas, le cambia la cara y suelta mi mano de golpe.

—Perdona. No tendría que haber hecho eso.

No quiero que me pida perdón por tocarme. Lo que quiero es que lo vuelva a hacer.

—No has hecho nada malo.

—Igual sí que tenemos que hablar —dice, y se aleja medio metro de mí.

Decido empezar yo y ser sincero con él.

—No me arrepiento de nada de lo que hicimos en la fiesta y no me importaría repetirlo.

Liam suelta una bocanada de aire y se hunde un poco en el sofá.

—¿Te digo lo que pienso yo?

—Por favor.

—Vale. Yo lo veo más o menos así: los dos nos calentamos más de la cuenta, nos apeteció hacerlo y se nos fue de las manos. Pero creo que es mejor si fingimos que lo del viernes nunca pasó y ya está.

Su respuesta me descoloca.

—No entiendo por qué tus palabras se contradicen tanto con tus acciones.

—¿Qué acciones?

—Hasta hace un segundo me estabas haciendo caricias como si fuéramos novios. Y ahora me pides que finja que lo del viernes no pasó en realidad.

—Vale, en eso tienes razón y ya te he dicho que lo siento. Lo de la mano lo he hecho sin darme cuenta. Es que no quiero que las cosas se pongan raras. Eres mi mejor amigo. Y quiero que volvamos a estar como antes del viernes. Eso era lo que quería decir, que nos limitemos a los tríos como hemos hecho siempre. Lo otro que hicimos nunca ha pasado.

Asiento, cojo aire y fuerzo una sonrisa.

—Genial. Pues nada, vamos a fingir que no nos hemos corrido en la boca del otro y que seguimos siendo solo amigos.

—Hostia, Nate.

Ser irónico es mi forma de decirle que no estoy de acuerdo con él y que me hace daño.

Tengo un nudo en la garganta. Liam no lo entiende. No entiende que mi agobio no viene por lo que hicimos esa noche, sino por todo lo que eso ha despertado en mi interior. Que desde hace unas semanas no dejo de pensar en él de una forma diferente. Que yo jamás me imaginé que me fuera a pasar esto. No con alguien a quien quiero como si fuera parte de mi familia. No después de todas las veces que hemos hecho un trío.

Pero está pasando.

Porque a Liam solo le ha hecho falta rozarme con los dedos para poner mi estómago del revés. Y para mí, que una caricia me despierte la piel con tanta fuerza marca el final de una amistad y el principio de algo que cambia todo lo que he sido con él desde la infancia, cuando solo éramos dos niños obsesionados con las películas de Tim Burton.

No sé adónde nos llevará todo esto, pero tengo claro que no lo quiero frenar. Porque si no voy a poder fingir que Liam y yo no hemos cruzado una línea sin retorno, si nuestra relación ya no va a ser la misma..., creo que sería un error no dejarse llevar y ver qué pasa con nosotros.

—¿Te da miedo? —pregunto.

—¿Miedo? No.

—Yo creo que sí.

—Que no, que no me da miedo.

—¿Y por qué no podemos repetir lo del viernes? Si a los dos nos gustó.

Está incómodo. Por eso ya no me mira.

—Porque al principio el sexo puede estar de puta madre, joder, eso yo también lo he pensado.

—¿Pero?

—Pero luego la cosa se puede poner sería, y cuando algo se vuelve serio también se vuelve complicado. Tenemos diecisiete años. Todavía somos unos críos que no tienen ni puta idea de la vida. Y yo no quiero arriesgarme a cagarla contigo y que tú y yo acabemos mal por esta mierda.

—Entonces sí tienes miedo.

Liam sonríe. Es una sonrisa triste, de despedida.

—¿A perderte? Pues claro que sí, Nate. Eres la persona más importante que tengo.

Busco sus ojos y pongo una mano encima de la suya. Al tocarlo, consigo que él también levante la mirada y me mire a mí.

—Nunca me vas a perder, eso que te quede bien claro desde ya —se lo digo muy serio, quiero que se le meta en la cabeza y no lo dude ni un segundo.

Se le ilumina la cara.

—¿Nunca? ¿Pase lo que pase? —pregunta cauto.

—Pase lo que pase. —Asiento—. Y a ver, no te asustes, que tampoco te estoy diciendo que esté enamorado de ti ni que quiera que seamos novios.

—Sí, sí, lo sé.

—Solo quiero dejarme llevar contigo y ya está. Porque..., joder, me apetece besarte.

A Liam se le escapa una pequeña sonrisa que nada tiene que ver con la anterior.

—Lo digo en serio, me apetece mucho. Y quiero poder hacerlo. Y quiero que tú también quieras que lo haga.

Respira hondo. Mi amigo no responde, pero hay una tensión flotando entre los dos, como cuando la cosa se empieza a encender, que tira de nosotros y nos acerca el uno al otro. Creo que él no es plenamente consciente de que lo estamos haciendo. Que cada vez queda menos espacio entre su cuerpo y el mío.

Lo veo mirarme en silencio mientras sus ojos se dejan caer por mi nariz y se quedan anclados en mi boca. Después se moja los labios tímidamente con la lengua. Y su cara está tan cerca de la mía que... que no sé.

—¿Liam?

—Dime.

—¿Has escuchado lo último que he dicho?

—Sí.

—Vale. Pues eso. Creo que te voy a besar.

Entonces Liam se inclina y me sorprende besándome él a mí primero.

Sus labios pellizcan los míos de una forma dulce que no esperaba.

Cierro los ojos y le devuelvo el beso.

Estoy nervioso. No puedo evitar pensar en que estoy besando a Liam. Pero, sobre todo, tengo claro que quiero besarlo, y quiero que esto se convierta en un punto de partida para seguir aprendiendo nuevas formas de disfrutar del sexo juntos.

Sin ninguna chica.

Sin tríos.

Solo nosotros dos.

Me acerco a él. Su lengua y la mía se prueban, se reconocen la una a la otra, y con cada nuevo roce siento que se empiezan a desatar todos esos malditos nudos que me cierran la garganta y que, por fin, puedo respirar aliviado. Liam también está nervioso, aunque cada vez menos. Inclina su cabeza y pasa una mano por mi cintura para atraerme todavía más hacia él. Entonces su pecho y el mío quedan imantados. Le gusta sentirme cerca, y a mí me gusta notar que su piel está increíblemente caliente bajo esa fina tela de algodón. Ahora mismo le arrancaría la camiseta para poder tocarlo a él de verdad. Mi cuerpo está muy despierto y busca la forma de estar más apretado al suyo. Si no le quito la camiseta inmediatamente es porque Liam me está disfrutando poco a poco y quiero ir a su ritmo, besarlo despacio para que este momento dure lo máximo posible.

Liam desliza las manos por mi espalda y me acaricia. Una de ellas sube hasta mi nuca, se hunde en mi pelo y tira con suavidad de algunos mechones antes de regresar a mi espalda de nuevo.

Lo beso y soy consciente de que el corazón me late muy deprisa. Puedo notar el suyo porque estamos abrazados, pero, aun así, cuelo una mano entre los dos porque quiero sentir su latido contra mi palma. Su pecho es fuerte, sé que lo es porque los dos hacemos deporte desde pequeños, pero nunca le había tocado los músculos como lo estoy haciendo ahora, y de alguna forma me sorprende lo duro que está y lo mucho que me gusta tocarlo.

Liam respira contra mi boca, sonríe y su aliento me hace cosquillas. Yo también sonrío al respirarlo a él, porque reconozco su olor. Huele como siempre y, a la vez, a alguien totalmente distinto, más adulto.

Estoy descubriendo a mi mejor amigo de una forma que nunca imaginé. Antes del viernes jamás nos habíamos besado. Esta es la segunda vez que sus labios rozan los míos. No sé cómo sentirme. Debería ser raro y violento, pero, por otra parte, besar a Liam me parece lo más normal del mundo porque en sus labios reconozco el sabor a sal y a palomitas de mantequilla, y eso me trae de vuelta todos los domingos de peli y manta que hemos vivido juntos desde pequeños y me hace feliz.

Liam se separa un poco, deja su nariz muy cerca de la mía y pronuncia despacio:

—Hola..., tú.

No me saluda a mí, saluda a mi nuevo yo. Al Nate que puede besar. Yo también saludo al nuevo Liam.

—Hola, tú.

—Encantado de conocerte de nuevo —dice.

—Y de besarme.

—Bueno, sobre todo de besarte.

No podemos evitar sonreír.

Son tantos domingos juntos, tantos años de amistad... Y aquí seguimos él y yo, solos en mi salón, mirándonos a los ojos como el que descubre algo que, de tenerlo tan cerca, no lo supo ver.

18
Los amigos no se besan

—Y después de besaros, ¿nada? ¿No lo hicisteis?

Me lo pregunta Beatrice el martes, minutos antes de entrar al teatro. Le acabo de contar lo que pasó el domingo entre Liam y yo.

—Liam no quiso. Me frenó cuando intenté meterle la mano dentro del pantalón. Dijo que era mejor ir poco a poco.

—Así que era una cita. —Le falta poco para ponerse a aplaudir.

—No era una cita —dejo claro.

Parece desilusionada con mi respuesta.

—Pero ¿tú que sientes por él? Y no me digas que lo quieres mucho porque es tu amigo —me corta antes de que yo pueda decir exactamente eso—. Dime qué sientes ahora mismo por Liam.

—Te voy a decir lo mismo que te dije la otra vez: quiero follar con él. Eso siento.

Beatrice suelta un suspiro largo.

—Si no te conociera pensaría que eres un capullo.

—¿Por qué? A mí me apetece experimentar cosas nuevas, y probar a tener sexo con un chico está en la lista. Quiero ver si me gusta tanto como cuando lo hago con una tía. ¿Por qué me convierte eso en un capullo? Además, tú con el sexo eres igual o peor que yo.

Duda un segundo antes de preguntarme:

—¿Sabes si Liam quiere algo más?

—Él lo único que quiere es que no dejemos de ser amigos.

—Ya. Pues siento decirte que los amigos no se besan.

—Nosotros sí.

Empieza a molestarme esta conversación.

—Un consejo: asegúrate de que Liam espera lo mismo que tú. Los dos debéis tener muy claro que solo queréis echar un polvo.

—Joder. Siempre hemos tenido sexo para pasarlo bien y ya. Hay cosas que nunca cambian.

—Pero hay besos que lo cambian todo —me advierte—. Y yo esta mañana he visto cómo te miraba Liam en clase. Y tenía un brillo en los ojos que... No sé.

Pongo los brazos en jarras. Esto último que ha dicho me hace sentir culpable y, si me hace sentir así, probablemente sea porque me da miedo que Beatrice tenga razón. Una cosa es dejarse llevar para tener sexo con tu mejor amigo y otra muy distinta que los sentimientos evolucionen hasta el punto de querer pasar de ser amigos a ser novios. No digo que ese sea el caso de Liam. Pero me da miedo que pueda llegar a pasar, porque yo no estoy en ese punto. Y también me da miedo la situación a la inversa. Que yo me termine pillando por Liam y que Liam no me corresponda. Que de golpe nos encontremos cada uno en un extremo diferente y lo sienta increíblemente lejos, cuando siempre hemos estado juntos y hemos sido inseparables.

—No es verdad. Liam estaba... —pero no solo ha sido en el instituto. En los entrenamientos de ayer y hoy también estaba raro—... normal. Estaba normal.

Beatrice se da por vencida, y yo no dejo de darle vueltas a lo de que a Liam le brillaban los ojos hasta que Marc entra en el teatro y mi atención se centra solo en él.

Entonces se me olvida hasta el color de los ojos de mi mejor amigo, porque no puedo dejar de mirar los de Marc. Es una pena que su actuación no tenga ni la mitad de la fuerza que veo en él cada vez que su mirada choca con la mía.

Terminamos el ensayo y Marc se queda esperándonos en la puerta. Cuando nos ve salir a Beatrice y a mí, me llama. Dice que quiere hablar conmigo.

Beatrice nos deja solos.

—Como has podido ver, la escena del baile me sigue sin salir —empieza a explicarse—. He estado pensando mucho en vuestra oferta y he cambiado de opinión. Sí que quiero que me ayudéis. Bueno, los dos no, tú.

—La idea era ensayar los tres juntos.

—Con Beatrice me bloqueo. Me sentiría más cómodo ensayando solo contigo.

¿Pasar tiempo con Marc a solas? A mí eso me parece de todo menos cómodo. Si ni siquiera nos llevamos bien... Excepto cuando le da por ser majo.

—¿Por qué has cambiado de opinión?

—Por Olivia. Creo que me va a echar si la sigo cagando.

«¿Y renunciar a tener sexo contigo?», pienso, pero lo que le digo es:

—No te va a echar.

—Antes de empezar el ensayo le he dicho que no quiero seguir follando con ella. Ya no me necesita.

Se me ilumina la cara. Eso cambia las cosas.

—Ah, pues... buena suerte, Marc.

—¿Buena suerte?

—Igual que no estés en la obra es lo mejor para todos. —Aunque en el fondo echaré de menos no ver esos ojitos los martes y los jueves.

Marc arquea las cejas.

—Querrás decir que a Beatrice y a ti os viene mejor.

Sonrío y asiento con la cabeza.

—Sí, eso es justo lo que quería decir. —Si me lo quito de encima, todo será más fácil. No hará falta que quede con él y no tendré que fingir que no me tiemblan un poco las piernas cada vez que me mira fijamente.

Él, en lugar de cabrearse conmigo, permanece relajado, como el que sabe que tiene un as bajo la manga.

—Bueno, si me echan de la obra, supongo que ya no pierdo nada si Charlie Day se entera de lo mío con Olivia.

Se me borra la sonrisa de la cara.
—No serías capaz.
—De hecho, me siento fatal por ocultárselo —dice, con todo el morro del mundo—. Alguien debería contarle a ese pobre hombre todas las guarradas que he estado haciendo con su mujer.
—Vamos, que, si te echan, nos jodes a todos.
—Si me echan, pues... buena suerte, como dices tú.
Menudo cabronazo.
Encima sonríe, el muy imbécil.
—Creo que te odio.
—Odiar es una palabra muy fuerte. Además, dicen que del amor al odio hay un paso —murmura divertido—. Ten cuidado, no te vayas a enamorar.
Me pongo rojo.
Pero estoy enfadado. Muy enfadado.
—¿Enamorarme? ¿De ti? Te aseguro que no.
«Ni de ti ni de Liam», me lo voy a grabar a fuego.
—Ya... —Ríe—. ¿Cuándo quedamos en tu casa?
—Nunca.
—A partir de ahora estamos en el mismo barco. Si yo me hundo, tú te hundes conmigo.
—Vete a la mierda.
Posa su mano sobre mi hombro.
—Luego te escribo y pensamos día y hora —se despide.
Echa a andar y, hablando de grabarse las cosas a fuego, para fuego, el que siento en mi hombro. Porque el punto donde ha estado su mano arde.

19
Nada es lo que parece

Paso la segunda mitad de octubre sintiendo una tensión constante con Liam durante las clases, los entrenamientos y cuando quedamos por las tardes para hablar sobre nuestras cosas y repetir los planes que siempre solemos hacer. Unos planes que ahora parece que hago con alguien que, a pesar de que sigue siendo mi mejor amigo, también es una persona nueva. Seguimos quedando con chicas y haciendo tríos, porque lo de follar entre nosotros es algo que Liam prefiere seguir posponiendo. A mí no me importa. Yo necesitaba besar a Liam, y besar lo puedo besar cuando me apetece. Pero no necesito colarme entre sus piernas. Puedo esperar. O eso es lo que me repito a mí mismo cada vez que estoy con él y se me pone dura.

Con Marc sigo teniendo un pique al que me estoy haciendo adicto. Siempre me molesta, pero siempre me saca una sonrisa. Luego vuelvo a casa y me pregunto: «¿Cómo puede sacarme tanto de quicio? Es borde, vale, pero el mundo está lleno de personas que lo son y es tan fácil como dejarlo pasar y no darles bola». Eso con Marc, simplemente, no me sale. Me chincha y yo... yo a la mínima me pico y él consigue lo que quiere: que nos pongamos a discutir como dos niños en el recreo.

Sé que Marc disfruta con ese tira y afloja constante que ha nacido entre nosotros, porque después de cada discusión siempre me regala una sonrisa preciosa con la que me ablanda y me hace sonreír a mí también. Es su forma de hacer las paces conmigo, de demostrarme que las cosas que dice para chincharme no las dice en serio, que está de broma, que solo está jugando, y que lo hace porque le encanta hacerme rabiar y comprobar lo rápido que contraataco.

Debo decir a su favor que Marc sabe reírse de sí mismo, algo que a mí al principio me costaba porque cualquier cosa que él me dijera me lo tomaba muy a pecho. Pero ahora que lo voy conociendo mejor, sé que nada de lo que me dice es con maldad. Sé que cuando se ríe no se está riendo de mí, sino que se ríe conmigo. Que se le escapa la sonrisa por las comisuras cada vez que lo llamo capullo como si le estuviera haciendo un cumplido. Que le entra la risa floja cada vez que me dice «no me gustas, Nathaniel» y yo le respondo, nervioso y rojo como un tomate, «ni tú a mí» después de que se me pare el corazón medio segundo.

Conocer a Marc, aunque siga sin conocerlo en el terreno más personal, me ha ayudado a no tomarme la vida tan en serio. A aprender a reírme de mí mismo. A descubrir que puedes encontrar a una persona con la que te gusta discutir porque en el fondo, por lo menos para mí, nosotros lo llamamos discutir porque decir que tonteamos da más vértigo.

Además, los días que Marc está menos pendiente de mí, que no me hace mucho caso, soy yo el que se acerca a él y le habla con cualquier excusa. Porque la realidad es que me gusta tenerlo cerca, y sin él las horas ensayando no serían tan entretenidas ni se me pasarían tan rápido.

Esto a Marc nunca se lo voy a reconocer.

Tampoco le voy a decir que con el paso de las semanas cada vez le estoy cogiendo más cariño.

Y que a él también lo quiero besar.

El objetivo que tengo con Beatrice sigue siendo el mismo: que Marc acepte quedar con nosotros para que la actuación salga lo mejor posible y tener una oportunidad con Charlie Day cuando venga a vernos. Eso es lo que más quiere una parte de mí, cumplir mi sueño, pero luego hay otra a la que eso ya le da igual y le parece mucho más importante conocer a Marc como persona. Sí, conocerlo. No quiero quedarme con esa imagen de perdonavidas que muestra de sí mismo al mundo, sino saber cómo es él de verdad. Rascar en su interior para ver la otra cara de la moneda. Porque el Marc alegre que conocí el primer día cuando estábamos en el servicio, el de la risa despreocupada y natural, cada vez se deja ver con más frecuencia. Y a veces nos pegamos un buen rato riéndonos sin parar por cualquier tontería que solo nos hace gracia a nosotros.

Y aunque hay ocasiones en las que Marc me parece un tío insufrible y no deja de ser como tropezar constantemente con una piedra que interrumpe mi camino hacia la fama, en el fondo me encantaría tener una historia con ese chico. No dejo de pensar en su risa. En lo bonita y luminosa que me pareció desde el primer día. En cómo me hizo sentir la primera vez que la oí. En que ese sentimiento ha ido aumentando durante estos dos meses. Pienso en su risa y en las ganas que tengo el resto de la semana de que sea martes o jueves para volver a oírla.

Quizá, después de todo, Marc no sea como me pareció en un principio.

En realidad, nadie es nunca cien por cien lo que parece.

20
¿Qué quieres tú?

Liam y su familia vienen a cenar a casa. Cuando terminamos los seis, él y yo recogemos la mesa y subimos a mi cuarto. Nos ponemos cómodos en mi cama. Hablamos sobre las asignaturas más difíciles, los próximos partidos de béisbol y cómo nos va a Beatrice y a mí con la obra.

Centímetro a centímetro, nuestros cuerpos se van atrayendo al centro de la cama como si fuéramos dos imanes gigantes. Al final, su hombro izquierdo toca mi hombro derecho. Entonces se crea un punto de fuego que me recuerda inmediatamente a algo que ya he sentido antes con Marc, pero me olvido de este en cuanto Liam acerca su rostro para besarme.

Cierro los ojos en el momento en el que sus labios me atrapan. Me dejo llevar por su boca y descubro nuevos sitios en los que nunca habíamos estado. Sitios en los que nos podemos besar sin miedo a que se joda nada. Sitios donde abrimos un paréntesis en el que dejamos de ser amigos y solo somos dos chicos que se atraen. Todo me sigue resultando extrañamente familiar a la par que nuevo.

Hemos cerrado la puerta de mi habitación porque nuestros padres siguen en la planta de abajo de sobremesa, así que intentamos ser lo más silenciosos posible.

Liam pellizca mi labio inferior con los dientes antes de soltarlo.

—Esto se nos da bastante bien —susurra contento.

—Demasiado bien. ¿Por qué no lo empezamos a hacer antes? Estamos todo el día juntos.

Se queda mirándome, los dos tumbados en mi cama. Parece que va a decir primero una cosa y luego cambia de opinión.

—No lo sé, Nate. No lo sé.

Su cara está tan cerca de la mía que respiramos el mismo aire. Me acaricia el pelo con suavidad sin dejar de mirarme con esos ojitos verdes. El gesto es tan íntimo que lo noto en la boca del estómago. Algo parecido al vértigo.

Decido romper la magia porque de repente me da miedo sonrojarme y que Liam piense cosas que no son. O que ni yo mismo sé qué significan. Y lo hago diciéndole que la erección me molesta y que estoy incómodo.

—Llevo un rato así y ya me hace hasta daño, tío.

Liam deja de tocarme el pelo.

El vértigo desaparece.

—Yo también la tengo dura, *tío.* —Se mofa de mí porque nunca usamos la palabra «tío» y me ha quedado forzada.

—¿Y no te aprieta?

—Mucho. ¿No ves? —Señala su paquete.

Hay un bulto que... como para no verlo.

—Igual es una tontería que sigamos con el pantalón puesto, ¿no?

—Bueno, a mí me apetecía hacerlo poco a poco —responde Liam.

Antes de venir me ha enviado un mensaje en el que me decía que hoy quería dar un paso más y tener sexo conmigo. No mencionaba nada sobre quién se la metería a quién primero. O si solo haría uno de activo y el otro de pasivo.

—Podemos hacerlo poco a poco, pero desnudos.

Eso parece gustarle.

—Sí, buena idea.

Nos ponemos en pie y le desabrocho el cinturón. Liam hace lo propio con el mío. Dejamos que caiga al suelo con un sonidito metálico. Le siguen el pantalón, el bóxer, los calcetines. Cuando ya solo somos piel y calor, doy un paso al frente, pongo una mano en su nuca y lo atraigo hacia mí. Su lengua y la mía se vuelven a enredar. Liam me sigue besando muy despacio. Sé lo mucho que me quiere y que por eso es tan dulce conmigo. No intenta ir deprisa, es... como si quisiera disfrutarme en pequeñas dosis.

—Gracias —digo sin pensar.

—¿Eh?

—Gracias por besarme así.

—¿Te gusta que te bese despacio?

Asiento, un poco tímido.

—Me hace sentir muy bien. Como si fuera alguien especial.

—Porque eres especial. Eres especial para mí.

Sus manos acunan mi cara. Sonríe. Sonríe y yo... yo dejo de respirar porque noto otro puto tirón en la tripa.

«Joder, joder, joder. Echa el puto freno. Es demasiado. Demasiado romántico como para que no me dé alergia», pienso, y me obligo a sacudir la nube de purpurina rosa que planea sobre nosotros antes de que mi estómago se ponga del revés más veces. Que ya me veo yo por la noche sin poder dormir pensando en lo mucho que me gustan sus besos.

—No nos pega nada ser tan moñas —le digo finalmente.

—¿Te quieres callar? —pregunta divertido.

Su boca se aplasta contra la mía. Me besa durante un buen rato y me separo para coger aire.

—Pfff —suspiro—. Me vas a matar como sigas besándome así.

Le paso las manos por la espalda y lo acaricio excitado, intentando no perder la cabeza. Entonces, su lengua me acaricia el labio superior y el inferior, dejándolos mojados antes de volver a llenar mi boca y convertir el beso en algo más intenso. Más sucio. Más sexual.

Me oigo gemir en voz baja, y casi parece una súplica.

«Quiero estar dentro de ti», es lo que intento decirle.

«Quiero que tú estés dentro de mí.»

Le araño la espalda pasándole los dedos de arriba abajo.

«Quiero follar contigo.»

No. Me. Aguanto. Más.

Necesito sentirlo piel con piel.

—Liam, en serio, me vas a matar.

Se ríe contra mi boca y sugiere, en tono juguetón:

—¿Terminamos lo que hemos empezado?

—Joder, sí.

—Pero nuestros padres están abajo.

—Me la suda. Tengo un calentón que podría incendiar la casa entera.

—No hace falta que lo jures. Yo estoy igual.

Los dos vamos muy seguros, pero... cuando me siento en el borde de mi cama y saco la cajita de condones, me pongo nervioso. Increíblemente nervioso. Y entonces miro los preservativos como si les hubiese cogido miedo. Liam también se tensa a mi lado.

—¿Me lo pongo yo o te lo pones tú? —me oigo preguntarle.

—¿Eh?

—El condón.

—Ah, sí, eso. Pues... eh...

—Liam, ¿seguro que quieres?

Se toma un segundo para aclararse la garganta. Los dos estamos cachondos, muchísimo, pero estar cachondo no es sinónimo de estar preparado. He esperado tanto este momento que me dan miedo las expectativas que tenga Liam puestas en mí.

—Creo que sí —dice—. Bueno, sí. Sí que quiero.

—No tenemos por qué hacerlo si no estás preparado. También podemos esperar un poco más.

Lo veo negar con la cabeza.

—No quiero esperar más. Además, somos Nate y Liam, el sexo es para lo que siempre estamos preparados —dice, intentando convencerse de que en realidad no hay ningún motivo para estar nervioso.

—Pero siempre nos ha acompañado una tercera persona y ahora solo somos tú y yo, sin ninguna mujer. Y eso es nuevo para los dos.

Sigue con la vista clavada en la cajita de condones.

—¿Tú estás nervioso?

—Sí, lo estoy.

Me mira y respira profundamente. Al reconocerle que estoy igual de nervioso que él, Liam parece tranquilizarse.

—Quiero hacerlo —dice, más seguro—. Quiero hacerte el amor y que tú me lo hagas a mí.

Pero entonces la pantalla de mi móvil se ilumina sobre la mesita de noche. He recibido un mensaje. Liam lo lee antes de que yo pueda cogerlo. Me mira con una expresión hosca.

—¿Por qué te escribe Marc para quedar?

—Porque al final sí que le voy a ayudar con lo de la obra. —Le quito el móvil de la mano.

—¿Beatrice y tú?

—No.

—Dijiste que no ibas a quedar a solas con él.

—Ya sabes que Marc es un cabezón y que...

—No, no lo sé —me corta—. No lo conozco.

—Vale. No lo conoces. El caso es que Marc me ha vuelto a insistir que él prefiere quedar solo conmigo, que con Beatrice se bloquea.

—Claro, pobrecito.

Su tono irónico hace que lo mire a los ojos.

—¿Te molesta que vaya a quedar con él?

—Lo que me molesta es que no veas que Marc quiere algo más contigo.

—¿Y qué quieres tú? —le digo a la defensiva—. Porque me vas a volver loco.

La pregunta se me escapa casi sin querer.

Sé que es por la conversación que tuve con Beatrice a mediados de octubre, esa en la que me dejó caer que para ella Liam sentía cosas por mí y que desde entonces no consigo sacarme de la cabeza. Algo que me hace sentir fatal porque, a pesar de que Liam me gusta, también siento cosas por Marc. Aunque tanto con uno como con el otro tengo la sensación de que todo va demasiado despacio como para que termine en una relación de pareja. Y ni siquiera sé si a Marc le atraigo, a veces creo que sí y otras creo que son imaginaciones mías.

—¿¿Yo?? —pregunta, con los ojos abiertos como platos.

—Sí. ¿Qué esperas de esto?

—¿Te refieres a ti y a mí? —Nos señala con el dedo—. Que podamos follar si nos apetece y seguir siendo amigos.

Me sienta como una patada en el estómago.

—¿Nada más?

—No, Nate. No espero ni quiero nada más —dice tajante.

Sé que no tiene sentido que su respuesta me duela. Se supone que yo tampoco espero ni quiero nada más. A mí siempre me ha gustado el sexo sin complicaciones, y que Liam me diga esto debería ser algo positivo para los dos. Pero me jode que él lo tenga tan claro, que ni siquiera contemple la posibilidad de que el amor que nos tenemos desde pequeños pueda convertirse en un sentimiento que abarque mucho más.

Mierda.

Me estoy dejando llevar demasiado.

Y el plan era dejarse llevar, sí, pero sin pillarse.

—Has hablado de esto con Beatrice, ¿a que sí?

—¿Cómo lo sabes? —pregunto sorprendido.

—Porque a mí me vino con el mismo cuento. Que no te coma la cabeza, ella siempre ve historias de amor donde no las hay.

Nos vestimos, se nos ha cortado el rollo. Bajo las escaleras con él y me despido de sus padres, que se levantan para volver todos juntos a casa.

—Venga, cariño, que sé que estamos muy a gusto, pero mañana hay que trabajar —le recuerda la madre de Liam a su padre.

Los acompaño a la puerta. Me quedo viéndolos marcharse, esperando a que Liam se gire por lo menos una vez. Pero desaparece con sus padres sin hacerlo. Y al cerrar la puerta de casa me siento increíblemente estúpido.

«Ella siempre ve historias de amor donde no las hay.»

Igual es mejor que no me gusten tanto sus besos.

Marc

A los doce años, escribir se había convertido en un refugio. En su salida de emergencia. Gracias a eso, Marc podía contar quién era él de verdad, lo que guardaba dentro bajo llave y escondía a la gente que lo rodeaba. Y todo lo que uno se guarda en su interior, si duele, encuentra la forma de salir.

Estaba claro que Marc había encontrado la suya.

Así que escribió. Mucho. Canciones y novelas. Sobre todo, canciones que hablaban de encontrarse a uno mismo y novelas de aventuras y fantasía, aunque la mayoría de las historias que empezaba las abandonaba por la mitad cuando se le ocurría una nueva idea. Porque Marc era un niño inquieto, con tanto que decir que se aburría con facilidad y necesitaba pasar a otra cosa.

Si no estaba escribiendo, estaba leyendo. Pero siempre estaba solo.

Las palabras pueden ser peligrosas o mágicas, según el uso que se les dé. Sus compañeros de clase las usaban contra Marc para recordarle que era un bicho raro. Las palabras de los libros de fantasía, en cambio, lo hacían volar al País de Nunca Jamás, a matricularse en el colegio de Hogwarts, a vivir en un castillo encantado.

A Marc le gustaba cambiar el nombre del prota por el suyo. El problema era cuando llegaba a las partes del libro en las que se describía el físico, siempre impresionante, fuerte y atlético del Marc héroe, que nada tenía que ver con el del Marc humano, pesado y redondo.

A esa edad, Marc ya sabía que los niños pueden llegar a ser increíblemente crueles si no reciben una buena educación en casa. Por eso él prefería pasar las horas leyendo en su habitación en lugar de bajar al parque a jugar con los demás. Por eso y porque las únicas personas con las que sentía que sí podía encajar eran personajes ficticios.

Marc cerró la puerta de su habitación cuando su padre abrió la de casa para dejar pasar a sus amigos. Primero estarían un rato en el salón bebiendo cerveza y hablando de música, después irían al garaje para tocar temas nuevos y repasar los viejos. Solían quedar tres días a la semana, por las tardes. De vez en cuando les salía un bolo e iban a tocar a pubs de otros pueblos cerca de Blacktown, aunque cada uno mantenía su trabajo porque el dinero que ganaban con la música no les daba ni para poder tomarse un café diario. Era más un hobby.

En el pub del pueblo la gente estaba más que acostumbrada a oírlos tocar. No tenían mucho público, pero siempre se llevaban alguna propina y el dueño del local los invitaba a una ronda de cerveza.

Para Marc, lo que fallaba de esas canciones era la letra, que no te decía nada, y por eso la gente no llegaba a empatizar. Y con lo que no puedes empatizar difícilmente te puedes conectar. Por eso un día él se puso a escribir canciones en un cuaderno, para explorar, para buscar dentro de él esa empatía que a las letras del grupo de su padre le faltaban.

Marc se tumbó sobre la cama con un libro abierto y siguió desde donde lo había dejado.

Treinta páginas más tarde, el dragón abrió su boca para escupir fuego. Marc —héroe— fue más rápido y se protegió con el escudo y... y en lugar de recibir el calor de las llamas de aquella enorme bestia, el solo de una guitarra eléctrica lo trajo de vuelta a la realidad.

Ya estaban su padre y su banda de rock haciendo una música que a él no le gustaba.

Pero entonces la escuchó.

Escuchó la canción que lo cambiaría todo.

La canción que los catapultaría a la fama.

Su melodía se te pegaba como un chicle que no perdía su sabor. Tenía todo lo que necesitaba para convertirse en un auténtico hit. Y Marc lo sabía. Lo supo desde la primera vez que la oyó. Estaba tumbado bocabajo sobre su cama y sujetaba un libro abierto por la mitad. Cerró el libro, se puso de pie y bajó las escaleras de madera. Avanzó hacia el garaje, despacio, atraído por la voz de su padre como si este se hubiese convertido en el flautista de Hamelín. Su padre hizo un falsete y después sonó la batería, y a la batería la acompañó la guitarra eléctrica.

Aquella mezcla, la forma en la que la letra y la música se fundían y creaban un todo, erizó la piel de Marc, que solo era un crío.

Era una canción preciosa. Fuerte. Visceral. Atrevida. Era como sumergirte en la historia de un libro de cabeza desde la primera página y no poder dejar de leer. Adictiva. Era una canción que hablaba del primer amor, que no es otro que el amor propio. De alguien que no encuentra su lugar porque siente que no encaja en ninguna parte y se convierte en una pieza perdida. Era una canción... que había escrito él.

Sí, la canción que estaba cantando su padre en el garaje con sus amigos era suya.

Marc la había escrito.

Su padre se la había robado.

Llegó al garaje y empujó la puerta, que estaba entornada, para abrirla del todo. Sus ojos viajaron de la batería a la guitarra eléctrica, de la guitarra eléctrica al micrófono y del micrófono a su cuaderno. El cuaderno en el que escribía todas sus canciones y que se había convertido en una especie de diario personal.

Su padre no le había pedido permiso. No le había preguntado. No tenía derecho a coger algo que no era suyo y ponerle música.

Para cuando la canción terminó, a Marc ya le habían arrancado a la fuerza la capa bajo la que se protegía del mundo real.

Se sintió increíblemente expuesto y vulnerable ante los ojos de su padre y su banda.

Y no supo si gritarle por ello o darle las gracias.

Mientras tanto, al otro lado del pueblo, la familia de Liam y Nate se habían reunido para cantarle a Liam el cumpleaños feliz. El chico de ojos verdes abrió sus regalos. Cuando descubrió la tienda de campaña miró directamente a Nate, lleno de ilusión, y al ver que él también sonreía supo que se les había ocurrido la misma idea.

Esa noche durmieron en el jardín.

Pasaron miedo, lloraron, se abrazaron.

A la mañana siguiente ninguno de los dos se sintió más adulto.

Pero forjaron un vínculo que los unió para siempre.

21

«Pásatelo bien con Marc» y otras formas de decir que está celoso

Me despierto con el olor a Liam impregnado en las sábanas. Abro los ojos. La cama está vacía. Entonces recuerdo cómo se fue anoche y la mala sensación que se me quedó en el pecho, como si dos manos estuvieran haciéndome presión y me costase respirar.

«Ella siempre ve historias de amor donde no las hay.»

No fueron solo las palabras, fue la forma en la que Liam las dijo, como... como si nunca fuera a tener nada serio conmigo porque eso sería una locura. Y luego está la otra frase que soltó: «Lo que me molesta es que no veas que Marc quiere algo más contigo».

Me encantaría poder decirle: «A ver, Liam, y a ti ¿por qué te molesta exactamente? Dudo mucho que él quiera nada conmigo, y, aunque mi intuición me diga que debajo de esa fachada de tipo duro esconde un corazón que intenta proteger, una cosa es eso y otra es que creas que es ahí donde Marc me tiene reservado un espacio porque siente algo por mí. Luego es Beatrice la que ve historias de amor donde no las hay».

Voy al instituto con el discurso preparado, pero luego no le digo nada cuando lo tengo delante. Beatrice y Melody saben que nos pasa algo porque Liam y yo apenas nos hemos dirigido la palabra. Aun así no nos hacen preguntas, confiando en que ya somos mayorcitos y que lo solucionaremos por nuestra cuenta. No es hasta después del entrenamiento de béisbol cuando Liam da su brazo a torcer y decide que ya no quiere seguir a malas conmigo. Me pide perdón por sacar el tema de Marc e irse de ese modo de mi casa.

—No te preocupes. Ayer los dos estábamos nerviosos.

—Sí. Creo que fue una mezcla de todo. Tú y yo íbamos a... y entonces yo empecé a decir cosas que no debía. Lo siento. Me daba miedo que algo se torciese y... De verdad que lo siento.

Sigo queriendo preguntarle por qué le molesta tanto todo lo que tenga que ver con Marc, de dónde nacen esos celos injustificados. Es un chico al que ni siquiera conoce en persona. En esta ocasión, si no se lo pregunto es porque acabamos de solucionar las cosas y debo salir ya del vestuario para no llegar tarde al ensayo de teatro.

—Sales a las ocho, ¿no? Podría pasarme luego por tu casa y lo volvemos a intentar.

—Es que... he quedado con Marc.

A Liam le sienta como una patada.

—Ah, vale. Que ya has quedado con él. —Está celoso.

—Para ayudarle a mejorar y eso.

Aprieta la mandíbula, coge aire, las palabras se deslizan por sus labios sin que él apenas los mueva.

—Claro. Pásatelo bien con Marc.

Y como no sé muy bien qué responder para que Liam entienda que no estoy eligiendo a uno entre los dos, que con Marc he quedado porque no me queda otra y me tengo que subir al coche si no quiero llegar tarde al ensayo de las seis, digo bajito:

—Gracias.

Nada más entrar en mi habitación, Marc se quita las zapatillas y se tumba en la cama sin pedirme permiso, y lo hace en el lado de Liam. Vale, no es *su lado*. La cama es mía y Liam y yo no dormimos juntos. Pero el izquierdo es donde se suele echar cuando estamos aquí estudiando o hablando de nuestras cosas, y luego, al caer la noche e irse a su casa, me acuesto con su olor impreso en las sábanas. Y me gusta. Es agradable. Si quisiera guardar el aroma de Liam en un frasco de perfume tendría que encontrar la forma de capturar el olor que deja la lluvia en una noche de tormenta. O el sabor que te dejan las palomitas de mantequilla pegado a los labios.

Pero ahora Marc pretende borrar las huellas de Liam y dejar las suyas. La forma que dibuja el peso de su cuerpo en las sábanas es más grande. Su olor también es distinto. Y no quiero que le dé tiempo a dejar nada suyo. Ni que yo me acostumbre a nada que tenga que ver con él. Porque sé que Marc solo está de paso. Que nunca vamos a ser amigos.

Cierro la puerta a mi espalda y le hago un gesto con la mano para que no se acomode.

—Levántate. Tenemos que ensayar.

—¿Te importa si lo hago desde aquí?

—Que te levantes.

—Y luego el borde soy yo —refunfuña, aunque me hace caso y se pone en pie.

También hay otra razón. Una que es más complicada de explicar: Marc huele muy muy bien. Pero cada vez que estamos cerca y respiro su olor, mi cuerpo se tensa. En cambio, con Liam me siento en paz.

Por eso la idea de que Marc se acomode en mi cama y que luego, por la noche, mi olfato lo traiga de vuelta me inquieta tanto. Mi cuerpo sigue reaccionando al suyo de una forma que sigo sin comprender del todo. Yo antes de conocer a Marc me consideraba heterosexual. Y ahora... ¿ahora, qué? ¿En qué momento he empezado a sentir cosas por un chico del que no sé casi nada y por otro que lleva siendo mi mejor amigo diecisiete años?

—Así que esta es tu habitación.

—¿Te gusta?

—No está mal. La cama es cómoda.

—Sí. Lo es.

Avanza hacia mí sin dejar de mirarme y en dos pasos la distancia que nos separa se reduce a centímetros. Trago saliva. Está más cerca de lo que estaría una persona que quiere respetar el espacio personal del que tiene enfrente, pero a mí no me importa. Y si lo hace es solo el primer segundo, al siguiente ya estoy pensando en que tener esos ojos es ir con ventaja en el juego de la vida y en lo mal que está repartida la belleza. Y... yo no debería estar mirándolo tanto. Pero hay algo adictivo en él. Ya no estoy hablando de tener un ojo de cada color. Es el conjunto entero. El arco de sus cejas. Su mandíbula. Sus labios. Todo.

—¿Nate?

Reacciono a su voz dando un paso hacia atrás.

Marc me mira contrariado al ver que me alejo de él.

—¿No íbamos a ensayar la escena del baile? —pregunta.

—Sí. Claro.

Doy un paso adelante y regreso a mi posición.

—Vale. ¿Qué tengo que hacer primero?

—Primero tienes que mirarla a los ojos, hacer contacto visual —le indico, y Marc asiente como si aquello fuera pan comido—. No, pero espera. Tienes que hacerlo como si tuvieses delante a la mujer más increíble del mundo.

Levanta una ceja y me mira de arriba abajo.

—¿Y cómo me imagino a una mujer increíble si lo que tengo delante eres tú?

—¿Quieres que te pegue?

—No.

—Pues deja de decir gilipolleces y tómatelo en serio.

—Que era una broma, joder. —Se ríe y yo lo fulmino con la mirada. Marc pone las manos en alto—. Vale, vale. Me lo tomo en serio.

Me paso un dedo por la frente y retomo la explicación.

—Tienes que mirar a Beatrice con mucho deseo. Conectar con ella. Que parezca real. Piensa que tu personaje desea tanto a Anna Karenina que, cuando la ve en la fiesta, se contiene para no besarla allí mismo, delante de todos y de su marido, que también está allí.

—Mmm, eso me pasó con Olivia. Lo de querer empotrarla delante de su marido. Fue pensarlo un segundo y que se me pusiera dura al instante.

—Marc.

—¿Qué? Te prometo que me lo estoy tomando en serio. Solo he hecho una comparación. Y si mientras estoy en el escenario con Beatrice tengo en mente cómo me sentí con Olivia y Charlie..., creo que mi personaje podría resultar muy creíble. Al final, al tío lo que le pasa es que ve a Anna Karenina en la fiesta y se pone cachondo perdido cuando baila con ella. ¿Sí o no? —resume con una sonrisa preciosa.

—Eh... sí. Pero la tensión sexual se tiene que ver reflejada en los ojos. No en la entrepierna.

Se muerde el labio para aguantarse la risa y asiente.

—Solo en los ojos, *capisci.*

Me quedo mirando sus labios. Son gruesos. Están húmedos. Parecen tan acogedores.

Es todo culpa de Marc. Cada gesto mínimo que hace es sexi de cojones. Menos cuando se comporta con esa chulería que le sale a veces. Bueno. Ahí también tiene su punto. Y ahora lo que tengo yo son unas ganas terribles de morderme los míos. Mis labios. Como cuando ves bostezar a alguien e inmediatamente lo haces tú.

Aparto la vista de su boca y carraspeo.

—Es importante que centres toda tu atención en Beatrice y que la mires como... como si te tuviera hechizado.

—Hechizado —repite.

—Si no recuerdo mal, le dijiste a Olivia que nunca te has enamorado de nadie.

—Mentí.

Lo miro a los ojos. No me lo esperaba. Ni que se hubiera enamorado, ni que me lo fuera a confesar.

—¿Te has enamorado? ¿Tú?

—Una vez.

—¿Saliste con ella?

—Sí. Durante un tiempo.

«Seguro que no duraron ni dos meses.»

—¿Cuánto?

—Cuatro.

—Cuatro meses no está mal. —Es el doble de lo que había apostado.

—Cuatro meses no. Cuatro años.

—Espera. ¿Tú cuántos años tienes?

—Veintidós.

—Nos llevamos cinco —le indico.

—Sabes contar. Enhorabuena.

Agarro una almohada y se la tiro a la cara con fuerza. Los dos rompemos a reír, pero Marc deja de hacerlo cuando mi curiosidad le vence la batalla a mi sentido común, porque entonces lanzo una pregunta al aire que le hace sentir incómodo.

—¿Cómo se llama tu ex?

Marc se queda unos segundos en silencio, melancólico, haciendo viajes al pasado antes de volver al presente conmigo, de regresar a mi habitación. Sus manos ahora son puños.

—Prefiero no hablar de ella. Además, hacerlo no me ayudaría a construir el personaje de Vronsky. Tengo que mirar a Beatrice con deseo, y si pienso en mi ex mientras actúo, mis ojos estarán llenos de odio.

—Dicen que del amor al odio hay un paso —le recuerdo las palabras que él me dijo a mí una vez, pero tengo la sensación de que la vuelvo a cagar, que no es lo que necesita oír.

—Supongo que por eso voy siempre con tanto cuidado.

Su sonrisa es triste y no le llega a los ojos. No quiero verlo triste.

—¡Aunque también dicen que un clavo saca otro clavo! —exclamo.

Acompaño la frase motivacional extendiendo los brazos lo máximo posible. Parece que acabo de salir de una tarta de cumpleaños gigante y que grito «SORPRESAAA».

Esto último se lo he dicho para intentar quitarle hierro al asunto y que se anime. Y funciona. Porque, esta vez sí, la sonrisa le llega a los ojos y Marc recupera esa seguridad con la que parece comerse el mundo. Y a sus habitantes.

—Nate...

—¿Sí?

Su mirada se oscurece.

—Yo soy el que mete y saca el clavo. —Su voz suena más ronca, como cuando le susurras a alguien una guarrada al oído.

Trago con fuerza. Aparto la vista enseguida porque noto las

mejillas increíblemente calientes, igual que el resto de mi cuerpo. Pero como no puedo escapar de los recuerdos, mi mente reproduce uno que guardo de él y Olivia. Uno en el que Marc está de pie, desnudo, frente a la mesa en la que permanece Olivia tumbada, con las piernas estiradas y separadas. Me vienen un montón de sonidos. El de las patas de la mesa arañando el suelo. Los gemidos de Olivia. La respiración pesada y entrecortada de Marc. Todos esos sonidos se enredan unos con otros hasta crear la canción del sexo. Por eso solo puedo asentir y darle la razón.

—De acuerdo. Tú eres el que mete y saca el clavo.

—¿Llegaste a vérmelo?

—No.

—¿Te hubiese gustado?

—¿Te gustó vérmelo tú a mí? —pregunto avergonzado.

Marc suelta una carcajada y me imagino a mí mismo dentro del cubículo con la cara roja y las piernas desnudas.

—Casi no me acuerdo de eso —responde con una expresión divertida en sus ojos.

—Mejor para los dos.

—Sí, mejor.

Está intentando no sonreír. Hace el esfuerzo de apretar los labios, pero en menos de dos segundos ya se le escapa una sonrisa de cabroncete. No lo puede evitar, le sale sola, aunque también es parte de su encanto.

—Eres... eres... —empiezo, buscando cómo seguir la frase, pero sin encontrar el insulto adecuado.

—¿Un diez?

—Oh, cállate.

—Deja de fingir que no te lo pasas bien conmigo.

—Me sigues cayendo mal.

—Te caigo fatal.

—Sí.

—Dime que soy lo peor.

—Eres lo peor.

Su sonrisa se ensancha.

Para rematar, pone una mirada intensa de las suyas que me hace sentir pequeño y torpe. Después sus ojos se posan en mi boca y me doy cuenta de que los dos nos hemos quedado muy callados, que estamos solos en mi habitación y que tenemos una cama vacía a dos metros de distancia. Sé que no vamos a hacer nada de lo que me estoy imaginando, pero me cuesta respirar. El calor me sacude como una ola que me pilla por sorpresa y me arrastra mar adentro.

De pronto no puedo dejar de pensar en que Marc, si quiere, solo tiene que bajarse los pantalones para enseñarme su clavo. Y vuelvo a recordar la primera vez que lo pillé follando con Olivia. A oír los sonidos dentro de mi cabeza, el de su polla clavándose en otro cuerpo y volviendo a salir de él.

—Y, dime, ¿hay algo que pueda hacer para caerte mejor?

El calor regresa de golpe a mis mejillas y el estómago me burbujea.

—Ahora mismo no se me ocurre nada —respondo con un hilo de voz.

—Ya. —Se frota el mentón con los dedos—. Estoy seguro de que te has quedado sin ideas.

—¿Por qué sonríes tanto?

—Ah, no, por nada...

—¿Se te ocurre alguna a ti?

Marc se humedece los labios a modo de respuesta. Sus ojos continúan fijos en mi boca y su lengua es lo único que se mueve; por lo demás, se queda completamente quieto. Yo cambio de postura, nervioso, y me obligo a mirar a otro punto de mi habitación para agarrarme a algo que me deje respirar.

Hago varias inhalaciones antes de romper el silencio.

—¿Ensayamos?

—Sí, mejor —repite.

Y suena a que algo estaba a punto de pasar.

22
Mi madre es #teamMarc

El ensayo va mejor de lo esperado. No tenía demasiadas expectativas en que fuera a funcionar. Pensaba que Marc no se lo tomaría muy en serio y que perderíamos el tiempo picándonos el uno al otro, porque esa es la relación que ha habido siempre entre los dos. Pero debo reconocer que se esfuerza por seguir mis consejos y lo veo mucho más suelto que en el teatro, más relajado, más natural.

Se nos hace tarde, mi madre me dice que baje a cenar y Marc recoge sus cosas para irse. Nos encontramos con mi madre al final de las escaleras y, antes de que me dé tiempo a abrir la puerta y echar a Marc, este se presenta y le explica que somos compañeros en la obra de *Anna Karenina*. Y con eso ya se ponen a hablar, a hablar y a hablar. Durante la conversación, Marc pone cara de no haber roto un plato en su vida y se transforma en un chico encantador que no he tenido el placer de conocer. Interpreta tan bien ese papel de niño bueno frente a mi madre que casi me pongo a aplaudir con las manos en alto.

—¿Por qué no te quedas a cenar? —pregunta ella, y luego se dirige a mí—. Nate, anda, ve a poner la mesa.

—Marc no puede quedarse. Tiene que irse a casa y...

—Sí que puedo.

Me giro hacia el chico de pelo negro y revuelto.

—¿No decías que *no podías* porque tienes que hacer *cosas*? —remarco las palabras para que Marc entienda que no quiero que se quede.

Por supuesto, lo que yo quiera no le influye en absoluto y acepta la invitación.

—Puedo quedarme. ¿Qué hay de cenar?

Mi madre lo coge del brazo y lo guía a la cocina para enseñarle lo que tiene preparado. Mientras yo llevo los cubiertos al salón, ellos se ponen a charlar como si fueran amigos de toda la vida. Parece que Marc le acaba de contar un chiste muy gracioso, porque hace reír a mi madre con una facilidad asombrosa. A saber de qué estarán hablando esos dos. Mejor no pregunto.

Mis padres están encantados con Marc. Bueno, con la parte que él les muestra. Porque saben que a mí me gustan las chicas, si no estarían dándome la chapa para que me lo echase de novio. Joder. Como se enteren de que cada vez estoy más convencido de ser bisexual, mi madre no va a perder ni un segundo en coger una cartulina y escribir que ella es #teamMarc.

Me parece surrealista que Marc haya conocido a mis padres, que se lleve tan bien con ellos y que lo tenga cenando en el salón de mi casa como si hubiese entrado en mi vida para quedarse en ella. No pega ni con cola y, a la vez, encaja de una forma tan perfecta que me asusta.

Terminamos de cenar y Marc recoge la mesa con una caballerosidad que hace que a mi madre se le caiga la baba. Yo no hago gala de los mismos modales, pero tengo la decencia de acompañarlo a la puerta para despedirme de él.

—Tus padres me han caído genial.

—Ya he visto. Bueno..., hasta mañana.

Marc planta su enorme mano en la puerta para impedir que yo la cierre.

—¿Te apetece dar una vuelta en mi moto?

—¿Por qué?

—Yo qué sé. Porque hace una noche de puta madre. ¿Hace falta una razón para que vengas conmigo?

No respondo, pero me doy cuenta de que en realidad me

apetece y quiero decirle que sí. Tampoco sé muy bien por qué, aunque, como Marc me acaba de demostrar, no hace falta tener una razón para hacer lo que nos apetece en cada momento. Y es verdad que hace una noche estupenda.

Marc me agarra de la mano sin miramientos y les grito a mis padres que voy a dar una vuelta con él y que vuelvo en una hora.

Su moto está aparcada detrás de mi coche.

—Ponte el casco.

Me ofrece uno blanco y él se pone otro negro. Parecemos el yin y el yang, dos fuerzas completamente opuestas.

—Espera, ven —dice.

Se pone delante de mí y me termina de ajustar las correas. Sus manos nunca han estado tan cerca de mi boca. Las mueve por debajo de mi barbilla y, al retirarse, sus dedos me rozan el cuello en una caricia mínima que consigue erizarme la piel. Después me pega un golpe en el casco.

—Listo.

—¡Ay!

—Quejica. Vamos, sube.

Se monta en la moto y echa el cuerpo ligeramente hacia delante para hacerme sitio. Marc espera a que me suba. Cuando lo hago, la moto se hunde un poco al añadir mi peso. No sé dónde colocar mis manos. A ver, claro que sé dónde van, lo que pasa es que no me atrevo a rodearle la cintura, y lo mejor que se me ocurre es dejarlas sobre mis propias piernas y quedarme quieto. Muy quieto. Espero no salir disparado hacia atrás cuando arranque. No me apetece caerme de la moto y es lo que voy a conseguir como no me agarre a él, pero ya me da bastante cosa tener su culo pegado a mi paquete.

—¿Qué haces? —Su voz me sobresalta y casi me caigo yo solo—. Agárrate bien a mí.

Me coge las manos para ponérmelas sobre su cintura. Noto su abdomen trabajado por encima de la ropa. Trago saliva. Está tan duro que parece que lleve puesto un chaleco antibalas.

Marc arranca la moto y nos empezamos a deslizar por la carretera. Al principio nos movemos despacio. La calle está desierta, iluminada por la luz de las casas, las farolas y la que emite la propia moto.

—¡¿Vas bien?! —grita para que lo oiga.

—¡Sí!

Entonces pisa el acelerador y la moto corre más rápido por la carretera, dejando atrás todas esas casitas idénticas, abriéndonos paso en medio de la noche. Al llegar a una curva pronunciada, el cambio de velocidad hace que mi cuerpo se pegue al suyo. Me quedo un segundo sin respiración, porque soy consciente de que mi pecho está totalmente acoplado a su espalda, que no queda ni un centímetro de aire entre nosotros. Quiero separarme de él y recuperar mi propio espacio, y a la vez no quiero hacerlo, porque me siento cómodo así, abrazado a Marc.

Marc gira la cabeza, pero en lugar de protestar para que yo me eche hacia atrás, como pensaba que haría, exclama por encima del motor:

—¡Me muero por una cerveza!

Terminamos en la gasolinera en la que coincidimos en septiembre, la única vez que nos hemos visto fuera del teatro si no contamos la de hoy. Estamos sentados en el bordillo de la acera con una lata fría en la mano.

Marc me pregunta por mis amigos, sabe que Beatrice es de mi grupo, y al final acabo haciéndole un resumen de cómo es mi relación con Liam y lo mucho que está cambiando todo últimamente. ¿Que por qué se lo cuento? Yo qué sé. Porque me ha salido así. Porque estoy bebiendo cerveza y por la noche me pongo más intenso. Porque me resulta más sencillo desahogarme con alguien al que apenas conozco. El caso es que le cuento mis rayadas. Marc no se inmuta cuando le confieso que ya no miro a mi mejor amigo con los mismos ojos que antes porque ahora creo que también me pueden gustar los hombres. Ni siquiera me pregunta si me he fijado en él. Se limita a escuchar y deja que saque todo lo que guardo dentro.

—... y luego me dijo que Beatrice ve historias de amor donde no las hay.

—Eso te dolió.

—Mucho.

—¿Por qué?

—No lo sé. Yo tampoco quiero nada serio con Liam, pero me molesta que él lo tenga tan claro.

—Pues si te molesta es que tú no terminas de saber lo que realmente quieres.

—Sé que quiero follar con Liam.

—Pero ¿qué pasa si luego el sexo no es suficiente y necesitas más de él? Porque, según me has contado, Liam te ha cerrado la puerta a que la cosa se ponga seria en un futuro. Él no quiere ese tipo de relación porque solo te ve como su mejor amigo.

—Cuando se cierra una puerta se abre una ventana, ¿no es así el dicho? Pues aquí una ventana no sé, pero el culo sí que se lo voy a abrir. Lo mismo luego nos gusta tanto que le hago cambiar de opinión y termina de rodillas suplicándome que lo intentemos.

Como siempre, me respaldo en el humor para restarle importancia a un asunto que en el fondo sé que puede convertirse en un problema en el futuro, pero del que no me apetece pensar en sus inconvenientes ahora. Bastante me he rayado ya por hoy.

Pero a Marc no parece hacerle gracia, así que yo me apresuro a aclararle:

—Lo de hacerle cambiar de opinión era broma, ¿eh? Ya te he dicho que yo tampoco quiero nada serio con él. Mi idea es follar, no jugar a las casitas.

Marc no me replica, aunque tampoco parece convencido con mi respuesta. Es como si supiese que eso último es una verdad a medias.

Y entonces me pregunto a mí mismo: ¿puedo dejar de darle la chapa al pobre hombre? No le estoy dejando disfrutar de la cerveza. Todo el rato es Liam, Liam y Liam.

Joder, Marc está aguantando mi drama como un campeón. No sé si en algún momento de mi monólogo ha desconectado y se ha puesto a pensar en sus cosas, pero estaría en todo su derecho, porque no es fácil aguantarme cuando entro en bucle, y menos aún si la idea que tenía él de esta escapada nocturna era beber un poco y estar tranquilo.

Marc le da un trago a la cerveza helada, se relame los labios, me mira con curiosidad.

—¿Puedo preguntarte algo que en realidad ni me va ni me viene?

—Claro. —Me sorprende que quiera preguntarme algo en lugar de pedirme que me calle.

—Si tu idea es follar, ¿por qué estás empeñado en que tiene que ser con tu mejor amigo?

—Porque todavía no sé muy bien cómo me voy a sentir. Si me va a gustar. Y me da un poco de miedo. Como es mi primera vez...

—Ahora es cuando me dices que eres la Virgen María —se burla de mí.

Le pego un puñetazo suave en el brazo, aunque consigue robarme una carcajada.

—Tonto. La primera vez que tengo sexo con un chico.

—Bueno, bueno. ¿Los tríos no cuentan? Porque ahí también estabas con tu amigo.

—Se la metíamos a la chica, no entre nosotros. Liam y yo nunca hemos dado ese paso.

Levanta las cejas, sonríe.

—Así que todavía no sabes cómo se siente tener una polla dentro de ti.

—No.

Bebo otro trago para rebajar el calor que me entra en el cuerpo por lo directo que ha sido. Marc se pone a jugar con su lata.

—Ya. ¿Por qué él? Me refiero, una cosa es, como tú dices, follarte a una chica, y otra muy distinta es follarte a tu mejor amigo. ¿No crees que puede llegar a ser incómodo? Al final, si lo que quieres es probar con un chico y aclarar tus dudas puedes probar con cualquiera. Y te aseguras de que luego las cosas no se queden raras entre tu amigo y tú.

Niego con la cabeza.

—No voy a hacerlo con alguien con quien no tenga confianza.

—Ya quedáis con chicas con las que no tenéis confianza. —Señala mi propia contradicción.

—Pero cuando quedamos estoy con Liam.

Marc levanta el mentón y fija la vista en el cielo cubierto de estrellas. Sus palabras me llegan como si fueran dardos que aciertan en el centro de una diana invisible.

—Entonces el problema no es que no tengas confianza con la persona con la que te acuestas, sino que no la tienes contigo mismo y necesitas estar con tu mejor amigo para sentirte seguro.

Me incorporo y abrazo mis rodillas.

—Pues igual tienes razón.

—Siento si he sonado muy duro. —Me mira y me toca el hombro.

—No, no... De hecho, creo que has acertado de lleno.

—¿Por qué lo crees?

—Porque duele. Y cuando algo te duele, la mayoría de las veces es porque te están diciendo una verdad que no quieres oír.

—Eres muy joven. Es normal tener inseguridades. Todos tenemos.

—¿Tú también?

—Claro.

—Pero... —«si estás buenísimo»— ¿tú por qué?

—Porque todo está en nuestra cabeza. —Me da unos toquecitos en la frente con el dedo—. Como la confianza en uno mismo.

—Vale, sí, en nuestra cabeza. Pero la primera vez que pruebas algo nuevo siempre sale mal. Imagínate que le mancho. ¡Dios, si le mancho la polla me da algo!

Marc intenta no reírse, pero al final no puede contenerse. Yo lo fulmino con los ojos, aunque en realidad entiendo que se ría.

—Joder, eso sería un momento «tierra trágame» —reconoce.

Yo también me río esta vez. Lo hago con él, y, sobre todo, de mí mismo. Y me sienta genial.

—Escucha... —Marc deja de reírse e intenta ponerse serio—, si lo vais a hacer por el culo es algo que puede suceder. Y no pasa nada. Otro día echas otro, ya ves tú. Y el segundo seguro que sale mejor que el primero. Y si no, a la tercera va la corrida.

—Vencida —corrijo.

—En este contexto viene a ser lo mismo —dice, y lo acompaña con una sonrisa irresistible de las suyas.

Terminamos lo que nos queda de cerveza y Marc me lleva a casa en moto.

He estado tan a gusto con él que no me importaría quedarme un ratito más, pero se ha hecho tarde y mañana tengo que madrugar para ir al instituto. Me dejo caer en la cama como un peso muerto. Entierro la nariz en las sábanas y respiro con fuerza.

Huele a él. A Marc.

Pero también sigue oliendo a Liam.

Cierro los ojos.

Mi último pensamiento antes de quedarme dormido son ellos dos.

23
¿Quieres o no?

He soñado que me montaba un trío con Liam y Marc. Quizá mi olfato sea demasiado sensible a los olores y el aroma de esos dos me dejó la cabeza trastocada. En cualquier caso, menuda nochecita me han dado. No se parecía a los tríos que acostumbro a hacer con mi mejor amigo, porque en el sueño era yo el que estaba sentado de rodillas y no una chica, y Liam y Marc estaban de pie, completamente desnudos, cada uno apuntándome la cabeza con su polla. Mientras yo se la chupaba a uno, le hacía una paja al otro con la mano. Luego cambiaba. Y no podía ni quería elegir quedarme solo con uno, no ahora que ya sabía lo que era que los dos se fusionaran en mi paladar. Aquello alcanzaba un nivel muy superior a todo lo que había probado en el sexo, y solo estábamos en los preliminares.

Seguía deslizando la lengua por sus penes, devorándolos con mimo e insistencia, llenándolos de saliva. Cuando miré hacia arriba me encontré con una imagen que primero me impactó y que luego me excitó muchísimo. Liam y Marc ya no me miraban a mí; de hecho, tenían los ojos cerrados y la cara vuelta hacia la del otro porque... se estaban liando. Marc le apresaba las mejillas con las manos y Liam le agarraba del pelo, en un intento desesperado por ahondar más en ese beso que les quemaba la boca y con el que parecían fundirse.

La imagen era tan potente que mi lengua volvió a la carga con más ganas de las que ya tenía. Me pareció que se habían ganado un premio por llevarse tan bien, sobre todo Liam, que había dado señales de sentir celos de Marc antes de conocerlo en persona.

—¿Ves lo bien que nos llevamos ahora? —me preguntaba Liam en el sueño, con la respiración entrecortada, mientras la boca de Marc abandonaba la suya y atacaba su oreja.

Sin dejar de mirarme y con la mitad de su polla todavía en mi boca —¿o era la de Marc?—, Liam me pasaba el pulgar por el labio. Parecía decirme con los ojos «tú sigue chupándome así y el próximo premio te lo daré yo a ti, porque vas a hacer que me corra muy rápido y te voy a llenar como nunca te han llenado en tu puta vida».

—A Liam le preocupaba que solo me la fueras a comer a mí —respondió Marc, pegado a su derecha, repartiéndole besos por el cuello—, pero, ya ves, los tres podemos entendernos perfectamente.

Marc me guiñó un ojo. Intenté echar la cabeza hacia atrás porque la polla de Liam —al final sí que era la suya— iba a provocarme una arcada, pero este empujaba agarrándome del pelo, clavándomela hasta el fondo, no quería que dejase de chuparle.

—Entera. Trágatela entera.

Lo hice. Con lágrimas en los ojos y mucho esfuerzo, pero lo hice. Y una parte de mí supo que debía de ser un sueño, porque si fuera verdad habría vomitado.

—¿Puedes con las dos? —preguntó Marc.

¿Las dos a la vez? No, no podía. A duras penas me entraba una, como para meterme otra.

Marc me puso su polla en la cara para hacer la prueba, con una sonrisa inocente que tenía de inocente lo que yo de cura. Abrí la boca por instinto mientras él paseaba la punta por mi comisura, como llamando a la puerta y pidiendo permiso para entrar. No podía. No había sitio. Entonces Marc pegó un empujón, pensando que mis labios se estirarían como si yo fuera la puta Elastigirl de *Los Increíbles*..., pero ni por esas.

—No le entra la tuya, Marc.

Este bufó con fastidio, pero entonces recordó que mi cuerpo tenía otro agujero por el que sí podría meterla y la sonrisa pícara regresó al instante.

—En la boca no..., pero tiene un culo precioso. Se lo vamos a comer un rato para que esté bien abierto.

Sonó la alarma.

Liam y Marc desaparecieron de golpe.

Dejé de estar de rodillas para estar tumbado.

Parpadeo y me rasco la cabeza, incorporándome con toda la pereza del mundo para ponerme de pie.

—¡Tienes café recién hecho! —La voz de mi madre me llega desde la cocina.

Hay algo peor que despertarse e interrumpir un sueño erótico, y es despertarse para ir al instituto. Me levanto de un salto, bebo café en tiempo récord, me lavo los dientes y cojo las llaves del coche antes de salir.

Me preparo mentalmente para otra mañana larga. Las clases se me hacen cuesta arriba y el descanso demasiado corto. Mientras me tomo el segundo café del día con mis amigos en la cafetería del instituto, Beatrice y Melody me preguntan por Marc, para saber cómo me desenvolví en mi nueva faceta de *coach* y si este ha hecho algún progreso o es un caso perdido. Ha sido mencionar su nombre y que Liam se tense en su silla, como en un acto reflejo.

Les cuento por encima que Marc y yo hemos empezado a trabajar la mirada, aunque me salto la parte en la que él se queda a cenar y conoce a mis padres, o en la que me da una vuelta con la moto y nos escapamos para beber cerveza en el porche de una gasolinera y yo le hablo de mi mejor amigo —porque, por mucho que intente no ser un puto libro abierto, según parece, le hago *spoiler* de mi vida al primero que pasa—, y me limito a decirles que el tío se lo tomó en serio y superó mis expectativas.

—Qué guay. —Liam no parece sincero.

Se supone que ya estamos bien, aunque lo noto raro conmigo. Hablamos menos que otros días, está más callado, más ausente. Como si su cuerpo estuviera aquí pero su mente en otra parte. Por eso me sorprende cuando, al terminar la última clase, me agarra del brazo y me propone quedarnos a comer en la cafetería del instituto. Los dos solos.

—Tú odias la comida de aquí.

—Es para que nos dé tiempo a hacer lo otro antes de empezar el entrenamiento de béisbol.

—¿Qué es «lo otro»? —le pregunto algo perdido. Si habíamos quedado con una chica para hacer un trío, no lo recuerdo.

Liam baja la cabeza y señala con los ojos su bolsillo izquierdo, del que saca brevemente un condón antes de volver a esconderlo dentro. Mi corazón se pone a latir muy deprisa.

—Podemos usar los vestuarios aprovechando que están vacíos. —Espera a que hable—. ¿Qué pasa? ¿Te parece una mala idea?

—¿Quién es?

—¿Cómo que quién es?

—La chica con la que vamos a follar.

—¿Qué? No hay ninguna chica.

—Ah.

—A ver, si no, puedo tirar de agenda. Pero pensaba que los dos queríamos probar esto en lugar de hacer lo de siempre.

Lo medito. No lo de follar con Liam, eso quiero hacerlo. Pero hacerlo en los vestuarios no me da mucha seguridad, sobre todo porque cuando hemos intentado hacerlo en mi habitación ya ha sido un poco desastre.

—¿Y si alguien más nos ve?

—Si comemos rápido, entre que cogemos el coche y vamos hacia allí tenemos casi una hora entera hasta que empiezan a llegar los del equipo. Creo que una hora es tiempo de sobra.

—Una hora está bien —acepto.

—Genial.

—Sí.

Va a salir mal. Lo sé.

Entramos en el vestuario. Tal y como él había previsto, no hay nadie. Estamos solos.

Liam deja su mochila en el banco de madera y se vuelve para colocarse delante de mí, a medio metro, con los pies clavados en el sitio. Después, silencio. Como solo es cuatro centímetros más alto que yo, no necesito alzar la vista para perderme en sus ojos verdes. Él también se queda mirando los míos. Pasan diez, quince, veinte segundos. En ese tiempo nos observamos el uno al otro como si nos estuviéramos leyendo mutuamente. Permanecemos quietos. Y no, no nos tocamos, porque uno de los dos tiene que tomar la iniciativa y lanzarse, y los dos esperamos que lo haga el otro.

El silencio solo consigue que la tensión se hinche como un globo que a cada segundo que pasa se hace más y más grande. Ha llegado ese momento que esperaba con tantas ganas y que tanto miedo me da. Voy a saber cómo es tener a Liam dentro de mí. O cómo se siente al estar yo dentro de él.

Lleno los pulmones de aire. Estoy nervioso. Recorro su cuerpo de arriba abajo con la mirada. Una parte de mí sigue viendo a Liam como el chico al que le daban miedo las películas de Harry Potter, pero ahora convive con otra que lo ve como el hombre por el que me siento fuertemente atraído. Aquí, en este vestuario, lo deseo como si acabara de cruzarme con él por casualidad en mitad de una fiesta y quisiera preguntarle cómo se llama y, ¿por qué no?, terminar follando en el baño como animales. Eso sería sencillo. Fácil. Pero la realidad es que somos amigos desde hace tantos años que resulta imposible no valorar todo lo que podemos perder si nos dejamos llevar por las hormonas. Me encantaría que las circunstancias fueran otras, que no nos conociéramos hasta el punto de sentir que es alguien más de mi familia, poder retroceder en el tiempo y romper los vínculos que nos unen para poder forjar otros distintos.

No quiero convertir el sexo en una moneda y jugármela a cara o cruz, porque el sexo siempre nos ha unido más de lo que ya lo estábamos. Pero tampoco puedo ignorar la tensión que ha hecho que todo empiece. Porque, al final, todo lo que uno se guarda dentro de sí mismo encuentra el modo de salir.

—Puedes besarme —dice, dándome permiso.

—Tú también puedes besarme.

Es como si, después de hacernos los valientes, ninguno se atreviera a dar el primer paso.

—Ya. Pero es que quiero que me beses tú a mí, Nate.

—¿Por qué?

—Porque sí. Lo prefiero.

—Mmm, ¿lo prefieres porque te da miedo que empecemos a quitarnos la ropa y que después te arrepientas?

—¿Qué? ¡No! No me voy a arrepentir.

—Eso no lo sabes, Liam.

—Tú tampoco. Ninguno de los dos sabe nada, en realidad.

«Yo sí sé que me no me voy a arrepentir porque me muero de ganas de metértela y hacerte gemir.»

—Estamos jugando con fuego —insiste Liam, precavido, aunque luego se contradice—: Bueno, con fuego no, porque los dos sabemos que esto va a ser solo sexo...

Ignoro el peligro que esconden sus palabras y asiento despacio.

—Sí.

—... y que nada va a cambiar entre nosotros.

—Exacto.

—Así que cuando digo que estamos jugando con fuego, en realidad, quiero decir que... que... No sé qué quiero decir.

Liam se retuerce las manos, está nervioso y eso me enternece.

—No importa.

—Me refiero a que tú y yo..., ya sabes...

Claro que lo sé. «Es solo sexo», me lo ha repetido veinte veces.

¿A qué se deben estos nervios si él lo tiene tan claro?

Cubro sus manos poniendo la mía encima y Liam deja de retorcérselas. No termina la frase, no intenta darme más explicaciones, solo... se queda mirándome a los ojos.

Entonces cojo aire antes de preguntarle algo que puede acabar pasándome factura en el futuro. Al fin y al cabo, las ganas me empujan a estar cada vez más cerca de él y ya he decidido que estoy dispuesto a correr el riesgo con Liam, porque si hay algo para mí más fuerte que el miedo es quedarme con la duda de lo que podría haber sido y no fue. Y no quiero que me pase eso ahora. Con él no. Por eso susurro acercándome un paso más a ese fuego de carne y hueso en el que se ha convertido mi mejor amigo.

—¿Nos quemamos, Liam?

Los nervios desaparecen cuando sonríe por la pregunta que le he hecho.

—Nos quemamos, Nate.

Soy yo el que termina acortando la distancia que queda entre los dos. Liam me recibe con los labios entreabiertos y mi lengua reclama la suya. Le paso una mano por la espalda, la otra por el pelo. Toco el borde de su camiseta hasta que me decido a colar la mano y posarla en su abdomen. Acaricio la línea de vello oscuro que le nace desde el ombligo y se pierde dentro de su bóxer. Liam contrae el abdomen y sonríe, mis dedos le hacen cosquillas. Le subo la camiseta. Él alza los brazos para que se la termine de quitar. Después me la quita él a mí. Mis dedos recorren su pecho desnudo, se deslizan lentamente por su abdomen y llegan al cinturón. Se lo desabrocho. Le bajo los pantalones de un tirón y me quito los míos con la misma rapidez.

Antes de decidir mi siguiente movimiento Liam me rodea con los brazos y me estrecha contra su cuerpo, solo con la ropa interior. Me dejo abrazar y cierro los ojos. La punta de mi nariz roza su pelo. Sonrío. Me encanta cómo huele. Me encanta cómo me demuestra su cariño con un gesto tan simple como este. Y, por supuesto, me encanta sentir su erección apretándose contra la mía a través de la tela.

—Que vaya a ser contigo ya lo hace especial —me sincero, con la boca pegada a su oreja, de un modo demasiado romántico como para que no me atragante con mi propia frase.

Cierro los ojos y me regaño internamente por soltar algo tan moñas. Sé que la acabo de cagar porque el cuerpo de Liam se tensa como si hubiese pulsado un botón de reinicio que nos devuelve al punto de partida, un punto de partida en el que los dos somos heterosexuales y tenemos como norma no tocar al otro.

—Nate...

—¿Sí?

—Solo es sexo. —Tres palabras que parecen cuchillos.

El calor tan agradable que me llenaba el pecho se convierte en una bola de nieve.

—Ya lo sé, hostia.

Lo sé, esto no tiene importancia para él, pero por un instante en el que me he sentido feliz se me había olvidado.

—Vale. Entonces no pasa nada.

—No. Claro que no pasa nada. ¿Qué coño va a pasar?

Me suelto de su abrazo y dejo que corra el aire.

—Pues entonces no me contestes así —dice, usando el mismo tono cortante que yo.

—Y tú no me cortes el rollo repitiendo todo el rato que solo es sexo. Ya sé que solo es sexo y que el chocolate engorda, Liam. No soy gilipollas.

Nos miramos con dureza.

Por supuesto que me pasa algo, y él ya lo intuye, pero no se lo puedo admitir. Me da miedo que luego Liam no quiera hacer nada conmigo si ve que su comentario me afecta de una forma que no debería y... mierda. Mostrarme cabreado no ha sido lo más inteligente por mi parte. Así solo le estoy demostrando que sí me afecta, que es justo lo que quería evitar.

—¿Va a ser siempre así, Nate? ¿Cada vez que estemos a punto de follar vamos a discutir?

—La culpa es tuya. Si hubieras tenido la boca ocupada no estaríamos discutiendo.

—¿Perdón? —Suelta una risa falsa—. Eres tú el que ha hablado primero.

—Y tú el que me ha cortado el rollo.

—Tú me lo has cortado a mí diciéndome que conmigo te parecía especial.

Eso duele. Joder, duele mucho.

Cuando le di las gracias por besarme despacio y hacerme sentir especial no le molestó. Ahora sí. Eso me demuestra que las cosas ya están cambiando para Liam. Y que el cambio no es bueno.

—Tranquilo. Habría sido igual de especial que con cualquier otro —respondo a la defensiva.

No lo pienso de verdad, pero con algo me tengo que proteger.

—Bien —dice. Me mira con rabia antes de escupir lo que parece quemarle por dentro—. Que te folle Marc, entonces.

No me esperaba oír su nombre. No otra vez. Liam tiene a Marc atravesado. Me quedo dos segundos en blanco, al tercero reacciono y le suelto lo primero que se me pasa por la cabeza.

—Y a ti que te folle un puto pez.

Vale, sí, sé que decirle que lo folle un pez no es muy maduro por mi parte. Pero entre el cabreo que llevo encima y que mi riego sanguíneo se concentra en mi entrepierna no se me puede exigir estar a la altura de la situación.

—¿En serio? ¿Un pez, Nate? ¿No se te ocurría nada más ingenioso que decir?

—¿Qué coño te pasa con Marc? Estás obsesionado con un tío al que ni siquiera conoces en persona.

—No me pasa nada.

Ahora el que miente es él.

Cierro los puños. Tengo ganas de recoger mi ropa del suelo y gritarle a Liam que es un imbécil y que no tiene derecho a estar celoso, aunque si lo hago romperé a llorar. Y ni siquiera sé por qué estoy tan seguro de que terminaré llorando, pero tengo un maldito nudo atravesado en la garganta que no me deja respirar y que me hace sentir vulnerable.

Por suerte para mí, Liam me da unos segundos de tregua en los que no vuelve a abrir la boca. Él también parece a punto de explotar. Su pecho sube y baja con cada nueva respiración. Por lo menos no hemos llegado a quitarnos los calzoncillos; quedarnos totalmente desnudos frente al otro habría sido incómodo de cojones.

Ignoro el fantasma de Marc, que sobrevuela por las paredes del vestuario desde que Liam ha dicho su nombre, e intento concentrarme y poner mis sentimientos en orden para canalizar la frustración y el enfado que siento hacia mi mejor amigo.

La situación está así: aún no sé si esto que he empezado a sentir por él se convertirá poco a poco en algo más intenso o si, por el contrario, se desinflará con la misma rapidez que surgió. Lo mismo todo lo que siento por Liam está contaminado por las ganas que tengo de vivir mi primera gran historia de amor con alguien. Sí, por mucho que luego de puertas para afuera finja que esas cosas no van conmigo, en el fondo me apetece. Y como ahora mi amigo me la pone dura porque he descubierto que también me atraen los hombres, mi cabeza ha sumado dos más dos y se ha puesto a hacer campaña para que Liam, además de despertarme una erección, me despierte el corazón. Eso como argumento de una película LGTB te lo compro, pero en la vida real lo normal es que, si te has pasado diecisiete años de tu vida con alguien por el que nunca has sentido nada más que amor de amigos, solo ocurra lo primero. Una erección como una catedral.

Espera.

¿Que un amigo te provoque erecciones es normal? Porque hace dos meses yo ni siquiera me lo habría planteado tratándose de Liam y ahora... ahora que se lo digan a la tienda de campaña que tengo en la entrepierna, como me mueva un poco sale disparada.

Echo un vistazo ahí abajo. Liam me imita, mira su paquete y el mío. Vale, se nos marca absolutamente todo. La tela negra no deja mucho a la imaginación. Tenemos la punta de la polla apuntando directamente a la del otro como si fueran dos pistolas.

«Tranquilo, vaquero.»

Volvemos a mirarnos a los ojos, esta vez con una sonrisa tímida que corta la tensión.

Ojalá esto se quede simplemente en que mi amigo me la pone dura y que, después de follar con él cien veces, mis sentimientos no cambien. O que lo hagan, pero que el cambio no llegue a ser suficiente como para desear tener una relación seria, porque, en lo más profundo de mi corazón, yo sé que nunca llegaría a enamorarme de Liam. Me conformo con seguir follando con él como lo hacíamos antes, solo para disfrutar, sumándole una nueva ventaja: la de poder tener sexo siempre que queramos porque a partir de ahora se supone que ya no necesitaremos contar con una tercera persona para corrernos juntos. Aparte de eso, no cambiaría nada. Todo seguiría igual que antes. Tal y como Liam ha querido desde un principio.

El caso es que ni yo soy vidente ni tengo una bola mágica para adelantarme a los acontecimientos y saber si con Liam voy a sentir algo más que un orgasmo o si nunca llegará a acariciarme el corazón.

No queda otra, me la tengo que jugar.

—No jodas que hemos perdido diez minutos —masculla Liam, interrumpiendo así el acercamiento que pensaba hacer para retomar desde donde lo habíamos dejado.

—Tenemos cincuenta minutos. Diez no son nada.

—Pero entre el tiempo que perdemos en estar bien y que a mí me vuelva a apetecer hacerlo, se nos va.

—Eso, tú sigue poniendo de tu parte. Así seguro que follamos, monstruo.

Liam tuerce el morro y se cruza de brazos como respuesta.

Resoplo. Vuelvo a no saber qué hacer con él ni cómo actuar. Lo único que tengo claro es que Liam no quiere nada serio conmigo, ni ahora, ni en un futuro —para eso no necesito una puta bola mágica—, y que la alternativa más sensata a la situación en la que me encuentro parece huir y no tentar a la suerte, porque follarte a tu mejor amigo es algo que puede salir muy mal o muy bien. Pero me conozco y, como me eche atrás y me obligue a no hacer nada con él por miedo a que mis sentimientos vayan a más, voy a conseguir el efecto contrario.

El ser humano funciona así: cuando le prohíben algo le entran más ganas de hacerlo. Es como si vas por la calle y te encuentras un cartel en el que pone: «No mirar por el agujero», y al lado de la pared está el agujero en cuestión. ¿Qué haces? Yo, evidentemente, miro por el agujero. ¿Y qué haces si te prohíbes a ti mismo tener sexo con alguien por miedo a pillarte por esa persona? Obsesionarte con la idea hasta probarlo. Y obsesionarme con Liam es lo que menos me apetece.

Por eso voy a intentar ver la posibilidad de que me termine pillando por Liam y que luego me rompa el corazón como un daño colateral, y no como una excusa para salir corriendo ahora mismo de los vestuarios y no enfrentarme a aquello que, cuanto más me aleje, más fuerte me golpeará.

Liam desbloquea su móvil.

—Dos minutos menos. ¡De puta madre! —celebra irónico.

—¿Puedes dejar de mirar la hora cada cinco segundos?

—Entre que alguno siempre llega antes, los cuarenta y ocho minutos se convierten en media hora. Y media hora pasa volando. Eso es una puta mierda y no da tiempo a hacer nada.

No deja de protestar por todo.

—Liam.

—¿Qué?

—¿Tú quieres follar o no?

—Sí.

—Pues cállate.

Nada más decírselo me trago el orgullo y el miedo, le agarro las mejillas con las manos y le meto la lengua en la boca antes de que él pueda replicar.

Pienso terminar de desnudarlo y aprovechar cada maldito minuto que tenemos para salir de dudas.

24
Suave, cariñoso, dulce

Lo aprisiono contra la pared sin dejar de besarlo. Liam gime, deja caer el móvil al suelo y me agarra por la cintura con desesperación para apretarme contra su cuerpo. Su erección vuelve a chocar con la mía y el bulto que todavía se aprieta en sus calzoncillos me confirma que él desea esto tanto como yo. Tanto como para dejar las preocupaciones aparcadas en doble fila, bajarme del coche de las inseguridades y meterme de lleno en la boca del lobo.

¿No quería sexo sin ataduras? Bien. Puedo hacerlo. Lo mismo él piensa que no, y por eso me ha repetido un millón de veces que este polvo no va a ser nada más que unos minutos de diversión. Sin embargo, en ese caso me estaría subestimando, porque siempre que he hecho tríos con él le he ofrecido mi cuerpo a otra chica como si fuera un recipiente vacío, sin implicar las emociones, y hacerlo con un chico no tiene que ser diferente. No. Solo tengo que cerrar los ojos y concentrarme en mi propio placer, besar cuando quiera besar, dejar que mis manos recorran su piel caliente y disfrutar de este momento sin pensar en el efecto que esto tendrá en nuestra amistad o en todo lo que ya arrastro con Liam desde hace diecisiete años. Si consigo olvidarme de quién es él y pienso solo en mí no tendré nada que temer.

Mis dedos se cuelan por debajo de la tira de su bóxer, le

palpo la polla con la mano y, cuando ya no puedo resistirme más, la saco para comprobar con mis propios ojos lo dura y grande que está antes de ponerme de rodillas y hacerla desaparecer.

—Hostia...

Liam me agarra del pelo tal y como lo he soñado esta noche. Alzo los ojos para mirarle la cara, lo hago sin sacar su erección de mi boca. Él echa la cabeza hacia atrás y jadea.

Pero falta Marc.

—Eso... así... así...

Sus manos se aferran a mis mechones, tira de ellos cuando quiere hundirse unos centímetros más y luego retira la cadera para que mi lengua pueda jugar a dibujar círculos sobre su punta. Un sabor salado se mezcla con mi saliva. No se ha corrido, pero todo apunta a que podría hacerlo ya si él quisiese.

Sigo moviendo la lengua y la cabeza sobre su polla hasta que Liam decide que ha llegado el momento de devolverme el favor. Sale de mí, me coge por las axilas para ponerme de pie como si fuera un muñeco y tira de mi bóxer para dejarme desnudo. Se pone de rodillas y me muerdo el labio cuando su lengua me toca. Se la he debido de chupar de puta madre, porque la mamada que me hace Liam es tan bestia que para mí se convierte en todo un desafío aguantar sin vaciarme en su boca después de dos minutos recibiendo sus atenciones.

—Liam...

—Conozco esa mirada.

—Y por eso no hace falta que te diga que pares.

Besa mi cabeza húmeda antes de ponerse en pie.

—Ya.

—¿Condón?

—En el bolsillo izquierdo.

Me da miedo mancharle, pero entonces recuerdo las palabras de Marc: «Si lo vais a hacer por el culo es algo que puede pasar. Y no pasa nada» y me lleno de confianza.

Rasgo el plastiquito y le pregunto con los ojos si quiere que se lo ponga primero a él. Asiente. Mis dedos colocan el condón en la punta y lo deslizan hacia abajo. Liam saca de la mochila un pequeño bote de lubricante. Se aplica una capa generosa en la yema de los dedos y los guía hacia mi abertura. Al principio me tenso por tener a mi mejor amigo tocándome esa parte de mi cuerpo con la que me siento tan expuesto. Luego no. Luego disfruto de la sensación, porque lo hace despacio y con cuidado, sin prisa, olvidándose de la cuenta atrás que marca los minutos que nos quedan antes de que nuestros compañeros irrumpan en los vestuarios. Se acabó el tictac. Ahora solo estamos él y yo. Liam y Nate.

Él parece ser consciente de ello y querer que la experiencia sea inolvidable para los dos, lo que se contradice con su mantra de que todo esto solo sería sexo. No hace falta que me diga que hacerlo conmigo también le parece especial, como yo le he dicho antes, porque el cariño con el que introduce sus dedos en mi interior y la manera en la que me mira para cerciorarse de que estoy bien ya lo es, y las palabras sobran.

Esa muestra de amor es más que suficiente para que mi cerebro borre todo lo que se había prometido. Dejo el disfraz de lobo colgado en el respaldo de la silla y paso de ofrecerle solo mi cuerpo a entregarme a él por completo. Entero. Sin medias tintas. Poniendo el corazón en cada beso que le doy. Siendo yo y mis emociones. Desnudándome después de haberme desnudado.

—Mmm...

Liam termina de clavar su dedo índice en mi interior. Se me escapa un gemido. Cierro los ojos y, cuando los abro, lo hago con una sonrisa.

—Otro.

Obedece y mete un segundo dedo.

—Aaah...

Arqueo la espalda, haciéndole sitio.

—Creo que ya podemos probar.

—Vale.

Saca sus dedos con cuidado, deja un beso corto cerca de mi comisura y me da la vuelta.

—Separa un poco las piernas.

Las separo. Oigo el sonidito que hace el bote de lubricante cuando lo pone bocabajo y aprieta para que salga un chorro. Humedece mi abertura, dejándola pringosa para que la fricción me resulte lo más cómoda posible. El deseo y la anticipación hacen que me muerda el labio. Necesito saber cómo es tener a Liam dentro de mí. Él, como si me hubiera leído el pensamiento, presiona despacio con la punta para introducir los primeros centímetros. Cierro los ojos y respiro por la boca. Duele. Duele más de lo que pensaba. No es lo mismo que te hagan dedos a que te metan una polla por el culo, ahora lo sé.

—Espera, Liam. Espera. Me duele.

La saca inmediatamente.

—¿Estás bien? ¿Te ha dolido mucho?

«Ha sido horrible.»

—No.

—Vale. ¿Qué hago? ¿Sigo solo con los dedos?

—No, no... tú... prueba otra vez.

Lo intenta de nuevo, igual de despacio que la primera vez y provocándome muchísimo menos dolor. Es como si mi cuerpo ya se hubiera abierto para él y lo estuviera esperando. Liam deja de empujar por miedo a que chille, pero soy yo el que echa el culo hacia atrás para terminar lo que él ha empezado. Los dos gemimos sorprendidos. Liam apoya su barbilla en mi nuca, su aliento me eriza la piel.

—Estoy dentro de ti.

—Sí. Estás dentro.

Hacemos varias respiraciones. Dejamos que nuestros cuerpos se acostumbren a ser solo uno.

Después Liam comienza a moverse. Retira la cadera hacia atrás y vuelve a por mí, como olas de mar que llegan a la orilla y besan la arena. Suave. Cariñoso. Dulce.

Besa mi espalda con cada embestida, convirtiendo el sexo en un sitio público en un precioso baile de salón, meciéndome en sus brazos, que me rodean por la cintura. Sus manos acarician mi pene para hacerme una paja. El placer comienza a ser una bola de fuego tan grande que escapa de mi control. Me corro sin previo aviso y le mancho las manos. Él disminuye progresivamente el ritmo con el que subía y bajaba su mano alrededor de mi polla hasta dejarla completamente quieta.

Sin soltarme y sin dejar de empujar contra mi cuerpo con esa dulzura que me pilla por sorpresa, Liam termina unos minutos después. Lo hace clavándose en mi interior con un gruñido. Después me muerde el hombro, con la respiración agitada. Sale de mi interior como ha entrado, muy despacio, y apoya su frente sudada en el círculo con el que sus dientes han marcado mi piel.

Si valoro únicamente el placer, mentiría al decir que ha sido nuestro mejor polvo. Los tríos le dan mil vueltas, de acuerdo, pero es que esto ha sido mejor en su conjunto, porque aquí nos han acompañado las emociones y eso rompe por completo con el sexo vacío al que nos hemos acostumbrado siendo tres. Cuando lo hacemos con otra chica, ni Liam me está follando a mí ni yo me estoy follando a Liam. La persona a la que nos entregamos es otra, y es con ella con quien nos fundimos y no con nosotros mismos, por muy desnudos y cerca que estemos el uno del otro. Esta vez nos hemos fundido hasta sentir que éramos solo uno.

Sonrío sin aliento.

—Guau. Ha sido...

—Sexo. —Liam termina la frase por mí—. Ha sido sexo. Nada más.

Su contestación no puede ser más fría y tajante.

Lo miro a los ojos y acepto el golpe, aunque eso me lleva a relacionar lo que hemos hecho como un acto mecánico y no como uno de... ¿de qué? ¿Amor? Pero ¿qué esperaba? ¿Que Liam me iba a decir que en realidad se ha dado cuenta de que quiere conocerme de otra forma? Por favor, ¡si es la única persona que me conoce al completo! Lleva siendo mi mejor amigo diecisiete años. No queda ni un centímetro de mí que no conozca. Literalmente.

Pero, entonces, ¿por qué me ha follado como si me estuviera haciendo el amor?

El nudo en la garganta regresa. Eso sí, también lo hace mi orgullo. Y lo segundo es más fuerte que lo primero. No pienso dejar que vea que su comentario me duele.

Cierro los ojos un instante para tragarme el nudo de emociones, esas que me hacen sentir como una mierda, y cuando los vuelvo a abrir me muestro neutro. ¿No se supone que soy actor? Voy a fingir que todo sigue igual. Que no me importa. Si para Liam no significa nada, para mí tampoco.

—Sí, bueno, para ser la primera vez no ha estado mal. La próxima me toca a mí darte por el culo.

No me quedo esperando una contestación. Nada más decírselo, paso por su lado para acceder a las duchas. Después de asearme me visto a toda velocidad. Noto los ojos de Liam pegados a mi nuca, pero yo evito su mirada.

25
All Too Well

Cuatro horas más tarde, mi humor de perros y yo salimos por la entrada principal del teatro con paso decidido en dirección al coche. Beatrice ha intentado sonsacarme información y yo he intentado no ser borde, porque cuando me enfado lo hago mucho y a lo grande, y no quiero pagarlo con ella. El pobre Marc se lleva tres gruñidos como si el espíritu de un perro rabioso hubiese invadido mi cuerpo. Aunque son merecidos. El primero por tocarme el hombro y asustarme. El segundo, por soltar una bordería de las suyas y dejarme claro que compartir unas cervezas con alguien la noche anterior no nos convierte en amigos, que sigue siendo un chulo. El tercero porque me está siguiendo.

Giro la cabeza sin detenerme, le enseño los dientes y gruño arrugando la cara —desde fuera debo de parecer un perturbado— y Marc levanta las manos como símbolo de paz, aunque continúa siguiendo mis pasos, porque, visto lo visto, estoy más cerca de hacerle gracia que de intimidarle.

—¿Me acabas de ladrar? ¿Qué eres?, ¿un perro?

—Vete. No me sigas. Déjame en paz.

Es cierto que mi cabreo viene por lo que ha pasado con Liam, porque echar un polvo rápido en los vestuarios me ha ilusionado como un tonto y soy gilipollas por pensar que él cambiaría de opinión y me diría que lo que habíamos hecho no era solo sexo. Marc no tiene la culpa de que las cosas con Liam no hayan salido como en la fantasía que me había montado en mi cabeza, donde todo es de color rosa y en el final de nuestro cuento salimos los dos subidos en un unicornio lleno de purpurina abriendo el desfile del Orgullo. De hecho, Marc ni siquiera entiende qué mosca me ha picado para que me comporte de esta forma. Pero a mí me resulta demasiado fácil echarle parte de la culpa simplemente porque la misma situación que he vivido con Liam me podría haber pasado con él. Si algún día los planetas se alinean y a Marc le apetece echarme un polvo, no voy a ser yo quien le diga que no, y en cuanto Marc me meta la polla va a pulsar un interruptor que conecta mi culo con mi cabeza, y entonces sonarán campanas de boda y los pajaritos de Blancanieves vendrán a hacerme un traje *made in Disney*, porque empezaré a imaginarme un final de cuento con Marc, a pesar de que mi sentido común me grite que él solo quería follar conmigo y que ya sería una suerte que quisiera repetir. Eso le da un poder sobre mí que no sabía que tenía. Lo convierte en el enemigo.

—No, no me voy a ir. Vas a decirme qué te pasa. Ayer estuvimos bebiendo cerveza tan a gusto y hoy me tratas así.

—Eso no te da carta blanca.

—Ya lo sé.

—Bien. Déjame en paz.

—No.

—No tengo el día.

—Cuéntame qué te pasa.

¿Que qué me pasa? Estoy enfadado. Enfadado por ser como soy. Por ilusionarme con nada y querer darlo todo desde el principio a la persona que no es. Por mendigar amor en silencio y fingir que no lo busco. Por tener por bandera el «yo me dejo llevar» y luego rayarme a las primeras de cambio. Por estar tan lleno de contradicciones.

Se lo repito sin darme la vuelta, mirando el coche.

—Déjame en paz.

—No te voy a dejar en paz. ¿Sabes por qué? Te lo voy a decir. Porque ahora mismo voy a montarme en tu coche y los dos vamos a ir juntos a ensayar a tu casa.

No llego a abrir la puerta del todo, me quedo quieto dándole la espalda. La respuesta se cuece a fuego lento en mi estómago, pero su voz llega antes:

—¿Qué? ¿No es eso lo que quieres? —me pregunta—. ¿Que aprenda a hacer una buena interpretación para que no la cague el día del estreno y que así tú tengas una mínima oportunidad con Charlie Day? Entonces cíñete al plan. Piensa que cuanto más ensayemos, más cerca estarás de brillar sobre el escenario y hacerte famoso. Te lo digo como consejo. Está en juego tu futuro.

—Vete a la mierda.

Marc reacciona a mi insulto con una carcajada. De repente veo que rodea el coche dando saltitos y que en menos de dos segundos ya se está abrochando el cinturón.

Pongo los ojos en blanco porque es un capullo. Pero un capullo que consigue hacerme sonreír a pesar de que sigo enfadado con el mundo. Nunca había conocido a nadie que me sacase de quicio y una sonrisa con tanta facilidad como él.

Arranco, concentrado en la carretera. Solo se oye el sonido de las ruedas del coche peinando el asfalto.

—Tú hoy has follado con Liam.

Me lo dice de sopetón. No es una pregunta.

—Sí.

—Y no ha salido bien.

Aprieto las manos en el volante.

—No.

—¿Has... manchado?

—¿Qué? ¡No! —Me pongo rojo.

—Vale, vale. ¿Entonces? ¿Por qué parece que tienes un palo en el culo si lo que te han metido ha sido una polla?

—No te importa.

Marc se incorpora en el asiento del copiloto.

—Deberías estar contento. El sexo nos hace más felices a todos. ¿Puedo poner música?

—No.

Enciende la radio solo por fastidiar. Suena *Traitor* de Olivia Rodrigo. Me sorprende que Marc no cambie de emisora. Liam lo habría hecho, él solo escucha música rock, pero Marc cierra los ojos y mueve la cabeza siguiendo el balanceo suave de la canción.

—¿Te gusta?

Abre un ojo y asiente.

—Claro.

—A mí me gustan las canciones tipo Taylor Swift, pero Liam es más de Metallica, AC/DC, The Scream... Le gusta ese rollo.

No sé por qué le cuento esto a él. Entonces me doy cuenta de que ya no estoy enfadado. Será que la música amansa a las fieras.

—Me encanta Taylor Swift.

Su confesión hace que lo mire inmediatamente con los ojos muy abiertos.

—¿Qué?

—Me relaja escuchar su voz. Además, tiene un toque de nostalgia que a mí me flipa.

—¿Te encanta y te flipa?

—Sí.

—¿¿Taylor Swift??

—Joder, sí. Me encanta la tía. Es una *crack*.

—No te pega.

Aparco el coche delante de casa. Marc saluda a mi madre antes de subir a mi habitación —mi padre se ha ido con James, el padre de Liam, a jugar al billar— y después se deja caer sobre el lado en el que siempre se echa Liam y suelta la pregunta que lleva guardando desde la mitad del trayecto en coche.

—¿Por qué no me pega que me guste Taylor Swift?

Lo medito sin dejar de mirarlo.

Si solo me fijo en su exterior, tengo la sensación de estar frente al protagonista masculino de cualquier novela romántica llena de clichés. Al ser alto, guapo, fuerte y tener esa aura oscura y misteriosa que lo persigue allá donde va, Marc encaja con el prototipo de chico rebelde que hace pellas en el colegio, que fuma hierba, que no se separa nunca de su moto, que se echa una novia diferente cada dos por tres y que arrastra un pasado chungo con el que intenta justificar por qué ahora es un cabrón infeliz que trata de hacerle la vida imposible a todo quisqui. Y qué quieres que te diga, me cuesta imaginármelo cantando canciones de Taylor Swift mientras conduce su moto temerariamente.

—No lo sé —respondo, aunque la verdad se abre paso por mi boca y me obliga a ser sincero—. Bueno, sí que lo sé. Por prejuicios míos.

—Ya... Malditos prejuicios. —Y suena a que los lleva aguantando toda la vida.

Se queda un poco pensativo, triste.

—¿Por qué te gusta su música?

—Te lo he dicho, me relaja. Y las letras de sus canciones son muy profundas.

—¿Tu preferida?

—*All Too Well.*

Sí, es profunda. Y lo siento, pero no, no le pega en absoluto. Aunque luego me imagino a Marc escuchándola en su cama con los auriculares puestos y sonrío.

—¿Te animarías a cantarla?

—¿Qué? —Arquea una ceja.

—La de *All Too Well.*

—No.

—Solo el estribillo.

—Ni de coña.

Sacude la cabeza como si fuera la peor idea que le han propuesto nunca. A mí me parece buenísima. ¿Marc imitando a una diva del pop? Mejor todavía: Marc cantando con una peluca rubia y los labios pintados de rojo. Joder, pagaría todo el dinero que no tengo por ver algo así.

Me empiezo a descojonar y él me fulmina con la mirada.

—¿Qué te hace tanta gracia?

—Te acabo de imaginar con una peluca rubia.

Me mira con un desprecio fingido, aunque se nota que tiene ganas de sonreír.

—Siento decepcionarte, pero yo de Hannah Montana poco.

Entonces lo cojo del brazo sin pensarlo demasiado, porque me he venido arriba con la tontería y eso me hace abusar de una confianza que aún no tenemos, y consigo que se ponga de pie.

—¡¿Me estás diciendo que no te gusta Hannah Montana?!

—Mmm. Sin más. —Se encoge de hombros.

—¡Pero si era la mejor de Disney Channel!

Y mi mano, que tiene vida propia, aprovecha su posición para apretar los dedos y tocarle más el brazo. Bendito bíceps. El cabrón está duro como una piedra.

—Yo es que era más de Selena Gómez —susurra.

Me da la sensación de que ese dato que está compartiendo conmigo no lo sabe mucha gente.

Por eso sonrío. Por eso y porque jamás pensé que terminaría hablando de Taylor Swift, Hannah Montana y Selena Gómez con Marc. No es el tipo de conversación que uno se imagina que puede llegar a tener con alguien como él. Mejor dicho: con alguien con su envoltorio. Porque no conozco su interior y Marc parece un chico con muchas capas. Y a mí... a mí me apetece quitárselas todas una a una hasta dejarlo desnudo. Desnudo en un sentido metafórico. No me refiero a dejarlo en pelota picada. A lo que, por cierto, también me apunto.

—¿Y esa sonrisa?

—Nada, cosas mías.

—Miedo me das —comenta sonriendo.

—No te pega tener miedo a muchas cosas, la verdad.

—Tampoco me pegaba que me gustase cierta música.

—*Touché.*

Entonces yo también sonrío, porque me encantan sus respuestas rápidas, que haya desmontado mi argumento y lo mucho que me estoy riendo con esta conversación.

—Nate...

—Dime.

Vuelve a serenarse, donde hace un segundo había una sonrisa ahora hay una línea recta.

—No quiero sonar borde, pero... ¿puedes soltarme el brazo?

Abro mucho los ojos. ¿Cuánto rato llevo agarrado a él?

—Joder, yo... Perdón —respondo cohibido.

—Nada, ya ves tú —dice restándole importancia.

Lo que veo es que mi mano no está de acuerdo y no lo quiere soltar.

Una pequeña pausa y, después sí, dejo su brazo libre. Lo hago intentando que parezca una acción natural, pero lo que Marc no sabe es lo mucho que me he tenido que concentrar para que la orden que he enviado a mi cerebro dé resultado. «Haz el favor de soltar al pobre muchacho, que le vas a dejar marca y todo.» Parecía Gollum soltando el anillo.

La habitación se queda en silencio.

Cada segundo que seguimos sin hablar me pongo más nervioso. Digo lo primero que se me ocurre para que Marc olvide lo que acaba de pasar.

—Entonces no te animas a cantarme *All Too Well.*

Niega con la cabeza.

—Soy más de escuchar que de cantar.

—Seguro que en la ducha sí que cantas.

—¿Es otra de las cosas que, según tú, me pegan? —pregunta divertido.

—Sí. Lo he estado pensando y la verdad es que te pega mucho.

—Así que lo has estado pensando...

—Sí.

—¿Y por qué te has puesto a pensar en lo que me pega hacer mientras me ducho?

Él lo suelta y se queda con una sonrisa contagiosa en los labios; yo con la mandíbula desencajada y la imaginación en marcha. Me viene una imagen de Marc en la ducha que me hace tragar saliva. Él desnudo mirándome de frente mientras se masturba. Su polla llena de jabón. Dura, mojada, brillante.

Su risa hace que la fantasía explote como una pompa y vuelva a la realidad. Una realidad en la que me siento acalorado y tengo que defenderme de una acusación que no es cierta.

—¡Oye! ¡Que yo no he pensado en ti de esa forma!

Vale, lo acabo de hacer, pero esto ha sido más culpa suya que mía, que me ha dado la idea, por lo tanto no cuenta.

—Seguro que no —ironiza.

—¡No!

—Claro, como a ti no te van los tíos...

Marc me está vacilando. Sabe que sí me gustan porque le

he contado lo de Liam. Que esa es otra, ¿por qué tuve que contarle nada?

—Que me guste Liam no significa que ahora me vayan a gustar tod...

—Lo sé, lo sé —me corta—. Tranquilo, Nate, solo te estaba vacilando.

—Ah, vale.

—Pero reconoce que sí me has imaginado en la ducha...

—No.

—... y que estaba desnudo y lleno de jabón.

—No.

—¿Por qué no me lo quieres reconocer?

—Porque no.

Alza las cejas y sonríe.

—Entonces sí que lo has hecho. Lo de imaginarme desnudo.

—¿Cómo? Me he perdido.

Marc se echa a reír.

—Lo sabía —dice.

—¿Qué vas a saber tú?

—Te parezco atractivo.

—No.

—¿Qué es lo que más te gusta de mí?

—Que estés callado, eso es lo que más me gusta de ti, no te jode.

—¿Son mis ojos? Las tías se vuelven locas cuando me quedo mirándolas.

—Pero si llevas lentillas de colores, fantasma.

—¿Lentillas? Ven aquí y compruébalo tú mismo.

Pero quien se acerca es él, no yo. Y además se acerca mucho. Muchísimo. Su rostro queda a una distancia peligrosa del mío. Tan peligrosa que mi corazón empieza a latir muy fuerte y se me eriza la piel al sentir su aliento sobre mí. Si quisiera, podría contar sus pestañas.

Parece que nos vayamos a besar.

Ahora mismo podría hacerlo. Besarlo.

Estamos tan cerca que, aunque el beso no fuera correspondido y Marc me hiciera la cobra, antes de apartarse mis labios llegarían a rozar los suyos. Podría besarlo..., pero no lo voy a hacer. Y no por falta de ganas. Porque apetecer me apetece. En mi fantasía ahora es cuando yo me lanzo a su boca y mando a tomar por culo todo.

Aquí, con el rostro de Marc tan pegado al mío, sufro una especie de *déjà vu*. Yo ya he vivido esto antes con Liam. Solo que, cuando estaba con Liam, yo no quería besarlo porque deseaba que él tomara la iniciativa. Que lo hiciese porque verdaderamente tenía ganas. No pensaba robarle un beso. Quería que, si nos lo dábamos, fuera de verdad.

Con Marc lo que me pasa es que no me atrevo. Tan simple como eso. No me atrevo. Ni siquiera puedo moverme. Nunca he estado tan quieto en mi vida. Lo que sí se mueve es algo que cambia de tamaño y que no debería estar despertándose. «A ver, calma —le digo mentalmente a mi erección—, que Marc es heterosexual y no tenemos nada que hacer con él.» ¿Que si me jode? Evidentemente. Pero es que es la realidad. Aquí no hay nada que hacer. Nada que no sea ensayar la obra de teatro. Ese es el motivo por el que Marc está en mi habitación y lo que deberíamos estar haciendo ahora, en lugar de perder el tiempo hablando de si usa o no lentillas. Además, sé que no usa. Ni siquiera lo miro a los ojos porque no me hace falta comprobarlo y prefiero ver de cerca su boca. Joder, la boquita que tiene el tío. Esos labios gruesos que parecen tan... esponjosos.

En serio, las ganas que tengo de besarlo no son normales.

—¿Lo ves o no?

Alzo la vista. Confirmo lo que ya sabía: sus ojos son naturales. Y a esta distancia se ven más impresionantes aún. Porque, al parecer, eso es posible. Marc lo hace posible. El muy capullo. Ojalá pudiera cambiárselos por los míos. O que me los dejase prestados una noche para salir de fiesta.

Echo el cuerpo hacia atrás. Lo suficiente para recuperar mi espacio personal y verle la cara entera.

—Pues no son para tanto.

—Me acabas de romper el corazón. —Se lleva una mano al pecho.

—Seguro que sí.

Nos quedamos un instante en silencio.

—Entonces sigo sin ser tu tipo —repite.

—Parece que tienes mucho interés en saber si eres mi tipo o no.

—¿No te parezco guapo?

—Claro que me pareces guapo.

—Pero no soy tu tipo. —Sonríe.

—Me gusta Liam.

—Te puede gustar más de una persona a la vez.

A mí me lo vas a decir...

—Lo sé. ¿Y yo? ¿Sigo sin ser tu tipo o ahora tienes buen gusto?

Mi pregunta lo hace sonreír otra vez, aunque niega con la cabeza.

—No me gustas, Nathaniel.

Repite la misma frase que ya me dijo y que tanto me molestó, pero que ahora, en cambio, me hace gracia. Yo le respondo de la mejor forma que sé: con otra sonrisa.

—Ni tú a mí, Marc.

—Pero sí que me pareces guapo —reconoce.

—...

Y mi cara debe de ser de póker, porque Marc insiste:

—Lo digo en serio, me pareces un guaperas. —Me han dicho que soy guapo antes, pero nadie me había llamado «guaperas»—. Además, tienes altura, buen cuerpo y tu voz es bonita.

—Vaya... eeeh... gracias.

No me lo esperaba.

—Y tienes pinta de besar bien.

Vale, eso sí que no me lo esperaba.

«Ven aquí y compruébalo tú mismo», podría hacer un copia y pega.

Pero ni de coña.

Hace un segundo ha dicho que no le gusto.

(Además, que no tengo cojones.)

Y a pesar de que me siento halagado y sorprendido —muy sorprendido— por el piropo, uno nunca debe desaprovechar la oportunidad de devolvérsela a alguien, y más si se trata del típico sobrado que está acostumbrado a tener a quien quiera comiendo de su mano.

—¿Y por qué te has puesto a pensar que tengo pinta de besar bien?

—Sabía que dirías algo así.

—Claro, es que me conoces tan bien —lo vacilo. Hoy estoy en racha.

Marc me regala otra carcajada preciosa. Y no sé si es que llevo mucho tiempo en tensión fingiendo que él no me gusta, aunque me apetezca chuparlo de arriba abajo, pero de repente me pongo muy nervioso, porque mi cuerpo, que por dentro es un puto flan, ya no aguanta esta especie de ¿tonteo? que hay entre los dos. Y lo mejor que se me ocurre es pegarle un codazo para que deje de reírse. Sí, un codazo, soy así de simple.

—No, no te conozco bien, pero poco a poco.

—Poco a poco —repito, como si además de simple fuera tonto.

Es que estoy nervioso de verdad.

—Sí, poco a poco. ¿No es eso lo que querías? ¿Conocerme? —pregunta sin perder la sonrisa de su bonita cara—. Pues ahora ya sabes dos cosas más de mí. La primera, que me gusta Taylor Swift.

—¿Y la segunda?

—Que en la ducha no soy de los que cantan y dan un concierto privado, sino de los que prefieren invertir ese tiempo haciéndose una paja.

Casi me atraganto con mi propia saliva.

La imagen que me había creado de él vuelve como un fogonazo.

Marc me pregunta si estoy bien y le respondo que sí después de toser un par de veces. Luego nos quedamos en silencio. Mirándonos. Los dos sonreímos. Yo porque su respuesta me ha descolocado por completo y ya no puedo ver a Marc sin imaginármelo metido en la ducha desnudo, y él... él no sé por qué sonríe. Pero lo hace bonito. Tiene pinta de hacer bonito muchas cosas. Cosas en las que prefiero no pensar ahora. Luego sí. En cuanto Marc salga por la puerta me tumbaré en la cama y me tocaré hasta correrme, que entre broma y broma se me ha puesto dura.

Pero ahora tenemos que ensayar. Por eso está aquí.

Marc parece acordarse a la vez que yo.

—¿Empezamos, Nate?

Y mi mente sucia se frota las manos como si su pregunta fuera una propuesta para tener sexo guarro en mi habitación, aunque él lo dice para que nos pongamos a trabajar una escena de *Anna Karenina*.

—Claro.

Carraspeo y rezo al de arriba para que la erección no sea muy evidente y Marc no se dé cuenta.

No tarda ni tres segundos en señalar mi tienda de campaña.

—Empezar a ensayar, no empezar a hacernos una paja. Aunque está claro que esa cosa tiene muchas ganas de salir.

Me llevo rápidamente las manos a mi entrepierna para tapar «la cosa» en cuestión.

—Mierda.

—¿Mierda? Si necesitas ir al baño...

—Cállate.

Me arden las mejillas. Por supuesto, Marc no se aguanta y añade con una sonrisa de cabroncete:

—Pues menos mal que no soy tu tipo.

—Bua, te voy a pegar.

26
La voy a liar sin haberme liado con él

En cuanto me despido de Marc, antes de que cierre la puerta del todo, mi madre se planta a mi lado y grita su nombre.

—¡Marc!

Él se gira y la saluda.

—¿Qué tal está?

—Marc —repite—. ¿No te quedas a cenar con nosotros?

—¿A cenar? Eeeh...

Entonces me busca con los ojos. Me mira. Lo miro. Espera mi aprobación. Y al ver mi expresión sonríe levemente. Creo que va a decir que sí, que se queda a cenar, y yo no debería tener este sentimiento de anticipación, pero el caso es que quiero que se quede. Me he dado cuenta en cuanto mi madre se lo ha preguntado. Quiero que Marc cene con nosotros porque es una excusa para pasar más tiempo con él. Ayer cruzaba los dedos mentalmente para que Marc rechazase la misma oferta, aunque yo sabía que él aceptaría solo por joder. En cambio, esta noche, por lo que sea, me apetece. Me apetece que se quede un poco más. Y creo que parte de la culpa la tiene la señorita Taylor Swift. Desde que sé que le encanta su música me cae mejor. Sigo chocando con él en todo lo demás, pero en el rato que hemos estado juntos en el coche y luego ensayando en mi habitación he conocido a un Marc mucho más cercano. Demasiado cercano, diría yo, tanto que casi pierdo la cabeza y le estampo un beso por no saber guardar las distancias y pasarse el espacio personal por el forro de los cojones —sobra decir que no me he sentido incómodo, sino tentado—. El caso es que hemos hecho otro pequeño avance. No a nivel interpretativo, pero sí en sentirnos más a gusto el uno con el otro. Por eso le estoy diciendo «quédate a cenar» con los ojos. Y supongo que, también por eso, Marc responde que no. Por joder.

—Lo siento, otro día. Hoy no puedo quedarme.

Mi madre hace un mohín.

—Oh, vaya.

Sí, «oh, vaya». Pero, bueno, él se lo pierde.

—¿Mañana? —insiste mi madre.

—Mañana no vendré a ensayar.

—¿Mañana no quedamos? —pregunto yo. No sé por qué daba por hecho que sí, si no lo habíamos hablado.

—No. Mañana no puedo. Tengo lío.

—Ah.

—Sí. —Se despide de mi madre con un beso y luego me dice—: Bueno, adiós.

—Adiós, Marc.

Cierro la puerta y suspiro.

—Tu amigo es muy guapo.

—Sí, es guapo.

—Pero que muy guapo.

—Lo sé, mamá.

—Tiene cara de haberse caído del cielo.

—Pues un ángel, precisamente, no es.

—Del cielo del Olimpo —aclara—. No me digas que no parece un dios griego con ese cuerpazo.

—Está fuerte, sí. —¿Solo fuerte? Puedes rallar queso en sus abdominales.

—Y los ojos que tiene —añade—. ¿Habías visto a alguien con heterocromía? A mí me mira con ese ojito azul y el otro marrón y... no sé.

Escucho la voz de Marc en mi cabeza: «Las tías se vuelven locas cuando me quedo mirándolas». Pues nada, añadimos a mi madre a la lista.

—¿Cenamos? —Cambio de tema.

—¿Qué te apetece?

Pienso en la boca de Marc.

—Me da igual. Lo que haya. Me lavo las manos y pongo la mesa.

Mi madre se pone a hacer la cena. Estoy colocando el último cubierto cuando llaman al timbre. Salgo de la cocina y me dirijo a la entrada para abrir. Es mi padre.

No está solo.

—Nate, dile a tu madre que le devuelvo a su marido. —Ese es James, el padre de Liam.

—Hola, James. —Arrugo la nariz—. ¿A qué oléis?

—A cerveza. Todo es culpa de Lee. Yo quería un plan tranquilito, pero se ve que tu padre sigue sin entender que ya no tenemos la edad de antes.

—¡Oye! —protesta mi padre—. ¡Que aquí el único liante eres tú!

—El pobre ya no sabe ni lo que dice.

Lee golpea el pecho de James y este abre los brazos para que mi padre no pierda el equilibrio. Entonces, los dos hombres que se conocieron jugando un partido de béisbol en la universidad se funden en un abrazo fuerte y cálido con el que se demuestran todo el afecto que se tienen el uno al otro.

De repente tengo la sensación de que sobro. De que el abrazo dura demasiado. Es incómodo, y a la vez no lo es. Porque luego pienso en que mi padre y el padre de Liam son mejores amigos desde hace muchos años, y me corrijo diciéndome a mí mismo: «Es por la maldita sociedad; nos han educado para que una parte de nuestro cerebro piense que hay gato encerrado cuando vemos a dos hombres teniendo una actitud cariñosa». Sé que no habría tenido el mismo pensamiento si hubiese visto a mi madre abrazando a otra mujer. Y eso es un asco. Y me avergüenzo un poco por haber dudado de mi padre, aunque solo haya sido un segundo, pensando que entre James y él podría haber algo más y que eso explicaría por qué les gusta pasar tanto tiempo a solas y hacer planes como ir al cine o desaparecer un fin de semana entero en una casa rural en la montaña.

—Hombre, por fin.

Mi madre viene de la cocina con una espátula grasienta en la mano.

—¡Cariño! —Mi padre se separa de golpe del cuerpo de James. Lo hace tan rápido que parece que le da miedo que mi madre vaya a pegarle con la espátula en la cabeza—. No estoy borracho.

—¿Cerveza? —los reprende con la mirada.

—Sí, señora —responde James por los dos.

—¿No habías ido a echar un billar?

—Una cosa lleva a la otra y... ya sabes.

—Entiendo. Bueno, James, ¿te quedas a cenar?

—No, señora.

—No me llames señora.

—Lo siento.

—Hoy nadie se quiere quedar a cenar con nosotros —le digo a mi madre.

—Nate, ¿has terminado de poner la mesa?

—Sí.

—Bien. Lee, date una ducha rápida y baja a cenar.

—Sí. —Mi padre se apoya en la barandilla para subir el primer escalón.

—Y tú, James, dale recuerdos a tu mujer de mi parte.

—Sí. De tu parte.

Mi madre cierra la puerta y se va a sacar el huevo de la sartén.

Después de cenar con mis padres, subo a mi habitación y me tumbo en la cama. Joder, huele a él. A Marc. Casi parece que esté aquí conmigo.

A lo largo de la cena su nombre ha salido en más de una ocasión, y lo último que necesito es tener a mi madre como la fundadora del club de fans de Marc. Por supuesto que sé que está bueno. Cuando lo vi por primera vez, yo también pensé en él como un dios griego, en una escultura tallada en mármol. Entonces Marc estaba desnudo y follando con la que a partir de ese día se convirtió en mi jefa. Se puede decir que ha entrado en mi vida por la puerta grande, porque menuda presentación. Y ayer solo necesitó intercambiar un par de frases con mi madre para metérsela en el bolsillo.

Hay personas que dejan huella. Y luego hay otras, como

Marc, con las que es mejor ir con cuidado. Eso es lo que me dice mi intuición: que tenga cuidado con él. Que Marc no es de los que dejan huella, sino de los que te pisotean y se largan y no los vuelves a ver. Lo mismo me equivoco y luego no es así. Pero no es fácil ignorar las señales que me gritan lo contrario cuando las ves venir desde el principio.

Hablando de ver..., el corazón me da un vuelco cuando veo que la pantalla de mi móvil se ilumina con el mismo nombre que da vueltas en mi cabeza. Marc me acaba de enviar un mensaje.

Marc: Me apuesto lo que quieras a que te acabas de hacer una paja.

Una paja mental, eso es lo que me estaba haciendo. Este tío no se corta ni un pelo hablando, ¿eh? Más explícito no puede ser.

Yo: Pues mira por dónde, no.

Marc: No te creo. Y tampoco puedo ver nada si no me envías foto.

Yo: Y qué quieres que haga si no me crees?

Yo: Foto no te voy a enviar, te has vuelto loco???!!

Marc: No, no. A ver qué haces tú. Porque cuando me he ido parecía que ibas a reventar.

Marc: Lo de la foto te lo decía de coña, joder. No quiero una foto de tu polla, que acabo de cenar.

Solo contesto a lo primero. No voy a picar con lo segundo. No merece la pena.

Yo: Mucho te has fijado tú.

Marc: Hombre, me estabas diciendo que no soy tu tipo.

Marc: Yo solo te observaba para constatar los hechos.

Marc: Buscaba pruebas que me dieran la razón.

Tiene un morro...

Yo: Claro que sí, Sherlock.

Marc: Nada de Sherlock, que tampoco me hizo falta investigar demasiado: saltaba a la vista. Joder, un poco más y también salta un botón.

Marc: Me lo pusiste bastante fácil.

Genial. No se me da bien esconder mis emociones. Y al parecer las erecciones tampoco.

Bloqueo el teléfono. No quiero calentarme con alguien que no sé hasta qué punto está tonteando o jugando conmigo. Hay una línea muy fina entre lo uno y lo otro. Y yo bastante tengo ya con Liam. Me gustan los dos, eso es así me ponga como me ponga, pero de momento solo me estoy rayando por uno. Y con uno tengo suficiente. Paso de empezar a rayarme por Liam y Marc a la vez.

Pero, claro, eso era antes de recibir otro mensaje suyo. No esperaba que Marc me volviera a escribir si lo dejaba en visto.

Marc: Eres muy evidente, Nate.

Marc: Y yo prefiero que no me lo pongan todo en bandeja.

Creído. Arrogante. Estúpido.

Tecleo a toda velocidad.

Yo: Es que no te estaba poniendo en bandeja NADA, empecemos por ahí.

Marc: Empieza tú a hacerte una paja, anda, que como sea verdad que no te la has hecho todavía te van a doler los huevos.

Yo: Gracias por preocuparte por el estado de mis huevos.

Yo: Aceptaré tu consejo, ya que los tienes cuadrados y parece que sabes mucho del tema.

He sonreído al darle a enviar. Sé que él también está sonriendo mientras escribe su respuesta. Lo hace cuando me meto con él. Le gusta ese tira y afloja que hay entre los dos.

Marc: Buen chico. Te has ganado una galleta. Te la doy mañana.

Cabrón. Sé que me lo dice porque al salir del teatro iba con un humor horrible y él me ha preguntado si era un perro.

Yo: Qué gracioso eres (pista: no).

Marc: JAJAJAJAJA.

Subo la mirada hacia el techo de mi habitación y suspiro, aunque yo también me estoy riendo. Parece mentira que Marc sea cinco años mayor que yo.

Sigo un poco mosqueado con él por algún mensaje. Pero es recordar a Marc en el asiento del copiloto tarareando canciones que no le pegan una mierda y que me nazca una sonrisa bobalicona. Tan bobalicona que me acabo de saltar de dos en dos todas las señales de peligro.

Joder..., que ya sé cómo acaba esto.

La voy a liar sin haberme liado con él.

Yo: Adiós, capullo.

Marc: Buenas noches, Nathaniel.

Salgo de la conversación, dejo el móvil en la mesilla y me masturbo a su salud. A su salud, porque me estoy tocando viendo su foto de perfil. Qué bueno está. Parece la típica foto que alguien robaría de internet para crearse un perfil falso en una aplicación de citas. Pero el Marc con el que yo hablo es real. Lo que no es real es la forma en la que mi cabeza se está imaginando que le muerdo la boca: mis dientes pellizcan su labio inferior, él está subido encima de mí a horcajadas, con una rodilla a cada lado de mi cadera, completamente desnudo, y yo estoy debajo, con la punta de mi polla haciendo presión en el centro de su...

—¡Mmm, aaah...!

El orgasmo me pilla por sorpresa. Me corro sobre mi estómago y me mancho la camiseta del pijama. Lo hago con la boca cerrada para que mis padres no me oigan gemir. Solo han pasado dos minutos desde que he empezado a tocarme. Dos minutos. Sé que ha sido su foto lo que ha hecho que termine tan rápido.

—Capullo.

Lo repito en voz baja y sonriendo, a pesar de que estoy solo en mi habitación y Marc se ha marchado hace un rato.

27
Cuando la cosa pinta mal

Me despierto abrazado a la almohada que Marc usó ayer cuando vino a ensayar. Sobre la que descansó su cabeza, su pelo negro y desordenado que tanto me gusta, y desde la que me lanzó una mirada con los ojos entrecerrados y una mueca de fastidio cuando le pedí que se pusiera en pie. Lo hizo varias veces, lo de lanzarme miradas asesinas y volver a caer sobre mi cama como un peso muerto. Cada vez que me daba la vuelta o me distraía se lanzaba sobre el colchón. Creo que lo hacía por el simple placer de hacerme rabiar, aunque tampoco estuvo mucho rato tumbado en mi cama porque yo no se lo permití. Sin embargo, Marc es el tipo de persona que no necesita mucho para dejar huella y con su olor no iba a ser distinto.

Me desperezo y me incorporo en la cama. Me gusta que las sábanas huelan un poco más a Marc y un poco menos a Liam que el día anterior. Y me gusta porque después de follar con mi mejor amigo en los vestuarios me quedé con una sensación horrible en el pecho y desde entonces no hemos vuelto a hablar. Durante el entrenamiento de béisbol me concentré en el partido y evité chocar con sus ojos. Después me despedí de Liam haciendo un gesto mínimo con la cabeza. Él me respondió con otro igual. El resto del día no le escribí ningún mensaje. Estaba claro que Liam tampoco lo iba a hacer. Él es más de hablarlo todo en persona.

Hacer tríos nos unió con una intimidad que jamás pensé

compartir con él. Ahora el sexo es justo lo que nos separa y abre un conflicto entre nosotros. Quizá hemos tensado demasiado la cuerda. Es el peligro de jugar con fuego, que te puedes quemar. Algunas fantasías, por muy tentadoras que se presenten, es mejor que se queden siendo solo eso: algo que te hace preguntarte cómo sería probarlo pero que no te lanzas a descubrir. Aunque luego pienso en que, haya sido o no un error besar a Liam, volvería a hacerlo sin dudar. Una y mil veces. Con los ojos cerrados.

Voy de camino al instituto escuchando *All Too Well* en el coche, la versión extendida de más de diez minutos. Me vienen imágenes de ayer. Imágenes con Marc que me hacen sonreír. Siento que durante el trayecto en coche no estoy solo. Que Marc está conmigo, sentado a mi derecha. Joder. Creo que me estoy obsesionando con él. Primero ha sido su olor en las sábanas, que me ha acompañado durante toda la noche como si se hubiese quedado a dormir en mi casa. Y ahora esto.

Podría haber cambiado las sábanas. Podría haber elegido otra canción. Pero lo he elegido a él. Y si he elegido a Marc es porque mi cabeza tiene ya dos nombres grabados a fuego. Cuando no pienso en uno, pienso en el otro. Liam y Marc. Marc y Liam. Se reparte el tiempo entre esos dos. Y desde la discusión con mi mejor amigo he preferido quedarme con mi compañero de teatro.

Marc será un borde cuando quiere, pero cuando quiere también sabe cómo sacarme una sonrisa y hacerme reír.

That's what happened, you.

Ese verso se queda clavado en mi estómago como si fuera la respuesta a lo que me pasa. Me pasa Marc. El problema es que también me pasa Liam. Y no quiero convertirlo en una competición. Tampoco tendría ningún sentido. Sería la competición más aburrida del mundo, porque a ninguno de los dos les interesa ganar.

Lo único que Marc quiere de mí es que le enseñe a actuar para que no lo echen de la obra.

Y lo que Liam quiere de mí es que podamos follar y seguir siendo amigos.

La canción sigue sonando y yo no puedo dejar de pensar en Marc. Por eso, y aunque el asiento del copiloto esté vacío, vuelvo a imaginármelo sentado a mi derecha, con los ojos cerrados y moviendo la cabeza al ritmo de la melodía.

Y sé que el plan era no rayarme por dos tíos a la vez. Pero entre que tengo un punto masoca y que a mí pocas veces me salen las cosas tal y como las planeo, tan solo me estoy anticipando a un hecho inevitable.

—*You who charmed my dad, with self effacing jokes, sipping coffee like you're on a late night show...* —canto a pleno pulmón con la ventanilla bajada. El aire que entra en el coche me revuelve el pelo. Doy toquecitos al volante con las manos. Sonrío.

Incluso cuando la cosa pinta mal, hay que saber encontrar los momentos felices y disfrutarlos como si nunca te fueras a romper.

Solo así el amor merece la pena.

Liam y yo nos pasamos la mañana entera fingiendo que no nos sentimos increíblemente incómodos compartiendo el mismo espacio. Beatrice y Melody nos ponen al día de sus historias y se hacen las despistadas con nosotros, aunque de vez en cuando comparten una mirada rápida y sé lo que piensan: «Estos han vuelto a discutir».

Regreso a casa. Encuentro a mi madre en la cocina cortando una cebolla.

Tengo tanto encima que necesito soltar algo de peso. Y entonces decido que voy a contárselo.

—Mamá..., yo... creo que también me gustan los chicos.

—Muy bien. Lávate las manos que vamos a comer enseguida.

—¿Y ya está?

—¿Ya está el qué?

—Te acabo de confesar que soy bi. ¿No vas a decirme nada?

—Sí, que yo soy heterosexual. Y ahora que los dos hemos hablado con una mano en el corazón, ¿pones la mesa?

—¿Tan evidente era?

—¿Que fueras bisexual? Una madre sabe esas cosas, Nate.

—Y creo que me gustan dos personas a la vez.

—Cuando era joven a mí también me gustaban dos chicos. Uno era un cantante famoso. Tenía la carpeta llena de fotos de él. Bueno, yo y todas mis amigas. —Sonríe al recordarlo—. El otro era uno de clase... Nunca se fijó en mí. Él se lo pierde. ¿Pones la mesa o no?

—Eh... sí. Oye, mamá.

—¿Mmm?

—¿No vas a preguntarme quiénes son? Los chicos que me gustan.

—Pues depende. ¿Tú me lo quieres decir?

—No lo sé.

—¿Conozco a alguno?

—Sí.

—¿Marc es uno de ellos?

Busco sus ojos, sorprendido.

—¿Cómo lo sabes?

—Marc parece un chico especial —apunta, y luego añade en tono confidente, como si fuera a contarme un secreto que no puede salir de la cocina—: A tu edad yo también me habría fijado en él. Tiene un rollo... así, como de malote y cantante de rock, que me habría vuelto loca. ¿Sabes? Cuando conocí a tu padre él también era un poco macarra y...

—Vale, vale. Lo pillo. —No quiero imaginarme a mis padres ligando.

—¿Tienes foto del segundo?

—El otro es Liam.

Mi madre suelta una risotada. Vale, cree que me estoy quedando con ella.

—Ahora en serio... —dice.

—Y antes también. Es Liam.

—Pero ¿cómo va a ser él?

—Me gusta, mamá.

—¡¡¿¿Te gusta nuestro Liam??!!

Prometo que la expresión de su cara es como si le hubiese dicho que me estoy tirando a mi hermano. Y yo no tengo hermanos.

28
Liam, no lo hagas

Verde eléctrico. He pasado todo el fin de semana sin verlo y ahora los ojos de Liam me estudian a una distancia de medio metro. Estamos en el baño del instituto y sé que vamos a tener una conversación importante. Quizá el baño no sea un buen sitio para hacerlo. Tampoco lo hemos planeado. Yo acabo de entrar porque necesitaba mear. Liam ha seguido mis pasos. Supongo que lo ha hecho porque ya no aguanta más sin hablar conmigo y sabe que cuando volvamos a la cafetería no podremos tener la conversación con la misma libertad delante de Beatrice y Melody.

Ellas nos están esperando ahora sentadas en nuestra mesa de siempre. Dentro de un momento se preguntarán por qué tardamos tanto y nos enviarán un mensaje al móvil, pero tenemos unos minutos de tregua que podemos aprovechar para hablar. Tampoco hay mucho que decir. Yo, por lo menos, lo tengo todo bastante claro. Liam se ha encargado de dejármelo claro cada cinco minutos que he compartido con él a solas.

—Nate, yo...

—Está todo bien.

—No, no está todo bien. Te conozco y sé que no estás bien. Conmigo no.

—¿Te importa? —pregunto, porque estoy sujetándome la polla con las manos y necesito algo de intimidad para mear.

—Sí, perdón. Te espero.

Liam se pone de lado para clavar la vista en la pared, no sin antes mirármela de reojo y hacerme sentir incómodo, aunque no haya sido esa su intención.

Tiro de la cadena. Cojo un chorrito de jabón y hago espuma con las manos. Liam se coloca a mi derecha. Se frota la nuca antes de romper el silencio.

—Fue por lo que te dije la semana pasada en los vestuarios. Lo de que solo era sexo.

—Te encanta decir que es solo sexo.

—No, no me encanta decirlo. Y... no sé. Tampoco te pongas así.

—¿Cómo me he puesto? —Lo miro a través del espejo.

—Como si yo fuera el malo de la película.

—Aquí no hay buenos ni malos.

—Pues entonces dime qué coño te pasa. Porque siento que te tengo que pedir perdón por algo que he hecho y no sé qué es, pero no soporto que sigamos distanciados. El domingo ni siquiera quedamos para ver una peli. Y es una tradición que casi nunca hemos roto. Dime qué te pasa.

Suspiro y me seco las manos en los vaqueros. Liam tiene razón. Merece saber la verdad. Dejo de esconderme y decido poner las cartas sobre la mesa y confesarle cómo me siento.

—No me tienes que pedir perdón. La culpa la tengo yo. Me has dicho desde el principio que si lo hacíamos solo sería sexo y está claro que para mí no lo es.

Él tarda unos segundos en reaccionar. Cuando lo asimila, sus ojos se agrandan.

—Joder.

—Ya.

—Pero, si no es solo sexo, ¿qué es para ti?

—Es algo más grande.

—Explícate.

—Yo tampoco sé muy bien qué es, Liam.

Seguimos mirándonos a través del espejo.

—Pero no te estás pillando, ¿no?

—...

—¿Nate?

—...

—Joder —repite.

—Tenemos que parar esto que tenemos —me oigo decir, a pesar de que no es lo que quiero.

—¿Hablas en serio?

—Creo que es lo mejor. —«Y también lo más sensato. Pararlo ahora antes de que sea demasiado tarde.»

—Ya. ¿Y solo cuenta lo que tú crees que es mejor para ti?

—¿Qué?

—Que yo no quiero parar nada.

Su réplica me pilla por sorpresa. Lo veo cruzarse de brazos a través del cristal. Sus ojos se oscurecen y una desagradable sensación me invade el cuerpo, como si nuestra discusión pudiese acabar en una pelea física.

—Siempre hemos disfrutado del sexo —añade—. Nos lo pasamos bien. ¿Por qué no puede seguir siendo así?

Hemos intercambiado los papeles. Antes era yo el que intentaba convencerlo a él para que nos dejásemos llevar, ahora es Liam el que intenta convencerme a mí. Y sé que puedo parecer un hipócrita, pero entonces yo no sentía lo que siento ahora ni tampoco sabía que iba a empezar a involucrar mis sentimientos tan rápido. Mucho menos por dos chicos tan distintos entre sí. Pensaba que el amor solo despertaba con la persona correcta —en singular— porque reconocía a su media naranja cuando la tenía delante. No esperaba sentir que las acciones y cualquier cosa que Liam dijera estarían conectadas directamente con mi estómago, que según lo que él decidiera hacer o decir yo estaría en la mierda o en las nubes, y mucho menos que Marc compartiera con Liam el mismo poder. Sentir eso a la vez por dos personas distintas no entraba en mis planes. Pero ha ocurrido, y no tiene sentido negármelo. Debo aceptarlo e intentar encajarlo de alguna forma en mi vida.

—Tú mismo me lo dijiste —le recuerdo, y cito las palabras que han salido por su boca—: «Cuando algo se vuelve serio también se vuelve complicado, y yo no quiero arriesgarme a cagarla contigo y que tú y yo acabemos mal por esta mierda». Tenías razón. Me lo advertiste y no te hice caso.

—Espera, espera. Te lo dije por si la cosa luego se ponía seria y...

—Y la cosa se puede poner seria —termino por él.

—O no.

—Liam.

—¿Qué?

—Sabes perfectamente lo que te intento decir.

—Yo lo único que sé es que tú me prometiste que nunca te perdería. A pesar de lo que pueda pasar entre nosotros.

—No me estás escuchando.

—¿Me dijiste o no me dijiste que nunca te perdería?

—Sí. Te lo dije.

—¿Entonces? Si nada va a cambiar, ¿por qué no podemos seguir follando? A mí me hace feliz compartir eso contigo, compartirlo sin más, sin que estemos pillados. Sin compromiso. Eres mi mejor amigo, Nate. Y explorar esto a tu lado y disfrutar con ello es genial... ¿Por qué complicarlo?

Lo que habla por mí es el silencio. A veces, no responder ya es una respuesta en sí misma.

Dejo de refugiarme en el espejo. Me giro en su dirección y lo miro directamente a los ojos. Me enfrento a él. A ese verde eléctrico que ahora se ha apagado. Y le digo aquello que, en el fondo, ya sabe, pero se niega a ver. Porque lo sabe. No quiere admitirlo, pero lo sabe. Y, aun así, entiendo que necesite oírmelo decir con palabras para terminar de hacerlo real, porque cuando algo no nos gusta, decidimos que el silencio no nos vale.

—Me gustas.

—Nate, no...

—Me gustas mucho.

—No digas eso —protesta, pero se lo he dicho y ya no hay vuelta atrás.

—Es la verdad. Sé que para ti es una putada porque soy tu mejor amigo, pero me gustas.

Liam se frota la cara con las manos. Apoya la espalda en la pared. Se queda unos segundos con la mirada perdida y después sus ojos buscan los míos. Está nervioso. Parece que no sabe muy bien qué decirme, y pese a ello empieza a hablar.

—Yo no estoy preparado para tener algo serio con nadie. No podría meterme en una relación, no ahora. Soy demasiado joven, me perdería un montón de cosas. Y no quiero, la verdad.

Lo de que no quiere meterse en una relación es lo que más me duele.

—Con perderte un montón de cosas te refieres a que no podrías follar con quien te diera la gana, ¿no?

—¿Te soy completamente sincero?

—Por favor.

—Sí. Necesito experimentar, conocer a más gente... Y también quiero que tú lo hagas.

Suelto el aire contenido.

—Vale.

Nos vibra el móvil a la vez. Es Melody hablando por el grupo. Quiere saber por qué tardamos tanto en salir. Liam le escribe que se tomen el café sin nosotros. Ya han pasado diez minutos, aunque parecen muchos más, y quedan veinte antes de que empiece la siguiente asignatura.

Guardamos el móvil en el bolsillo. Liam me vuelve a mirar. Esta vez me toca el brazo y su voz es suave.

—Ey —dice preocupándose por mí—, no quiero verte mal. Y menos por mi culpa.

Pienso en todos los cuerpos nuevos que van a pasar por su cama y se me viene el mundo encima. Aunque solo sea sexo, no será conmigo. Porque para mí ya no es solo sexo. Y no puedo fingir lo contrario. No puedo.

—Estoy bien.

—No estás bien.

—Pero lo estaré.

El chirrido de la puerta nos interrumpe. Un estudiante entra en el baño. Nos mira. Primero a Liam y después a mí. Parece darse cuenta de la tensión que hay entre mi mejor amigo y yo. Entra en un cubículo y nosotros nos quedamos en silencio. Esperamos a que termine.

En cuanto sale por la puerta, Liam retoma la conversación.

—Vale, te voy a hacer una pregunta y quiero que me respondas con total sinceridad.

—Dispara —le digo, ofreciéndome como diana.

Liam duda antes de lanzar la pregunta.

—¿Estás enamorado de mí?

Esa es fácil.

—No. Enamorado no estoy.

—Bien.

Suspira y relaja los hombros. Por su reacción, parece que le acabo de quitar un enorme peso de encima. El peso soy yo.

He dicho que era fácil, pero la pregunta tiene trampa, porque no le puedo asegurar que mi respuesta se mantenga en el futuro.

—Pero podría llegar a estarlo. O igual no. No lo sé, Liam.
—Vale, igual la pregunta no es tan fácil como pensaba.

—Joder, Nate.

—Lo siento.

He visto cómo le ha cambiado la cara y lo único que se me ha ocurrido ha sido pedirle perdón. Y al hacerlo me he dado cuenta de que nunca deberíamos disculparnos por lo que otra persona nos hace sentir. Es algo que nosotros no elegimos. Sucede y ya está.

—Tú me convenciste para que me dejase llevar. Era yo el que no veía claro el tema. Y no pensaba que luego tú...

—Créeme, yo tampoco. —Sonrío con pena.

Por lo menos ya se lo he contado todo. Ahora sabe la verdad. Me he abierto en canal con él. Lo miro y le hablo con los ojos: «Ya lo sé, Liam, todo esto es una mierda. Pero así están las cosas, y si no lo paramos puede ir a peor».

—Nosotros somos amigos desde muy pequeños —dice de repente.

—¿Y?

—Que no quiero que nada de eso cambie.

—Bueno, las cosas ya han cambiado.

—No, no lo han hecho.

—Nunca volveremos a ser los mismos. Y esta conversación ya la hemos tenido antes.

Siento que nos metemos en un callejón sin salida.

—Vamos, Nate, claro que volveremos a ser los mismos.

—No podemos. Igual tú sí, pero yo no.

—Tú también puedes.

—Yo ya no te veo solo como un amigo.

Liam bufa y se cabrea.

—Y si no me ves como un amigo, ¿cómo cojones me ves? ¿Como tu puto novio?

—Baja un tono.

—Te lo pregunto en serio.

—Y yo te digo en serio que bajes un tono. A mí me hablas sin gritar.

Se queda callado y me observa fijamente. Hace varias respiraciones. Me da miedo que le ponga voz a lo que está pensando.

—Sabes que yo nunca voy a darte lo que me pides.

—No te estoy pidiendo nada.

—Entonces, ¿qué quieres?

—No quiero nada, Liam. Solo te estoy diciendo cómo están las cosas.

—Yo también te las estoy diciendo a ti. Te las he dicho desde el principio.

—Lo sé.

—¿Ves? Es que no merece la pena seguir discutiendo —dice agobiado—. Yo creo que lo mejor que podemos hacer ahora es olvidarnos de todo esto y empezar de cero.

¿Cómo se empieza de cero con tu mejor amigo? Niego con la cabeza.

—Nosotros no podemos empezar de cero.

—Que sí se puede, tú confía en mí.

Hay esperanza en su voz. Y la esperanza a veces nos lleva a cometer actos desesperados. Como el siguiente que hace Liam. Despega su cuerpo de la pared y se gira con un movimiento rápido en mi dirección para sujetarme por las muñecas y ponerlas en alto. Doy un paso atrás, en un intento algo torpe de poner distancia entre los dos. Y así es como termino donde él estaba hace un instante, contra la pared, pero en mi caso con Liam encima y una mano a cada lado de mi cabeza.

Él se arrima a mí. Y se arrima mucho, porque noto su erección en mi pierna.

Sé que si follamos me sentiré pleno durante unos minutos, pero después toda esa plenitud se transformará en vacío.

Y me dejará sin nada.

Liam es mi tentación. Y también una mala idea.

Su cara está tan cerca que noto su aliento al hablar.

—Confía en mí —repite.

—Liam, no lo hagas. —«No lo hagas, porque te acabo de decir que me gustas y tu respuesta ha sido que tú no sientes lo mismo por mí, y si me besas ahora solo vas a conseguir hacerme más daño.»

—Sssh, tranquilo.

—No lo hagas —repito a mi vez.

Pero lo hace. Me besa. Aplasta sus labios contra los míos y empieza a moverlos para que yo abra la boca. Y, joder, los labios de Liam ablandan mi corazón y me la ponen dura.

Dejo escapar un suspiro. Un suspiro con el que parece que me acabo de rendir, porque yo también lo estoy besando a él. Acojo su lengua dentro de mi boca y Liam juguetea con la mía. Parece que me acabo de rendir, sí, pero no lo he hecho. Lo que sí he hecho ha sido tomar una decisión. Si no me puedo aguantar las ganas de besarlo, besaré a Liam. Lo besaré hasta dejarle los labios hinchados, sensibles y rojos.

Pero no le haré el amor.

Y eso que en el fondo es lo que más me apetece. Estar dentro de él y demostrarle cuánto significa para mí. De la misma forma que yo sentí que él me lo demostraba la semana pasada con esa forma tan suave, dulce y cariñosa con la que se movió para empujar dentro de mi cuerpo. Pero era mentira. A veces lo que uno siente no se corresponde con la realidad. Y Liam me acaba de confesar que él no me hizo el amor. Me folló. Porque para él solo fue sexo.

Por eso me niego a hacerle el amor ahora. No quiero entregarme por completo a alguien que solo me quiere follar como lo haría con otro cualquiera. Y por eso también, cuando deja de sujetar mis muñecas en alto, no pierdo ni un segundo en quitarle la camiseta y buscar el botón de su pantalón.

Si vamos a hacerlo, que sea rápido.

Acabemos con esto de una vez.

29
Se acabó lo que nunca empezó

Nos metemos con prisa dentro de un cubículo. Cerramos la puerta con pestillo. Liam se da la vuelta, apoya sus antebrazos y el lado derecho de su cara en la pared y arquea la espalda para ofrecerme su culo. Le bajo los pantalones hasta las rodillas de un tirón. No hablamos. No hace falta. Porque Liam ya había sacado un condón del bolsillo antes de que yo le bajase los pantalones, y solo tiene que echar la mano hacia atrás para ofrecérmelo. Lo cojo sin vacilar. Me desabrocho la cremallera, saco mi erección de los calzoncillos y me pongo el condón.

Liam está medio desnudo, dándome la espalda y con las piernas ligeramente separadas. Yo estoy justo detrás de él, con la ropa puesta. No hace falta que me quite la camiseta y el pantalón para sacarme la polla. Esto solo va a ser un polvo de cinco minutos.

Mi erección apunta directamente a su abertura. Empiezo a estimularla pasándole dos dedos llenos de saliva.

—Aaah... sí... —Liam gime cuando empiezo a meterle y a sacarle los dedos.

Le tapo la boca con la mano libre y le digo que se esté calladito. Eso lo pone a cien. Sé que le gusta porque echa el culo todavía más hacia atrás, buscando desesperadamente mi polla. Quiere que esté dentro de él. Sentir cómo lo lleno. Pero antes me aseguro de que está suficientemente dilatado para que sea lo menos doloroso posible para él. Una cosa es querer follar rápido y otra es hacerlo mal. Solo es sexo si los dos disfrutamos. Por eso se la voy metiendo poco a poco.

—Nate..., fóllame más fuerte...

Liam relaja el culo y noto que su interior me acoge con más flexibilidad. Entonces retiro mi cadera y regreso con un fuerte empujón. Se la clavo hasta el fondo. Hasta el puto fondo.

—¡¡Dios!! —chilla de placer.

—No grites.

—Fóllame.

—Nos van a oír.

—Fóllame —repite.

Lo hago. Joder si lo hago. No me corto ni un pelo. Me follo a Liam como un animal. Lo machaco embestida tras embestida. Sus gritos se mezclan con el ruido seco y constante de sus nalgas chocando con mi pelvis. Le muerdo el hombro. Le tiro del pelo. Lo azoto cuando me lo pide. Y cada vez que me hundo en su cuerpo yo me aprieto contra él, metiéndole hasta el último centímetro. Y después vuelvo a salir rápidamente para clavarme de nuevo y reclamar ese espacio en el que se aprieta mi polla.

Pero hay algo que Liam me pide que haga que no voy a hacer. Me niego.

—Bésame.

—No.

—Bésame, Nate.

Entonces intenta girarse para buscar mi boca. No se lo permito. Lo sujeto por las muñecas igual que él ha hecho antes conmigo y lo retengo contra la pared para que no se mueva.

—No te voy a besar.

Vuelvo a estar dentro de él. Y él vuelve a gemir y a pedirme entre jadeos:

—Solo un beso. Ven.

—No puedo.

Lo sigo follando.

—Aaah, aaah, aaah... No pares, Nate... No pares...

Eso sí puedo hacerlo. No parar. Ofrecerle sexo duro sin ser cariñoso. Sin involucrar mi corazón más de lo que ya lo he hecho en la conversación que hemos tenido antes de encerrarnos aquí dentro para follar.

Pero Liam insiste y me reclama un amor que no estoy dispuesto a darle.

Creo que intenta volverme loco. Y no quiero que juegue conmigo.

—Abrázame —me pide esta vez.

—No.

—Aaah..., Nate, por favor... Bésame y abrázame.

—No. Lo siento.

—¿Lo sientes?

—Sí, lo siento, pero no puedo hacer lo que me pides.

—¿Qué? ¿Por qué no?

—Joder, Liam. ¿Es que no lo entiendes?

—No.

—Si soy dulce contigo... si te beso y te acaricio como me gustaría... te estaría haciendo el amor. Y no puedo hacerte el amor porque tú solo quieres que te folle.

Liam se tensa con mis palabras.

—Vale —acepta—. Fóllame como te dé la gana. Pero haz que me corra.

Y es lo que hago. Follármelo a lo bestia.

Liam gime y nos corremos después de dos o tres minutos de empujones. Tengo la frente, el cuello y la espalda empapados de sudor. Debería haberme quitado la camiseta. No he dejado de moverme contra su cuerpo hasta que he alcanzado el orgasmo. Y Liam, al oír mi gruñido en su oreja y notar las palpitaciones de mi polla al vaciarme dentro de su culo, se ha corrido justo después.

Diría que hemos tenido suerte y no ha entrado nadie en ese tiempo. Por lo menos, yo no he oído la puerta. Aunque era difícil oírla con los gritos de Liam y mis embestidas. En cualquier caso, si alguien ha entrado y nos ha pillado, poco se puede hacer ya.

Me quedo cinco o diez segundos más dentro de él, con la frente apoyada en su nuca y respirando trabajosamente por la boca. Retiro la cadera y salgo de él con cuidado. Me quito el condón, le ato un nudo. Liam se da la vuelta y se sube los pantalones. Está sonriendo. Sonríe como sonreiría alguien al que le acaban de pegar una buena follada. Es lo que he hecho. Mejor dicho, es lo que él me ha obligado a hacer. Pero luego su mirada se oscurece al ver que la mía es fría. Distante.

—Sigues enfadado —dice.

—Tú también estás enfadado.

—Pero no contigo.

—Lo sé.

—No, no me entiendes.

—Te entiendo mejor de lo que crees.

Y se lo digo completamente en serio. Por supuesto que sé cómo se siente. Me lo gritan sus ojos. Está enfadado. No conmigo, pero sí con la situación. Con lo que yo siento. Con lo que él me hace sentir. Eso se traduce en rabia e impotencia, porque le gustaría poder cambiar mis sentimientos, redirigirlos como si fuera un puto tren de juguete que se ha descarrilado y que solo tiene que volver a colocar en las vías. Pero no lo puede hacer. No puede, porque haberle confesado que para mí lo que hicimos no fue solo sexo, que podría llegar a enamorarme de él, ya lo cambia todo. Es lo último que Liam habría querido escuchar.

Y ahora, después de que se nos pase el efecto del orgasmo, todo lo que nos hemos dicho el uno al otro antes de follar y mientras follábamos coge peso y nos pone en tensión. Casi parece que seamos rivales. Y eso que hemos sido mejores amigos durante diecisiete años.

A Liam le fastidia que las cosas sean complicadas cuando podrían ser tan fáciles. Y lo entiendo. Me pongo en su lugar y lo entiendo perfectamente. Pero Liam también debe entender que el amor no siempre es fácil. Que se puede convertir en un arma de doble filo. Como en mi caso con él. Y el hecho de querernos tanto lo complica todo aún más, porque Liam y yo somos como hermanos, pero ese amor que siento por él puede transformarse en otra cosa. No mentía al decirle que podría llegar a enamorarme. Eso sería la hostia si no fuera porque yo ya sé, al igual que él, que nunca se va a enamorar de mí. No le despierto la piel de esa forma. Y así es como lo que podría ser el inicio de una bonita historia de amor se convierte en un enorme problema.

—¿Y ahora qué? —pregunta mientras se pone la camiseta, incómodo, desviando la mirada como para no tener que afrontar la realidad, y a la vez soltando una pregunta que nos obliga justamente a enfrentarnos a ella.

El problema es tan evidente que la solución es igual de clara. Tenemos que dejar de follar. Y se lo digo:

—Tenemos que dejar de follar.

Ahí sí, vuelve a mirarme a los ojos. Sigue enfadado, pero sus ojos también están llenos de dudas, de miedo.

—¿Me vas a decir que no te ha gustado?

—No es eso.

—Por supuesto que no es eso. No me jodas, ¡si te has corrido!

—Sí, Liam. Los dos nos hemos corrido y... ha estado... bien.

—Ha estado de puta madre.

—Pero ninguno puede ofrecerle al otro lo que necesita.

—Eh, a mí con seguir así me vale. No necesito más.

—Exacto, *tú* no necesitas más.

Me quedo mirándolo unos segundos, decepcionado. ¿Cómo puede ser tan egoísta después de haberle abierto mi corazón? ¿Cómo es capaz de decirme «a mí con seguir así me vale» después de todo lo que le he contado que me pasa con él?

—¿Sabes qué es lo que más pena me da? —le digo entonces—. Que sigues sin entender nada porque solo piensas en ti.

—Podríamos seguir teniendo sexo si te dejases de tanta tontería.

Me río por no llorar.

—Seguir follando. Sin más. Lo siento, pero no.

Quito el pestillo y salgo del baño.

Si lo único que quiere Liam es correrse, ahí fuera hay cientos de personas que estarían encantadas de poder acostarse con él. Ni me necesita ni tendría sentido guardarnos una exclusividad que no nos llevará a ninguna parte. Porque la realidad es que, por mucho que Liam sea mi mejor amigo, si sigo teniendo sexo con él, a la larga podría llegar a romperme el corazón. Y yo no estoy dispuesto a volver a sentirme igual de mal que ahora mismo.

—Nate, espera.
—Se acabó.
—¡¿Se acabó?! —grita desde atrás, y se le escapa una risita cruel que no le pega en absoluto—. ¿Y qué es exactamente lo que se acabó? ¿Lo que nunca empezó?
Me giro en su dirección y lo fulmino con la mirada. Tengo los nudillos blancos de tanto apretar las manos.
—Que te den por culo, Liam. Pero que lo haga otro. Conmigo no cuentes.
Y me voy de allí, esta vez sin mirar atrás.
No quiero verle la cara. Pero no me queda otra que aguantarme. Porque tenemos que entrar a clase en dos minutos. Y nos sentamos juntos. Y luego, entrenamiento de béisbol.
Joder. Solo quiero que el día pase rápido y que sea martes a las seis de la tarde para estar en el teatro con Beatrice. Y con Marc. Sobre todo, me apetece estar con él. Sabía que al terminar iba a sentirme así de vacío, pero no contaba con que mi instinto me empujaría a refugiarme en Marc.
Ahora siento que necesito ver esa chulería que le viene de fábrica y que a mí cada vez me gusta más. Necesito estar con Marc para no pensar en Liam y que desaparezca este maldito nudo que tengo en la garganta.
Alguien con el poder de sacarme de quicio y después una sonrisa.
Alguien con el que reír sea tan fácil que me haga pensar que las cosas pueden salir bien y se me olvide por qué tenía ganas de llorar.

Marc

Marc estaba cansado de oír la misma canción. Sonaba por todos los rincones del pueblo. En la gasolinera, en la radio de los coches, en el supermercado, en los parques. Era como si aquella melodía que nació una tarde de verano en el garaje de su casa lo persiguiese. Como una sombra de la que no podía desprenderse. Y no podía desprenderse de ella no solo porque la había escrito él y la cantaba su padre, sino porque, además, todos los habitantes de Blacktown estaban de celebración y la llevaban por bandera con orgullo. Había conseguido colarse dentro de las listas de las canciones más escuchadas de Estados Unidos. Por fin se hablaba de un pueblo que nadie parecía conocer.

Los primeros turistas no tardaron en animarse a venir, curiosos, buscando la casa de la que había salido esa canción tan pegadiza, pero que, a la vez, tenía una letra que hablaba del dolor de no saber quién eres de una forma tan cruda y sincera que te humedecía los ojos.

Marc veía a los fans en cuanto asomaba la cabeza por la ventana de su habitación. Era un adolescente de trece años y le agobiaba estar rodeado de tanta gente. Sentía que perdía la intimidad que le daba su cuarto cada vez que los gritos del exterior llegaban a sus oídos. Habían venido a ver a su padre y se volvían locos cuando este los saludaba sacando la mano por la ventana del salón o la cocina. Aquello solo los animaba a insistir más. Lo llamaban para que saliera. Vitoreaban su nombre. Querían hablar con él, que les abriese la puerta para sacarse una foto. Querían tocarlo, que les firmase un autógrafo, que cantara en directo.

Lo que Marc quería era que la gente empezase a aborrecer la canción después de haberla escuchado tantas veces. Que se cansasen de ella como pasó con *Despacito*. Pero de momento todos parecían encantados.

Deseó no haberla escrito.

El mensaje, el tema que trataba, era lo más poderoso de la canción. Fue lo que hizo que ganase tanta popularidad y que la gente no dejara de reproducirla.

Todos daban por hecho que la había escrito el padre de Marc. Incluso el resto de la banda.

Marc nunca quiso ser el centro de atención y estuvo de acuerdo en guardar el secreto cuando su padre así se lo pidió. Le pareció lo mejor. Lo más sencillo. Al fin y al cabo, Marc era como era, muy suyo, se guardaba todas las emociones que sentía y la única forma de sacar lo que ocultaba a los demás era escribiéndolo en una hoja.

Aunque alguna vez sí que deseó que la gente supiera la verdad.

Que supieran que el autor de la canción era él, no su padre.

Ser el chico de la canción sonaba mucho mejor que seguir siendo solo el chico gordo.

En el mismo pueblo, pero en otra casa, Nate y Liam oían la canción en la radio mientras jugaban en el jardín. Nate se sabía la letra de memoria. La había cantado en la parte de atrás del coche con su familia. Lo había hecho saltando sobre su cama. O bailando en la sala de estar. O en la cocina mientras ayudaba a su madre a poner la mesa. No se la sacaba de la cabeza.

Golpeó la pelota para pasársela a un Liam que también la tarareaba sonriente. Era una tarde de verano, de calor y mucho sol. Se lo estaban pasando bien.

Mientras ellos jugaban, Marc estaba encerrado en su cuarto y no se atrevía a salir; se sentía increíblemente solo a pesar de estar rodeado de libros.

Cuando la canción terminó, Nate se preguntó cómo era posible que alguien hubiese sido capaz de escribir algo tan bonito y triste a la vez.

30
Llorar y comer helado de chocolate. Pasar la noche contigo

Me paso el puño por debajo de los ojos para secarme las lágrimas. Me da rabia estar llorando por Liam. Esto no debería estar pasando. No debería derramar ni una sola lágrima por él. Ni siquiera... ni siquiera estoy enamorado de mi mejor amigo. Pero siento una tormenta de sentimientos dentro de mí que ya no sé qué pensar. El caso es que llevo desde que he llegado a casa así, encerrado en mi habitación, sentado a lo indio en la cama y comiendo helado de chocolate directamente de la tarrina con una cuchara de las grandes. Me he puesto una peli de Navidad en el portátil. Una de amor en la que aparece Nueva York cubierta de nieve.

—Joder, qué bonito, macho. Qué asco me dan y qué bonito todo. —Me sueno los mocos. Hago una bolita de papel.

Hundo la cuchara en la tarrina y cojo otro trozo de helado como si fuera una excavadora. Dejo que se derrita un poco en mi boca antes de tragar con fuerza. Tengo los dientes fríos. Y las mejillas ardiendo, pero eso es de llorar.

Lo único que puede hacerme sentir mejor que el chocolate es tener noticias de Marc. Me tienta escribirle, pero al final no lo hago porque no quiero que piense que soy muy pesado. Además, lo voy a ver mañana. Eso me anima y me hace sonreír. Sigo comiendo helado hasta que la tripa me empieza a doler. Después me masturbo pensando en Marc y me doy una ducha. Al salir, cojo el móvil de la mesita de noche. No sé por qué, pero tengo la esperanza de que me salte una notificación suya, que aparezca su nombre en la pantalla y consiga robarme una sonrisa. ¿Y si...? No, no. Pero... ¿y si sí? Sería demasiada coincidencia, lo sé. Miro el móvil. Espero como un gilipollas a que me salte algún mensaje. Está en línea, sí, pero no me escribe. Me quedo unos minutos esperando a que algo suceda. Sigue en línea. Sigue sin escribir. Espero un poco más. Nada. No ocurre nada. ¿Qué estoy haciendo? Joder, parezco tonto.

Bajo a cenar con mis padres sintiéndome bastante imbécil.

Entonces noto una vibración en el móvil. Me ilusiono convencido de que por fin es él. Pero no es él. Es Liam. Me ha enviado una foto. Una que solo puedes ver si pinchas en ella porque tiene temporizador.

Es una foto de su polla. Dura. Se la está agarrando con una mano. Lleva puesta la camiseta de la equipación de béisbol y solo se le ve la mitad de la cara. Parece habérsela hecho justo después de correrse.

También ha escrito algo: «Espero que lo que me has dicho antes no fuera en serio».

No sé si la foto me gusta o no. Si me excita o no. Lo que sí sé es que algo en mi interior se remueve tanto que termina haciendo un nudo.

—Ayer te envié una foto —me suelta Liam, en el descanso entre clase y clase.

—Lo sé. La vi.

—También te escribí un mensaje. No respondiste.

—Porque no hay nada que no te haya dicho ya.

Su rostro, que al principio reflejaba una sonrisa segura, como si enviarme una foto de su polla fuese suficiente para hacerme cambiar de opinión, se desdibuja.

—No entiendo qué tengo que hacer para que podamos seguir follando sin todas estas movidas.

—No es que no me entiendas, es que no te interesa escucharme.

Liam mira de reojo a su derecha, al fondo del pasillo, donde nos esperan Beatrice y Melody hablando de sus cosas. Ninguna de las dos nos está haciendo caso. No nos miran.

Vuelve a clavar sus ojos verdes en mí.

—Claro que te escucho. Pero pensaba que se te iba a pasar. Que me dijiste eso porque estabas enfadado conmigo.

—Pues no. Te lo dije completamente en serio.

Entonces me abraza. Muy fuerte. Aunque en realidad no es un abrazo. Eso es justo lo que Liam quiere que los demás piensen si alguien nos mira, pero sé que solo lo hace para que yo note lo dura que se la he puesto. Las ganas que me tiene.

—Vamos al baño. Venga —susurra rozando mi oreja con sus labios.

Pongo las manos en su pecho para apartarlo de mí con suavidad.

—¿Lo ves? Sigues sin escucharme.

Durante el ensayo del martes, Marc no me quita los ojos de encima. Aprovecha un momento en el que nos quedamos solos para preguntarme si estoy bien. Debo de tener una cara horrible. Ayer apenas dormí y por la mañana he estado dando cabezazos durante las clases. Después de que Liam intentase convencerme para echar otro polvo rápido en el baño no he vuelto a hablar con él. Le digo a Marc que no se preocupe y él me responde que se preocupa porque le importo. Y yo estoy tan sensible que se me escapa una lágrima y lo abrazo con fuerza, lo que hace que se preocupe el doble y que no se separe de mí durante las dos horas de teatro.

—¿Estás así por Liam? —me pregunta al final del ensayo.

—Hemos... —roto suena demasiado fuerte— discutido.

—Vale. ¿Sabes qué? Voy a hacer algo para animarte y que dejes de pensar en Liam. Quiero verte sonreír.

—No tienes que hacer nada.

—Lo sé. Pero quiero hacerlo.

—¿Por qué?

—Porque te he cogido cariño, Nathaniel. Y me importas.

—¿Y qué vas a...?

—Ya lo sabrás —dice, y se despide de mí sin revelarme lo que ya ha empezado a planear en su cabeza.

Beatrice sale del servicio y se pone a mi izquierda. Está sonriendo. Sé que me ha visto hablando con Marc. Salimos juntos por la puerta del teatro. Me pega con el codo y me señala a Marc, que camina en dirección a su moto.

—Cada día estoy más segura de que ese tío te quiere follar.

—¿Qué dices? Solo estaba siendo majo conmigo porque me ha visto que estaba de bajón.

—Se muere de ganas.

—Ya, pues no.

—¿Tú no quieres?

—No.

—Joder, yo sí. ¿Cómo lo hacemos?

—¡Beatrice!

—¿Por qué estabas de bajón? ¿Es por Liam? —Otra que acierta a la primera.

—Creo que ya no puedo seguir siendo su amigo.

Y le cuento todo lo que me ha pasado con él.

Estoy tumbado en el sofá cuando oigo el timbre.

—¡Voy! —grito.

Es sábado y tengo puesta una película de fondo. No suelo quedarme en casa los sábados por la tarde, pero hoy no me apetece hacer nada. Tampoco me apeteció el viernes. Ni el jueves. Ni el miércoles. Llevo toda la semana en ese *mood* desde que Liam y yo no nos dirigimos la palabra. Después de hablar con Beatrice llamé a Melody. Liam también habló con ellas para contarles su versión de los hechos. Ahora las cosas están un poco así: seguimos siendo los cuatro del grupo, pero la tensión que se respira cada vez que nos juntamos todos en la cafetería del insti es bastante incómoda. Beatrice y Melody rellenan los silencios con conversaciones triviales mientras Liam y yo hacemos todo lo posible por evitar chocar con los ojos del otro. Eso es cuando estamos los cuatro juntos sentados alrededor de la mesa, pero cuando, por ejemplo, caminamos por los pasillos para ir a clase, si Liam va delante con Melody, yo aprovecho que él no me puede ver para fijar los ojos en su nuca, casi como si quisiera hacerle un agujero justo ahí. Pero en realidad mi mirada no guarda intenciones oscuras, porque al segundo se me olvida la tirantez que ahora existe entre nosotros y me pongo a rescatar cualquier recuerdo bueno que tengo con él. Es bonito y doloroso, todo junto. No sé qué piensa Liam cuando soy yo el que va unos pasos por delante, si me mira y le da por reflexionar sobre nosotros. Yo creo que sí, que me mira. Lo noto en la nuca como un punto caliente, parecido al que un día me hizo sentir en la boca porque me estaba besando.

El timbre vuelve a sonar. No han pasado ni cinco segundos. Sea quien sea, mucha paciencia no tiene.

—¡Nate! ¡Es para ti! —me llama mi madre desde la planta de arriba.

—¡Sí! ¡Ya voy!

Me incorporo en el sofá, apoyo las manos en las rodillas y me impulso para quitarme la pereza y ponerme de pie. Mi cuerpo protesta dolorido. Llevo demasiadas horas tumbado en una mala postura.

Llaman al timbre por tercera vez cuando estoy a punto de coger el pomo de la puerta. Ese ruido infernal me revienta los oídos.

—¡Joder! ¡Deja de tocar el timbre de los cojo...!

Dejo que la palabrota muera en la punta de mi lengua en cuanto abro la puerta y el aire del exterior me golpea la cara, porque hay un chico de metro noventa que me mira intensamente al otro lado. Primero lo hace de arriba abajo, conteniendo una sonrisa canalla, después sus ojos se quedan fijos en los míos y siento que me falta el aire. Dos ojos imposibles de olvidar. El derecho te hace pensar en un mar en calma, con sus olas llenas de motitas verdes que se pierden dentro de un azul cristalino. El izquierdo es de color tierra arenosa, acogedor como la luz del otoño.

¿Qué hace él aquí, un sábado, en la puerta de mi casa?

—¿Marc?

—Hola.

—¡Hola! —Esta es mi madre, que baja las escaleras para saludarlo.

No se me pasa por alto la sonrisa cómplice que se dedican. Ni la enorme bolsa de tela que lleva Marc colgando de su brazo derecho. Vuelvo a mirarlos a los dos. Estos están compinchados.

—¿Por qué has traído una tienda de campaña? —pregunto sin rodeos.

—Ah. Pensaba que ya te lo había contado tu madre.

—No, cielo, no le he dicho nada. He preferido que fuera una sorpresa —interviene ella.

—¿Qué me tenía que contar?

—Esta noche tú y yo vamos a dormir en el jardín de tu casa.

—Esa era la sorpresa —dice mi madre.

—¿Te gusta?

Los dos sonríen y esperan que diga algo.

—Yo hoy voy a dormir en mi cama.

La expresión de mi madre cambia y se muestra indignada con mi decisión.

—El pobre Marc lo ha hecho con todo el cariño del mundo.

—Déjamelo a mí, no te preocupes —le dice Marc, y le planta un beso a mi madre en la mejilla que consigue robarle una sonrisa de colegiala.

Antes de que pueda subir con Marc a mi habitación, mi madre le pide que nos deje un segundo a solas y me lleva a la cocina.

—Nate, escucha esto que te voy a decir: yo si fuera tú, me quedaría con este chico —habla como si me estuviera proporcionando información confidencial—. Parece muy majo y me da confianza. Imagínate cómo sería despertarte todas las mañanas con alguien como él, eso sí que es empezar el día con alegría.

—Tú lo que no quieres es que esté con Liam.

En lugar de rebatírmelo, mi madre asiente con la cabeza.

—Liam es casi parte de la familia. Tienes que comprender que para mí sería un tanto... extraño. Yo lo veo casi como un segundo hijo. Y tenéis una amistad muy bonita y especial que no me gustaría que se rompiese. Piénsalo. A tu padre le daría algo.

No, no le he contado que ya no somos amigos. Aunque no tardará en descubrirlo por su propia cuenta cuando vea que pasan las semanas y no vea a Liam pululando por su segunda casa; es decir, la nuestra.

—Sé que los dos sois muy jóvenes y que estáis en un tiempo de cambios, con todas las hormonas... —continúa diciendo, y yo me tapo los ojos por el rumbo que está tomando la conversación, muerto de vergüenza—. En fin, que yo también he sido joven y he tenido mis cosas, a ver qué te piensas.

—Prefiero no imaginármelo, mamá.

—¡Uy! Mira que sois delicados... No, si al final los más modernos vamos a ser los de mi quinta. Anda, disfruta con Marc y portaos bien.

Antes de que pueda salir, me tiende una bolsita de plástico de las que te dan en la farmacia. Me imagino su contenido. Por eso la miro horrorizado.

—Mamá, ¿eso es lo que creo que es?

—Condones.

—¡Mamá!

Subo a Marc a mi habitación y después de cerrar la puerta cruzo los brazos sobre el pecho.

—Pilla mantas y almohadas —dice—. Porque dos sacos de dormir no tienes, ¿no?

—Marc, que no. Que yo paso.

—Intento ayudarte.

—¿Reemplazando a Liam?

—No. Liam siempre va a ser Liam, y yo ni pretendo ni puedo ocupar su lugar. Pero creo que te vendría bien darte cuenta de que puedes hacer con cualquier persona las mismas cosas que has hecho antes con él.

Hace unas semanas le conté a Marc lo importante que fue para mí la noche que Liam y yo dormimos juntos en una tienda de campaña. Nunca imaginé que lo usaría para intentar animarme. Aunque tengo mis dudas de que intentar repetir lo mismo que he hecho en el pasado con la persona que ahora me causa dolor sea una buena idea. Más bien parece todo lo contrario. Vale, es una idea malísima.

—Pero no será lo mismo.

—De eso se trata.

—No sé yo si...

—Lo habéis dejado —me interrumpe—. Liam y tú. ¿Me equivoco?

Se me escapa una lágrima rebelde. Suspiro.

—Nunca hemos llegado a estar juntos de manera oficial, así que en realidad no hemos dejado nada. Bueno, miento, sí que hemos dejado de ser amigos.

—Eso es casi como romper.

—Supongo. —Me encojo de hombros.

Da un paso hacia delante. Extiende su brazo hacia mí y yo le permito que acerque su mano a mi cara. Marc me limpia la lágrima con el pulgar. Es un gesto dulce. El contacto de su dedo sobre mi piel me provoca un escalofrío que hace que me sienta mucho mejor.

Su voz es tan suave como la caricia con la que se ha llevado mi lágrima.

—¿Sabes cómo se supera una ruptura?

—¿Hay algún manual de instrucciones? —pregunto más animado, aunque noto los ojos llorosos.

—No lo hay, no hay ningún manual. —Niega con la cabeza—. Esa es la putada. Cada ruptura es diferente y depende mucho del tipo de relación que hayas tenido, el momento en el que te encuentres, el motivo de que la relación haya terminado y cómo te hacía sentir la persona con la que estabas.

—¿Entonces?

—Entonces... mi consejo es que tengas cuidado con idealizar a alguien que ya no forma parte de tu vida, porque quizá lo que amas ya no es esa persona con la que estabas, sino los recuerdos que tienes con ella.

—¿Por eso has traído la tienda de campaña?

—Sé que es un recuerdo importante para ti. Quería ayudarte a crear uno nuevo. Conmigo. Así no idealizas tanto el que tienes con Liam. —Deja apoyado en el suelo el estuche de tela gigante en el que va metida la tienda y saca las instrucciones—. Venga, ayúdame con la tienda, que nunca he tenido una de estas y no sé cómo va. Aunque no parece muy complicado —dice mientras les echa un ojo a los dibujitos.

—¿Es nueva? ¿La acabas de comprar? ¿Por mí?

—Sí.

—¿Por qué lo has hecho? ¿Por qué has venido?

Me mira con una media sonrisa.

—Te dije que haría algo para animarte y que dejases de pensar tanto en Liam. Esto es lo mejor que se me ha ocurrido. Así que he llamado a tu madre y le ha parecido bien.

—¿Cómo tenías el número de mi madre?

—Eso también te lo dije: siempre consigo lo que quiero. —Me guiña un ojo.

—Gracias. En serio, gracias. No tenías por qué hacerlo. Aunque sigo teniendo mis dudas de que recrear la noche que pasé con Liam de pequeño sea la mejor forma de no pensar en él. —Esto último se lo digo un poco para picarlo y un poco porque lo pienso de verdad.

—No vas a pensar en Liam —me asegura.

—¿Por qué?

—¿Cómo que por qué? Porque vas a pasar la noche conmigo. Por eso.

—Joder. —Se me escapa otra lágrima que rueda por mi mejilla como un peso muerto. Es lo malo de estar en un momento tan sensible, que cualquier cosa que me demuestre que hace por mí, porque se preocupa y quiere que esté bien, me va a conmover—. No quiero que me veas así.

—Estás precioso.

Me limpia de nuevo y luego deja su mano apoyada en mi hombro.

—Seguro que tengo la nariz roja.

—Y un moquillo —me avisa, y se le dibuja una sonrisa al ver que abro los ojos como platos.

—¡¿Qué?! ¡¿Lo dices en serio o en broma?!

—Casi no se ve.

—Joder. ¡No me mires! Qué puta vergüenza.

—Lo siento, pero te tengo que mirar. Ya te he dicho que estás precioso.

31
Solo tienes que pedírmelo

Una linterna cuelga del techo de la tienda de campaña y nos ilumina. Es de noche. Nos hemos metido en la tienda después de pasarnos un rato tumbados sobre el césped, contemplando las estrellas. Estoy hablando con Marc sobre cómo creo que es.

—Creo que eres todo fachada.

—En realidad, soy un unicornio. Pero no se lo cuentes a nadie o hundirás mi reputación.

—Marc... —lo llamo, intentando que se lo tome en serio.

—Nate... —me imita en tono de burla. Luego, al ver que no me doy por vencido, sacude la cabeza y al final suspira—. A ver, ¿sabes lo que me pasa a veces contigo? Que no me gusta que finjas que te interesa saber cómo soy.

—¿Que qué? —pregunto alucinado, porque hasta hace un momento estábamos genial y no me esperaba oírle decir algo así.

—Nate. —Al ver que pronuncia mi nombre real y no me llama Nathaniel, como siempre hace para meterse conmigo, sé que lo que va a decirme es serio, que no está de coña—. Tú no quieres ser mi amigo.

«Es verdad, no quiero ser tu amigo porque quiero besarte», pienso.

—¿Por qué dices eso?

Marc se frota la frente como si le doliera la cabeza. Aparta la mirada, no quiere mirarme a los ojos porque le duele lo que está a punto de decirme.

—Si voy a tu casa y me ayudas a mejorar mi interpretación no es porque quieras echarme un cable, es porque te he amenazado con contarle a Charlie Day la aventura que he tenido con su mujer, y Beatrice y tú os habéis visto en un callejón sin salida. Por eso no puedo tomarte en serio cuando me preguntas cosas personales y al final no te cuento nada sobre mí.

Ahí está. Por fin pone voz a la inseguridad que tiene conmigo. La única razón por la que no termina de confiar en mí del todo. La razón por la que nuestra relación no avanza mucho más allá de seguir jugando al ratón y el gato.

—Marc, te hago preguntas personales porque yo te cuento temas personales. Te he contado mis problemas con Liam. Me he abierto a ti. Y tú has comprado una tienda de campaña para animarme y ahora vamos a pasar la noche en el jardín de mi casa. Eso no lo hacen dos personas que solo quedan para ensayar. Así que tómame más en serio, porque yo sí quiero conocerte... y nada de lo que te he preguntado ha sido ni por compromiso ni por quedar bien. Me gusta estar contigo y me apetece saber más sobre ti.

—Pues no sé por qué quieres conocerme si muchas veces soy un borde...

—Eres borde a ratos, pero porque esa es la imagen que quieres dar a los demás —replico, y Marc desvía la mirada como si fuera un niño al que acaban de pillar mintiendo—. Yo también he sido un borde contigo. Y tú has tenido detalles muy bonitos y has sido genial. —A él se le escapa la risa como sin querer—. No te rías, te lo digo muy en serio. Eres genial, aunque te guste ir de chulito. Ah, y yo te he llamado gilipollas, entre otras cosas.

—Bueno, pero porque me lo merecía. Lo de gilipollas y las «otras cosas».

Sonrío. Y Marc también lo hace, aunque trata de disimular esa sonrisa que se le escapa por las comisuras.

—¿Ves? Si en el fondo eres un trozo de pan.

—¿Eso piensas de mí?

—Pienso que eres complicado, pero también alguien por el que merece la pena quedarse y descubrir qué esconde.

Los ojos de Marc brillan durante un instante. Le ha gustado, por mucho que luego finja una cara de fastidio y diga:

—Entonces me está saliendo el plan al revés.

—La culpa es tuya, por comprar una tienda de campaña y ser tan mono. Que parece que quieras que me enamore de ti.

Lo último se me escapa sin querer. Mierda. Menudo patinazo. Me entran ganas de ponerme de pie y salir corriendo. Me arden las mejillas. Sé que me acabo de poner rojo.

Pero Marc no aprovecha para meterse conmigo. Y eso que se la he dejado a huevo y sería el camino fácil, lo que esperaría que él hiciera. Quizá lo mejor de Marc es justamente eso, que nunca sabes por dónde te va a salir porque es impredecible y contradictorio, lo que lo hace especial.

—Gracias por creer que puedo ser mono.

Y yo, en lugar de responderle con un «de nada» como haría una persona normal, rompo a reír porque me pongo nervioso, hasta el punto de taparme la boca con la mano para dejar de reírme como una hiena.

—¿Nate? ¿Qué cojones...? —Marc alza las cejas, sorprendido por oírme reír de esa forma tan histriónica, que al principio puede ser muy graciosa, pero que luego da hasta mal rollo. Eso sí, al final lo contagio y se ríe conmigo. O de mí. Lo mismo da—. Joder. Nunca te había oído reírte así. Ni a ti ni a nadie.

—De pequeño me tragué a un villano de Disney. A veces no lo puedo controlar y sale.

—Da un poco de miedo. No sé si quiero dormir contigo.

—Vete a la mierda.

Los dos sonreímos sin dejar de mirarnos el uno al otro. Espero unos segundos más hasta que me animo a hacerle una pregunta que tenía guardada.

—Bueno, Marc, ¿me vas a decir por qué te cuesta tanto confiar en las personas? —Choco mi hombro con el suyo—. Sé que conmigo era por lo de Charlie Day, pero mi intuición me dice que te pasa con todo el mundo, y con los demás no tienes ninguna excusa.

—Es cierto. Me pasa con todos. La vida me ha enseñado que no puedo confiar en nadie.

Noto que la conversación toma otra dirección, que nos ponemos serios de nuevo.

—¿Por eso te da miedo hacer amigos?

—No intentes psicoanalizarme.

—¿Alguien te hizo daño?

—Sí. Más de uno... y una.

—¿Fue tu ex? ¿Con la que estuviste cuatro años?

Me inquieto al ver que su mirada se ensombrece y que aprieta mucho la mandíbula, lo que afila sus facciones.

—Sí, fue ella.

—Lo siento.

—Tú tampoco deberías confiar tan rápido en la gente, Nate. Nunca sabes quién te puede hacer daño. Ni siquiera sabes si yo soy de fiar.

Intento quitarle hierro al asunto.

—Marc, tú no le harías daño ni a una mosca. No conozco tu pasado, pero no me hace falta para saber que eres una buena persona.

—Si la mosca me toca mucho los cojones, sí.

Me río porque parece una indirecta.

—¿Yo te estoy tocando los cojones?

—Haces muchas preguntas, Nathaniel. —Me gusta que vuelva a llamarme así. Significa que se siente a gusto conmigo, que está cómodo, aunque finja que a veces le toco las pelotas.

—Te hago muchas preguntas porque tengo ganas de saber cómo eres por dentro.

Al oírme decir eso algo hace clic en él. Algo que enciende su mirada y me recuerda al fuego, a sentirlo muy cerca y estar a punto de quemarte.

—Igual mi solución no te vale —dice—, pero yo podría saber cómo eres por dentro sin hacerte ni una sola pregunta.

—¿Y eso por qué?

—Porque si quieres que esté dentro de ti solo tienes que pedírmelo.

No respondo. Me quedo callado, mirándolo alucinado por lo que acaba de soltar por esa boca a la que me lanzaría si... si supiera que esto último no me lo ha dicho de coña y que no se está quedando conmigo. Porque hablar con Marc es como caminar por un tablero en el que en cada casilla que pisamos se destapa una emoción diferente. Así que no sé cómo tomármelo. Podría ser solo una broma y no quiero hacer el ridículo.

—¿Me estás ofreciendo echar un polvo?

—¿Ah, te lo estoy ofreciendo? —pregunta fingiendo seriedad, pero aguantándose la risa. Y luego deja de apretar los labios y se echa a reír.

Ahí es cuando sacudo la cabeza y carraspeo.

—Pero... ¿tú eres bisexual?

—Joder, macho, a la gente le encanta poner etiquetas.

«Es bisexual», pienso.

—Me has dicho que si quiero que estés dentro de mí solo te lo tengo que pedir.

—¿Eso he dicho? —Se hace el loco.

—¿Hablabas en serio o en broma?

Marc se ríe más fuerte que antes. Eso me hace sentir estúpido, y me entran ganas de lanzarle algo. Le tiro lo primero que tengo cerca, la sábana con la que vamos a dormir. Le cae sobre la cabeza y ahora Marc parece un fantasma. Solo le falta hacerse dos agujeritos a la altura de los ojos. Se la quita sin perder su sonrisa, que ya no me parece mona, sino de sobrado.

—Tú eres imbécil. Va, dime, ¿lo decías en broma o no? —le pregunto.

Él me observa divertido y yo siento una punzada de vergüenza porque parezco desesperado.

—Bueno, ¿dormimos o qué?

Esquiva mi pregunta y me deja sin una respuesta clara. Sé que lo hace a propósito. Le encanta enredarme en este juego que no sé adónde nos va a llevar.

—¿Tienes sueño? —le digo.

—Sí, ¿y tú?

—No.

Marc se quita la camiseta por la cabeza con un movimiento rápido y brusco que me resulta increíblemente sexi. Me fijo en sus pezones y se me seca la boca. Son muy bonitos. Me encantaría pellizcarlos, frotarlos con mimo hasta ponerlos en punta y luego coger sus pectorales haciendo un cuenco con las manos para apreciar su volumen y peso. Su carne parece dura y suave a la vez. Su pecho sube y baja, y yo empiezo a tener más calor, a respirar más deprisa.

Él está encantado de pillarme admirando su físico.

—Cariño, se te van los ojos.

—A dormir.

Se ríe y se tumba dándome la espalda. Después se acomoda. Marc es más grande que yo, tiene la espalda ancha y las piernas kilométricas. Me hace sitio para que entre en el colchón hinchable y pueda acurrucarme a su lado, aunque el espacio es el que es. En la caja en la que venía el colchón ponía que era para dos personas adultas, y entrar entramos, pero entramos como cuando encuentras un sitio para aparcar en el que tienes que hacer mil maniobras para meter el coche sin darle al de delante ni al de atrás.

Me termino de tumbar bocarriba y miro el techo de la tienda de campaña. Aguanto la respiración. Me da miedo moverme y tocarle el brazo.

Tengo calor, pero si no me quito la camiseta es porque la idea de estar los dos sin la parte de arriba compartiendo la misma cama me resulta demasiado íntima.

—Oye, si en algún momento pasas miedo por la noche, me despiertas —murmura sin girarse.

—No me vaciles, Marc, ya no soy un crío.

—Yo solo te digo que, si me necesitas, estoy aquí.

—Gracias.

Sé que no lo dice en broma. Por eso le doy las gracias, porque, aunque lo único que me da miedo es despertarme empalmado y que Marc descubra que es por él, me enternece que se preocupe por mí por algo que le conté que me pasó con Liam cuando era muy pequeño.

Marc se gira en mi dirección y deja de darme la espalda. Estira la sábana para taparse el cuello, luego suelta un suspiro largo y se queda dormido. Intento hacerlo yo también. Cierro los ojos y pruebo a dejar la mente en blanco, pero su olor y su respiración me despiertan la piel y me hacen sentir más vivo que nunca.

Me incorporo sin hacer ruido, despacio, para verle el rostro con la poca luz que nos entra del exterior y que atraviesa la tela azul, a la que mis ojos ya se han acostumbrado. El rostro de Marc se tiñe de ese azul suave como una acuarela aguada. Esta vez lo estudio sin miedo a que me pille. Sus mechones rebeldes cayéndole por la frente. Sus cejas relajadas, los ojos cerrados. Su boca entreabierta, el aire entrando y saliendo con cada nueva respiración.

Me parece surrealista que los dos hayamos terminado dentro de una tienda de campaña, en mitad del jardín de mi casa, y que vayamos a dormir juntos. Sobre todo, que esté compartiendo un colchón hinchable precisamente con él: el chico con cuya foto, desde no hace tanto, he empezado a masturbarme. Marc no lo sabe, pero a veces me meto en su foto de perfil y la amplío hasta encuadrar su boca en un plano detalle, y aunque la imagen se quede algo pixelada me corro pensando que lo hago sobre él. Tampoco sabe que he tenido sueños eróticos con él y Liam. Una parte de mí quiere despertarlo y contárselo para que decida si le sigue pareciendo buena idea que durmamos juntos.

Pasan cinco minutos, y yo no dejo de estudiar sus facciones a pesar de la poca luz que entra en la tienda. Después me vuelvo a acostar en mi lado del colchón, con mucho cuidado, asegurándome de que mi cuerpo no lo toque. Y entonces soy consciente de que podría pasarme horas y horas solo mirándolo, sin hacer nada más que apreciar esa belleza que parece inalcanzable y accesible a la vez. Inalcanzable porque no recuerdo haber visto a nadie tan guapo, una belleza dulce y a la vez animal. Accesible, porque podría agacharme y besarlo en menos de un segundo. Y aunque yo nunca me aprovecharía de una situación como esta, solo el hecho de pensarlo hace que se me ponga dura.

Va a ser una noche larga.

Aparto la vista de su boca y me paso la lengua por la mía. Es una pasada lo que uno suda teniendo tan cerca, medio desnuda, a su mayor tentación. Y si bien sus labios, entreabiertos y carnosos, ya están fuera de mi campo de visión, mi cabeza reproduce esa boca que se ha aprendido de memoria y noto el pecho más pesado y caliente. No quiero girarme y mirarlo, pero me cuesta un mundo mantener los ojos fijos en cualquier parte que no sea él.

Creo que me estoy haciendo adicto a Marc. Ya no es solo el tira y afloja constante que tenemos. Es él, que me vuelve loco.

«Si quieres que esté dentro de ti solo tienes que pedírmelo.»

Lo que me faltaba. Ahora sí que me va a costar dormir.

Empiezo a repasar la conversación que he tenido antes con él y busco un hilo por el que tirar. Con Marc es difícil saber si lo decía en broma o en serio. Por eso se lo he preguntado, quería estar seguro de si estaba dejando la puerta abierta a que pasara algo entre los dos. ¿Y qué ha hecho Marc? Se ha reído.

Se ha reído, vale.

Pero no ha dicho ni que sí ni que no.

32
Los chicos que juegan con fuego

A la mañana siguiente, cuando despierto y consigo abrir los ojos, parpadeo hasta que me acostumbro al chorro de luz que se filtra por las paredes de la tienda de campaña. Huele ligeramente a hierbabuena. Dentro de la tienda hace mucho calor, y eso que estamos en noviembre y debería hacer frío. Si no estiro los brazos es porque no los puedo mover. Solo muevo la cabeza, la echo hacia delante despacio y busco con la mirada la razón de que note peso en mi abdomen. También lo noto en la cadera y sobre las rodillas. Lo primero que me encuentro es un pelo alborotado y negro como una noche sin estrellas. Es la cabeza de Marc. Y la cosa mejora por momentos: me ha babeado la tira del pantalón del pijama, porque, según parece, el tío duerme con la boca abierta y a pesar de tener veintidós años sigue siendo un bebé. Un bebé gigante, pero un bebé. Sonrío sin poder evitarlo.

Su brazo me rodea la cintura. Se ha enganchado a mí como si fuera una almohada; la suya permanece intacta a mi izquierda, donde debería estar Marc ahora mismo. Por su culpa no me puedo mover. Si lo intento, sé que lo voy a despertar. Estoy completamente atrapado porque el chico que me gusta se ha quedado dormido encima de mí. Puede parecer algo positivo, pero también puede ser un problema, porque no creo que Marc sea consciente de que su cabeza descansa sobre mi abdomen y de que su boca queda muy cerca de mi paquete. Y con los pantaloncitos del pijama no hay secretos, se nota todo. Cuando Marc abra los ojos lo primero que se va a encontrar es una erección matutina. Se va a llevar un susto. Y yo un dolor de huevos impresionante. Joder. En serio. No me puedo mover. Por si fuera poco, también me rodea las rodillas con una pierna. Parecemos una pareja de novios que se han ido a acampar un fin de semana al bosque. Una escapada romántica en plena naturaleza.

Me doy cuenta de que podría acostumbrarme a esto. Que se me haría demasiado fácil. Que no necesitaría mucho más para ser feliz.

—Tío, te has pasado toda la noche roncando —dice abriendo un ojo, el muy capullo, todavía medio dormido.

—Tienes la boca cerca de mi polla.

—¿Le doy un beso?

—¿Te atreves?

—Puaj. —Su aliento me hace cosquillas en el abdomen—. No.

—Ya. No tienes huevos.

—Tú sí. Lo sé porque me queda poco para rozarlos con la barbilla.

—Eres idiota.

—Una tienda de campaña dentro de otra tienda de campaña —dice señalando mi entrepierna.

—Seguro que tú también la tienes dura.

Marc se termina de despertar, se separa de mí y se echa hacia su lado del colchón mientras suelta un «mmm» al aire. Después se queda bocarriba, con los brazos cruzados por debajo de la cabeza. Asiente con orgullo, dejando su erección al alcance de mis ojos por si quiero echar un vistazo.

—Nathaniel... ¿Tú qué opinas? ¿Está o no está dura?

Lo voy a matar.

—Eres un provocador.

—Solo estoy bromeando.

—Ajá... Pues ten cuidado con tanta broma si no te quieres quemar.

—Joder. Hablando de quemarse, qué calor hace en esta tienda, ¿no?

—Y eso que no llevas puesta la camiseta. —Aprovecho la ocasión para mirarle los pezones, el paquete se lo acabo de ver.

—Ah, es que yo siempre duermo desnudo. Contigo he dormido con los pantalones puestos por educación.

—Despertarte con una erección de ese tamaño me parece de todo menos ser educado —se lo digo sin ningún atisbo de vergüenza. Al fin y al cabo, ha dormido toda la noche enganchado a mí como un koala. Eso me da carta blanca por un día.

—Es grande, sí.

—¿Solo grande? Joder, Marc. Que nos hemos dormido siendo dos y ahora parece que somos tres.

Marc ríe y se la sacude un poco sin sacársela del pantalón.

—Dale un besito.

—Ni de coña.

—Va, tonto, si lo estás deseando.

—Quizá en otra vida.

—Lo que tú digas, Nathaniel.

—Y lávate esas manos.

—¿Qué manos? ¿Estas? —Las saca del pantalón y me las acerca al rostro.

—¡Para!

Me echo hacia el lado contrario del colchón haciendo la croqueta. Caigo a la parte dura, con la mala suerte de que Marc se tira sobre mí y me aplasta. Creo que se le olvida que es enorme y pesa mucho, porque no hace el amago de retirarse y ahora tengo todo su cuerpo encima. No solo la cabeza, un brazo y una pierna, no. Todo su cuerpo. Con lo largo que es.

—Me estás haciendo daño —me quejo.

—Y eso que todavía no te la he metido —dice el muy sinvergüenza, y al ver mi expresión suelta una carcajada y añade—: Es brooomaaa.

Se aparta sin dejar de sonreír. Es impresionante que, con lo grande que es, a veces parezca tan niño.

—¿Has dormido bien? —me pregunta entonces.

—La verdad es que sí.

—¿Te has rayado en algún momento de la noche por Liam?

—¿Liam? ¿Quién es ese?

Su sonrisa le llega a los ojos.

—¿Ves? Te prometí que no pensarías en él si dormías conmigo.

Marc se pone la camiseta cuando salimos de la tienda de campaña. Entrecierro los ojos para protegerme de los rayos del sol. Hace un día estupendo. La hierba se siente húmeda bajo la planta de los pies. Caminamos descalzos por el jardín hasta la puerta por la que se accede al salón. Antes de entrar, me pongo los calcetines que guardaba en el bolsillo del pijama para no ensuciar el suelo. Mi madre ha dejado café recién hecho en la cocina. Nos saluda dándonos un beso a cada uno y nos pregunta si hemos dormido bien.

—Estupendamente —responde Marc—. Pero no me habías dicho que tu hijo ronca.

—¡Que yo no ronco!

Le pego un manotazo, Marc se descojona y su risa conecta directamente con mi corazón y hace que me lata a toda velocidad.

Mi madre se queda mirándonos sonriente mientras nosotros comenzamos una nueva batalla dialéctica.

Al final Marc consigue lo que quiere, picarme, y cuando no sé cómo defenderme de sus acusaciones falsas decido quitarme un calcetín y tirárselo a la cabeza, aunque él lo esquiva. Marc aprovecha para ponerse detrás de mí, entonces me abraza por detrás y me sube en volandas, con toda la naturalidad del mundo, delante de mi madre. Y como a chulo no le gana nadie, se despide de ella sin bajarme al suelo, le desea que pase una agradable mañana, mientras yo pataleo el aire inútilmente sin ninguna posibilidad de escapar de sus brazos.

Mi madre vuelve a sonreír por la complicidad que ve entre nosotros. Me guiña un ojo antes de irse a otra habitación y yo los pongo en blanco, fingiendo que por dentro no estoy sonriendo como un crío por estar así con Marc. Él me lleva en brazos por la casa. No deja que mis pies toquen el suelo hasta que llegamos a la cocina.

—No me vuelvas a coger así nunca más —protesto, y él me saca la lengua—. Hablo en serio.

Por supuesto que no hablo en serio. Estoy encantado, feliz. Marc lo sabe. Hemos pasado demasiado tiempo juntos como para no reconocer las señales: a veces mis palabras dicen una cosa y mi cuerpo reacciona diciendo todo lo contrario, como la sonrisa que estoy tratando de disimular para no ser demasiado evidente.

—¿Te gusta el café con azúcar o sin azúcar? —pregunta. Luego abre un armario de la cocina al azar, buscando dónde guardamos el azúcar.

—Con azúcar. Pero me echo muy poco. El azúcar está en el armario de la esquina. Sí, ese.

Saco un cartón de leche y dos tazas. Marc vierte una cucharadita de azúcar sobre la mía y me mira para que le diga que pare.

—¿Bien? ¿O echo un poco más?

—Así está bien. Gracias.

Marc me tiende mi taza. Me siento delante de la mesa, pero él se queda de pie, apoyado en la encimera de espaldas a la ventana de la cocina. La ventana le hace contraluz y deja el contorno de su cuerpo brillante. Me fijo en sus anchos hombros, iluminados desde atrás. Casi parece que vayan a crecerle alas.

—Marc.

—¿Mmm?

—¿Repetiremos lo de dormir juntos en la tienda de campaña?

—¿Aunque en mitad de la noche me apropie de ti y te use de almohada?

—No me importa. —Porque decirle «haz lo que quieras conmigo» sería pasarme de directo.

—¿Y que babee? —Levanta una ceja, avergonzado—. Sí, ya sé que te he babeado la tira del pantalón, lo he visto y me parece asqueroso. Perdóname. Me daba apuro decirte nada, ¿sabes?

—Pero si tú no tienes vergüenza —digo para picarlo.

—Joder, cabrón, con algunas cosas sí. —Ríe—. Tampoco soy un robot. Tengo sentimientos y esas cosas.

—Me da igual si se te cae la babilla al dormir.

—¿Seguro?

Me parece tan mono que se preocupe por eso.

—Seguro.

Sonríe abiertamente.

—Vale. Hecho. Cuando quieras repetimos.

Sé que no me lo tengo que tomar al pie de la letra, pero me encantaría responderle que, por mí, todos los días.

Marc acerca los labios a su taza y prueba el café sin dejar de mirarme. Vuelvo a ver en sus ojos el mar calmado y la tierra mojada. Qué bonitos son. Y qué guapo está recién levantado, con la camiseta arrugada, algunos mechones en punta y el bostezo que se le escapa entre sorbitos de café.

Le doy un trago largo al mío para esconder mi sonrisa.

Sí, podría acostumbrarme a que todas las mañanas fueran así. A que Marc pasara a ser lo primero que viese nada más despertarme. A que me usase de almohada toda la noche. A que su brazo me agarre por la cintura y su pierna descanse encima de las mías. A no querer moverme para dejarlo dormir un poco más. Joder. No tendría ningún problema.

El lunes vuelvo a ver a Liam en clase, pero no hablo con él a lo largo de la mañana. Por eso me sorprende cuando, al terminar el entrenamiento de béisbol, se acerca a mí con paso decidido y me agarra de la muñeca antes de que entre en los vestuarios.

Los dos tenemos la frente perlada de sudor. El pelo mojado. Las mejillas ligeramente sonrosadas por el ejercicio físico.

Liam clava sus ojos grandes y verdes en mí.

—Ayer no me invitaste a tu casa y era domingo —dice malhumorado.

Ayer estaba con Marc. Vi la película con él. Mi madre ni siquiera me preguntó si no iba a verla con Liam, a pesar de que es una tradición. Creo que desde que sabe que Liam también me gusta prefiere que pase más tiempo con Marc.

—Tú tampoco me dijiste nada —respondo a la defensiva.

—No sabía si querías o no.

Se queda esperando mi respuesta. Le contesto con la primera excusa que se me ocurre, aunque en realidad no necesito ninguna porque se supone que estamos enfadados. ¿De verdad esperaba que yo le escribiera para proponerle un plan de peli y palomitas en mi casa? ¿Tal y como están las cosas?

—Se me olvidó.

—Se te olvidó —repite mientras entrecierra los ojos, porque es evidente que no me cree.

—Sí. Se me olvidó por completo.

Entonces Liam me besa. Coge mi cara y aplasta sus labios contra los míos. Me besa con la boca cerrada sin darme tiempo a reaccionar. Y a pesar de ser un beso robado, después de hacer chocar su boca con la mía sus labios se quedan muy quietos y el beso se convierte en algo diferente a lo que fue en su inicio. En algo frágil. Vulnerable. Como un reflejo de nuestra propia relación, que pende de un hilo.

Es un beso que solo das a otra persona cuando tienes miedo de no poder besarla más veces en el futuro.

Es... como si Liam por fin hubiese entendido que me está perdiendo y esta fuera su manera de hacerme volver a él.

Cuando se separa de mí tiene los labios brillantes. Pero no solo son los labios. Sus ojos también brillan, y lo hacen con un profundo sentimiento de tristeza.

—¿Por qué lo has hecho?

—Para que no se te olvide.

Y sé que ya no habla de quedar los domingos para ver una película. Se refiere a nosotros.

33
Lanzarse

Beatrice sigue erre que erre con que Liam siente algo por mí. Yo le digo que no, que me lo dejó bastante claro la última vez que tuvimos sexo. Por supuesto no le cuento que el lunes me besó y noté un cambio en él. Un brillo en los ojos que no pasé por alto y del que Beatrice ya me había hablado antes. Le he estado dando vueltas a eso, a la pena que me transmitieron sus ojos y a lo que quiero y no quiero con Liam.

Tengo claro que no quiero volver a follar con él, y que cualquier acercamiento sexual que intente conmigo va a conseguir el efecto contrario, que dé pasos hacia atrás y me aleje más todavía. Pero cuando pienso en esos ojos tristes, dudo. Porque vi algo en su mirada que la hacía diferente. No había ningún muro. Era como si algo dentro de Liam se hubiese roto. Como si... ¿sintiese algo por mí? Yo qué sé. En cualquier caso, es algo que ahora me hace plantearme muchas preguntas. Preguntas que prefiero no compartir con mis amigas para evitar rayarme más de la cuenta. Además, las pobres también se merecen un respiro, que están en medio de todo.

Lo que sí les cuento es que el sábado dormí con Marc en una tienda de campaña.

—Dormiste con él —repite Melody, alucinada.

—Sí.

—Tú con Marc. En una tienda de campaña.

—Sí.

—¿Habéis...?

—No, no.

—¿Nada? ¿Ni siquiera un beso?

—No. Nada de nada.

Aunque me hubiese encantado hacerlo. Besarlo durante toda la noche.

Beatrice me mira y me señala con el dedo.

—¿Lo ves?

—Ver el qué.

Sube los ojos al cielo. Estamos dando una vuelta por el pueblo, comiendo pipas y bebiendo una Coca-Cola.

—No me vaciles. Tú a Marc le gustas.

—Os acabo de contar que no nos dimos ni un beso.

—Pero habéis pasado la noche juntos. Te digo yo que este siente algo fuerte por ti.

—Ahora resulta que todos sienten algo por mí —digo con ironía—. Solo somos amigos.

—Eso decías de Liam y mírate cómo ha acabado.

—Como el culo.

—Bueno, más bien, por el culo.

Melody suelta una carcajada por la pullita que me ha lanzado Beatrice.

—A propósito, ¿cómo te van los ensayos en casa con Marc?

—Bien.

Si soy tan breve es porque no quiero que mi expresión les dé alguna pista de que Marc también me gusta. Aunque creo que ya lo saben. Hay cosas que no hace falta decir en voz alta para que resulten evidentes, y Melody y Beatrice siempre han sido un poco brujas.

—¿Solo bien? ¿Ya habéis bailado juntos?

—Sí.

Mis amigas se miran entre ellas y comparten una risita de colegialas.

—¿Podéis madurar? —me quejo.

Beatrice tira las cáscaras al suelo y me observa con diversión.

—¿Y cómo ha sido? ¿Marc te ha cogido por la cintura y tú

a él del cuello? ¿Habéis puesto música y habéis bailado dando vueltas por tu habitación como en *Barbie en el Cascanueces*?

Fue exactamente así. Asiento con la cabeza y ellas aprietan mucho los labios para aguantarse una nueva risotada. El sonidito que hacen al echar aire por la nariz me recuerda al de una tetera.

Y al final me veo soltando lo que tanto me he empeñado en guardarme para mí.

—Creo que me estoy pillando de los dos.

—¿De Liam y Marc?

—Sí.

Beatrice se gira para mirar a Melody.

—¿Te lo dije o no te lo dije?

—Pero... ¿seguro? —pregunta Melody—. Porque es muy raro que te pilles de dos personas a la vez.

—Total. Que te gusten dos es difícil. —Beatrice coincide con Melody.

—Igual soy yo, que soy muy fácil.

—O igual no sientes lo mismo por los dos y uno te gusta más que el otro —dice Melody después de beber de su lata—. ¿Lo has pensado?

—Últimamente solo hago eso. Pensar.

—A veces es mejor hacer las cosas sin pensar —opina Beatrice.

—Si les pido que hagamos un trío los tres es demasiado fuerte, ¿no? —les suelto de golpe.

—¡Nate! —Melody abre los ojos como platos.

—Es brooomaaa. —Joder, ahora parezco Marc. Le he copiado hasta el tono con el que lo dice. Me pongo serio—: Además, con Liam ya he puesto punto final. No vamos a volver a follar. Lo digo muy en serio, no sé por qué sonreís así.

—Si tú lo dices. —Beatrice se mete unas cuantas pipas en la boca y sonríe como un hámster.

—Eres lo peor.

—¿Sabes? Ando un poco perdida con el tonteo tan raro que os traéis entre manos Marc y tú. —Habla con la boca llena—. A veces, en el teatro, parece que os vais a besar y otras que os vais a matar. Necesito que me aclares qué pasa ahí.

—Ni yo mismo lo sé —me sincero con ellas—. Marc me va a volver loco entre tanto jueguecito y tanta broma. Loco en el sentido de que no tengo ni puta idea de si él quiere que pase algo entre los dos o no. Por eso no me atrevo a dar el paso. No sé si le gusto. A veces creo que sí. Por cosas que dice y hace. Pero luego pienso que no por lo mismo.

—Pues lánzate —propone Melody.

—¿Y si me rechaza?

—Si te rechaza, pues dejas de perder tu tiempo pensando en alguien con el que nunca será.

No es mala idea. Besar a Marc.

—Tengo curiosidad por saber cómo es en persona —dice Melody—. Solo he visto a Marc en fotos.

Hablando de ver a alguien solo en fotos...

Melody sigue hablando por la *app* con ese chico del que ya ha empezado a pillarse y que aún no ha visto en persona. Sí que lo ha visto en fotos, en muchas, igual que él la ha visto a ella. Ahora Melody ya sabe cuál es su nombre y cómo es su cara. Me alegro por mi amiga, pero me jode que no nos quiera decir quién es el chico misterioso. Dice que es muy probable que nosotros lo conozcamos y prefiere esperar a tener varias citas con él antes de desvelar su identidad, para que no se gafe. Lo que sí nos ha confesado es que nunca se había sentido tan a gusto enviándole fotos de su cuerpo a un tío y que le encanta tener conversaciones subidas de tono hasta las tantas de la madrugada porque le hacen soltarse cada vez más y ganar seguridad en sí misma. El chico le gusta y también le gusta cómo es ella cuando intercambia mensajes con él.

—¿Que cómo es Marc en persona? Pues un tiarrón que si te da un abrazo te deja preñada. —Beatrice se humedece los labios.

—Joder, no te cortas ni un poquito —la reprendo.

—¿Qué? ¿Es verdad o no? Si cierro los ojos todavía lo veo follando con Olivia.

—Espera. —Melody se dirige solo a Beatrice—. ¿Tú también los viste?

—Fue hace mucho. Y yo no quería verlo, ¿eh? —dice. La miro enarcando una ceja y veo que mi amiga hace un esfuerzo por no sonreír—, pero la puerta del despacho de Olivia estaba abierta. —Levanta los hombros con una inocencia fingida.

—Y te encontraste el pastel —resume Melody.

—Sí..., el pastel. —Beatrice nos echa una mirada pícara y comparte con nosotros su mente perversa—: Melody, por tu culpa me estoy imaginando a Marc como si fuera una tarta llena de nata. Ahora quiero ser la chica del cumpleaños. Coger su enorme vela y soplar, y que se cumpla mi deseo.

—Joder, la monja quiere guerra —digo.

—Sor Beatrice está salida de cojones. —Se ríe Melody. Y hacemos chocar nuestros refrescos.

—Salida no. Estoy falta de cariño —corrige Beatrice a Melody. Se gira para mirarme—. Anda que vosotros también —dice, refiriéndose a Liam y a mí— ya podríais haberme hecho un llama-cuelga para que me apuntase a hacer un trío. ¿Por qué no me lo habéis ofrecido nunca?

—Tú y yo somos amigos —le aclaro.

—¿Y Liam y tú qué sois?

—Eh..., amigos. Bueno, ahora mismo no sé si seguimos siéndolo.

—¿Entonces? ¿Si todos somos amigos por qué no compartimos? —Sonríe con malicia.

—No presiones al pobre —me defiende Melody—, que bastante lío tiene ya como para meterte a ti también en la ecuación.

—Hablando de meter... ¿Qué plan tienes con Liam? Porque las dos nos sentimos un poco incómodas. Cuando estáis cerca, la tensión se corta con un cuchillo. Lo tenéis que solucionar —comenta Beatrice.

—Sí, tienes que hablar con él y hacer las paces.

—No es tan sencillo —replico yo.

—Es tan sencillo como decirle que no quieres seguir mal con él —dice Beatrice—. Y que te gustaría volver a ser su amigo. Pero sin follar.

Tiene sentido que me lo diga precisamente Beatrice. Nadie más indicada que ella. Yo desde siempre he sido de los que piensan que tu pareja debe ser también tu mejor amigo. O mejor amiga. Hace unos años con Beatrice no funcionó, pero porque hay gente con la que no conectas en ese sentido. También es cierto que lo de que se convirtiera en mi mejor amiga vino después, cuando, al ver que como pareja no sentíamos ni fu ni fa —menos en el sexo, que se nos daba bien y nos entendíamos en la cama—, decidimos seguir viéndonos sin acostarnos. Íbamos al cine, a la bolera, al karaoke... y ya. Después cada uno a su casa. Lo pasábamos bien, aunque los dos teníamos claro lo que esperábamos del otro. Que el rato que pasábamos juntos ya no eran citas, y por eso no nos besábamos cuando se nos presentaba la oportunidad. Al principio fue raro no terminar desnudo entre sus piernas. Los dos somos muy sexuales y follar con ella era fácil. Pero fue la mejor decisión. Eso hizo que dejase de ver a Beatrice como a una chica con la que los sentimientos no habían ido a más, para convertirse en una amiga a la que le estaba cogiendo cariño muy rápido. No hubo corazones rotos ni por su parte ni por la mía. Solo un cambio de dirección.

Y eso es lo que tengo que hacer con Liam ahora. Dejar de imaginarme trazándole curvas invisibles en la palma de su mano y volver al principio. Al camino compartido del que nunca debimos desviarnos. El problema es cuando pienso en el beso que Liam me robó el lunes antes de desnudarse y entrar en las duchas. Ese beso es como una tormenta. Y así es imposible encontrar el camino para volver a casa. Porque estar con Liam era eso, estar en casa. Sentirme a salvo. Y no sé cómo se vuelve al principio después de que todo termine.

—Vale, se lo diré.

—¿Cuándo? —insiste Melody.

—No lo sé.

—No lo sabes —recalca Beatrice.

—No, no lo sé. Un día de estos. No me presionéis.

Nos terminamos los refrescos y cada uno vuelve a su casa.

Estoy ojeando la biblioteca del salón, sacando y guardando libros antiguos de mi padre, cuando, en uno de ellos, el de la Segunda Guerra Mundial, encuentro varias hojas escondidas.

Están dobladas por la mitad. Lo primero que pienso es que mi padre las usa de marcapáginas, pero cuando abro una de ellas me doy cuenta de que en realidad son cartas. Están escritas a mano con tinta azul. No reconozco la letra. No es la de mi padre ni la de mi madre.

Hoy, mientras paseábamos los dos solos por el pueblo, he tenido que contenerme para no cogerte de la mano. Y entonces ha ocurrido. Casi sin querer, nuestros dedos se han rozado durante medio segundo. Solo una caricia. Una mano desnuda que se encuentra con otra que ya conoce. Solo una caricia, sí, pero te juro que yo he sentido que en mi pecho se inflaba un globo de helio. Y en ese momento casi mando todo a la mierda. He estado a punto de buscar tu mano otra vez y no soltarte. De volverme hacia ti y besarte sin que me importe nada.

¿Hasta cuándo vamos a seguir así? Teniéndonos tan cerca y tan lejos.

Estoy cansado de esta situación... pero no de ti.

De ti no me puedo cansar.

De ti siempre quiero un poco más.

La segunda son solo dos frases:

Ojalá un día pueda ser lo que hoy nos parece tan difícil.

Ojalá lo sepan todos de una vez.

La tercera parece una despedida:

Ya no espero un final feliz para nosotros. Y quizá nuestra historia no sea la más bonita de todas las que se han contado, porque a la gente le encanta hablar y escribir sobre el amor. Pero siempre pensaré, pese a todas las historias que nacen y mueren cada día, que la nuestra fue la más real.

Guardo las tres cartas tal y como me las he encontrado y devuelvo el libro a su sitio. No sé quién se las ha escrito, porque no vienen firmadas, pero sé que las cartas eran para mi padre. Y lo sé, porque mi madre y yo odiamos todo lo que tenga que ver con la historia y las guerras. Solo a él se le ocurriría guardarlas dentro de un libro que nosotros pasaríamos por alto.

Me quedo con una mala sensación, como si hubiese leído algo que en realidad nunca debería haber leído. Intento no darle vueltas al asunto ni empezar a hacer teorías de quién le escribía a mi padre esas cartas, ni por qué las sigue guardando con tanto celo.

Un rato después recibo un mensaje. Saco el móvil del bolsillo del pantalón. Sonrío al ver quién es. Es alucinante el efecto que pueden llegar a provocar unas pocas palabras cuando el que te escribe es esa persona especial. Yo estaba en la mierda y ahora, con un simple mensaje, todo ha cambiado para bien. De pronto he dejado de sentirme mal por el tema de las cartas y de sentirme atrapado en una tormenta por Liam. Ahora me imagino que estoy en la orilla del mar, con el agua refrescándome los pies y la espuma besándome los dedos. Marc tiene ese poder sobre mí. Sé que es peligroso, porque darle tanto poder a alguien se convierte siempre en un arma de doble filo. Pero solo por la sonrisa que consigue robarme siento que merece la pena. Aunque luego pueda salir mal. Porque también puede salir bien.

Marc: Estoy dando una vuelta con la moto. Me paso a buscarte?

Yo: Ya me echas de menos?

Marc: Más bien me pillas de camino.

Yo: Capullo. No mientas.

Marc: Tú también me echas de menos, que yo lo sé.

Niego con la cabeza y, sin dejar de sonreír, tecleo mi respuesta a toda velocidad.

Yo: Nos vamos a ver mañana en el teatro.

Marc: Y esta noche no? :(

«Pues claro, tonto», pienso nada más leer el mensaje. Joder, me muero de ganas. Y me encanta comprobar que Marc también tiene las mismas ganas que yo. Por eso le he dicho que ya nos vamos a ver mañana. Quería saber qué respondía a eso. Y me ha gustado. Vaya si lo ha hecho. La sonrisa de bobo no me la quita nadie.

Sin embargo, me hago el remolón. Solo para ponerlo un poquito nervioso.

Yo: No uses la carita triste en mi contra. No te va a funcionar

Marc: :((((

Yo: Mañana a las seis. Buenas nochesss.

Marc: Nooo.

Marc: Porfa.

Marc: :(((((((((

Sonrío. Lo besaría solo por lo mono que es. Y encima está buenísimo.

Yo: Avísame cuando estés llegando y te espero fuera.

Marc: Bieeen :)

Mi estómago burbujea. Subo corriendo a mi habitación para cambiarme de ropa y mirarme en el espejo. Los ojos me brillan de una forma descarada. Supongo que esa es la ventaja de que te gusten dos chicos a la vez. Si uno de ellos te rompe el corazón, siempre te quedará una de las dos mitades intacta porque llevará escrito el nombre de la otra persona.

34
La casa del árbol

Mis manos se agarran con fuerza a su chupa de cuero. Me sigue dando un poco de miedo estar subido a la moto con Marc, pero si hay algo que me da más miedo es tener su culo pegado a mí. Como Marc dé una curva pronunciada con la moto, va a notar un pinchazo del que, desde ya, no me hago responsable. Tengo miedo de mí mismo.

Hemos dejado atrás el barrio de casitas idénticas de Blacktown y nos estamos acercando al bosque. Mis padres no me dejaban venir aquí de pequeño. Decían que era un lugar peligroso. La gente se inventaba leyendas para asustarnos y mantenernos lejos; la más famosa, que en las noches de luna llena aparecían hombres lobo que se comían a los niños.

Pero no vamos hasta allí para descubrir si la leyenda es cierta o no. Lo que queremos es llegar a la estación de tren que fue abandonada hace más de cincuenta años. Las vías bordean un lateral de Blacktown como si fueran una enorme grieta que separa el pueblo del bosque.

Marc aparca la moto en el andén que está en medio de la estación y que separa las dos vías por las que antiguamente circulaba el tren. Algunas personas, según he leído en internet, se tiraban a las vías del tren para suicidarse. Pensar en ello hace que trague saliva.

Marc me ayuda a quitarme el casco. Primero lo desabrocha

y después lo saca de mi cabeza con delicadeza. Sus dedos rozan mi cuello y ese efímero contacto me deja una sensación agradable y cálida. La brisa de la noche me revuelve el pelo. El cielo está cubierto de estrellas. Aquí, sin la contaminación lumínica, brillan con tanta intensidad que parece hasta posible rozar alguna con las yemas de los dedos si estiras mucho el brazo.

—¿Ves ese vagón de ahí? —Sujeta los dos cascos en una mano y señala con el mentón hacia un lado de las vías—. Es mi casa del árbol.

—¿Tu casa del árbol es un vagón abandonado en mitad de la nada?

—Sé que desde fuera no tiene muy buena pinta, pero las mejores cosas nunca son lo que parecen. Te va a encantar —dice, y noto cierto orgullo e ilusión en su voz, como si le gustase mucho la idea de compartir ese lugar conmigo.

Nos acercamos a la puerta del vagón. Está cerrada con un candado. Marc saca una llave oxidada del bolsillo de su pantalón y abre la puerta con un chirrido. No pregunto cómo ha conseguido la llave, pero es algo que me intriga, porque nadie tiene un vagón de tren para él solito, así como así.

Pulsa un interruptor y el techo y las paredes del vagón se iluminan con cientos de lucecitas naranjas, todas ellas unidas por un cable larguísimo. Es como una telaraña de luciérnagas.

—Bienvenido a mi lugar secreto.

—Guau.

Es lo único que puedo decir. Eso y que Marc tenía razón cuando ha dicho que las mejores cosas nunca son lo que parecen. Porque este vagón, desde fuera, parece una cosa, y lo que te encuentras dentro es otra completamente distinta. Algo así es lo que me pasa a medida que voy conociendo a Marc. Al principio tuve prejuicios y pensé que sería de una manera, y conforme vamos compartiendo más ratos juntos me doy cuenta de lo desacertado que estaba con respecto a él. Quizá eso es lo que hace que me resulte tan fascinante. Nunca deja de sorprenderme. Ahora mismo, por ejemplo, me ha dejado con la boca abierta.

El vagón está reformado por dentro. Las paredes, llenas de

estanterías con libros. Tiene toda la pinta de que, si este lugar fuese una librería y estuviese abierta al público, sería la típica que se hace famosa por lo rara y diferente que es. Aquí vendría la gente a hacerse fotos, aunque el lugar sea pequeño.

Igual que la cama. Porque sí, hay un colchón colocado en el centro con sábanas limpias y blancas. A simple vista, diría que caben dos personas delgadas, pero si quisiéramos tumbarnos Marc y yo, que somos dos chicos grandes, como mínimo nos tocaríamos con el hombro.

—Te ha quedado un picadero muy mono —digo para chincharlo.

—No es un picadero, imbécil. Es una casa del árbol.

—Ya. Ahora es cuando me dices que nunca has tenido sexo en esta cama y yo finjo que me lo creo.

—Bueno, he tenido mis historias, claro —dice con una sonrisa ladeada.

—Me lo puedo imaginar.

—¿Otra vez imaginándome desnudo, Nathaniel?

Su pregunta me da un leve tirón en la entrepierna.

—No sé de qué me hablas, Marc.

—Seguro que no.

—¿Por qué tienes tantos libros? —Pero no solo son los libros. También es el techo, que está recubierto de hojas de papel con cosas escritas a mano—. ¿Y todo eso lo has escrito tú?

—Sí.

Doy un paso con la mirada clavada en ese techo lleno de palabras de tinta negra y azul, alucinado.

—¿En serio?

—Muy en serio. Me gusta escribir.

—¿Desde cuándo?

—Supongo que desde siempre. Cuando era pequeño sentía que no encajaba en ningún lugar. Escribir me daba la posibilidad de crear otros mundos en los que sí lo hacía. Así es como empecé con esto. También escribo canciones. Las canciones sí las termino, los libros no. Cuando estoy escribiendo un libro me gusta llegar solo hasta la mitad y luego pasar a otro.

Voy a preguntar por qué nunca termina los libros que empieza, pero él se adelanta y me hace una confesión con la que no contaba.

—La única persona a la que he traído aquí ha sido a mi ex. Era mi rincón para respirar y me gustaba compartirlo con ella.

Si lo que dice es verdad y solo ha estado aquí con su ex, con la que tuvo una relación de cuatro años, tengo que ser alguien importante para Marc si ahora lo está compartiendo conmigo.

—A veces nos pasábamos horas y horas sentados en la cama, cada uno con un libro —me sigue contando—. Después de leer hacíamos el amor. Y después de hacer el amor, ella cogía mi libreta, en la que escribía un poco de todo y de nada, y yo la subía a mis hombros. Lo hacía para que ella pudiese arrancar las hojas e ir pegándolas en el techo. Era nuestro cielo de papel. Cuando cortamos dejé de venir aquí. Hacía un año que no pisaba este lugar.

—¿Por qué?

Marc alza los ojos y los pasa por las hojas que hay pegadas al techo. Como si la respuesta a mi pregunta se encontrase escrita en ellas. Como si todo ese lío de páginas desordenadas formase un *collage* que encierra a su vez una historia de amor mucho más grande.

—Porque no sé qué hacer con todos los recuerdos.

Y no necesito más para entender lo que quiere decir. De repente, los veo a ellos. A un Marc más joven y enamorado besando a una chica a la que no puedo verle la cara. Las noches contemplando las estrellas sentados en el andén. La intimidad que encierra este lugar repleto de libros y lucecitas naranjas. La magia del primer amor llenándolo todo.

Podría decir que me da celos imaginármelos juntos en esa cama. Pero cuando noto la punzada, sé que no es por eso. Es por la imagen de ella subida a hombros de Marc para crear juntos un cielo de papel y tinta.

Esa es, para mí, la verdadera intimidad.

—¿Puedo hacerte otra pregunta?

—Claro.

—¿Por qué me has traído aquí?

—Solo no iba a poder.

Entrecierra los ojos mirando el colchón. La está viendo a ella. A su ex. Tumbada sobre la cama. Desnuda. Como un espejismo de lo que pasó aquí hace mucho.

—Pero... ¿por qué yo?

Marc vuelve el rostro hacia mí y suspira.

—Sinceramente, no lo sé. Sentía que tenías que ser tú. Que me iba a hacer bien. Y como lo sentía así, he preferido no darle muchas vueltas.

—Si le damos muchas vueltas a las cosas, terminamos por dejar de hacer la mayoría, porque, cuanto más lo pensamos, más miedo nos da —le digo poniéndome en su lugar, aunque también dejándole caer de alguna forma que entre nosotros hay una tensión que puede darnos miedo justamente por no saber qué hacer con ella.

Me dejo caer sobre el colchón, sin pedirle permiso, tal y como acostumbra a hacer Marc cuando está en mi habitación.

Desde aquí el sitio es más mágico si cabe. Una estantería a cada lado. El techo lleno de hojas pegadas. Cada lucecita naranja ilumina una palabra al azar. Tengo la sensación de que, si cierro los ojos, voy a dormir dentro de un libro.

Pero no cierro los ojos. En lugar de eso, me levanto de un salto porque quiero pararme a leer algo de lo que tiene escrito. Marc no dice nada. Me contempla en silencio, aunque sé que no me mira a mí, que está pensando en sus cosas. En su pasado. En ella.

—¿Te gusta The Scream?

—No mucho.

No quiero quitarle mérito a su estilo, pero no puedo evitar decir en voz alta lo que pienso.

—La letra me recuerda mucho a la de sus canciones.

—Ah.

—Con esto no estoy diciendo que los hayas copiado ni nada. Pero... me ha recordado a ellos. Un poco —añado al final, intentando suavizarlo y no herir su orgullo de artista.

Marc se encoge de hombros y finge indiferencia.

—Bueno, ya sabes lo que dicen, todo está inventado.

Vale, le ha molestado.

Sus ojos se oscurecen y entiendo que mi comparación no le

ha hecho demasiada gracia y que debería haber mantenido la boca cerrada. Al fin y al cabo, él me ha traído aquí para compartir conmigo una parte muy íntima de su vida y yo, en lugar de decirle que lo que escribe me parece precioso y que no me imaginaba que tuviese tanta sensibilidad, porque la imagen que da de tipo duro es completamente opuesta al Marc que descubro en este vagón de tren, tengo las pocas luces de decirle que lo que he leído me recuerda a las canciones de un grupo que no para de sonar en la radio.

Quería ganar puntos con Marc y me está saliendo al revés. Así, no.

—¿Y nunca has terminado ninguna novela de las que has escrito? —aprovecho para hacerle la pregunta que no he podido hacerle antes para cambiar de tema.

—Alguna que otra, pero les he puesto un final abierto.

—¿Por qué?

Marc no necesita pensar la respuesta. Le sale sola.

—No me gusta que las cosas terminen.

—Eso te ha quedado muy nostálgico.

—Lo soy. Soy nostálgico desde pequeño, qué le vamos a hacer. —Observa mi rostro y me anima a decir lo que pienso de eso, algo que ya se puede imaginar—: Vamos, dilo. Lo estás deseando.

Sonrío al ver que me conoce tan bien.

—La verdad es que no te pega nada ser nostálgico.

Marc me devuelve la sonrisa.

—Según tú, nunca me pega nada de lo que te digo que soy.

—A partir de ahora te voy a llamar el chico de las contradicciones.

—¿Y cómo me están quedando?

—¿Las contradicciones? —Alzo una ceja. Marc asiente y yo echo una amplia mirada por todo el vagón. La verdad es que el sitio es precioso, parece sacado de un cuento. Y lo mejor de todo es que esto también es Marc. Por lo menos, una parte de él—. Pues te están quedando muy originales.

Y lo digo con orgullo. Me parece superoriginal que haya reformado un vagón de tren para convertirlo en una habitación. Este lugar es mágico. La cama con sábanas blancas en el centro, que al estar rodeada de libros parece una página en blanco. Las estanterías. El techo forrado de historias de aventuras y canciones de amor... Es una pasada que lo haya hecho todo él.

Marc echa la cabeza hacia atrás y se ríe con ganas. Y su risa de pronto lo llena todo. Incluido yo. El sonido de su garganta me pellizca el pecho y me ruboriza.

Es diferente a otras veces. Siempre terminamos riéndonos por cualquier chorrada, pero ahora... ahora su risa no me resulta contagiosa, no la siento como uno de esos paréntesis en los que dejamos de meternos con el otro y nos relajamos; de hecho, lo que me pasa es que me pone mucho más nervioso que antes. Pero nervioso en el buen sentido.

Entonces me doy cuenta de que Marc ya no solo me gusta, que me estoy enamorando de él.

—¿En qué piensas, Nathaniel? Te has puesto rojo.

—Es la cerveza que me he tomado antes de quedar contigo, que me empieza a subir.

—Ya.

Y con ese «ya» parece decirme que sabe que no es la cerveza y que a mí lo que me pasa es él, como dice Taylor Swift en su canción.

Sin embargo, no comenta nada más, como si prefiriera guardar mi secreto y hacerse el loco para que no me sienta incómodo.

Yo no lo miro, no puedo, sigo con la vista clavada en todas esas historias escritas por él sin acabar que cubren el techo del vagón, en la telaraña de lucecitas naranjas. Entonces noto su mirada sobre mí.

—Todo lo que empieza tiene un final —rompo el silencio, volviendo a lo que escribe.

—Mis historias no.

—No, tus historias no.

—Y por eso me gusta escribirlas.

—¿Me dejarás leer alguna?

—La mayoría son de aventuras.

—¿Y?

—Y... que no sé si es muy de tu rollo.

Me vuelvo para mirarlo.

—Vaya, vaya.

—¿Qué?

—Que ahora soy yo al que no le pega algo que sí le gusta.

—¿A ti te gustan las novelas de fantasía? Con dragones, batallas... Esas cosas.

Lo pone en duda, y yo me las doy de sabiondo porque quiero sorprenderlo. Además, siento que si tenemos algo en común recuperaré el punto que he perdido.

—Me encantan.

—¿Te has leído *Canción de hielo y fuego*?

Ni siquiera he visto la serie.

—Sí.

—¿Y qué tal?

—Un pasote.

Marc entrecierra los ojos.

—Ya. ¿Cómo se llama el primer libro de la saga?

Pillado.

No respondo y la sonrisa de Marc se ensancha.

—Mentiroso...

—Vale, no lo he leído, ¡pero soy todo un aventurero en la vida real!

Marc suspira y se cruza de brazos. Lleva la chupa de cuero completamente abierta, así que puedo apreciar cómo se le marcan los músculos bajo la tela de la camiseta blanca. Está muy bueno.

—¿Un aventurero? ¡Vaya, vaya! Y yo podría ser el malo...

Su voz se vuelve profunda y sensual. Está intentando provocarme. Jugar conmigo.

—Yo también puedo ser el malo.

Los ojos de Marc brillan y se le dibuja una sonrisa pícara en la cara.

—Seguro que sí.

—Lo digo en serio.

—Tú tienes una pinta de bueno que no puedes con ella.

—Igual me pasa un poco como a ti, que soy el chico de las contradicciones —replico lanzándole una mirada retadora.

Eso parece gustarle.

Sus ojos siguen clavados en los míos.

—Igual sí.

—¿Y cómo me están quedando? —le copio la pregunta que me ha hecho antes a mí.

—¿Las contradicciones? Mmm, interesantes.

¡Le parezco interesante! ¡Diez puntos para Gryffindor!

—Entonces... ¿me dejarás leer tus novelas? Aunque estén sin terminar y yo no sea muy fan del género fantástico.

Marc descruza los brazos. Mi mirada se pierde un segundo en el cuello de su camiseta antes de volver a sus ojos, que me observan con un interrogante.

—Y si no eres fan, ¿por qué las quieres leer?

—Porque las has escrito tú —respondo con total sinceridad.

Marc sonríe con ternura y asiente.

—Claro que te dejaré leerlas, tonto —dice, y noto cariño en su voz.

Y yo le devuelvo la sonrisa mientras me lleno de una ilusión que nace en mi estómago y se extiende de pies a cabeza.

—Gracias por dejarme entrar en tu casa del árbol.

«Gracias por confiar en mí, Marc», es lo que le he querido decir con esa frase. Sé que él me ha entendido.

—Bah, ya ves tú, me haces una paja y estamos en paz.

Esto último lo dice como si nada, con esa chulería que a veces le hace venirse arriba. Y el muy imbécil, al ver lo mucho que abro los ojos, rompe a reír. Yo también me río, pero es una risa nerviosa que intento controlar para que no suene muy aguda.

No quiero que note que su comentario me deja fuera de juego. Que me estoy imaginando cómo sería meterle mano y buscar su erección. Agarrarla con suavidad y acariciarla de arriba abajo. Notar su piel caliente y endurecida entre mis dedos. Marcar un ritmo constante y llevarlo al límite para que explote y se corra cuando quiera.

Para él puede ser una broma, pero lo que para mí no es una broma es que Marc me despierta sensaciones que lo mismo no debería sentir por alguien que todavía no sé muy bien qué espera de toda esta complicidad que vamos tejiendo con el paso de las semanas.

«Me haces una paja y estamos en paz.»

El tío suelta una burrada como esa y se queda tan a gusto, sin saber que a mí con ese comentario ya se me ha puesto durísima y que tengo que ser rápido para comprender que lo decía de coña, que no iba en serio, porque de ir en serio yo habría aceptado de muy buena gana. Le habría dicho que sí con los ojos cerrados y la boca abierta, casi como si el favor me lo estuviese haciendo él a mí. Le tengo unas ganas increíbles.

—Me parece un trato justo —respondo a lo de masturbarle.

Ahora el que abre mucho los ojos es Marc. Mi contestación le ha roto los esquemas. Pero, en lugar de reírse y cambiar el rumbo de la conversación, decide seguir jugando con ese fuego que poco a poco nos empieza a quemar a los dos.

—Lo es. Una paja a cambio de leerme es un buen trato.

—Aunque, pensándolo mejor, si todo lo que voy a leer está sin terminar..., lo verdaderamente justo sería dejarte a medias.

Marc hace un puchero de lo más adorable.

—Nate, eso... eso sí que es ser malo.

—Ya te he dicho que podía serlo. No sé por qué te sorprendes.

Los dos compartimos una sonrisa cargada de intenciones.

El calor que hace dentro de este vagón por culpa de lo que me estoy imaginando con Marc me resulta insoportable. Y lo que me estoy imaginando es que lo empujo contra el colchón y me lanzo sobre él. Que me pongo a besarlo con toda mi alma. Que me peleo con su pantalón para bajárselo hasta las rodillas y sacar de su bóxer mi trofeo. Que agarro su pesada erección entre los dedos y dibujo círculos con la lengua. Que mis labios envuelven su polla y van bajando despacio hasta llegar a la raíz y tener a Marc enterito en mi boca.

En eso pienso. Por eso tengo tanto calor.

—Pero luego me tocaría a mí ser malo contigo... —me advierte, y noto de nuevo un tirón en la entrepierna.

—¿Eres una persona vengativa?

—A veces.

—Ya veo.

—No, todavía no me has visto —dice, y eso parece una

invitación para que me lo imagine siéndolo conmigo. Imaginar que me hace una mamada y que, cuando estoy a punto de correrme en su boca, se saca mi erección de golpe y me deja en el borde del acantilado. A punto de saltar. Con todas las ganas.

Trago saliva. Me va a explotar todo como sigamos alargando esta conversación.

—Entonces tendré cuidado.

—Entonces... tendrás que portarte bien y ser bueno —dice, tirando de la cuerda.

Sus labios se curvan en una sonrisa que, a simple vista, parece inocente y encantadora, pero que, en realidad, es fuego y oscuridad. Porque ese también es Marc, alguien que siempre esconde algo en todo lo que dice o hace, incluso cuando se abre a ti y se muestra transparente.

—Lo seré. Seré bueno y me portaré bien. —Si esto no es tontear, yo... no sé. Lo único que me falta es ponerme a hacerle señas con la mano de lo que quiero que me meta en la boca.

Marc carraspea y cambia el peso de una pierna a otra. Parece que algo lo incomoda. Algo que le aprieta tanto como a mí.

—Eso está mejor —murmura con voz ronca.

«Se me ocurre una forma para estar mejor aún», pienso, y seguro que a él también se le ha ocurrido.

Y... joder. La tensión que se respira cuando nos miramos empieza a rozar un límite en el que me planteo mandarlo todo a la mierda, besarlo y arrancarle la chupa de cuero negra, la camiseta blanca, los pantalones, quitárselo todo para sentirlo piel con piel. Pero luego recuerdo mi mala experiencia con Liam y me obligo a retirar la mirada. No quiero meter la pata con Marc. Así que me concentro en lo primero con lo que chocan mis ojos cuando creo que mi fuerza de voluntad está a punto de abandonarme. Me fijo en la cama. Una cama en la que podríamos estar los dos tumbados en lugar de seguir de pie... Mierda, no, no, la cama no. Tengo que pensar en otra cosa.

Estoy intentando controlarme. No perder la cabeza. Y parece que Marc lo está pasando igual de mal que yo, ya que, cuando echo un vistazo rápido a sus vaqueros, veo que tiene una erección con la que podría parar un tren en marcha.

Espera. Marc está duro. Eso... eso cambia las cosas. Cuando desperté con él en la tienda de campaña asumí que era algo que nos pasa a todos los tíos. Pero esto es diferente. Esto es por mí. La erección se la he provocado yo.

Sorprendido por lo que acabo de descubrir, no puedo evitar volver a estudiar su entrepierna con el rabillo del ojo, solo un segundo, lo justo para verlo recolocarse el paquete.

—Así que te gusta mi casa del árbol —comenta para llenar el silencio.

—Me encanta, Marc. Es perfecta. Pero lo que más me gusta es saber que yo también te la pongo dura a ti.

Se lo digo. En voz alta.

A tomar por culo todo.

Y decir que nos sentimos atraídos por el otro es poner las cartas sobre la mesa. Besarlo después de eso me parece la acción más sensata. Y eso que yo no soy muy dado a hacer cosas sensatas. Soy más afín a dejarme llevar, lo que viene a ser que primero la lío y luego improviso.

Y eso hago. Con la adrenalina del momento, me lanzo. Le paso una mano por la nuca y me acerco a su boca con la sensación de que me muevo a cámara lenta. Que sus labios están increíblemente lejos y que ni siquiera sé si llegaré a probarlos o me quedaré a mitad de camino.

Dura medio segundo. Medio segundo en el que estoy acercándome al rostro de Marc con el pulso disparado y las piernas temblando. Medio segundo para salir de dudas. Para besarlo por fin o para que me haga la cobra del siglo y la líe por haber malinterpretado la conexión que tenemos.

Y, en mitad de ese mar de dudas y miedos, mi boca encuentra la suya.

Entonces ocurre.

Nos besamos.

Sus labios y los míos se aprietan con desesperación.

Al principio me daba miedo que Marc no quisiera besarme. Que hubiese malinterpretado las señales. Que las conversaciones subidas de tono hubieran sido solo un vacile. O que, simplemente, Marc fuera un chico al que le gusta gustar y ya, sin llegar a nada. Pero no. No es su caso. Él solito se encarga de callar todas las inseguridades que me atacan. Y qué forma más bonita de hacerlo.

Su boca se mueve sobre la mía con una pasión casi incontrolable, dejándome muy claro que está seguro de esto. Y, por si acaso, me lo confirma con una voz tomada por el deseo. Una voz que es música para mis oídos.

—Joder, Nathaniel. Te juro que me iba a volver loco si no me besabas.

Sonrío como un bobo. Y él no necesita nada más para saber que me acaba de hacer inmensamente feliz.

Volvemos a repetirlo. Marc me agarra de las mejillas para que ya no me escape de él. Mete su lengua en mi boca. Yo le paso la mano libre por la cintura y su erección se aprieta contra la mía. Sin dejar de besarme, se quita la chupa y la deja caer al suelo. Sus manos pasan a estar sobre mi culo y me estruja las nalgas, robándome un gemido que escapa de mis labios y que Marc atrapa con los suyos de buena gana, como si quisiera quedárselo solo para él.

Cierro los ojos. Saboreo al chico de las contradicciones. Disfruto de esa forma tan salvaje y brusca con la que me dice que me desea y que se muere por estar dentro de mí.

Sigo sin procesar que esto esté pasando y no sea otra de mis fantasías. Pero, por suerte, no lo es. Esto es real. Muy real. Marc me está besando. Y lo hace tan jodidamente bien que, después de él, cualquier otra boca que no sea la suya me va a saber a poco. Ahora que ya sé lo que es que alguien te bese entregándose a ti por completo, siempre voy a querer más.

Marc se separa de mí de golpe. Sus ojos son fuego. La erección es enorme. Tiene la frente llena de sudor y respira por la boca.

—¿Por qué has parado?

Sacude la cabeza y carraspea. Parece que ni él mismo se cree lo que está a punto de decirme. Y, con los labios hinchados y rojos, me informa de que, aunque le encantaría pasar la noche conmigo, le ha prometido a mi madre que antes de la una estaría en casa y tenemos que volver. Porque sí; Marc habla con mi madre por mensajes, se podría decir que son amigos.

Mi rostro expresa toda la decepción que siento. No me lo puedo creer, pero él me hace un mohín adorable, me acaricia las mejillas con sus manos y su mirada parece pedirme perdón sin palabras.

—¿De verdad, Marc? ¿Ahora? No quiero irme de aquí —le imploro.

—¿Crees que yo sí? Me quedaría a tu lado toda la noche. Estoy tan a gusto contigo que lo último que me apetece es llevarte ahora a casa. Pero se nos ha hecho tarde. Y no quiero que tu madre piense que no cumplo con mi palabra. Quiero hacer las cosas bien, Nate.

Salimos del vagón y cierra la puerta con llave.

La luna brilla como si fuera un faro en mitad de la marea negra. Hace más frío. El viento mece las ramas de los árboles.

—La próxima vez tenemos que venir con más tiempo. Podemos traer cerveza y una bolsa de patatas. O una botella de vino.

Ya estoy organizando otro plan para hacer con él. Es lo que más me apetece, estar con él hablando de todo y de nada; con o sin cerveza, el alcohol es lo de menos. Lo que importa es la compañía. Me doy cuenta de que cada vez me cuesta más separarme de Marc, pero que él también tiene vida fuera del teatro —de la que sigo sin saber mucho— y que seguramente le saldrán planes mejores para hacer con otra gente.

Por eso, cuando se queda estudiándome en silencio —son cinco segundos en los que solo me mira a los ojos—, mi inseguridad asoma la cabeza y tengo miedo a que me diga que no.

—¿Vino blanco? —me pregunta al final.

—Sí.

—¿El viernes por la tarde tienes algo que hacer?

Lo que tengo que hacer es un sobreesfuerzo para no gritar ni ponerme a dar saltos de alegría. Joder, sí que me gusta este chico, sí.

—No tengo nada.

—Pues ahora me tienes a mí. Así que, si quieres, pillamos unos vinos y nos los bebemos en mi casa del árbol.

—Genial —respondo con un hilo de voz.

Antes de subirnos a la moto, Marc me tiende el casco y, en un arrebato de ternura que me pilla por sorpresa, se inclina hacia mi rostro y posa sus labios en mi mejilla para dejarme escrito un beso.

—¿Y esto? —pregunto, con los ojos muy abiertos. Porque, aunque no debería ser así, vivimos en una sociedad en la que tener un gesto de amor con alguien parece mucho más difícil que hacerle saber que nos la pone dura.

Marc no responde enseguida, primero se monta en la moto, deja las manos sobre el manillar y echa el cuerpo ligeramente hacia delante para hacerme sitio.

—He visto que se te han puesto los mofletes rojos por el frío y me han entrado ganas de mordértelos. Pero al final lo he cambiado por un beso. —Su respuesta, tan clara y sincera como bonita, me deja sin aliento—. ¿Subes o te quedas aquí?

Conduce más despacio que a la ida. Tengo los dedos entrelazados sobre su abdomen. Noto su respiración. Y a pesar del casco y del frío que hace, el trocito de piel en el que me ha besado arde como un pequeño fuego que nada puede apagar.

«Ahora me tienes a mí.»

Sonrío.

Tú me tienes desde el principio, Marc.

Desde el puto primer día.

35
El beso

Solo pienso en el beso. En el que le di yo primero. El que me devolvió él después, con más necesidad y ganas que amor. Y en el que me dejó escrito en la mejilla, muy cerca de la comisura y con la luna sobre nosotros.

También pienso en su casa del árbol. En los libros y las canciones que escribe y que guarda bajo llave dentro de ese lugar. En que Marc me ha llevado hasta él porque quería enseñármelo.

En que, ahora, después de haberlo compartido conmigo, de haberse quitado otra capa para que yo lo vea más desnudo, más auténtico, necesito volver allí. Compartir las botellas de vino que nos hemos prometido y regalarnos recuerdos con los que seguir descubriendo nuestro pasado. Las heridas que escondemos. Lo que nos hace reír y llorar. Quien decimos que somos y como somos en realidad. Todas nuestras versiones. Los sueños que tenemos.

Hay algo adictivo en conocer a alguien que rompe con la idea preconcebida que tenías sobre él. Alguien que no se deja ver de primeras, que está lleno de capas, capas que hay que ir quitando una por una hasta llegar a la raíz.

Cuando estoy con Marc no sé qué va a ser lo siguiente con lo que me va a sorprender. Puede ser un detalle, pero siempre descubro una nueva contradicción. He llegado a un punto con él en el que nada nuevo debería sorprenderme, y aun así lo hace.

Y lo peligroso de cruzarnos con alguien que es un enigma en sí mismo es que los seres humanos somos curiosos por naturaleza.

36
Consecuencias de no ocultar lo que siento por ti

No han pasado ni veinticuatro horas de nuestro beso y parece que todo el mundo lo sabe. Es como si lo llevara escrito en la piel. Cuando llego al instituto esta mañana, lo primero que me pregunta Beatrice es que por qué voy con esa sonrisa de gilipollas. Después me pregunta por Marc, yo me pongo nerviosísimo y la muy cabrona lo adivina a la primera.

—¿Algo que le quieras contar a tu amiga del alma?

—No.

Entonces Beatrice me sonríe con astucia y orgullo.

—Por fin ha pasado.

—¿Por fin ha pasado el qué?

—Lo que tenía que pasar. Por fin te has liado con Marc.

—¡Qué dices!

—Que sí, que sí, que tú te has liado con él. Ya era hora, también te digo.

—No.

Y me pongo rojo como un pimiento. Y ella me señala con su dedo acusador y abre tanto los ojos que parece un dibujito animado.

—¡Qué fueeerteee! ¿Cómo ha sido? Quiero detalles.

Suspiro.

—En un vagón de tren. Ayer por la noche. Y ha sido increíble. Puto increíble, Beatrice. El tío besa de maravilla.

Melody también se alegra mucho por mí. En cambio, Liam no se muestra tan entusiasmado al enterarse. De hecho, se pasa la mañana entera sin dirigirme la palabra. Y después de comer, durante el entrenamiento, su mirada está cargada de tanto odio que parece que quiere llegar a las manos, darme una paliza. O estampar su puño contra una pared. Eso sí, la rabia le hace ser el más rápido de todos y consigue hacer un *home run* que ni el Correcaminos.

Cuando coincido con él en las duchas, no aparta la vista de mi cuerpo mientras se enjabonaba el suyo. Sigue acumulando rabia en su interior.

—Así que Marc y tú os habéis besado —suelta de golpe.

—Sí.

—Ya. Bueno. Me alegro por vosotros.

—Gracias.

Los dos nos miramos bajo el manto de agua cristalina que sale de la alcachofa. No son miradas cargadas de deseo, ni por su parte ni por la mía. Yo lo miro porque quiero saber por qué se enfada de esa forma si nosotros no somos nada porque él así lo ha querido. Y él... él no sé por qué me mira así. Como si lo hubiese traicionado. Me mira como miraría alguien a su pareja después de enterarse de que esta le ha estado poniendo los cuernos.

Cuando el último compañero sale de los vestuarios y nos quedamos solos, dice:

—Y... ¿cómo fue?

—¿Cómo fue el qué?

—Pues eso. Besarlo a él en lugar de a mí.

La pregunta al principio me descoloca y tardo unos segundos en darle una respuesta.

—No tienes derecho a estar celoso.

—Y no lo estoy. Te lo pregunto porque tengo verdadera curiosidad. ¿Besa mejor o peor que yo?

—Liam..., ya vale.

—No me hables como si fuera un crío.

—Pues no te comportes como tal. Estás siendo muy infantil con esa pregunta.

Se queda callado, mirándome con el agua cayendo sobre sus hombros como una cascada.

—No me gusta Marc para ti. Solo digo eso.

—Marc nunca te ha caído bien.

—Me parece que no es de fiar.

—Vale.

—Y que te va a hacer daño.

—Correré el riesgo.

—Pues no entiendo por qué, sinceramente.

—Porque es mi vida y yo decido, Liam. Y eso lo tienes que respetar. Al igual que yo he respetado que tú no quieras implicarte en algo más serio conmigo porque no es lo que buscas.

—¿Todo esto es por mí? ¿Besas a Marc porque no puedes estar conmigo?

Suspiro.

—No es por ti, Liam. Es por mí. Sí. Aunque te parezca increíble, te puede gustar más de una persona a la vez. Y a mí Marc me gusta.

Asiente. Y lo hace como si en el fondo ya lo supiera. Como si hubiese lanzado la pregunta al aire por lanzar, o... por una cuestión de ego.

Salimos de la ducha.

Hay un momento, cuando él se está abrochando el cinturón y yo me estoy atando la chaqueta, en el que nuestros ojos vuelven a coincidir y nuestras miradas se enredan hasta hacerse un nudo. La suya está tan cargada que me resulta imposible de descifrar. Pero son emociones fuertes, oscuras, de esas que terminan en punta y que te cortan si pruebas a acercarte demasiado a la persona que intenta mantenerlas controladas.

Me preocupo, y a la vez sigo sin entender nada.

«Liam..., ¿qué te está pasando?»

Durante el ensayo, Olivia, alerta, nos mira alternativamente a Marc y a mí. Beatrice lo lleva haciendo desde el principio, como si desde entonces ya intuyera cómo iba a evolucionar mi relación con Marc, a pesar de la rivalidad inicial que existía. Pero Olivia no. Olivia no había visto nada raro hasta hoy, un martes cualquiera de noviembre. Y lo mejor es que, seguramente, si no había sospechado nada era porque ni siquiera se le había pasado por la cabeza pensar que entre Marc y yo pudiese llegar a ocurrir algo. Más por la parte de Marc que por la mía, porque era con él con quien, hasta hace bien poco, estaba engañando a su marido.

Por eso había estado tan ciega. Porque no era un secreto para nadie que Marc y yo no nos soportábamos, que nunca nos poníamos de acuerdo en nada y que discutíamos lanzándonos pullitas como si estuviéramos en un partido de tenis que empezaba todos los martes y jueves a las seis de la tarde. Pero tampoco era ningún secreto que los ojos de Marc —porque no hacía nada por disimularlo— siempre me perseguían a todas partes. Daba igual que fuese yo el que estaba subido en el escenario interpretando a mi personaje o el que se quedaba observando desde los asientos, Marc se preocupaba por vigilar cada uno de mis movimientos. Y conforme las semanas han ido pasando, también lo ha hecho esa expresión altiva y borde desde la que me había mirado hasta ahora. Porque después de besarnos en la boca, siento que el muro bajo el que escondía sus verdaderas intenciones ha dejado de existir y me noto más conectado y cerca de él que nunca.

Los ojos de Marc me miran de una forma tan intensa que cualquiera podría llegar a confundirlo con amor. Me da miedo hacerlo yo también. No quiero agarrarme con uñas y dientes al beso que nos dimos anoche. Ahora sé que todos esos tira y afloja no solo lo entretenían, también se la ponían muy dura. Le gusta discutir y que le lleven la contraria. Y nosotros somos tan opuestos que siempre encontraremos un motivo para hacerlo y terminar con una sonrisa que ya no tendremos que preocuparnos en disimular.

O lo mismo sí deberíamos preocuparnos. A mí, por lo menos, debería preocuparme la mirada envenenada que me lanza Olivia desde su posición. Es una mirada de «te voy a abrir un expediente», «así que tú eres la razón por la que Marc no quiere seguir follando conmigo». El guion que tiene en la mano se arruga por la mitad. Creo que le gustaría poder hacer lo mismo conmigo. Cogerme por los extremos y apretarme hasta hacer una bolita de papel.

Cuando termina la clase de teatro, Olivia no se molesta en despedirse de nosotros. Sin embargo, antes de coger su bolso y dirigirse con aires de emperatriz a la salida, clava sus ojos maquillados sobre mí y me lanza una mirada acusatoria, como si le hubiese robado algo que era suyo. Son dos segundos. Suficiente para dejarme bien clarito que disfrutaría aplastándome como si fuera un insecto.

Y mientras tanto, por el rabillo del ojo, veo que Marc mira primero a Olivia y después a mí. «Cabrón, no te rías. Va en serio, ni se te ocurra reírte, porque estoy lo suficientemente nervioso como para que se me escape la risa floja como vea que empiezas a sonreír, y Olivia ya tiene bastante cabreo encima como para que a nosotros ahora nos dé por reírnos en su cara.» Joder, si a Marc le preocupa que puedan echarlo de la obra por no ser muy bueno interpretando su personaje, yo no debería relajarme demasiado. Lo mismo Olivia me echa porque piensa que, por mi culpa, ya no puede disfrutar de Marc los martes y los jueves.

Cuando Olivia sale por la puerta, suelto todo el aire que estaba reteniendo en los pulmones.

—Cuánta tensión... —susurra Marc, con un atisbo de sonrisa que contagia la mía hasta que los dos nos sonreímos de oreja a oreja.

—Estos chicos de hoy en día... —murmura Beatrice, elevando la mirada al techo y poniendo los brazos en jarras como si fuera una señora—. Cómo les gusta jugar con fuego.

—Ayer besé a Nate —le suelta Marc.

La confesión que este le hace a Beatrice me pilla absolutamente por sorpresa. La relación que han tenido ellos dos siempre ha sido profesional, nada que no tuviese que ver con *Anna Karenina*. Por eso no me esperaba que le hiciese ilusión compartir nuestro secreto con ella. Aunque en realidad no es un secreto para Beatrice, porque lo sabe desde primera hora de la mañana.

—Lo sé, lo sé.

—¿Sí? —Entonces me mira a mí—. ¿Ya se lo habías contado?

—No ha hecho falta —le dice Beatrice—. Ha sido la sonrisa de gilipollas con la que ha entrado al instituto lo que lo ha delatado.

—¡No es verdad! —Me pongo rojo.

Marc suelta una carcajada, yo sigo insistiendo en que está exagerando y Beatrice se empieza a partir de risa porque cada vez hablo más rápido y me pongo más nervioso. Entonces Marc me atrae hacia él agarrándome de la cintura y me da un beso rápido en la boca.

—¿Y este arrebato que te ha dado de repente? —le pregunto, con los ojos muy abiertos.

—Ah, esto..., por la sonrisa de gilipollas.

La que se me queda en cuanto me lo dice. Joder, al final me va a doler la cara de tanto sonreír.

—¡Puaj! ¡Largaos a un motel! —protesta Beatrice, muerta de envidia.

—A la casa del árbol —responde Marc, guiñándome un ojo.

—¿Eing? —dice Beatrice.

—Nada —digo yo.

—Cosas nuestras —pronuncia Marc sobre mi boca.

Y ese «cosas nuestras» suena demasiado bien como para no cerrar los ojos y dejar que me bese de nuevo.

—Vale, sí, sois monísimos, pero como os volváis a besar en mi cara llamo a la cárcel de gais —nos amenaza Beatrice, en broma. Luego se pone el dorso de la mano en la frente y suspira con dramatismo—: ¡Qué sola estoy! ¡Qué sola!

Marc la empuja con suavidad y Beatrice nos saca el dedo corazón. Ella siempre dice que el primer mandamiento es no comer delante del hambriento, pero al cruzar una mirada rápida con mi amiga veo que se siente feliz por mí. Los tres salimos del teatro con una sonrisa cómplice, relajados, como si por fin formásemos un equipo.

Marc me acompaña al coche. En lugar de despedirse, abre la puerta y se sienta en el asiento del copiloto con toda la naturalidad del mundo, y eso que no habíamos concretado ir a mi casa para reforzar sus dotes interpretativas. Yo, por supuesto, sonrío encantado con la idea de pasar más tiempo con él. Enciende la radio y se acomoda en el asiento, poniendo sus manos detrás de la cabeza con esa expresión chulesca que a mí me vuelve loco y hace que quiera besarlo.

—Estás cogiendo confianza muy rápido, ¿eh?

—Llevaba mucho queriendo estar así contigo. Solo estoy intentando recuperar el tiempo que hemos perdido porque los dos preferíamos matarnos antes que reconocer que nos sentíamos atraídos por el otro. Dios, ni te imaginas las ganas que tengo de follarte.

Reprimo una sonrisa traviesa al ver cómo se le marca la erección por debajo del cinturón.

—Creo que me hago una idea.

Marc no se recoloca la polla dentro de los pantalones porque ya no tiene que disimular conmigo. Aunque en realidad a él nunca le ha dado pudor lo de ir por ahí marcando paquete. No le dio pudor cuando se paseó en calzoncillos en la gasolinera. Tampoco cuando nos despertamos en la tienda de campaña.

Estamos los dos tan a gusto en el coche, riéndonos de las caras que ha puesto Olivia durante el ensayo de teatro, cuando el móvil de Marc comienza a sonar en su bolsillo. Baja un poco la música con una mano mientras con la otra saca el móvil y se queda mirando la pantalla más tiempo del necesario.

—¿No lo vas a coger?

—No lo sé.

—¿No lo sabes?

—No lo sé.

Echo una mirada rápida a mi derecha y veo el cambio en la expresión de Marc. Donde antes había un rostro relajado, ahora solo encuentro un mar de dudas, miedo e incomprensión. Se abraza a sí mismo sin soltar el móvil, como si de pronto se sintiera pequeño e intentase protegerse de algo. O de alguien.

Vuelvo a fijar los ojos en la carretera. Su móvil deja de sonar. Solo entonces, Marc suelta un largo y pesado suspiro y se frota los ojos.

—¿Te pasa algo?

—No.

Pero algo le pasa. Es como si su vida volviese a restablecerse después de dejar de leer el nombre de esa persona que llamaba en la pantalla de su teléfono.

Sigo conduciendo, atento a la carretera.

—¿Quién te llamaba?

—Alguien de mi pasado.

Y a mí me invade una sensación de malestar que se me queda atascada en el pecho, porque sé que se está refiriendo a su ex.

—Nunca me has dicho su nombre.

Marc coge aire por la nariz y lo suelta por la boca.

—Se llama Madison.

Asiento con la cabeza y hago girar el volante para cambiar de carril.

—Madison —repito en voz baja, poniéndole nombre a la herida de Marc.

—Es la chica con la que estuve saliendo cuatro años.

Trago con fuerza. No sé si tengo derecho a indagar en esa parte de la vida que Marc guarda con tanto recelo, pero conforme mis sentimientos hacia él aumentan, también lo hace la necesidad de querer saberlo todo sobre él. Hay tantas cosas que aún no sé —dónde vive, si tiene algún hermano, qué relación tiene con sus padres— que me da miedo estar enamorándome de alguien que en realidad no se ve preparado para empezar a compartir otro tipo de intimidad conmigo. Me da miedo que, a la hora de la verdad, él solo me deje verlo desnudo por fuera, pero se cierre en banda cuando toque hablar de algo que lo comprometa a mostrarse entero. Porque yo sí quiero mostrarme entero con Marc. Nunca he sido de medias tintas. Por eso le hago una pregunta que no sé hasta qué punto me va a hacer bien o mal.

—¿Cuándo fue la última vez que hablaste con ella?

—Hace un año.

—O sea, que después de dejarlo no habéis vuelto a hablar.

—No, no hemos vuelto a hablar. Esta es la primera vez que Madison intenta ponerse en contacto conmigo.

En algún momento de la conversación he empezado a acelerar por encima del límite permitido. Creo que al oír el nombre de esa chica por primera vez me han entrado unas ganas horribles de escapar, aunque uno no puede huir de lo que se le queda grabado a fuego en la mente. Me doy cuenta de lo rápido que vamos cuando veo que nos acercamos peligrosamente a un semáforo que se acaba de poner en rojo y nos lo vamos a comer. Pego un frenazo para no saltármelo. Nuestros cuerpos se echan hacia delante, el cinturón nos abraza con fuerza para no dejarnos escapar del asiento.

Miro a Marc. Tiene cara de susto.

—Perdón por el frenazo.

—No pasa nada.

Subo la radio porque no soporto el silencio que se crea después. Lo incómodos que nos sentimos dentro del coche. Por suerte para mí, empieza a sonar una de mis canciones favoritas. Una canción que, para los que somos de Blacktown de toda la vida, marcó un antes y un después. *Todos mis silencios.*

A mí me relaja. En cambio, el cuerpo de Marc se tensa como si hubiese recibido un golpe. Y eso que ya estaba en tensión desde que la tal Madison lo ha llamado por teléfono, y la cosa no es que haya mejorado cuando he frenado en seco.

Pero esta reacción es distinta, porque esconde algo.

No entiendo por qué cambia de emisora, ni de dónde nace esa necesidad de lanzarse a ella tan rápido, como si esa canción fuese tabú para él.

—¡Eh! ¿Por qué la quitas?

—Prefiero escuchar otra. Esta la tengo muy quemada.

No le pregunto nada más. Tampoco le menciono que cuando la gente normal se aburre de una canción no reacciona de esa forma, tensándose de arriba abajo, y que eso me hace pensar en que quizá lo que le pasa no es que esté harto de la canción, sino que le duele escucharla. Hay canciones que nos hacen viajar a algún momento del pasado en el que una vez fuimos felices y que ahora tememos recordar porque el tiempo —o una persona— lo ha convertido en una herida.

La herida me lleva de nuevo a su ex. A Madison. Esa chica que al final le rompió el corazón.

Y entonces me pregunto si será por ella. Si esa era «su» canción.

«No, sería demasiada coincidencia porque su ex lo acaba de llamar por teléfono. Seguro que es por otra cosa.»

Sin embargo, mi mente traza un boceto a lápiz de Marc y Madison bailando dentro del vagón de tren, rodeados de lucecitas y libros, meciéndose abrazados, sonriéndose con los ojos, antes de dejarse caer sobre el colchón para hacer el amor.

Los dibujos en movimiento de la pareja desaparecen cuando Marc apoya su mano en mi pierna. Aprovecho que nos detenemos en otro semáforo en rojo para sonreírle, pero debo hacerlo con menos ganas, porque nota que algo no va bien.

—No tienes que preocuparte por Madison.

—Vale.

Sé que no debería sentirme amenazado por el pasado de Marc, pero si empiezas algo con alguien y lo quieres proteger, aunque ese «algo» que tengas con la persona sea tan frágil como un beso, es casi imposible no mostrarse vulnerable cuando tu corazón reconoce el dolor en la mirada del chico que te gusta.

Me da un beso rápido en la mejilla y se queda trazando curvas invisibles en mi muslo.

—Y..., Nate.

—¿Mmm?

—Nada. Solo era para decirte que tienes un polvazo, que aún no eres consciente de lo bien que nos lo vamos a pasar, que te voy a hacer gemir hasta que te quedes sin voz y... que no quiero que se te olvide lo importante que eres para mí. Porque follar se puede follar con cualquiera, y vale que a ti te tengo muchas ganas desde hace tiempo, pero presiento que el sexo contigo va a ser muy distinto al que he tenido, por ejemplo, con Olivia... Y es que tú me importas de verdad. Y por eso sé que a ti no te voy a follar, Nathaniel. Porque a ti..., joder, yo a ti te lo voy a dar todo.

37
Tú eres el fuego

Marc pasa a recogerme el viernes por la tarde, tal como prometió. Al abrir la puerta de la entrada me encuentro a un tipo duro subido en una moto enorme con el casco negro ocultándole la cabeza. Saca mi casco y me lo pone él mismo. Lleva su chupa de cuero abierta y una camiseta blanca con una cadenita de plata, a pesar de que estamos en diciembre y hace un frío de cojones.

—Te vas a enfriar.

—No si me das calor.

Me subo a la moto y entrelazo las manos sobre su abdomen. Sonrío sin poder evitarlo. Todavía no me creo que Marc y yo vayamos a tener nuestra primera cita. Llevo pensando en eso durante toda la semana. Cuando he llegado a casa después de entrenar ya estaba de los nervios. Me he estado mirando en el espejo cada dos por tres porque quiero que todo sea perfecto y cuidar cada detalle. Mientras me duchaba, pensaba en lo que iba a pasar y me inundaba una felicidad que se desbordaba por cada poro de mi piel... Una noche entera con Marc, bebiendo vino y compartiendo confidencias en su casa del árbol, ¿qué más se le puede pedir a la vida?

Me quito el casco de la moto cuando llegamos al bosque. El peinado en el que tanto me había esmerado cuando me estaba arreglando se ha ido a la mierda. Seguro que mi pelo parece un nido de pájaros. En cambio, Marc está increíblemente guapo, y ni siquiera se tiene que esforzar en parecer atractivo; le sale de forma natural con gestos tan tontos como pasarse la mano por el pelo para despejar algún mechón rebelde de la cara.

Uso la cámara del móvil como espejo para ver el estropicio. Me peino pasándome los dedos a conciencia, tratando de devolverle a mi cabello la forma de ola, pero el casco me lo ha aplastado y ya no es lo mismo.

—Estás guapo.

—Estoy horrible.

—No seas bobo. A mí me gusta.

—Pues qué mal gusto.

—Yo te voy a ver precioso siempre, Nathaniel. Siempre.

Y me deja absolutamente mudo, sonriendo como un niño el día de Reyes, porque en los ojos de Marc se refleja un amor sincero. Y sé que no me ha vacilado, que lo ha dicho porque lo piensa de verdad. Eso me da un subidón de la hostia. De repente estoy flotando en una nube y el pelo es el menor de mis problemas.

Antes de ir a la casa del árbol hemos ido a comprar tres botellas de vino blanco, vasos de plástico, servilletas, un par de sándwiches cutres y una bolsa de patatas fritas. No será el menú de un restaurante con estrellas Michelin, pero compartirlo con Marc mientras charlamos sentados en su cama me sabe a gloria. Hablamos de un montón de cosas, sobre todo yo, que lo acribillo a preguntas. Él me va contestando las que le apetece, mostrándome un poquito más de él. Cuando no quiere contestarme a alguna, le mete un buen mordisco a su sándwich o rellena su vaso de vino y se queda mirando algún libro de la estantería, ignorándome sin ningún tipo de reparo. Para otros eso sería ser un borde de cojones, pero a mí no me molesta, porque entiendo que él también está en su derecho de ser reservado y que hay temas de los que, por lo menos de momento, prefiere no hablar. Me gusta porque Marc no tiene que fingir conmigo. Se muestra tal y como es. Y yo siempre voy a preferir que alguien se muestre real y que no intente responderme a ciertas cosas por quedar bien. Porque las personas que se atreven a mostrarse sin filtros, cuando te cuentan algo íntimo, hablan con el corazón.

Para cuando terminamos la primera botella de vino yo ya sé que pasó una infancia de mierda porque le hacían *bullying* en el colegio. Que lo llamaban gordo. Que no tenía amigos y se encerraba en su habitación a leer y escribir. Que se refugió en las novelas de fantasía para construir su propio caparazón de tinta y papel y hacer frente a todos los matones. Que su tamaño y los cojones que le echaba ante cualquiera que se riese de él hicieron que sus compañeros de clase no tardasen demasiado en cogerle miedo; por eso solo se atrevían a decirle algo cuando iban todos en grupo.

—Espera, creo que tengo una foto de pequeño. —Saca el móvil y busca en la galería hasta dar con una.

Me la enseña y yo abro muchos los ojos. Imposible.

—¿Este eres tú de verdad?

—Sí.

—Guau.

El niño de la fotografía y el adulto que tengo a mi izquierda no se parecen en nada, salvo por un detalle. Ambos tienen los mismos ojos. Y los ojos nunca mienten.

Asimilo toda la información nueva que ahora sé de él y lo miro con admiración y orgullo por haber sido tan valiente. También lo abrazo. Mucho y muy fuerte. Hasta que Marc me aparta los brazos de su cuello porque dice que lo estoy ahogando. Después me da un beso rápido en la boca y mientras yo me quedo sonriendo como un gilipollas él abre la segunda botella y rellena los vasos.

—Te toca a ti —dice.

Así que le vuelvo a hablar de Liam. Lo unidas que han estado siempre su familia y la mía. Cómo estábamos destinados a ser amigos desde el día en que nacimos, casi como un matrimonio concertado. Que Liam dio la cara por mí muchas veces y que gracias a él no me hicieron *bullying* en el colegio. Que siempre me protegía. Que éramos inseparables. Que todos los domingos quedamos en mi casa para ver *Pesadilla antes de Navidad*. Que nos apuntamos juntos a béisbol porque era el deporte que practicaban nuestros padres en la universidad.

Que vivimos muy cerca el uno del otro. Que veraneamos con su familia. Que celebramos juntos el Año Nuevo. Que Liam y yo nunca nos habíamos distanciado hasta que el sexo se convirtió en un problema.

—¿Echas de menos a Liam?

—Claro que lo echo de menos.

Marc asiente poniéndose en mi lugar y bebe un poco más de vino.

Sé que cuando se queda mirándome en silencio mientras yo le cuento mis cosas él me presta atención y pone verdadero interés. Con Marc me siento escuchado y comprendido como pocas veces me he sentido delante de otra persona.

—¿Y qué vas a hacer?

—Hablar con él. Pero hablar de verdad. Intentar hacer las paces. Ver si podemos volver a ser amigos.

—Pero tú no quieres seguir follando con Liam, ¿o sí?

—No.

—Y si ahora él te dice que ha empezado a sentir cosas por ti y que no se cierra a que pueda surgir algo más entre vosotros, ¿tú qué harías?

Pienso en el beso que me robó. En cómo le brillaban los ojos. «¿Por qué lo has hecho?» «Para que no se te olvide.» Pienso en la discusión de las duchas. En sus celos. En lo raro que se comporta conmigo desde que le dije que no me volvería a acostar con él.

—Eso no va a pasar.

—Pero si pasa, ¿qué harías?

Suspiro.

—La verdad es que no lo sé.

—¿No sabes si volverías a follar con él?

Lo miro a los ojos.

—¿A ti te molestaría?

Ahora el que suspira es Marc. Se queda un segundo mirando a la nada, como si estuviera imaginando la situación. Luego regresa a mí.

—A ver, tú eres libre de hacer lo que quieras con tu cuerpo —dice sin mojarse.

—No has respondido a mi pregunta.

—Tú también la has esquivado.

—*Touché.* —Le doy la razón, y choco su vasito con el mío antes de dar otro trago.

Aunque en mi defensa he de decir que es verdad que no sabría qué hacer. Quiero a Liam. Muchísimo. Pero empiezo a pensar que quizá no sea para mí. Puede que todo este tiempo haya estado confundiendo el amor que siento por él como amigo con uno mucho más grande para el que ni Liam está preparado, ni yo sé si podría corresponderle. O puede que sí, que sí sea para mí y sí pueda corresponderle. Que todo se deba a que quizá este no era el mejor momento para ir tan en serio, pero que, dentro de unos años, Liam y yo acabemos siendo novios y recordemos felices todas esas dudas que nos surgían cuando éramos jóvenes y aún no sabíamos quiénes éramos.

—¿Un poco más de vino? —me ofrece Marc, con una sonrisa irresistible a la que apetece lanzarse de cabeza.

—Por favor —respondo elevando mi copa.

Lo observo mientras la rellena. Sus movimientos elegantes. Sus manos sujetando la botella. Su pelo negro, y el mechón rebelde que siempre le cae por la frente y que a mí me parece tan sexi. Esos ojos que hipnotizan. La forma en la que se muerde tímidamente el labio inferior cuando se concentra en algo.

Es tan guapo que... que no sé.

Joder. Tengo la sensación de que me estoy metiendo en un triángulo del que no voy a saber salir.

Bebo un sorbo y, esta vez, lo miro directamente a los ojos. Lo hago intentando ver a través de él, porque me interesa mucho saber si le molestaría que «volviera» con Liam o si se la suda lo que yo haga con otros. Si esto que estamos haciendo significa algo para él o si luego empezará a quedar con más gente con la que también compartirá su casa del árbol. Que haya esquivado mi pregunta me hace pensar que sí le molestaría, pero no estoy seguro.

Marc corta mis pensamientos cuando su mano y su muslo me tocan sin querer. Ese simple roce despierta en mi interior un cosquilleo agradable. Parece mentira lo poco que me hace falta para que este hombre me ponga a tono.

Marc espera a que acabe de beber y vuelve a coger la botella para rellenarme el vaso de plástico hasta arriba. ¿Intenta que me suba el alcohol?

—No necesitas emborracharme para que te quiera dar un beso.

Sus labios se curvan en una sonrisa que es puro fuego. Su lengua se desliza de una comisura a otra, mojándolos en saliva, controlando las llamas que están a punto de devorarnos.

—Dame uno ahora, anda, que lo estás deseando.

—Te lo tienes muy creído.

—Ah, ¿que no tienes ganas de besarme? —Su voz suena ronca, íntima.

—Tengo las mismas ganas que tú.

—Pues entonces explícame por qué seguimos bebiendo vino y no estamos follando.

—¿La verdad? No tengo ni idea.

Sonreímos con complicidad y bebemos a la vez. Noto que el vino me empieza a subir y hace su efecto. Siento los brazos más relajados y la cabeza más pesada.

—¿Te apetece? —pregunta, toqueteando el vaso.

Me río por lo evidente que es la respuesta.

—Mucho.

—¿Qué te apetece exactamente que haga contigo?

—Lo que quieras.

—¿Lo que quiera, Nathaniel?

—Sí.

Marc inhala y exhala aire caliente por la boca. Sonríe divertido y cachondo y se moja los labios repetidas veces, preparándose para lo que está a punto de ocurrir.

—¿Alguna vez te han follado a cuatro patas?

Me quedo mirando el vasito de plástico porque noto que me sonrojo.

—Solo he follado con un tío, con Liam, y ha sido de pie.

—Vale.

Lo vuelvo a mirar. Sus ojos ahora están mucho más cerca. Marc me estudia el rostro con intensidad y yo me siento desnudo. El calor que flota en el vagón me hace pensar en las ganas que tengo de quitarme toda la ropa y tumbarme con él sobre el colchón en el que los dos seguimos sentados.

—¿Tú alguna vez lo has hecho con un chico? —quiero saber.

—Sí.

—¿Con cuántos? —le lanzo la pregunta y bebo otro sorbo.

—Mmm, unos diez o así.

—Joder, ¡¿diez?! —exclamo después de tragar.

—Quizá veinte. No lo sé. Más de treinta no.

—Hostia. ¿Y dices que llevas solo un año de soltero?

Marc sonríe encogiéndose de hombros, como si el sexo para él fuera algo tan normal como respirar.

—Tengo una vida sexual muy activa, si es a lo que te refieres.

—No hace falta que lo jures.

—¿Eso ha sido envidia o celos?

—Nada de eso. Yo estoy bien como estoy.

—Estarías mejor de rodillas comiéndome la polla.

—Pues entonces explícame por qué seguimos bebiendo vino y no te estás bajando los pantalones —lo parafraseo, cambiando solo la segunda parte de la frase. Eso tiene un efecto instantáneo en Marc, porque nada más escucharme obedece y se desabrocha el cinturón.

—Pon las manos juntas. —Es su voz, aunque suena diferente, como cuando estás viendo una peli y llega ese momento en el que se descubre quién es malo y este se pone a contar su maquiavélico plan.

Marc también tiene un plan para mí. Uno en el que yo termino atado por las muñecas. Habla con la voz tomada por el deseo.

—Nathaniel, las manos.

Si insiste es porque yo sigo físicamente quieto, a pesar de que mi corazón palpita tan rápido que es como si estuviera corriendo por todo el vagón en círculos y no pudiera parar.

Junto las manos y Marc me ata las muñecas con el cinturón. Contemplo sus larguísimos dedos mientras él aprieta bien el nudo, asegurándose de que no me pueda soltar por mi propia cuenta. No me agobio, al contrario, lo encuentro excitante. Joder, va en serio, que este hombre haga conmigo lo que quiera.

—Bien. Ahora te voy a vendar los ojos.

Vale, qué rápido cambio de opinión.

—Pero quiero verte —protesto.

—Y me verás.

—¿Cómo? Si me tapas los ojos no voy a ver nada.

—Te voy a enseñar a ver con los labios.

—Eso es imposible.

Entonces Marc sonríe como el que guarda un secreto y está a punto de revelártelo.

—¿Confías en mí?

—Confío en ti, pero...

—Ahora lo vas a entender.

—Vale —termino cediendo.

Marc se quita la camiseta delante de mí. La dobla hasta hacer una venda improvisada. Antes de acercármela a la cara y taparme los ojos, le doy un buen repaso de arriba abajo, porque el tío está cañón. Miro su apretado abdomen. Su ombligo metido hacia adentro. La línea de vello oscura y fina que se pierde dentro del pantalón. Las venas de sus antebrazos. Sus bíceps. O esos pectorales que se sujetan con firmeza desafiando las leyes de la gravedad. Los pezones es lo último que me da tiempo a ver. Después su cuerpo desaparece y Marc me deja a oscuras.

Huele muchísimo a él. La camiseta que rodea mi cabeza está impregnada de su olor. Y me encanta. Es una mezcla de hierbabuena, madera y pino.

Tengo los ojos cerrados, pero si los abro todo es negro. Tiemblo cuando los labios de Marc se posan con dulzura sobre los míos. Tiemblo, porque no esperaba que fuese tan delicado. Me besa como si me estuviese acariciando con una pluma. Yo dejo la boca entreabierta. La punta de su lengua recorre mi labio inferior, despacio, llenándome de saliva. La siguiente vez que me chupa su lengua ya no está caliente. Ahora está fría, húmeda y sabe a vino blanco porque acaba de darle un trago a la botella. Me chupo los labios para rescatar las gotitas de alcohol que se han quedado adheridas a mi piel. Oigo el sonido que hace el líquido chocando en el cristal de la botella cuando Marc la inclina para beber un nuevo trago. Oigo cuando la deja en el suelo, cerca de nosotros, al pie de la cama. Oigo cuando Marc mueve su cuerpo hacia delante y suena, muy bajito, un muelle del colchón al doblarse. Se está acercando. Y un segundo después vuelve a posar sus labios calientes sobre los míos. Lo hace con mucho cuidado y con la boca cerrada. Y cuando nuestros labios quedan perfectamente acoplados como dos piezas de puzle que encajan porque están hechas a medida, inclina la frente para que yo eche la cabeza ligeramente hacia atrás. Nuestras bocas siguen imantadas, pero ahora la suya señala el suelo y la mía el techo. Y entonces él abre una rendija al separar los labios y el calor se convierte en frío porque vierte dentro de mi boca todo el alcohol que guardaba en la suya. Me da de beber. Me lo acaba de pasar sin que se nos escape ni una sola gota por las comisuras.

Se separa y su voz suena muy cerca de mi rostro.

—Traga.

Su orden me hace temblar de excitación. El líquido baja por mi garganta. Dejo escapar un jadeo.

Estoy tentado de quitarme la camiseta que me tapa los ojos, únicamente porque me está dando mucho calor y noto la frente perlada de sudor. Pero, por otro lado, me gusta este juego y quiero seguir. Intento separar las manos, aunque el nudo que ha hecho en el cinturón es fuerte y no cede ni un poquito.

—¿Bien? —Se preocupa por mí.

—El vino sabe mejor de tu boca.

Una pequeña pausa en la que imagino que él sonríe.

—¿Quieres que te siga dando de beber? Todavía nos queda una botella.

—Te quiero a ti.

—A mí ya me tienes, Nathaniel.

—Entonces bésame —lanzo a la oscuridad.

—¿Y luego?

—Te lo he dicho. Puedes hacerme lo que quieras.

—Yo quiero hacerte el amor.

Sonrío por lo bonito que suena. Y porque parece una promesa.

Lo que Marc tiene de romántico lo tiene de guarro. ¿Cómo no voy a enamorarme de él?

Porque lo estoy haciendo. Me estoy enamorando de Marc. Y esto ya no tiene nada que ver con mi deseo oculto de vivir una historia de amor con un final de película y ser felices y comer perdices. No. Esto es de verdad. Me estoy enamorando de mi compañero de teatro, el tío con cara de prepotente, el de mirada penetrante y un ojo de cada color, el que entró en mi vida de la forma más inesperada y por la puerta grande..., una puerta que, por cierto, estaba abierta y pertenecía al despacho de Olivia. Me estoy enamorando del tío con el que llevo meses picándome por gilipolleces y que luego consigue sacarme una sonrisilla tonta o incluso hacerme reír a carcajadas.

Lo bueno de haber conocido a alguien como Marc, que al principio era un borde, es que, gracias a eso, he sido cien por cien yo desde el principio, porque ya había decidido que él no me caía bien y no tenía ninguna intención de caerle bien a él, así que no tenía que fingir. Lo de llevarnos de puta madre ha sido algo que ha venido después y una sorpresa para los dos. Igual que todo lo que nos envuelve y nos hace sentirnos tan cómodos cuando estamos juntos. Cómodos, a pesar de que yo ahora mismo tengo los ojos vendados y no veo una puta mierda. Este juego, con otra persona, no habría salido bien porque me habría entrado un agobio de la hostia y me habría puesto a gritar como si me fueran a secuestrar. Pero con Marc no. Porque confío plenamente en él. Tenemos complicidad, cariño y buen rollo. Por eso nos resulta igual de fácil vacilarnos como tener una conversación profunda. Por eso Marc no se corta a la hora de soltarme una burrada como «estarías mejor de rodillas comiéndome la polla», pero tampoco lo hace cuando quiere decirme algo tan bonito como «yo quiero hacerte el amor».

—¿Hacerme el amor? Joder. Y luego vas por ahí dando esa imagen de sobrado.

—No se lo digas a nadie.

Intuyo que él también acaba de sonreír.

Y después... silencio.

Me quedo esperando a que Marc vuelva.

No veo nada. Todo está oscuro.

Y sé el momento exacto en el que Marc me va a besar. Lo sé porque lo estoy viendo con los labios. Puedo sentir su proximidad, el calor que irradia su cuerpo, el aire saliendo por su nariz. Puedo ver el silencio que se crea justo antes de que su boca y la mía vayan a quedarse imantadas. Puedo verlo a él. Sí. Me va a besar ahora. Noto la fuerza que tira de los dos. Esa conexión.

Abro la boca para dejarlo pasar y, justo a la vez, Marc me mete la lengua, todo en perfecta sintonía.

Ni con una cuenta atrás habríamos estado tan compenetrados.

—Me has visto venir, ¿eh? —dice—. Sabías perfectamente cuándo te iba a besar.

—Y te estoy viendo ahora. Y estás sonriendo tan bonito que te quiero comer toda la polla.

Marc deshace el nudo de la camiseta y destapa mis ojos. Vuelvo a ver. Parpadeo hasta acostumbrarme a la luz. Me lo encuentro sonriendo, tal y como me lo imaginaba.

—Me ha dicho un pajarito que te has quedado con hambre —dice dibujando una expresión divertida y maliciosa en los labios.

El chico de las contradicciones libera mis manos y tira el cinturón al suelo. A continuación, se pone de pie y se baja los pantalones hasta los tobillos. Y luego se agarra el paquete sin miramientos, saltándose todos los formalismos y sacudiéndosela mientras pone una cara que dice: «Prepárate, que mañana no vas a poder ni caminar».

Me froto las muñecas mientras contemplo embobado cómo marca paquete.

—Y a mí otro pajarito me ha dicho que vas a hacerme el amor.

—¿Ah, sí? ¿Eso te ha dicho? ¿Y cómo se le hace el amor a alguien con esta cosa? —pregunta, y se la vuelve a sacudir como si su polla estuviera más cerca de ser un arma blanca que una herramienta para darme placer.

Esto me recuerda a cuando nos despertamos en mi tienda de campaña. Pero entonces Marc solo me estaba provocando y no se iba a sacar la erección de los calzoncillos porque nosotros no íbamos a hacer nada sexual. Ahora todo es diferente.

Las cartas están sobre la mesa. Y falta poco para que su polla esté en mi culo.

Me muerdo el labio inferior y niego con la cabeza.

—Madre mía..., qué peligro tienes.

—¿Peligro por qué?

—Porque te encanta jugar con fuego —le digo, refiriéndome a lo que tiene en la mano.

—Ay... Nathaniel, Nathaniel. —Suspira sin dejar de mirarme a los ojos desde su altura, y yo me siento muy pequeño porque estoy sentado a los pies de la cama—. Créeme —dice serio—, el fuego eres tú.

—¿Yo? —Me señalo el pecho.

—Sí. Porque no es normal el calor que hace aquí con el frío que hace en la calle.

—Pero si no he hecho nada.

—Tú haces que diciembre parezca agosto.

Y sé que no me ha dicho «te quiero», pero a mí me ha sonado igual.

Lo siguiente que ocurre es que lo beso en la boca. Le acuno la cara con mis manos y le meto la lengua hasta el fondo. Marc me devuelve el beso. Nuestras lenguas se ponen a acariciarse tal y como lo han hecho cuando yo tenía los ojos vendados. Le pellizco el labio inferior y lo suelto para volver a por más. Marc jadea contra mi boca.

Seguimos besándonos un rato más, respirándonos, pero mis manos ya no están en sus mejillas porque no se pueden estar quietas y necesitan tocarlo de arriba abajo, manosearlo con una intimidad que hasta ahora no habíamos tenido y que me muero por descubrir leyéndolo con mis dedos. No sé de dónde saco fuerza de voluntad para hacerlo despacio, a cámara lenta. Creo que es porque no quiero perderme ningún detalle que haya escrito en su piel. El lunar que tiene en la espalda. Un segundo lunar que encuentro en su abdomen, muy cerca del ombligo. Su piel está tan caliente que mis manos podrían derretirse. Sigo besándolo mientras estudio todos y cada uno de los pliegues y recovecos de su cuerpo, ese que, cuando lo vi por primera vez, me hizo pensar en una escultura de mármol blanca.

Y no andaba desencaminado. Porque sus músculos son fuertes y parecen estar esculpidos a golpe de cincel. Tocar a Marc es como estar en un museo y saltarte la línea roja de seguridad para profanar una obra de arte. Mientras lo beso siento que estoy probando unos labios que están prohibidos. Que hace demasiado calor como para no pensar que después de esto, de disfrutarnos de esta manera, arderemos en el infierno. Y no sé qué tiene lo prohibido que siempre se disfruta el doble. Así que le quito el bóxer y mis dedos se enroscan sobre su polla. Y me pongo a acariciarla como me gusta que me lo hagan a mí. Le hago una paja con mimo, llevándome la mano un segundo a la boca para escupir sobre la palma y así humedecer su pene y evitar que le tire la piel. Lo masturbo con suavidad hasta que su cuerpo me pide que vaya más deprisa.

Me excitan todos esos sonidos que salen de su garganta. La forma en la que Marc entrecierra los ojos y deja caer la cabeza ligeramente hacia atrás. Tanto como para querer meterme su polla en la boca y provocarle más y más hasta dejarlo sin aliento. Y eso hago. Abandono su boca y me pongo a repartirle besos por el cuello, las clavículas, el pecho... Voy bajando y bajando hasta que mi nariz repasa la línea de vello oscuro que empieza en su ombligo y termina en su entrepierna. El calor que emana la polla de Marc cuando me la acerco a la cara hace que salive. Poso mis labios sobre su cabeza y le doy un primer lametazo. Me gusta. Pruebo un poco más, empapándome de ese sabor salado y de la increíble sensación que despierta en mi paladar. Marc hunde los dedos en mi pelo y me agarra con fuerza, atrayéndome hacia su cadera para que introduzca nuevos centímetros de su polla en mi boca. Separo los labios y dejo que entre en mí.

—Ufff.

Cuando sale de mi boca tengo los ojos llorosos por el esfuerzo. Y solo han sido dos segundos. Después de ese vienen muchos más igual de intensos y profundos que el primero. Se la como de rodillas y Marc disfruta cediéndome todo el control a mí. Su polla, húmeda y dura, entra y sale de mi boca sin descanso. No sé cuánto tiempo estoy así, pero de pronto noto que sus piernas se tensan más de lo normal y que sus manos vuelven a agarrarme del pelo, esta vez no para instarme a que me la meta hasta el fondo, sino para sacármela.

—Me voy a correr.

Lo ignoro por completo.

—Me voy a correr.

Sigo chupando.

—Nathaniel. Me corro.

El sabor salado se hace más intenso.

—Me corro ya.

El primer disparo de semen llega cinco segundos después de su último aviso.

—Aaah. Joder. No, no, no. Aaah.

Cuatro disparos más. Cada nuevo disparo es más flojo que el anterior y expulsa menos cantidad. Cuando termina de correrse sale de mi boca con cuidado y recoge su pantalón del suelo para rebuscar en su bolsillo y sacar un paquete de clínex. Me ofrece varios a mí y coge otro para él. Se limpia el pene y yo escupo su corrida en el papel.

—No me quería correr tan pronto.

—Bueno, podemos seguir en un rato.

—¿En un rato? Nathaniel, ahora te toca a ti. Y no me gusta hacer esperar. Prepárate.

Marc se pone de rodillas y se mete mi erección en su boca. Me la chupa durante un buen rato, creo que incluso más del que yo se la he estado chupando a él. Cuando ya no puedo más, cuando noto que me corro, le aviso para que se retire si quiere que termine fuera, pero Marc no solo no se la saca, sino que encima sus labios se ponen a acariciarme con más ganas, y luego su lengua se concentra en la punta de mi polla mientras con la mano me hace una paja, como si quisiera provocarme ya el orgasmo. Cierro los ojos cuando estoy a punto de llegar al clímax. Echo la cabeza hacia atrás. Separo los labios. Gimo con fuerza y me abandono por completo.

Un disparo de semen.

Dos.

Tres.

Lo miro con una sonrisa cansada. Marc se pone de pie y escupe mi semen en un clínex con el que luego hace una pelota. Se limpia las comisuras con un segundo papel. Después se acerca a mí. Es la primera vez que nos corremos juntos y ninguno de los dos parece sentirse incómodo al respecto. Al revés. Es como si después de haber probado a qué sabe el orgasmo del otro ya no pudiésemos parar. Marc me besa sin importarle que yo me acabe de correr en su boca y que él lo haya hecho en la mía hace apenas unos minutos.

Cuando se separa unos centímetros se queda mirándome a los ojos. Hace varias respiraciones. Tengo miedo de que me diga que hay que volver a casa, como la otra vez.

—Túmbate, Nathaniel.

—¿En la cama?

—No, en las vías del tren. Pues claro que en la cama. Voy a hacerte el amor.

Me tumbo bocarriba y él saca un preservativo. También un bote de lubricante. Echa una generosa capa sobre la yema de sus dedos y luego me pide que separe las piernas para poder tener acceso a mi abertura. Me acaricia con cariño. Es suave y no intenta hacerlo deprisa. De hecho, me impaciento al comprobar lo lento que lo hace, porque a los dos minutos yo ya quiero que me introduzca por lo menos un dedo, pero Marc todavía sigue acariciándome únicamente por fuera. Le digo con un jadeo que lo haga ya. Que no espere más. Que estoy abierto para él. Marc obedece encantado y me mete un dedo. Gimo al sentirlo dentro de mí. Después, lo mete y lo saca repetidas veces hasta que considera que puede sumarle otro.

No hace falta que le suplique que me penetre, porque mi mano se lanza a buscar su erección a tientas y a intentar guiarla a mi abertura. Marc sonríe con un brillo oscuro en los ojos. Saca los dedos de mi interior y se acomoda entre mis piernas. La punta de su polla acaricia mi ano. Me sacude un escalofrío cuando introduce los primeros centímetros de carne. Es demasiado gorda. Mi primer pensamiento es que no me va a entrar. Mi segundo pensamiento es que quiero que me atraviese con ella. Cuando Marc consigue hundirse en mi interior los dos soltamos una fuerte bocanada de aire caliente. Ambos tenemos las pupilas dilatadas y una sonrisa cómplice por lo que estamos haciendo.

—¿Estás bien? —Se preocupa por mí.

—Perfectamente.

Marc se mueve y yo jadeo, porque cada movimiento que haga a partir de ahora lo voy a notar en mi interior. Él me pregunta todo el rato si estoy bien o si prefiere que cambiemos de postura o que vaya más despacio. Yo le respondo que voy bien y que no me duele, aunque al principio un poco sí me duele. Marc lo nota. Detiene sus embestidas abriendo mucho los ojos, pero yo llevo mis manos rápidamente a su culo para agarrarlo y atraerlo de nuevo hacia mí. No quiero que salga. Lo necesito dentro.

—Por favor —susurro acalorado.

Y entonces Marc solo asiente y vuelve a hundirse en mi interior para darme lo que le pido.

Mi corazón palpita con fuerza sobre mi pecho. Y también noto el suyo. Lo noto porque Marc se agacha para abrazarme y su pecho y el mío quedan imantados y ya no se separan. Nuestros cuerpos se confunden y se convierten en uno. Con cada nueva penetración, su polla entra más fácil y a mí me duele menos. No sé cómo explicarlo, pero sé que Marc no me está simplemente follando.

Estoy en la cama con un hombre que me está haciendo el amor.

Lo hace despacio, con dulzura, como si cada vez que se hundiese dentro de mí quisiera decirme que me quiere y que le encanta que por fin estemos haciendo lo que ambos deseábamos con tanta intensidad.

Me abrazo a su espalda y le clavo las uñas.

Todo esto, estar así con él, se siente demasiado bien como para ser real. Creo... creo que no necesito tocarme. Creo que si lo hago me correré en dos segundos. Y quiero ralentizar el orgasmo y que no me pille por sorpresa. Quiero estirar los minutos igual que mi interior se estira para dejarlo pasar y que él pueda provocarme todas estas sensaciones que me obligan a gemir en voz alta.

Me estremezco cuando sus embestidas se hacen más violentas. Ahora sale y entra en mí con ímpetu. Su aliento choca en mi boca. Su pelo revuelto se llena de sudor. Su frente se apoya sobre la mía y siento que estamos juntos en esto, que los dos vamos en la misma dirección, que nunca me he sentido tan unido físicamente a alguien como me siento ahora con Marc y que, después de esto, si tengo sexo con otra persona me sabrá a poco.

La mandíbula de Marc se tensa y luego escupe una palabrota.

—Joder.

—¿Te vas a correr?

—Sí —jadea con fuerza.

Parece que le da rabia porque no quiere terminar. Pero ya no depende de él, porque está demasiado cachondo como para permitirse el lujo de detener las embestidas que hacen crujir los muelles del colchón y que todos los libros se tambaleen en las estanterías como si fueran a caer sobre nosotros.

Una gotita brillante resbala por su frente y baja rápida por su nariz. Me cae en la cara, mezclándose con mi propio sudor.

—Me voy a correr, Nathaniel. Lo siento.

Marc empuja con tanta fuerza dentro de mí que noto que ya no queda espacio para nada más. Gime en mi oído y le oigo decir tres veces mi nombre.

Después, cuando ya no puede más, cuando ha dado todo de sí, susurra:

—Me corro. Lo siento, lo siento, lo siento.

—Yo también me corro. Yo también me... Aaah. ¡¡Aaah!!

Y entonces Marc consigue que me olvide hasta de mi propio nombre.

Los dos caemos desde la punta del acantilado. Pero no caemos al agua. Porque Marc me hace volar y estoy en el cielo.

Decir que el orgasmo me hace gritar sería quedarme corto. Nunca he sido tan escandaloso follando como ahora. Pero tampoco había sentido el sexo de una forma tan real como lo he sentido con Marc.

—Te has corrido. —Celebra con una sonrisa.

Y no, no es una pregunta, porque lo he hecho sobre él. Su estómago y el mío están manchados de mi semen.

—Tú también. Bastante, además.

—¿Has notado cómo me corría?

—Sí. Vaya si lo he notado.

—¿Y qué tal?

—Mejor imposible.

—¿Porque la tengo grande? —bromea.

—No, porque ha sido contigo.

Marc me sonríe con dulzura y me acaricia la mejilla dibujando un arco invisible con el pulgar.

—¿Qué voy a hacer contigo? —Y la pregunta parece más para sí que para mí.

—Esto. Haz esto. Todos los días —le suplico.

Marc me besa en la boca y sale de mí con cuidado.

Se incorpora para poder quitarse el preservativo. Observo en silencio cómo le ata un nudo antes de volver a la cama y dejarse caer bocarriba en el hueco que hay a mi izquierda.

Marc se queda mirando el techo del vagón y yo me quedo mirándolo a él. Respira trabajosamente. Está agotado. Su pecho sube y baja perlado de sudor. Nuestros hombros y nuestras manos se tocan. Su piel está tan caliente como la mía.

Se queda pensando en sus cosas. Un minuto después gira la cabeza y me mira a los ojos. Sonríe de nuevo. Yo le sonrío de vuelta. Y entonces Marc, sin poder contenerse, alza la mano para cogerme del mentón y acerca su rostro al mío. Me deja un beso increíblemente cariñoso escrito en los labios. Un beso en el que se puede leer «Me gustas, Nathaniel».

Y, por si no había quedado suficientemente claro, me lo confirma en voz alta, eso sí, a su manera, para no perder la costumbre.

—No me gustas, Nathaniel —susurra con intimidad.

—Ufff, Marc, ni tú a mí.

Encantado por mi respuesta y por lo que en realidad significa para nosotros, se queda mirándome un rato con el lado derecho de la cara enterrada en la almohada. Yo lo miro a él enterrando el lado izquierdo. Veo dos terceras partes de su cara. Hay tan poca distancia entre su rostro y el mío que compartimos el mismo aire.

Cierro los ojos un segundo cuando mi mente asimila lo que acaba de pasar. Lo que acabamos de hacer. Hemos hecho el amor. Y ha sido maravilloso. Todavía me tiemblan las piernas y sigo acalorado. Noto todo mi cuerpo húmedo y caliente, como si fuera una criatura marina.

Marc me vuelve a besar, esta vez en la mejilla. Me encanta que después de follar sea tan cariñoso conmigo. Que me siga mirando con esa adoración que hace que me sienta deseado y querido por él a partes iguales.

Se pone a dibujar curvas invisibles en mi hombro y habla bajando mucho la voz.

—¿Te cuento un secreto que no es un secreto?

—Por favor.

—Me gustas, Nathaniel. Mucho.

Sonrío de oreja a oreja.

—Y tú a mí.

Y no sé qué estará haciendo el resto de la gente, porque la vida sigue fuera de la casa del árbol.

Pero esta noche Marc y yo hemos parado el mundo y lo hemos hecho nuestro.

38

Echarte de menos. Quererlo todo contigo

Llevo tres días sin ver a Marc. Sábado, domingo y lunes. Mi idea era hacer planes con él el fin de semana, pero se ha ido a pasar unos días a Miami con su padre y no lo veré hasta el jueves. Sé que no vamos a estar separados mucho tiempo. De hecho, no es nada si pienso en que hace poco más de tres meses ni siquiera conocía a ese chico de mirada penetrante. Pero es fácil hacerse adicto a quien te hace reír. Y yo me he hecho adicto a Marc. Y no solo porque los dos terminamos muertos de risa picándonos el uno al otro, también porque me encariño rápido de las personas. Bueno, y porque el sexo con él es una locura.

El caso es que me he acostumbrado a compartir con Marc un puñado de horas todos los días. Ya sea en el teatro, ensayando en casa o hablando por el móvil. A descubrir más cosas de su pasado, de quién fue y quién es ahora.

Las apariencias engañan y, aunque yo ya intuía desde el principio que Marc fingía ser alguien que no era, que se escondía bajo esa actitud prepotente y altiva para protegerse de que le hicieran daño, tampoco sabía todo lo que iba a encontrarme al rascar en su coraza. Con nuestras conversaciones, siento que me deja echar un ojo por la mirilla para que pueda verlo cada vez mejor, más auténtico, más de verdad.

En eso somos dos polos opuestos. Yo me muestro como un

libro abierto, lo que ves es lo que hay, pero Marc es un diario que solo puedes abrir y leer si él te entrega la llave.

Y luego está su particular casa del árbol.

La estación de tren abandonada.

El vagón de las canciones.

El de las historias que no encuentran su final.

Un lugar mágico. Y si me ha dejado entrar, significa que soy importante para él.

—¿Qué tal con James? —le pregunta mi madre a mi padre en cuanto entra por la puerta. Cada vez pasa menos tiempo con nosotros en casa.

—Hemos ido al karaoke.

—Conmigo nunca has ido.

—Si quieres la próxima vez vamos los cuatro —le propone mi padre, pero a ella no termina de convencerle la idea—. ¿No te apetece? James, su mujer, tú y yo. Será divertido. Joder, deberías haber visto a James esta noche. El cabrón no daba bien ni una nota. Eso sí, con un par de cervezas te monta un *show* que te lo pasas en grande. —Se le ilumina la cara siempre que habla del padre de Liam—. Le he tenido que pedir que dejase de hacer el ganso, porque ya no estamos en la universidad y había mucha juventud y nosotros estábamos dando la nota.

—Podríamos ir solo nosotros dos —propone mi madre, mirándolo con cariño desde el sofá.

—Solo nosotros dos. Me parece bien.

Mi padre apoya una mano en el hombro de mi madre y a continuación se agacha para darle un beso en la frente.

Ella se queda pensativa, dándole vueltas a algo.

Después, como queriendo alejar todos esos pensamientos que la han tenido durante unos segundos con la frente arrugada, parpadea, sacude la cabeza y se levanta para subir a la planta de arriba.

Mi padre chasquea los dedos como si hubiese recordado algo.

—Tengo una cosa para ti. —Me entrega una cajita envuelta en papel rojo—. Me ha pedido James que te la dé. Es un regalo. De parte de Liam.

Lo abro sorprendido, sin entender muy bien la razón que le ha llevado a regalarme nada, sobre todo, después de cómo están las cosas entre nosotros.

Es un Funko de Jack Skellington.

No puedo evitar sonreír y hacer un viaje al pasado en el que me encuentro con Liam, los dos de pequeños, comiendo palomitas de mantequilla y viendo *Pesadilla antes de Navidad*.

Regalándome este Funko, me ha hecho abrazar un recuerdo que guardo con él.

Por fin es jueves y voy a ver a Marc. Sé que vamos a ensayar la obra de teatro y que no es una cita, pero me muero de ganas de verlo.

Durante las dos horas en las que nos subimos al escenario y repasamos el guion es como si pudiese ver todos los hilos rojos que nos atan. Con cada mirada que me lanza va una sonrisa. Entre los dos tejemos una conexión especial de las que no se soportan cuando te toca ser el que lo observa desde fuera, en segundo plano. Me da cosa por Beatrice —por Olivia no—, no lo hacemos adrede, pero después de haber estado casi una semana sin vernos, se nota que, tanto a él como a mí, nos resulta imposible esconder las ganas que tenemos de volver a acostarnos.

Olivia parece tenerle miedo a esa conexión que ella también ve en nosotros. O rabia. No lo sé. Sus ojos expresan tantas cosas a la vez al vernos así que su mirada se emborrona como cuando el televisor se llena de puntitos negros y blancos que no dejan de parpadear. Nos tiene en el punto de mira. A mí más que a él.

A Marc se lo ve más suelto sobre el escenario, más cómodo con el personaje. Ha mejorado una barbaridad, aunque sé que todavía le queda mucho por aprender y que puede llegar a hacerlo mejor.

A las ocho, cuando termina el ensayo, Olivia le pide a Marc hablar un momento a solas con él. Noto una punzada en el pecho. Creo que son celos. Lo hace pasar a su despacho y cierra la puerta.

Beatrice y yo nos acercamos a hurtadillas y pegamos la oreja.

Nos llegan sus voces desde el otro lado.

—No, no. Para, Olivia. Escúchame. Ya hemos hablado de esto. No quiero seguir acostándome contigo.

—Antes te encantaba.

—Me encantaba, sí. Pero ahora las cosas han cambiado. Yo he cambiado.

—¿Eres gay?

—No.

—He visto cómo miras a Nate durante los ensayos.

—No sé de qué me hablas.

—Claro que lo sabes. ¿Me has cambiado por él? ¿Es eso?

—Ya te lo he dicho. No te he cambiado por nadie, el que ha cambiado he sido yo.

Beatrice me susurra bajito con un lado de la cara pegado a la puerta.

—Ufff, este se ha pillado de ti.

—Sssh. —Me llevo el índice a los labios.

—Podríamos echar uno de despedida. —Oímos que le propone Olivia a Marc.

Leo los labios de Beatrice. Le acaba de llamar zorra.

—No me apetece. —Marc la rechaza.

—A ti siempre te apetece.

—Pues ya no.

Estoy a punto de abrir la puerta para gritarle a Olivia que deje de insistir, que ha dicho que no quiere. Pero no hace falta. Porque la puerta se abre de golpe y Beatrice y yo nos caemos hacia delante. Una buena hostia por cotillas.

—¡No me lo puedo creer! —Olivia grita histérica—. ¡Todo el mundo fuera de mi despacho!

A Beatrice y a mí se nos pone la cara roja de vergüenza.

Echamos a correr por el pasillo y salimos de las instalaciones del teatro con el corazón a mil.

Ya en el coche y de camino a casa, la pantalla de mi móvil se ilumina encima del asiento del copiloto. Echo un vistazo cuando me toca esperar en un semáforo y leo el mensaje. Es de mi jefa.

Olivia: No hace falta que vengas el martes.

—¡Joder!

Beatrice me llama por teléfono un segundo después.

—Beatrice. Hola. ¿A ti también te ha llegado el mensaje de Olivia? Espera, que estoy conduciendo. Te pongo en manos libres.

—Por eso te llamo. Lo acabo de recibir. Menuda zorra.

—¿Crees que nos va a echar? —pregunto temiéndome lo peor.

—No, no. No puede hacer la obra sin nosotros. Y menos a estas alturas. No le da tiempo a buscar otros actores. ¿O sí? No, calla, es imposible que nos eche.

—Pero el martes no hay ensayo.

—Igual tiene ginecólogo y quiere que la acompañe Marc porque es el padre de la criatura.

Aprieto los dedos contra el volante. Me llega su risa.

—Ahí te has pasado.

—Era broma. ¿Estás ahora con Marc en el coche?

—No. ¿Por qué iba a estar con él?

—Últimamente pasáis mucho tiempo juntos, sobre todo desde que estás mal con Liam. La historia se repite.

—Mi relación con Marc no se parece en nada a la que tenía con Liam.

—Lo sé, tonto. Lo he dicho para picarte. Este te gusta de verdad. Y tú a él también le gustas de verdad. Mira, si a Liam le brillaban los ojos contigo, a Marc directamente le sale fuego en cuanto te ve. Te lo digo en serio. A veces me siento hasta incómoda estando cerca de vosotros. Menuda tensión sexual se respira. Marc te come de una forma que no entiendo cómo habéis esperado tanto para follar —dice, porque el fin de semana quedé con ella y con Melody y las puse al corriente de lo que pasó en la casa del árbol—. ¿Vas a quedar luego con él?

—Después de cenar.

—Joder.

—¿Qué pasa?

—Que sois monísimos y dais mucho asco.

Me despido de ella.

Después de cenar les digo a mis padres que voy a dar una vuelta por ahí.

—¿Con quién? —pregunta mi padre.

—Marc.

—Hace mucho que no te veo con Liam. Dile que se venga a casa.

—Marc es un chico muy majo. —Mi madre sale en mi defensa.

—¿Liam y tú os habéis peleado?

—Algo así.

—Pues haced las paces. Se acerca Navidad. El otro día tuvo un detalle muy bonito contigo.

Asiento con la cabeza y subo a mi habitación para ponerme algo más de ropa. No puedo evitar mirar de reojo el Funko de Jack Skellington que he puesto en mi estantería y notar un pinchazo en el pecho. Me da pena estar así con él.

Cuando recibo el mensaje de Marc, mi estado de ánimo cambia por completo. Bajo las escaleras corriendo con una sonrisa pegada en los labios. Me espera en la puerta de mi casa montado en su moto. Me ayuda a colocarme el casco, como hace siempre, y yo rodeo su abdomen con mis manos y pego mi pecho en su espalda.

Dentro de su casa del árbol compartimos una bolsa de patatas fritas y bebemos cerveza. Hablamos de todo y de nada. Nos reímos por cualquier tontería que solo nos hace gracia a nosotros. Nos besamos con la misma intensidad con la que se hace algo por primera vez.

Cuando estoy con Marc me siento completo. Todo encaja.

Nuestras manos.

Nuestras bocas.

Nuestras miradas.

Quizá con diecisiete años todavía soy demasiado joven, pero hay personas que te calan muy adentro y están destinadas a acompañarte el resto de tu vida.

Y sé que Marc es mi persona, porque, para mí, él siempre será el primero.

Y el primer amor nunca se olvida.

Pero... ¿y Liam? ¿Qué pasa con él?

No tengo una respuesta clara para eso. Marc, cuando se lo propone, consigue que me olvide de todo lo que me espera fuera de este vagón.

Estamos en la cama, los dos tumbados de lado, él mirándome a mí y yo mirándolo a él. No sé cómo lo hemos hecho, pero aún seguimos con la ropa puesta.

Le retiro un mechón de la frente y le hago una pregunta.

—¿Por qué dejaste de follar con Olivia?

—Ah, eso. ¿Sabes que es de mala educación espiar conversaciones ajenas?

—Me conociste así desde el principio. Soy cotilla por naturaleza. Cuanto antes lo asumas mejor.

—Tienes un morro...

Sonrío y me declaro culpable.

Marc carraspea y se pasa la mano por el pelo. Le vuelve a caer un mechón rebelde por la frente. Juraría que es el mismo que antes. No puedo evitar alargar la mano y devolverlo a su sitio. Él cierra los ojos y se deja hacer. Después me vuelve a mirar. Se queda un instante así, pensativo. Sé que va a darme una respuesta sincera porque se está tomando su tiempo, como si quisiera poner en orden todo lo que está a punto de compartir conmigo.

—Dejé de tener sexo con Olivia porque siempre que lo hacíamos me acordaba de ti y miraba la puerta, buscándote, pero la mayoría de las veces la puerta estaba cerrada y sabía que tú no ibas a aparecer. Al principio me daba mucho morbo pensar que estabas al otro lado escuchándolo todo y con eso me bastaba. Pero enseguida noté que necesitaba más. Mucho más. Que estuvieses viéndome u oyéndome follar con otra persona dejó de parecerme suficiente. Porque yo lo que quería era follarte a ti, no a ella. Y quería hacerte de todo. Tumbarte sobre la mesa del escritorio, completamente desnudo, besarte las piernas de arriba abajo y separártelas para poder entrar, ver la expresión de tu cara mientras me imaginaba que lo iba haciendo poco a poco, hasta que no quedase ni un centímetro de mi polla fuera y estuviese entera dentro de ti. Me imaginaba eso y la forma en la que abrirías la boca para coger aire. Y yo te besaría para robártelo, porque tú estarías demasiado guapo como para no quererlo todo.

—Joder, Marc —jadeo acalorado.

—Me ponías malísimo, te lo juro. Ufff, no podía pensar en otra cosa. En las ganas que me entraban de cogerte por el culo y follarte bien fuerte cada vez que me echabas una mirada de antipático porque yo no te caía bien. En lo a gusto que te habría metido mi polla en la boca por cada mala contestación que me hubieras dado, aunque me la hubiese buscado yo por ser un puto borde. En lo cachondo que me ponían nuestras discusiones, sobre todo, esas en las que los dos terminábamos sonriendo como gilipollas o descojonándonos vete tú a saber por qué.

—Yo tampoco sé por qué ni cómo, pero siempre conseguías robarme una sonrisa. Y me daba rabia eso, que no quisiera sonreír y que tú me lo pusieras tan difícil.

—Joder, pues yo después de pasarme media tarde contigo volvía a casa con la polla a reventar y me masturbaba pensando en hacerte el amor a lo bestia. Y cuando me corría sobre mi estómago, lo hacía pensando en que toda esa corrida un día explotaría dentro de ti porque tú me suplicarías que no la sacase y acabara dentro —comenta mordiéndose el labio, sin ningún tipo de pudor, porque nunca ha conocido ni conocerá la vergüenza, y es otra de las cosas que me gustan de él y lo hace diferente a los demás—. Por eso luego me pasaba las horas de teatro observándote en silencio y no te quitaba los ojos de encima, porque pensaba: «¿Qué cojones me ha hecho este cabrón para que no pueda dejar de pensar en él?».

Sonrío juguetón.

Y entonces Marc se inclina para darme un beso en la nariz, un beso dulce y lleno de ternura, algo que no pega nada después de que me haya confesado las fantasías sexuales que tenía conmigo desde que me conoció, pero que yo recibo con gusto, porque este también es Marc, alguien que un segundo te suelta una guarrada y al siguiente te trata como un príncipe.

—Y el resto, bueno... —me guiña un ojo y sonríe con complicidad—, el resto ya lo sabes.

Asimilo toda la información. Me deja con la boca abierta.

—¿De verdad fue por eso? —pregunto ilusionado—. ¿Dejaste de follar con Olivia porque solo pensabas en mí?

Por fuera me ruborizo. Por dentro estoy dando saltitos de alegría.

—No. Dejé de hacerlo por Charlie Day, por si nos pillaba cualquier día por pasarnos de confiados.

Entonces hago una mueca de disgusto.

—Joder, con lo bonito que te había quedado.

—¿Bonito? —Suelta una carcajada que me pone el vello de punta—. ¿Que me la pusieras dura y te quisiera follar te parece *bonito*? Joder, eso es que nunca te han escrito una carta de amor. Puedes coger una de las que hay colgadas en el techo si quieres —añade muerto de risa.

Le pego un puñetazo en el hombro, se lo merece, porque los papelitos que cubren el techo son declaraciones de amor que Marc ha escrito pensando en Madison, su ex, así que la broma no tiene ninguna gracia. Por lo menos para mí. Él, en cambio, se lo pasa en grande viendo la cara que se me queda. Le vuelvo a pegar para que deje de reírse. Cabrón.

—Te encanta picarme.

—Me flipa —reconoce, y luego me agarra la mano y me la pone en su entrepierna por si quedaba alguna duda. Está como una piedra.

Después de reírse a gusto, se queda mirándome en silencio. No sé lo que le pasa por la cabeza, pero sea lo que sea lo hace sonreír. Espero que no esté pensando en Madison.

Prefiero no pensar en su ex y quedarme con lo primero que me ha dicho, eso de que mientras lo hacía con Olivia miraba la puerta del despacho esperando a que yo apareciera o estuviese al otro lado escuchándolo todo. En que se obsesionó con la idea de tener sexo conmigo hasta llegar al punto de no querer hacerlo con otra persona. No hace falta tener un doctorado en leer entre líneas para saber que lo que Marc empezó a sentir por mí va mucho más allá de que alguien te la ponga dura. Que es al final lo que me ha dicho, a su manera.

Y lo mejor de todo es que sé que a Marc no le da ningún reparo decir lo que siente por mí. Porque cuando ha querido decirme cosas bonitas no se ha cortado. Pero a veces prefiere jugar, vacilarme, buscar otros caminos por los que poder transmitirme el mensaje de que en el fondo le encanta pasar tiempo conmigo y la relación tan especial que tenemos. Es algo recíproco. Y no necesito ponerle nombre a lo que sea que estemos construyendo Marc y yo para tener claro que, cuando estamos juntos, los dos nos sentimos un poco más completos, como si hubiéramos encontrado a nuestra otra mitad.

Miro su boca y humedezco la mía por instinto. Me dan ganas de alzar la mano y tocar sus labios con los dedos, pero me contengo y sigo mirándolo tumbado desde mi lado de la cama.

Marc me pasa una pierna por encima.

—Ah, ¿ahora vuelve el Marc cariñoso? —pregunto fingiendo que sigo molesto con él, cuando ya se me ha pasado y solo quiero mimos.

—No me gustas, Nathaniel.

Y me lo dice con tanto amor que la sonrisa me sale sola.

—Ni tú a mí.

—Pensaba que yo a ti sí.

—Pues no.

Entonces, con aire distraído, como quien no quiere la cosa, cuela una mano por debajo de mi camiseta y se pone a acariciarme el estómago. Cada roce de sus largos dedos conecta directamente con mi entrepierna. Es increíble lo poco que tardo en empalmarme. Él me acaricia y yo hago clic.

—¿Y ahora? ¿Sigo sin gustarte?

—Lo siento. No eres mi tipo —respondo con la respiración agitada.

—Vale, pero ¿te puedo hacer el amor?

—Por supuesto que puedes.

Y Marc se lanza a mi boca, me agarra de la nuca y me mete la lengua. Me da un beso de los buenos, con mordiscos y todo. Me besa tan profundamente que siento que ya ha empezado a hacerme el amor con la boca. Que podría correrme así. Sin masturbarme, sin penetrarlo o sin que él me penetre a mí. Podría hacerlo, pero no es lo que va a pasar, por lo menos, no ahora, porque un segundo después de besarme Marc ya está tirando de mi cuerpo y nos mueve a los dos. Se coloca bocarriba y a mí encima de él, con una pierna a cada lado de su cadera.

Apoyo mis manos en su pecho y me muevo contra su erección. Ambos jadeamos con el primer roce. Nos gusta demasiado. Su cuerpo y el mío encajan deliciosamente bien.

—No dejes de moverte —me pide.

—¿Echabas de menos tenerme así?

—Joder, ¿me crees si te digo que estos días que he estado fuera no he pensado en otra cosa? Cada momento que paso contigo me crea una nueva necesidad. Y no todo tiene que ver con el sexo. Puede que me nazca la necesidad de escribirte un mensaje de madrugada. O de darte los buenos días. Joder. Me estoy haciendo adicto a ti.

—Mentirosillo.

—¿Mentiroso por qué?

—Lo de que te estás haciendo adicto a mí suena muy...

—¿Muy...?

—Suena muy fuerte.

Marc me mira atravesándome con esos ojos que me vuelven loco y me empuja con fuerza hacia abajo. Noto cómo su polla se aprieta contra mi culo como si quisiera abrir un agujero para atravesar la ropa que se interpone entre nosotros. Jadeo de satisfacción sentado sobre él.

—Tú también me has echado de menos.

No es una pregunta. Y yo no puedo decir que no.

—Claro que te he echado de menos.

Marc me agarra del culo.

—¿Has pensado mucho en mí?

—Sí.

—¿Te has hecho una paja pensando en lo que hicimos la última vez?

—Sí.

—¿Cuántas veces?

—Tres.

—¿Solo tres veces?

—Tres veces cada día.

Mi respuesta le gusta tanto que sus dedos se clavan en mis nalgas.

—¿Me dejas follarte de nuevo?

—Sí.

Marc sonríe satisfecho y vuelve a besarme, y yo lo beso a él con las mismas ganas. Sus manos abandonan mi culo y se ponen a arañar mi espalda de arriba abajo y, al llegar al borde de la camiseta, sus dedos se enganchan a la tela y tiran de ella hacia arriba para sacármela por la cabeza. Luego él se incorpora y despega la espalda del colchón para que yo pueda hacer lo mismo con la suya. Una cosa menos.

Me dejo caer sobre él y su pecho y el mío se imantan. Está increíblemente caliente. Su piel parece fuego. Respiro trabajosamente mientras cuelo las manos entre los dos para poder acceder a su cinturón y desatárselo. Marc me echa un cable y entre los dos conseguimos quitarle los pantalones y lanzarlos a la otra punta del vagón. Me incorporo para poder bajarme los míos y mis pantalones terminan en el suelo, hechos una bola.

—Ahora mucho mejor —murmuro.

—Mejor sin nada.

Mis ojos se quedan fijos en su entrepierna. La polla de Marc queda perfectamente marcada sobre la tela de su bóxer, dejando poco para la imaginación. Dios mío. Todavía no sé cómo me las apañé para que me entrase todo eso la otra vez. Espero algún tipo de premio en compensación. La zona que abraza la punta de su pene está mojada. Me echo hacia atrás para que, al agacharme, mi boca caiga directamente sobre su entrepierna y estar más cómodo. Beso su erección con cariño por encima de la tela. Su polla palpita al recibir mi contacto. Sonrío. Juego un poco más, separando los labios y recorriéndola desde un extremo a otro, frotando su erección arriba y abajo, cada vez más rápido, solo con los labios y sin usar la lengua, haciéndole soltar mil palabrotas hasta que Marc ya no puede más y se baja el bóxer con una impaciencia que a mí me pone a cien y a él lo está matando.

—Cómetela —gime—. Es tuya. Soy tuyo.

Le hago una buena mamada. Disfruto infinitamente cuando se la acaricio con mi boca. Sigo así, lamiéndolo por todas partes, haciéndole una paja, moviendo la cabeza para metérmela hasta la campanilla, hasta que la mano de Marc me agarra del pelo y no es para instarme a que siga chupándole, sino para pedirme que deje de hacerlo porque no se quiere correr aún.

Saco su erección de mi boca, dejándola increíblemente húmeda, y me echo a un lado de la cama para tumbarme bocarriba.

Ahora le toca a él.

Marc se incorpora de un salto y me separa las piernas para colocarse entre ellas. Agarra mi erección y me empieza a chupar. Yo echo la cabeza hacia atrás y cierro los ojos, porque sus lametazos despiertan sensaciones que me dejan sin respiración. La electricidad que crea en ese punto de calor donde está su boca no tarda en expandirse por todo mi cuerpo. Sus labios se aprietan alrededor de mi polla y bajan y suben a un ritmo cada vez más rápido. Después se concentra exclusivamente en chupar la punta y a la vez me hace una paja con la mano. Me tiemblan las piernas de lo mucho que me gusta. Se me doblan los dedos del pie.

—Lo estás haciendo a posta —protesto, porque yo tampoco me quiero correr todavía.

Él me mira con una expresión maliciosa en los ojos... y con mi polla dentro de su boca. La imagen es tan potente que me obligo a cerrar los ojos cuando noto que estoy llegando a mi propio límite.

Oh, no.

—Para, para, para...

Pero como sé que él no va a parar, soy yo el que saca mi erección de su boca y, antes de que intente recuperarla y chuparme de nuevo, giro mi cuerpo sobre la cama y me pongo bocabajo para que Marc no tenga acceso a ella.

Joder. He estado a punto de correrme. Creo que aún puedo hacerlo si no me concentro en pensar en otra cosa. Entierro la cara en la almohada. Me estoy clavando la polla en el estómago. Es muy molesto, incluso doloroso, pero también contribuye a que no termine corriéndome.

Espero un poco más. Necesito que me baje el calentón.

—Qué poco ha faltado, ¿eh? —oigo que me vacila Marc a mis espaldas.

—Tú ni me hables.

Marc se descojona.

Cuando me recupero, me doy media vuelta y lo reprendo con la mirada. Él responde poniéndome una carita angelical y se pasa el índice por las comisuras antes de chuparse los dedos.

—Sabe a ti.

—Cómo te gusta llevarme al límite.

—Me gusta más cuando te hago cruzarlo. Ni te imaginas lo guapo que estás cuando te corres.

Sonrío por el cumplido y noto que me pongo colorado. Marc no necesita mucho para sacarme los colores. Por supuesto, el muy gilipollas se empieza a reír otra vez. Lo miro alzando una ceja y cruzando los brazos sobre el pecho.

—¡No te piques! Es que me hace mucha gracia que te pongas tan nervioso con nada.

—Hombre, me dices unas cosas que... —me interrumpo a mí mismo porque lo que estaba a punto de confesarle se me atasca en la garganta.

—¿Que qué?

«Como para no enamorarme.»

Pero no se lo puedo decir. Me da miedo hacerlo y que se acojone.

—... como para no ponerme nervioso.

A Marc se le escapa otra risita y, como es un momento en el que me siento vulnerable, no se me ocurre nada mejor que pegarle un manotazo en el hombro y fingir que me molesta que no deje de reírse de mí. En realidad, me gusta demasiado oír su risa como para que me llegue a molestar, el enfado lo utilizo más como un escudo bajo el que proteger otra emoción que no tiene nada que ver con esta. Me estoy enamorando de Marc. Y me estoy mordiendo el labio inferior para no sonreír. Porque oír una carcajada suya me vuelve loco. Joder. Se ha convertido en mi sonido favorito.

Una vez, Marc me confesó que no sabía cómo lo hacía, pero que él no estaba acostumbrado a que le diese la risa floja por cualquier chorrada y que conmigo siempre estaba tentado a reírse y sonreír por todo. Entonces yo sentí un tirón en el estómago y le dije que a mí me pasaba exactamente lo mismo con él. Y después nos quedamos mirándonos a los ojos durante unos segundos. No dijimos nada. Solo nos mirábamos y sonreíamos. Y me pareció que estaba viviendo un momento importante con Marc. Un momento al que volvería muchas veces en el futuro para recordar lo bien que me sentí. Lo enamorados que parecíamos sin que ninguno de los dos lo estuviésemos aún.

Fue como si nos estuviéramos comiendo un *spoiler* de algo que vendría después.

Por lo menos en mi caso así fue.

—Quiero hacerte el amor.

—Tiempo muerto —le pido haciendo un gesto con las manos, porque he estado a punto de correrme y no voy a aguantar ni un asalto.

—¿Ves este dedo? —Levanta el índice.

—Ajá.

—Dentro de cinco minutos estará dentro de ti.

Marc es un hombre de palabra. Cuando dice cinco minutos son cinco minutos, ni un segundo más. Y, como si hubiese puesto una alarma en el móvil, cuando el tiempo se agota él se lanza sobre mi boca con ansia. Su lengua se pone a lamerme como si estuviera echándole un pulso a la mía. Antes de besarme, ha cogido el bote de lubricante y se ha aplicado una capa gruesa sobre el dedo que me ha dicho que me iba a meter. Lleva su mano derecha a mi abertura, con la otra me separa una nalga para tener mejor acceso. Sonríe contra mi boca sin dejar de besarme. Me introduce su dedo. Jadeo de placer. Lo mueve cuando está completamente dentro de mí, haciéndolo girar con una suavidad exquisita e introduciendo un segundo dedo después de jugar un rato con el índice.

Saca los dedos con cuidado al tiempo que deja de besarme y me coge en brazos. Entonces yo enrosco las piernas en su cintura para que le sea más fácil sujetarme. Y lo beso. Rodeo su cuello con mis manos y las dejo entrelazadas en su nuca. Él está de pie y yo enganchado a él como un koala a un árbol. Marc me sujeta por las piernas. Su polla queda cerca de mi trasero y gimo cada vez que la punta acaricia mi abertura. El lubricante hace que el roce sea húmedo y delicioso. Se desliza arriba y abajo sin llegar a entrar. Me muevo impaciente. Necesito que Marc esté dentro de mí, así que busco su erección con una mano y guío su punta a mi abertura para intentar metérmela yo mismo. Acabar con este jueguecito que me está volviendo loco. Estoy impaciente por sentir cómo entra dentro de mí y me llena por completo. Pero Marc me detiene antes de que pueda llegar a cumplir mi objetivo.

—No seas impaciente...

—No aguanto más, Marc. Te juro que no aguanto más.

—Si te esperas un poco te enseño un truco de magia.

—Joder, vale —refunfuño, pero se me olvida por qué estaba poniéndole cara de fastidio con el siguiente roce.

Su erección se frota por el exterior de mi abertura. En esta ocasión, se desliza ejerciendo una presión mayor que antes, lo que provoca que, al pasar por mi ano, la punta se introduzca unos centímetros y que tarde uno o dos segundos en volver a salir y seguir deslizándose a lo largo de mi trasero. La tercera vez que vuelve a pasar por mi abertura, la punta de su polla se hunde unos centímetros más que antes, los suficientes para detener el deslizamiento y que en lugar de volver a salir la cabeza se quede encajada dentro de mí. Y ocurre de forma natural, sin que nosotros hagamos nada.

Entreabro la boca y gimo con fuerza. Me quedo mirando a Marc con los ojos muy abiertos por lo mucho que me gusta la sensación.

—Ufff, esto me está poniendo muchísimo.

Su sonrisa me derrite.

—¿Ves? Te lo dije. Magia.

Y para terminar su número, Marc me la mete de un empujón.

Yo me agarro más fuerte a él y escondo la cara en el hueco de su cuello. Respiro por la boca. Mi aliento le pone la piel de gallina. Marc suelta un gruñido al elevarme un poco más con los brazos. Empieza a moverlos arriba y abajo, ayudándose de los movimientos de su cadera para entrar y salir de mi interior. Es una postura en la que tampoco podemos estar mucho tiempo porque Marc está cargando con mi peso y tiene que trabajar el triple que en cualquier otra. Pero es algo nuevo que yo jamás había hecho con nadie y que solo había visto en el porno. Sobra decir que me encanta y que lo único que echo de menos es no tener un espejo cerca para ver a Marc en plena acción. La imagen tiene que ser de lo más excitante. Marc balanceando mi cuerpo como si fuera un columpio.

—Aaah... Aaah... ¡¡Aaaaah!!

Gimo descontrolado cada vez que entra y sale de mí. Eso parece motivarlo a seguir follándome de pie y sujetándome en brazos.

Los dedos de Marc se clavan en mis nalgas cuando se mueve para dejarme tumbado sobre la cama. Se pasa el antebrazo por la frente para limpiarse el sudor. Tiene el cuerpo húmedo y rojo como si hubiese salido de la ducha. Sin decir nada, sus manos acarician mis muslos y me abre las piernas para colocarse en medio. Yo estoy bocarriba y él sentado al pie de la cama. Sus manos recorren mis piernas de arriba abajo y, al llegar a los tobillos, tira de mí para moverme y hacer que me incorpore. Entonces me sienta a horcajadas sobre él. Suelto otro gemido cuando Marc vuelve a hundirse en mi interior. Después me agarra con fuerza del culo y me insta a que frote con su polla dentro. Lo hago. Coloco un pie a cada lado de su cadera y empiezo a subir arriba y abajo. Con cada nuevo saltito que doy, Marc entrecierra más los ojos y echa la cabeza más hacia atrás. Se la está gozando. Ahora es él el que se queda completamente quieto y yo el que se mueve. Me esfuerzo en acelerar el ritmo. Estiro las piernas hasta que dejo salir tres cuartos de su polla de mi interior y luego bajo de golpe para volver a metérmela hasta el fondo. Repito el proceso hasta que Marc no puede más. Entonces suelta una palabrota que sale de lo más profundo de su garganta y me coge de la cintura para evitar que vuelva a caer sobre su erección. Me aparta para poder cambiar de postura. Esta vez me pone a cuatro patas y él se coloca de rodillas para darme desde atrás. Su polla entra con otro empujón. Me folla sin piedad.

—Nathaniel. Mírame.

Giro la cabeza hacia atrás. Mis dedos se agarran a las sábanas de la cama. Marc sigue entrando y saliendo de mí hasta que suelta otra palabrota. Y después se deja caer sobre mi espalda y yo paso de estar a cuatro patas a estar completamente tumbado bocabajo.

No se ha corrido. Pero le falta poco. Lo noto por lo cansada que parece su respiración y por cómo gime en mi oído. Está al límite. Y me está llevando a mí con él. Y lo mejor es que, en esta ocasión, estoy listo para saltar porque sé que lo haremos juntos.

—Lo siento.

Esa es la señal.

Se va a correr.

Se está corriendo.

Su polla palpita dentro de mí.

—Lo siento —repite algo tímido.

—Está bien, Marc.

Se vacía en mi interior y, cuando termina, deja de moverse.

Se hace a un lado y los dos nos ponemos bocarriba. Yo la tengo como una piedra porque al final no he llegado a correrme.

Sin decirle nada, él ya sabe lo que tiene que hacer. Se mete mi erección en su boca y se pone a chupar. Su lengua obra maravillas. En menos de lo que dura una canción me hace llegar al orgasmo. Marc sonríe con la boca cerrada. En su mirada se refleja un alivio sincero, como si la posibilidad de que yo no me fuera a correr lo hubiese tenido preocupado y ahora ya pudiera relajarse y descansar de todo el esfuerzo físico.

Escupe mi semen en un clínex y se deshace del condón.

Nos quedamos con la mirada perdida en el techo. En las lucecitas que parecen luciérnagas y todas esas historias que no tienen un final.

Y entonces me susurra en tono confidente:

—¿Te he dicho ya que estás guapísimo cuando te corres?

39

Estar con alguien con el que me resulte igual de cómodo abrir mi corazón que abrirme de piernas

Marc tiene las piernas estiradas y mueve los pies. Lleva los calcetines que le regalé el otro día. Rayas azules y marrones, con un Minion amarillo en cada lateral. Ni siquiera sé por qué se los compré. Los vi en una tienda, me gustaron, me acordé de él y no le di más vueltas.

Cuando le entregué los calcetines, envueltos en papel de regalo, me miró con tanta ilusión que por un momento pensé que Marc en realidad era un elfo al que no volvería a ver nunca más.

—¿Cuáles son tus sueños? —le pregunto dándole un sorbito a mi copa.

Estamos sentados a los pies de la cama, en la casa del árbol, ese lugar tan especial lleno de lucecitas naranjas y repleto de libros y notas en el que ya me siento como en casa. Resulta fácil acomodarse a las cosas que nos hacen absolutamente felices. Y yo con un vinito blanco y alguien como Marc voy sobrado.

Cada vez que él me dedica una sonrisa de las suyas o me hace algún comentario sobre lo mucho que le apetece follarme a lo bestia o hacerme el amor —o hacérmelo todo a la vez—, yo parpadeo, flipando, y me pongo muy nervioso, porque una parte de mí sigue sin creerse que semejante tío me esté diciendo todo eso que le gustaría hacer y que ya ha hecho conmigo. Y mi cuerpo se enciende con un clic y la sonrisa de gilipollas salta sin que lo pueda evitar. Parezco un dibujo animado al que le salen corazones de los ojos.

Han empezado las vacaciones de Navidad, así que no me tengo que preocupar por ir a clase y mi madre me deja volver a casa más tarde que de costumbre. Cuando me he ido estaba leyendo el periódico en el salón. Mi padre no estaba porque se ha ido con James al cine a ver la última película de Marvel. ¡Qué remedio, claro! A mi madre no le gustan nada esas películas de superhéroes.

El único compromiso que tenemos ahora mismo es seguir trabajando en la obra. Después de que Olivia decidiese cancelar la clase que teníamos un martes, nos volvió a escribir a los tres para avisarnos de que el próximo jueves el ensayo se alargaría una hora más. Ese día hicimos un ensayo general en el que pude comprobar, sintiéndome muy orgulloso de él, la seguridad con la que Marc se movía sobre el escenario. Ha trabajado mucho en su personaje. Sigue sin ser una interpretación perfecta, pero se defiende.

El otro día hicimos prueba de vestuario. He de decir que la peluca que me pusieron no me favorece, y que no veo justo que Marc siga estando asquerosamente guapo con cualquier cosa que se ponga. Beatrice soltó una risotada al verme, pero eso fue antes de que a ella le plantasen en la cabeza un peluconcio que se acercaba más a un nido de pájaros que a un peinado de la época.

Intento que lo mío con Marc no me distraiga durante los ensayos, pero sé que desde que Olivia vio con sus propios ojos lo que había entre nosotros nada ha vuelto a ser igual. Cada sesión que pasa está más fría, menos ilusionada con la obra, más cabreada. A eso solo le encuentro una explicación lógica, y es que se haya terminado pillando de Marc. Ojalá me equivoque y solo sean unos celos tontos que irán menguando con el paso de las semanas.

—Cuáles son mis sueños... —repite Marc, pensativo—.

¿No es una pregunta algo infantil? Suena a qué quieres ser cuando seas mayor —me chincha.

—Pues dime tus metas a corto plazo. O a medio o a largo plazo. ¿Qué quieres hacer en la vida? ¿Con qué propósito te levantas cada mañana?

—Con el de mear y prepararme un buen café —responde, escabulléndose de mi pregunta tirando del humor—. Luego, si la sigo teniendo como cuando me he levantado, me hago una paja rapidita para que no me dé mucha guerra.

—En eso podría echarte una mano.

—Desde luego que podrías. Ya lo haces. Y muy bien, por cierto.

Sonrío orgulloso de mí mismo. No tendré una polla como para presentarla a un concurso, pero una garganta profunda me parece un atributo físico igual de importante, a pesar de que, injustamente, no se le dé el mismo reconocimiento.

—Ahora en serio. —Dejo la copa a mi izquierda y me abrazo las rodillas—. ¿Qué quieres hacer en la vida? Yo qué sé..., ¿te gustaría apuntarte a un curso de jardinería? ¿Hacer meditación? ¿Conseguir terminar de escribir un libro? Tiene que haber mil cosas que quieras hacer o que te gustaría cambiar.

Marc apura lo que le queda de vino y rellena su copa hasta la mitad. Sé que está pensando seriamente, porque nadie necesita tanta concentración para servirse un poco de vino.

Pero luego cambia de opinión y se encierra en sí mismo.

—Empieza tú y luego contesto yo.

—Vale —acepto. Entrecierro los ojos y lo medito durante unos segundos—. Mmm... Pues a mí me gusta Blacktown, pero preferiría mudarme a una ciudad más grande, como, por ejemplo, Nueva York. Y sí, ya sé que eso es lo típico que quiere la gente que nace en un pueblo, pero, no sé, supongo que no se puede ser original en todo. —Me encojo de hombros—. Quiero que la obra de teatro salga bien. Quiero hacer una actuación brillante y que Charlie Day me llame para trabajar en su próxima película. Quiero hacerme famoso y dejar huella. Quiero pasar unas Navidades tranquilas con mi familia. Quiero solucionar las cosas con mi mejor amigo, hablar con él para que compartir el mismo espacio deje de ser incómodo para los dos, que volvamos a estar como antes... Y, por supuesto, no volver a acostarme con él. Quiero recuperar la tradición de sentarme con Liam en el sofá de mi casa todos los domingos con un bol de palomitas y ver *Pesadilla antes de Navidad*. —Y luego me pongo a hablar de algo mucho más profundo—. Quiero que mi padre y mi madre hagan más planes juntos. Quiero que mi padre no pase tanto tiempo con el padre de Liam y que lo pase más con nosotros. Quiero que Beatrice se vuelva a enamorar de un chico, o de una chica, pero que se enamore. Quiero que Melody se atreva a conocer en persona a ese tío con el que habla por mensajes y que nos lo presente a todos cuando se sienta preparada.

—Me has hablado de tus padres, Beatrice y Melody. Pero ¿y tú, Nathaniel? ¿Qué esperas del amor?

—Yo quiero enamorarme y que se enamoren de mí —respondo sin dudar—. Quiero vivir una historia de amor con una persona que me quiera de verdad y que me quiera bien. Quiero salir a la calle y que me cojan de la mano y sentirme el chico más afortunado del mundo. Quiero estar con alguien con el que me resulte igual de cómodo abrir mi corazón que abrirme de piernas.

—Nathaniel...

Marc suelta una carcajada con lo último. Su risa tiene efectos secundarios en mi corazón y en mi entrepierna.

—Quiero a alguien con el que pueda decir «este soy yo» y que me corresponda con un amor sincero, sin peros ni medias tintas. Quiero a alguien que me acepte con lo bueno y con lo malo, que me aguante los días que me levante con el pie izquierdo, que tenga paciencia, que entienda que en las relaciones sanas también se discute, porque que algo sea sano no es sinónimo de que sea perfecto. Y que me quiera con mis fallos y todas esas cosas que le saquen un poco de quicio.

—¡Por supuesto que sacan de quicio!

—Bueno, tú también tienes lo tuyo, guapetón.

Marc reprime una sonrisa.

—¿Algo más que quieras añadir a la lista de deseos?

«La más importante: quiero que esa persona seas tú. Quiero ponerle nombre a esto que tenemos y llamarte novio.»

Me llevo la copa a los labios y me la termino en el siguiente sorbo.

—Que un chico guapo me rellene la copa de vino.

—Eso sí lo puedo hacer.

¿Como que *eso* sí?

Marc coge la botella y la inclina para rellenármela.

—Gracias.

—De nada.

—Bueno, ahora te toca a ti. Soy todo oídos.

—Buff, pues..., a ver. Déjame que piense.

—Claro. No tenemos prisa.

Marc recoge las piernas y se abraza las rodillas igual que yo. Su hombro toca mi hombro.

—A ver, a mí Blacktown me gusta. No me mudaría ni loco a una ciudad más grande. Me gusta esto, ¿sabes?, poder venir cuando me apetezca a mi casa del árbol y simplemente *estar*; ya sea yo solo, pensando en mis cosas y escribiendo otras, o en compañía de una persona especial con la que me resulte fácil hablar de cualquier tema y con la que pueda follar de vez en cuando.

Y me muerdo el labio inferior para esconder mi sonrisa cuando Marc me mira de reojo.

—Es un planazo, no te voy a mentir.

—En cuanto a eso que has dicho de ser famoso..., no sé. Yo tengo clarísimo que no quiero que la gente me reconozca. Ni de puta coña.

—Entonces, ¿por qué quieres ser actor?

—No quiero ser actor. Lo del teatro..., mira, sinceramente, lo hago para impresionar a mi padre y no ser invisible. Quiero que él me vea, pero no necesito que lo hagan los demás. El resto de la gente me la suda tres cojones. La espinita la tengo por él, y no se me quita, aunque pasen los años. Por eso me apunté al *casting* de *Anna Karenina*. Si no fuera porque estoy empeñado en querer impresionar a mi padre, no me habría metido en todo esto jamás.

—Entiendo.

Me dan ganas de preguntarle si me habla con tanta honestidad porque los dos empezamos a estar algo borrachos.

—Así que supongo que lo único que quiero es tener más relación con mi padre. Eso, y que no esté viajando todo el día de aquí para allá por trabajo. También quiero pasar las Navidades con él en casa. No en su casa de Miami, sino en la de aquí.

—¿Una casa en Miami? Joder. ¿En qué trabaja?

Marc ignora mi pregunta, muy en su línea, y yo me río por lo borde que resulta a veces, porque ese también es él. Pero sobre todo me río porque, al esquivarme, me confirma que el alcohol no le ha subido tanto como a mí, ya que es capaz de separar perfectamente lo que me quiere contar de lo que no.

—Y... hay algo que quiero hacer para mi madre. Algo que llevo queriendo hacer hace mucho tiempo.

—Nunca me has hablado de ella.

Echo el cuerpo hacia delante y miro a Marc con interés, porque se ha puesto serio e intuyo que lo que está a punto de compartir conmigo es importante.

—Quiero escribirle una carta a mi madre y decirle que la echo de menos, a pesar de que nunca llegué a conocerla. Y quiero salir por la noche a leérsela en voz alta, mirando las estrellas, para que mi madre me oiga donde quiera que esté.

Apoyo una mano en su hombro para darle ánimos. No sabía que había perdido a su madre y puedo ver el dolor reflejado en sus ojos, aunque no me esté mirando a mí porque tiene la vista clavada en la puerta del vagón.

—Lo siento mucho.

—¿Crees que se puede echar de menos a una persona que no has llegado a conocer y de la que no tienes ningún recuerdo?

—Es tu madre, Marc —digo bajando la voz—. Aunque no la hayas conocido, has crecido dentro de ella. Eso, de una forma u otra, os mantiene conectados de por vida. Así que sí. Es normal que la eches de menos. Y me parece precioso que quieras escribirle una carta.

—Este lugar era de ella, ¿te lo puedes creer? —dice, mirando a su alrededor con orgullo—. Bueno, de mis bisabuelos. Pero fue mi madre quien reformó el vagón y lo convirtió en lo que es ahora. Es lo único que tengo de ella. Sus abuelos trabajaban en la estación de tren que conectaba Blacktown con otras ciudades, pero la gente de aquí no viajaba mucho por aquella época, así que al final tuvieron que cerrar la estación. Quedó este vagón abandonado y mis abuelos se lo «regalaron» a mi madre porque ella de pequeña quería ser maquinista. Con el tiempo lo fue reformando y poniéndolo a su gusto. Aquí venía con mi padre cuando empezaron a conocerse. Aquí se enamoraron y aquí me hicieron a mí, por decirlo de alguna forma. Por eso la mayoría de los libros que hay en las estanterías tienen sus años, porque eran de mi madre, aunque luego yo fui aumentando la biblioteca. Lo de escribir también me viene de mi madre. Mi padre se enamoró de ella porque era su musa.

—¿Su musa? ¿Tu padre también es artista?

—Sí. —Desvía la mirada y sigue hablándome de su madre—. Cuando cumplí catorce años mi padre me regaló una cajita de cartón en la que había una llave. Jamás imaginé que con esa llave podría entrar en este lugar. Me hubiese gustado disfrutarlo desde pequeño. Es más, desde que me entregó la llave yo no volví a esconderme en mi habitación porque tenía un nuevo sitio al que ir, un lugar en el que refugiarme que convertí en mi casa del árbol. Pero también entiendo que mi padre no estaba preparado para contarme la verdad sobre lo que le pasó a mi madre. Cuando se lo preguntaba, él siempre me decía que mi madre estaba de viaje, pero que algún día volvería con nosotros. Yo siempre me creí sus historias, hasta que me hice más mayor y dejé de creer en cuentos de hadas. Sabía que no iba a volver, ya lo había asumido. Entonces, un día me enfrenté a mi padre y le exigí la verdad. Y así fue como descubrí que mi madre murió en un accidente de tráfico pocos meses después de darme a luz.

—¿Qué dices?

—Un conductor que se durmió medio segundo al volante se salió de su carril y se estampó contra el coche de mi madre. Ella murió en el acto. Al hombre lo llevaron en ambulancia al hospital para intentar salvarle la vida. Ahora tiene una mujer y dos hijos y vive tan feliz.

—No es justo.

—Pero así es la vida, ¿no? La gente se agarra al destino o a la religión para buscarle un sentido a las cosas que ocurren. Para mí, por ejemplo, si estamos tú y yo aquí, compartiendo una botella de vino y hablando de nuestro pasado y de los planes de futuro que tenemos, es de pura casualidad. Porque podríamos no habernos conocido a pesar de cruzarnos todos los días por la misma calle. La vida es imprevisible. Y lo mismo pasa con los accidentes, porque, aunque la mayoría de nosotros no queramos morir, lo cierto es que los accidentes ocurren todos los días y que la gente va a seguir muriendo sin importar la edad que tengan o las cosas que les quedaron por hacer. Por eso es mejor que no te esperes a mañana para hacer lo que te apetezca hacer hoy. Porque ahora mismo tú y yo solo tenemos esto. Una casa del árbol, una botella de vino fresquita y la compañía del otro.

Y sonrío porque no se me ocurre otro lugar mejor que este y estoy con la persona que quiero estar.

—Recuperar la relación con tu padre, escribirle una carta a tu madre y quedarte a vivir en Blacktown —resumo—. ¿Algo más que quieras hacer?

—Solucionar las cosas con mi primo. También quiero quedar con Madison y cerrar ese capítulo de mi vida, porque tengo una conversación pendiente con ella. Y quiero abrir una librería en este pueblo. Tener una vida sencilla. Poco más.

—¿Te ha vuelto a llamar? Madison, digo.

—Sí.

—¿Y?

—No se lo he cogido. Pero tengo que hablar con ella. No puedo evitarla eternamente.

—¿Por qué no lo haces ya?

—Me da un poco de miedo.

—¿Madison?

—Madison no, pero sí los recuerdos que tengo con ella. Al final fue una relación de cuatro años y solo ha pasado uno.

Apuro lo que me queda de copa y no digo nada más. Después cojo la botella y me sirvo yo mismo. Necesito mantenerme ocupado en algo.

Siempre que hablamos de Madison tengo la sensación de que su espíritu encuentra la forma de aparecer en la casa del árbol, como un fantasma que vuelve cuando se dice su nombre en voz alta.

Marc consigue que me olvide de ella en cuanto estampa sus labios contra los míos con un ansia que me pilla desprevenido. Su lengua se abre paso por mi boca y acaricia la mía con desesperación. De pronto me veo haciendo equilibrios con mi copa para no derramar ni una gota de vino sobre el colchón, hasta que Marc la coge y deja la suya y la mía en el suelo. Al segundo vuelve a por mí y cuela sus manos calientes por debajo de mi camiseta. Me la quita. Yo se la quito a él. Entonces me abraza y cierro los ojos. Sin besarme. Solo sintiéndonos piel con piel.

No sabía cuánto necesitaba estar así con Marc. Sonrío porque sus brazos me rodean con fuerza. Yo me agarro a su espalda infinita y me siento pequeño en comparación. No quiero que este abrazo termine nunca, pero mi cuerpo me pide a gritos que me acabe de desnudar del todo y que le suplique que me haga el amor durante horas. Así que llevo mis manos a su cinturón y Marc hace lo propio con el mío. Nos ponemos de pie para quitarnos los pantalones y el bóxer. Después nos contemplamos de arriba abajo, con un cariño que solo se encuentra en los ojos de alguien que ya te ha visto desnudo por fuera y por dentro.

Nos dejamos caer en la cama. Miro el techo. Me doy cuenta de que estoy algo mareado. Marc me separa las piernas y se mete mi polla en la boca. Levanto la cabeza para ver cómo me la chupa. Él me mira todo el rato a los ojos. Se saca mi erección, deja la boca entreabierta y se la restriega por los labios. La caricia no puede ser más húmeda y caliente. A continuación, coge el bote de lubricante, se unta los dedos y empieza a dilatarme con suavidad deslizándolos en mi interior. Sonríe al ver que me gusta. Se pone un preservativo y juega a pasar repetidas veces la punta de su polla por mi abertura. Lo hace hasta que yo le suplico que esté dentro de mí.

Entonces él me la mete de un empujón que me deja sin aire.

Abro mucho los ojos, le clavo las uñas en la espalda y gimo con fuerza.

Marc empieza a balancear su cadera para entrar y salir de

mi cuerpo a su antojo. Al principio me hace el amor despacio, luego rápido y, después, vuelve a hacérmelo lentamente. Así una y otra vez, en diferentes posturas. En la primera él está arriba y yo abajo. Luego se pone en plan creativo: se coloca una de mis piernas a la altura de su hombro y empieza a chuparme los dedos de los pies. Noto que mi ano se estrecha y que la penetración es más intensa en esta nueva posición. Continúa así un rato hasta que decide cambiar y cogerme de la cintura para moverme como si fuera un muñeco. Me pone a cuatro patas. Mis manos se cierran en las sábanas cuando Marc me la clava hasta el fondo. Jadeo con el sudor resbalándome por la frente y el pecho.

Marc se levanta de un salto y me pide que haga lo mismo. Me da un beso con lengua y dientes, y luego me da la vuelta y me folla de pie contra la librería, que no deja de temblar. Algunos libros caen de sus estantes. Cierro los ojos y me agarro fuerte al mueble. A Marc no lo detiene estar tirando los libros al suelo, más bien todo lo contrario, parece que le motiva a seguir follándome de esa forma tan bruta, a lo bestia, como si su nuevo objetivo fuera dejar la librería totalmente vacía.

En la siguiente postura los dos nos tumbamos de lado haciendo la cucharita. Marc vuelve a penetrarme con suavidad, lentamente, entrando con tanta delicadeza en mí que es como si su erección le estuviera pidiendo perdón a mi cuerpo por haberme dado tanta caña. Me besa el pelo. Me abraza por detrás. Suelta algún que otro insulto cuando el placer lo obliga a tensar todos y cada uno de sus músculos de lo mucho que le gusta el sexo conmigo y lo bien que nos compenetramos, pero luego los mezcla con palabras bonitas y llenas de amor que son solo para mí.

La saca un segundo para ponerme bocarriba y él ponerse encima, volviendo a nuestra postura inicial, en la que podemos mirarnos a los ojos o cerrarlos para besarnos.

Se hunde en mi interior y me llena por completo.

Nos corremos respirando el aliento del otro, bebiéndonos nuestros gemidos y sonriendo como si acabásemos de descubrir un tesoro y fuéramos los únicos en la tierra que saben dónde está.

40
El secreto de mi familia

Que hoy, el día de Navidad, Liam y sus padres vengan a cenar a mi casa es algo que tiene muchas posibilidades de salir mal. Mi padre, que está al tanto de que Liam y yo hemos dejado de ser amigos, ha subido a mi habitación para pedirme que haga las paces con él de una vez. Dice que no podemos dejar de ser amigos y ya está, que tengo que arreglarlo porque James es como un hermano para él y no va a dejar que nuestra relación afecte negativamente a la suya. Le he dicho que por mi parte no hay ningún problema en que sigamos juntándonos las dos familias como hemos hecho siempre; pero mi padre sabe tan bien como yo que la cena de esta noche va a ser incómoda de cojones.

¿Que por qué no lo hemos arreglado ya? Después de regalarme ese Funko con el que pensaba que Liam estaba tendiendo un puente para hacer las paces, Marc y yo nos cruzamos con él mientras íbamos dando un paseo, y Liam, que había tenido la mala suerte de pillarnos dándonos un beso rápido, al pasar por el lado de Marc le hizo un corte de mangas y lo llamó imbécil. Por suerte, el otro no le respondió. Pero vi su cara. Marc por dentro se estaba conteniendo para no soltarle una hostia.

—Intenta, por lo menos, hablar con él —insiste mi padre.

—Vale. Yo lo intento, pero no prometo nada.

Y menos mal, porque dos horas más tarde tengo a Liam sentado frente a mí y me mira con tanta rabia acumulada mientras corta su filete que siento que le encantaría abrirme en canal. No, no tiene pinta de que esté por la labor de hacer las paces. Por lo menos, no esta noche. En su defensa he de mencionar un hecho que ha ocurrido justo antes de la cena. Marc se ha pasado a verme cinco minutos, y de esos cinco minutos he invertido cuatro en besarlo con tanta desesperación que parecía que acababa de volver de la guerra. Y habría seguido haciéndolo si no nos hubieran interrumpido.

Cuando he visto que se trataba de Liam casi me da algo.

Es la segunda vez que nos vemos en esta situación —es lo que tiene vivir en un pueblo pequeño—, pero, por lo menos esta vez, Liam ha tenido la decencia de morderse la lengua y no enfrentarse a Marc. Supongo que también ha influido que viniese acompañado de sus padres.

Entiendo que no ha sido plato de buen gusto para él, pero lo que no entiendo es que le moleste que esté medio saliendo con Marc hasta el punto de pasarse toda la cena mirándome de esa forma.

A no ser...

No, pero es imposible.

James y Lee comienzan a tirarse bolitas de papel desde la otra punta de la mesa convirtiendo la cena de Navidad en un partido de ping-pong. Mi madre regaña a mi padre diciéndole que parece mentira que se pongan a jugar como si fueran unos críos y la madre de Liam hace lo propio con su marido, pero James y Lee se ríen y siguen troceando servilletas para hacer una bolita blanca con el índice y el pulgar y tirársela al otro. Al final, a James se le cae la copa encima, se mancha la camisa y se acaba esa batalla absurda a la que estaban jugando. Mi padre acompaña a su amigo arriba para dejarle una toalla y buscarle una camisa nueva.

Diez minutos después, siguen sin bajar.

—Nate —me llama mi madre—, anda, sube y diles que ahora, por graciosos, recogen ellos la mesa.

Cuando subo el último escalón veo que la puerta de la habitación de mis padres está entornada. La planta de arriba permanece en silencio. No me llegan sus voces, ni la de mi padre, ni la de James. Nada. Darme cuenta de ese detalle, por muy insignificante que parezca a simple vista, me pone en alerta.

Me planto en el descansillo, con los ojos clavados en esa puerta que ahora parece un muro entre ellos y yo. Quizá me preocupo por nada, pero se me hace raro que dos hombres que son tan buenos amigos, que nunca paran de hablar y de reír, permanezcan tan callados cuando se quedan un momento a solas.

Diez minutos. Once, si sumamos el minuto que llevo esperando detrás de la puerta, completamente quieto, sin decidirme a abrirla o no. Porque algo en mi interior me dice que ya sé la escena que me voy a encontrar al otro lado, y yo necesito un momento para sopesar las opciones. Puedo simplemente pedirles que bajen y dar media vuelta sin llegar a entrar en la habitación. O puedo abrir la puerta y salir de dudas. Ver si la película que me estoy montando en mi cabeza corresponde con la realidad o si solo soy yo, que me he vuelto loco y me pongo en lo peor cuando se trata de Lee y James.

Siempre tengo la sensación de que se me escapa algo cuando los veo juntos.

Es por el amor con el que se miran a los ojos. La intimidad que comparten. Los abrazos eternos. El cariño con el que se sonríen el uno al otro.

Ya sé que ellos se quieren mucho porque son amigos y todo ese rollo, pero no me refiero a eso. No. Lo que intento decir es que yo he tenido la misma complicidad con Liam, y con él acabé cruzando la línea roja.

Tengo un mal presentimiento.

Apoyo la mano para terminar de abrir la puerta, con la mala suerte —por lo menos, para James y Lee— de que esta no chirría como en las pelis cuando llega un momento de tensión, así que no les doy tiempo a reaccionar.

Y a mí me da tiempo a verlo todo.

A mi padre besando a James con los primeros botones de su camisa desabrochados.

A James devolviéndole el beso con la misma desesperación, sin camisa.

Mi padre tiene una mano apoyada en el pecho de James, que sube en la siguiente inhalación con un jadeo. Y James le está tirando a mi padre de la corbata para atraerlo más hacia él.

Tardan un segundo en reparar en mí.

Después ahogan un grito.

Los dos se separan con un miedo en los ojos que no había visto antes.

—¡Nate...! ¿Qué...? —dice mi padre.

Trago el nudo de emociones que no me deja respirar.

—Lo sabía.

James mira a mi padre un instante, muy nervioso, y luego vuelve a mirarme a mí.

—No es lo que parece.

¿En serio me va a salir con esa frase ahora? ¿Después de pillarlos comiéndose la boca el uno al otro?

—Ya.

Mi padre se pone aún más nervioso que James.

—James tiene razón. No sé qué has creído ver, pero no es lo que parece.

—A mí me parece que os estabais besando.

Los dos dibujan una expresión de terror.

—Nate..., por favor —me suplica mi padre.

«Por favor, no cuentes nada de esto a nadie», sé que es eso lo que me está pidiendo. Lo que no sé es por qué estoy hablando igual que ellos, en voz baja. Creo que es porque el miedo que veo reflejado en sus ojos me ablanda. Porque, aunque ahora mismo sienta muchísima rabia y me duela haber pillado a mi padre engañando a mi madre con otro hombre, no dejo de estar delante de dos seres humanos que se quieren y que no supieron hacerlo mejor.

Pero la razón principal de que no levante la voz es que mi madre está abajo y este es mi modo de protegerla para que no sufra. Enterar se tiene que enterar, pero no hace falta que sea ahora. O igual sí tiene que ser ahora. No lo sé. Necesito pensar.

«Joder, las cartas.»

Era James la persona que se las escribía a mi padre. Y eran cartas de amor. Un amor imposible del que acabo de ser testigo y que rompe mi familia.

41
Que se me escape tu nombre

Bajo las escaleras con el corazón golpeándome el pecho, corriendo para intentar huir de una imagen que no consigo sacarme de la cabeza. Lee y James. James y Lee. Mi padre besando a otro hombre en la cama donde duerme con mi madre todas las noches. El hombre que se supone que era su mejor amigo es en realidad su amante. Mi mente me acribilla a preguntas.

Quiero saberlo todo y, a la vez, no quiero saber nada.

¿Desde cuándo? ¿Es la primera vez que mi padre besa al padre de Liam o lleva veinte años poniéndole los cuernos a mi madre?

Joder, joder, joder.

Llego al final de la escalera y salgo por la puerta de casa pegando un portazo. Sigo corriendo. Y me choca que esté nevando con fuerza y todo esté tan bonito. El cielo parece una manta negra repleta de finísimos hilos blancos que llegan hasta el suelo. Y mientras expulso nubes por la boca pienso en que debería haber cogido un abrigo, pero que ya no puedo volver a entrar en casa porque acabo de ver a mi padre besando a James y necesito estar lo más lejos posible.

«Se lo tengo que contar a mi madre.»

«Se lo tengo que contar a Liam.»

«No quiero que mi madre sufra.»

«Pero mi padre y el padre de Liam se estaban besando.»
«Eso le romperá el corazón.»
«Mis padres se van a separar.»

Me paro en seco en mitad de la calle. Los copos de nieve se derriten cuando tocan el suelo. Me doblo y apoyo las manos en las rodillas. Respiro. Saco el móvil y decido llamar a Marc.

—Ha pasado algo y necesito verte.

Me pide que le envíe mi ubicación y Marc viene lo más rápido posible a por mí.

Cuando lo veo aparecer montado en su moto negra, atravesando la noche y la nieve, pienso en él como un príncipe que viene a rescatarme.

Me lleva a la casa del árbol. Dentro, yo hablo mucho y muy deprisa, y el pobre Marc escucha y asiente con la cabeza, empatizando con mi agobio y masajeándome los hombros porque no sabe qué más decirme. Aparte de que le parece una mierda que mi padre esté engañando a mi madre y que lo siente muchísimo.

Después de darme un masaje que, vale, no me soluciona la vida, pero sí mi espalda contraída por el frío y por la ansiedad —el tío hace magia con los dedos—, y de lloriquearle hasta sentir que he soltado todo lo que necesitaba soltar, rebusca en su bolsillo y yo acepto el clínex que me ofrece para que me suene la nariz.

—Debo de tener una pinta horrible.

—Sigues estando muy follable.

Me sorprendo a mí mismo soltando una carcajada. Era lo último que me esperaba que fuese a decir. Pero igual lo que necesito es justamente eso: que Marc, después de haberme secado las lágrimas con el dorso de su mano y tragarse todo mi drama familiar, me desnude y me haga suyo, hasta que me olvide de mi propio nombre y, sobre todo, de por qué estaba llorando.

—Hazlo.

—¿El qué?

Miro a Marc a los ojos.

—Fóllame ahora.

—No, no.

—Quiero que lo hagas.
—Pero estás llorando.
—Has dicho que seguía estando muy follable.
—No te voy a follar.
—¿Por qué no?
—Porque a ti ya solo puedo hacerte el amor. Por eso.

Al día siguiente hablo con mi padre. Bueno, es él quien habla conmigo. Me suplica que no le cuente nada a mi madre, que quiere hacerlo él, pero que necesita encontrar el momento. Le digo que, si para antes de que termine el año, no lo sabe, se lo contaré yo mismo. Eso, y que Marc vendrá con nosotros a cenar en Nochevieja. Marc no puede pasarla con su padre porque trabaja y no quiero que se tome las uvas él solo. Además, me he enterado de que Liam va a traer a una chica que, según me ha informado mi madre esta mañana, está conociendo en serio, así que supongo que no hay nada malo en que yo quiera traer a Marc.

—¿Marc es tu novio? —pregunta mi padre.

—¿James es tu novio?

No hace más preguntas.

Marc puede venir.

La noche antes de Fin de Año, Marc y yo pasamos el rato jugando a hacer muñecos de nieve en las vías del tren. El bosque, vestido de blanco, con ese cielo azul pálido y salpicado de nubes, parece el escenario perfecto para estar con el chico que te gusta.

Cuando se nos congela la nariz y ya no sentimos las manos regresamos al interior del vagón de tren. Nos frotamos mutuamente los brazos, sin quitarnos el abrigo, para entrar en calor. Marc tiene copos de nieve pegados en el pelo, en las cejas y en las pestañas. Las mejillas y la nariz rojas por el frío. Le castañean los dientes, pero no deja de sonreír y se le forman dos hoyuelos preciosos.

Está para comérselo.

—Conozco esa mirada —dice.

—¿Y qué estoy pensando?

Marc me pone la mano en la entrepierna. La tengo durísima.

—En que se te ha ocurrido una forma mejor para que entremos en calor.

Sonrío.

—Premio.

Y me acerco a él para dárselo. O para *dárnoslo*, porque el premio es compartido.

Llevo mis manos a su abrigo y tiro de la cremallera. Se lo quito deslizando la prenda por los brazos y, al caer al suelo de forma pesada, levanta una ligera capa de nieve que se había acumulado en la zona de los hombros. Después cuelo mis manos por debajo de su jersey beige de cuello alto. Noto que su abdomen se contrae cuando le rozo sin querer con la punta de mis dedos, a pesar de que lo hago por encima de la camiseta y que no llego a tocar su piel directamente. Marc estira los brazos y yo le saco el jersey por la cabeza. Hago lo propio con su camiseta, la tiro al suelo sin importarme dónde caiga. Tiene los pezones en punta por el frío. Eso y la piel de su torso, blanca como la de un vampiro, me dejan con la boca seca.

Me pongo a repartirle besos por el cuello, por las clavículas, por los brazos. Atrapo un pezón con los dientes y lo chupo con mimo mientras me desabrocho el cinturón. Marc me baja los pantalones y el bóxer, todo a la vez, hasta los tobillos. Me deja desnudo de cintura para abajo y yo a él de cintura para arriba. Nos quitamos la ropa que nos falta y volvemos a fundirnos en un beso cuando solo somos piel. Entonces, nos ponemos a buscar el calor en el cuerpo del otro. Nos tocamos. Nos besamos. Nos abrazamos.

Avanzo dando pasos hacia atrás sin despegar los labios de los suyos y me dejo caer sobre el colchón. Marc se tumba encima de mí. Me separa las piernas. Me hace dedos. Me dilata. Se pone un preservativo. Me penetra con suavidad. Y luego con fuerza. Me oigo gemir. Marc también gime, cada vez más alto, cada vez más intenso. Nuestros cuerpos dejan de temblar de frío y pasan a hacerlo de puro placer. Los jadeos se multiplican. A los dos nos cuesta más respirar. Follamos hasta que ese calor que empezó como una pequeña llama se convierte en un fuego incontrolable que nos quema por dentro.

El orgasmo nos alcanza como una ola gigante que rompe contra las rocas.

Pam.

Cerramos los ojos y nos corremos.

Y, sin planearlo, Marc susurra mi nombre y a mí se me escapa el suyo a la vez.

42

Alguien que rompe todos tus esquemas y pone tu mundo del revés

Después de hacer el amor, mi cuerpo irradia una sensación de paz que va desde mi coronilla hasta la punta de los pies. Marc está tumbado bocarriba, desnudo, y yo tengo la cabeza apoyada en su pecho. Su piel emite tanto calor que parece mentira que fuera esté nevando. Oigo los latidos de su corazón. Es como si todo se hubiese quedado en calma. Como si los problemas, a pesar de seguir ahí, fuesen mucho más pequeños. Por un instante, consigo evadirme hasta el punto en el que mi única prioridad es decidir qué voy a comer para reponer fuerzas. Porque algo tengo que comer para poder seguir follando el resto del día con Marc. Después me quedo mirando cómo su pecho sube y baja con cada nueva respiración y también presto atención a la mía, en lo despacio que el aire entra y sale por mi boca. Pienso en lo débiles que somos los seres humanos.

Trazo una curva invisible sobre su pecho, bordeando su pezón. Estoy agotado, pero no puedo dejar de sonreír. No es una sonrisa de «al final todo va a salir bien». Es una sonrisa de «me encanta la relación tan especial que tengo con Marc».

Aunque, en realidad, no sé la idea que tiene Marc sobre nosotros. Y me refiero a nosotros como pareja.

Quizá el hecho de que Marc comparta conmigo su casa del árbol no es un motivo de peso para hacerme ilusiones, pero teniendo en cuenta que la otra persona a la que traía a este lugar era Madison, su novia, y que no ha dejado entrar a nadie más, es normal que piense que tengo alguna posibilidad con él. Está claro que, como mínimo, me ha cogido mucho cariño en estos meses. Ahora debo esperar para saber si ese cariño puede transformarse en algo más sólido con el tiempo. Algo... que yo estaba dispuesto a vivir con Liam, pero que no salió bien, y que me encantaría que funcionase con Marc. Y no lo digo como si Marc fuera la segunda opción. Nunca lo ha sido. De hecho, cuanto más tiempo comparto con él, más seguro estoy de que siempre ha sido el único del que yo podía llegar a enamorarme de verdad. Sé que ahora lo estoy, que me he enamorado de él hasta los huesos, a pesar de que me asuste reconocerlo en voz alta porque quizá es pronto. Pero luego me digo a mí mismo que eso es una tontería porque el amor no es un reloj de arena. Puedes enamorarte de alguien a primera vista y, aunque no fue mi caso con Marc, cuando nuestros ojos chocaron por primera vez su mirada me impactó. A raíz de conocerlo empecé a fijarme en otros chicos.

Marc despertó algo en mi interior que me cambió para siempre. Al principio no sabía muy bien qué era lo que me estaba pasando. Yo estaba muy seguro de que era heterosexual y nunca me había planteado otra cosa. Nunca. Pero fue conocerlo a él y algo hizo clic en mi interior. Algo inesperado. Algo que comenzó a ser tan intenso que llegó un punto en el que ya no había lugar a dudas. Soy bisexual. Yo mismo le dije a Beatrice que veía como una ventaja la posibilidad de que también me sintiese atraído por los hombres. Y se lo dije porque lo pensaba de verdad. Pero también es verdad que, cualquier cambio, por muy pequeño que sea, puede darnos miedo. Quizá una parte de mí lo tenía, y por eso le daba tantas vueltas a algo que, de puertas para fuera, intentaba tratar con tanta naturalidad. Después, cuando entendí y asimilé que el cambio era inevitable sentí que se cerraba un círculo porque por fin sabía quién era. Quién soy.

Con Liam lo que me ha pasado ha sido algo completamente distinto. Creo que me gustaba la idea de vivir mi primera gran historia de amor con alguien, y que lo elegí a él porque en su momento me pareció que no podía ser otra persona. Al fin y al cabo, llevábamos diecisiete años siendo amigos y la mitad del instituto daba por hecho que éramos novios porque no nos separábamos el uno del otro y teníamos sexo. Todo parecían señales, carteles enormes que decían «estáis destinados a terminar juntos». Y yo también me lo acabé creyendo. He confundido nuestra amistad, nuestro vínculo, tan especial, con otra cosa. Y esa percepción se agravó por la intimidad física que siempre hemos compartido, por nuestras sesiones de sexo con otras personas, por ese conocer y admirar su cuerpo y cruzar determinadas líneas rojas con él.

Por eso al principio elegí a Liam.

Y me equivoqué.

Y ahora lo estoy pagando porque he perdido a mi mejor amigo.

Con Marc... Bueno. Con él he aprendido que algunos caminos no nos llevan al lugar donde creíamos. Y entonces te das cuenta de que, tomando otra dirección, te encuentras con alguien que rompe todos tus esquemas y pone tu mundo del revés a la vez que te abre las puertas del suyo y te descubre uno nuevo. Un mundo que es una casa del árbol, pero tiene forma de vagón de tren. Uno que huele a papel y tinta. A bosque y tierra húmeda. A madera recién cortada. A piedra y hierro. A frío y estrellas. Huele a Marc, al hombre que no consigo sacarme de la cabeza. Y espero que ahora también huela un poco a mí.

—¿Te parece si repasamos el texto? —Señalo con la cabeza los dos cuadernillos que hay en la estantería. Son los guiones de la obra.

—Pero... ¿todo?

—No, no, todo no. Solo alguna escena.

Asiente y nos incorporamos en la cama para sentarnos a lo indio.

Después de repasar las escenas de *Anna Karenina* en las que su personaje y el mío interactúan juntos, volvemos a tumbarnos en la cama.

Nos quedamos un rato en silencio, pero no es un silencio cómodo del todo, porque me doy cuenta de que Marc tiene el gesto ligeramente fruncido y no sé a qué se debe, si le preocupa algo.

—¿En qué piensas? —susurro con los labios pegados a su pecho.

Marc resopla con fuerza. El ambiente se enrarece incluso antes de que responda a mi pregunta.

—Madison me ha vuelto a llamar hoy.

«Madison.»

Me tenso al escuchar ese nombre. En un segundo, paso de sentirme en paz a llenarme de mil inseguridades. Me odio por dejar que alguien de su pasado tenga tanto poder sobre mí.

«Los seres humanos somos débiles.»

—¿Se lo has cogido?

—Sí, se lo he cogido.

—¿Y? ¿Qué tal?

—Pues... bueno, ya sabes. Mal. La conversación no ha durado ni un minuto porque yo no quería hablar con ella.

—Entiendo.

—Pero me ha dicho que va a venir.

Joder, qué bajón.

—¿De dónde es?

—De Miami.

—¿Vas a quedar con ella cuando venga?

—Aún no lo sé.

—Ya. Supongo que no viene porque tenga familia en Blacktown, ¿no?

—No. Solo me conoce a mí. Hubo una temporada en la que sí se quedó a vivir conmigo en casa de mi padre. Aunque la mayoría del tiempo lo pasábamos en mi casa del árbol.

Justo donde estamos Marc y yo. El mismo lugar. La misma cama. ¿La misma postura? ¿Madison también apoyaba la cabeza sobre el pecho de Marc como si fuera una almohada calentita y suave? Quiero preguntarle si sabe qué día viene, pero ya no puedo hablar. Se me ha cerrado la garganta al imaginarme a Madison abrazando a Marc igual que yo lo estoy abrazando ahora a él.

Y, como permanezco callado, Marc empieza a contarme su historia con Madison. Que la conoció un día de vacaciones en

Miami. Que llevaba un bikini rojo —me lo imagino minúsculo, de los que con el mínimo movimiento dejan escapar una teta, no sé por qué— y que la tía se acercó a él para preguntarle si sabía dónde podía comprarse un helado. Que solo fue una excusa para que la invitara a tomarse uno con ella. Que cuando se conocieron, Marc ya había pegado un cambio físico brutal porque se había estado matando en el gimnasio. Que los tres primeros años fueron maravillosos, de película, pero que el último año Marc se lo pasó luchando a contracorriente por una relación que ya no funcionaba porque había muchas cosas que no estaban bien.

¿La razón de que me cuente todo esto ahora y no lo haya hecho antes? Madison va a venir a Blacktown y Marc seguramente quedará con ella. Supongo que una parte de él siente que merezco saber quién es esa chica que insiste tanto en volver a estar presente en su vida.

Mientras me relata la historia de cómo conoció a Madison, una parte de mí quiere salir corriendo como hice cuando sorprendí a mi padre besando al padre de Liam, ya que, aunque en lo que se refiere a intimidad conozco a Marc como la palma de mi mano, y a pesar de que también conozca algunos de los episodios más duros que han marcado su vida desde pequeño —como el haber crecido con la ausencia de una figura materna o compartir clase con un grupo de imbéciles que le hacían *bullying* y se metían con él porque estaba gordo—, no conozco al Marc que ha estado en una relación seria, o sea, una relación de verdad, y no lo que sea que tenemos nosotros.

Seguramente Madison tampoco pueda compararse físicamente conmigo porque me dará diez mil vueltas. En un ataque de celos y espontaneidad, me oigo comentar en voz alta algo que habría preferido guardarme solo para mí.

—Me estoy imaginando a Madison y me está dando mucha rabia.

—No te he dicho ni el color de su pelo.

Me incorporo, separo la cabeza del pecho de Marc y me siento en la cama con las rodillas en alto y la espalda recostada en la pared. Es el único trozo de pared que no está repleto de libros.

—Rubio platino, largo, sedoso y brillante —le describo cómo es Madison en mi imaginación—. Tipo anuncio de la tele.

—Joder, sí. De hecho, hizo una campaña publicitaria para la marca de...

—Me alegro por ella —lo interrumpo, muerto de celos.

Marc rompe a reír a carcajadas. Después se da la vuelta y se sienta a lo indio para verme de frente. Sus pies y mis pies están muy cerca de tocarse.

—No te rías.

—Sigue describiéndola. Tengo curiosidad por ver si aciertas o no.

—Buff, pues... me la imagino con unas tetas como dos balones, un culo que ni Kim Kardashian y una cinturita de avispa.

—Kim siempre tendrá más culo que Madison, pero, por lo demás, has hecho pleno. Se te da bien este juego.

—Ah. Qué bien. Mira, me alegro mogollón.

Se vuelve a reír al ver la expresión de mi cara.

—¿Y sus ojos? ¿De qué color crees que son?

Este quiere que me enfade de verdad.

—Mmm. ¿Azules? —Ya lo que faltaba, también te digo.

—Marrones.

Bueno, por lo menos no los tiene azules. ¡¡Chúpate esa, Madison!! Te han tocado unos ojos bien marrones como... como a mí. Joooder.

—¿Labios finos o gruesos?

—Paso de seguir jugando a este *¿Quién es quién?* edición *Adivina qué tan buena está mi ex.* Ya sé que no tengo nada que hacer contra Madison.

—¿Qué?

—Que yo soy un tío normal, Marc. Es cierto que consigo hacerte reír con mis tonterías, que conmigo tienes una química sexual brutal porque conectamos a todos los niveles y que eso me hace rascar más puntos; pero soy, al fin de cuentas, una persona normal y corriente.

—¿Crees que soy un tío superficial?

—Creo que has estado con una supermodelo rubia cuatro años.

—Para mí el físico no es importante, Nate. —Vale, se ha enfadado. Me ha llamado Nate y no Nathaniel.

Me muerdo la lengua para no decirle que, si fuera verdad eso de que el físico no es importante para él, no se habría machacado en el gimnasio ni habría hecho una dieta estricta para conseguir esos abdominales.

—Claro que el físico es importante, Marc, es importante para todo el mundo. Ojalá no lo fuera, pero lo es. Por eso nos compramos ropa que nos favorece, por eso tenemos controlado nuestro perfil bueno, por eso cuando nos sacan fotos nos quedamos con las que mejor salimos, por eso triunfan los filtros en Instagram. A ver, está claro que el físico no lo es todo y que para gustos, colores. Pero hay colores muy feos. Y nadie quiere verse más feo que la ex del chico que le gusta.

Y entonces me tapo la boca porque acabo de confesarle una de las inseguridades que tengo con Madison.

—Así que es eso —dice entrecerrando los ojos—. Te sientes inferior a mi ex porque crees que ella está más buena que tú.

—Y porque habéis tenido una relación de cuatro años, pero sí.

—Una relación que *no* acabó bien. Y contigo estoy bien. Contigo estoy y me siento genial.

—¿Por qué no acabó bien?

Se queda un momento en silencio, mirándome.

Marc es una persona nostálgica y su pasado le hace ser más prudente. Se piensa mucho los siguientes pasos que va a dar para no hacerlo en la dirección equivocada. Yo soy todo lo contrario: me dejo llevar, aunque la dirección me guíe a un callejón sin salida, como en el que casi termino por dejarme llevar por mis inseguridades. Inseguridades de las que ni Madison ni ninguna otra persona son responsables.

Marc me cuenta entonces que Madison, esa chica dulce y pija que lo había derretido por dentro, ya no desprendía la ternura de la que él se había enamorado. Que de la noche a la mañana pasó a ser una persona gris, distante y bastante fría con él.

—El primer año, Madison me decía constantemente que yo era el amor de su vida y era supercariñosa conmigo. El segundo año, aunque no fue tan intenso como al principio, estábamos guay. Pero después de estar tres años juntos, de repente, Madison cambió. El último año dejó de ser cariñosa. Dejó de apetecerle el sexo. Y dejó de verme tanto porque siempre estaba o muy cansada o tenía otro plan. Cada vez quedábamos menos. Le pregunté qué pasaba. Yo estaba preocupado porque sabía que algo no iba bien y me daba miedo que ella quisiera dejarme. Le dije que echaba de menos todo lo que éramos antes juntos, al principio de nuestra relación. Madison me dijo que los ocho meses de luna de miel ya se habían terminado y que a mí lo que me pasaba era que me había quedado estancado en esa etapa y que ella se encontraba en otro punto de la relación. Entonces le pregunté qué quería decirme con eso. También le pregunté cuál era el plan que tenía: si quería seguir así o si había alguna posibilidad de que volviésemos a estar como al principio. Yo sabía que no sería con la misma intensidad que cuando empezamos a conocernos, pero echaba de menos a la Madison cariñosa que me decía que yo era el amor de su vida. Entonces ella se puso seria y me soltó: «Te voy a decir algo que es bastante duro. He hablado con mi madre y lo que me ha dicho es que igual lo que siento ahora por ti ya no es tan intenso como para estar en una relación».

—Hostia...

—En ese momento algo dentro de mí se rompió, Nathaniel. Algo hizo crac. Te lo juro. Ella vio que yo empezaba a llorar y me dijo que lo sentía y me pidió mil veces perdón, y yo le dije que no me tenía que pedir perdón, porque, igual que nadie decide de quién se enamora, tampoco elige cuándo deja de estarlo. Y ella ya no estaba enamorada de mí, pero yo seguía loco por ella.

—¿Y ahora? ¿Cómo estás?

—Ahora estoy bien. Te he conocido a ti y... Por eso tampoco quería cogerle el teléfono a Madison. Solo hace un año desde que lo dejamos.

—Te entiendo.

—Y yo te entiendo a ti con lo de sentirte inseguro con el físico. Mira, como te dicho antes, yo cuando conocí a Madison ya había pegado el cambio. Mi mayor inseguridad es que, el día de mañana, si dejo el gimnasio y los batidos y vuelvo a ponerme gordo, nadie me quiera. O la persona que creía estar enamorada de mí deje de estarlo.

Me encantaría prometerle a Marc que yo nunca voy a dejar de quererlo como lo hago ahora. Pero después de ver cómo se le han humedecido los ojos hablando de Madison, me da miedo que no sea la respuesta que quiera escuchar de mí. Y que entonces se vea con la responsabilidad moral de confesarme que él no está preparado para corresponderme con el mismo amor que yo siento por él porque sigue sin haber superado del todo su relación anterior.

—Encontrarás a alguien al que le flipe cómo eres por fuera, pero que se enamore de cómo eres por dentro —le digo en voz baja, y evito sumarle un «alguien más aparte de mí»—. Y, cuando lo hagas, creo que de alguna forma tú ya lo sabrás. Sabrás que, con esa persona, *sí*. Que no le importará que los años pasen y el cuerpo cambie. Y toda esa inseguridad que tienes ahora con el físico se quedará solo en un recuerdo de tu pasado.

—Joder, Nathaniel, eres un tío diez, ¿lo sabes? En serio. Siempre encuentras la forma de animarme y hacerme sentir mejor conmigo mismo. Cuando te conocí pensé que nos llevaríamos a matar. Y míranos ahora. Me cuesta mucho confiar en la gente y no es ningún secreto que no se me da bien hacer amigos, pero tú haces que parezca fácil relacionarse con las personas. Contigo me siento como en casa. Y me encanta haber compartido contigo mi casa del árbol.

Mi estómago burbujea de felicidad y noto que me sonrojo.

—Gracias.

—No. Gracias a ti. Eres como ese mejor amigo que me habría encantado tener cuando iba a la escuela.

Y lo dice con tanta emoción en la mirada que, si yo no estuviera enamorado de Marc, ahora mismo me habría lanzado a abrazarlo con todas mis fuerzas. Pero no. No es el caso. Y como siento lo que siento por él... no es que me dé un bajón, es que, directamente, asumo la hostia como si Marc me acabase de dar una patada voladora para tirarme desde lo alto de un rascacielos.

—Gracias, supongo.

—¿Supones?

—Por el título de mejor amigo.

Los ojos de Marc me miran con diversión y... algo más. Algo que no consigo descifrar. Es lo que tiene este chico, que a veces cuesta pillarlo.

—¿Sabes qué he pensado siempre sobre las relaciones?

—Sorpréndeme —digo sin mucho entusiasmo.

—Que las únicas historias de amor que sobreviven al tiempo son las que se empiezan siendo mejores amigos.

Y... ahí está otra vez.

Una promesa que se lee entre líneas.

Algo a lo que aferrarme.

El burbujeo de mi estómago regresa con una intensidad que me hace sonreír. ¡Joder si sonrío! ¡Muchísimo! Es como si Marc me hubiese adelantado que, al final de nuestro cuento, el príncipe se queda conmigo y no con la malvada bruja —Madison, te ha tocado ser la mala de esta historia, chica, ya lo siento—; y por eso la sonrisa me llega hasta los ojos y estos me hacen chiribitas, porque con su última frase recupero esa esperanza que hace unos segundos daba por perdida. Y no es para menos. Ha relacionado el título de mejor amigo con «historia de amor» y «sobrevivir en el tiempo». Eso suena la hostia de bien. A felices para siempre.

—Se te da genial.

—¿El qué?

—Cagarla y luego darle la vuelta.

—Gracias. —Ríe. Y es una risa preciosa, como todo él—. A veces soy mono y a veces un poco capullo, lo reconozco. Aunque los dos sabemos que hay otras cosas que se me dan mejor. Y no sé tú, pero yo empiezo a tener frío...

—¿Tienes frío? Pobre.

—Sí. Me vendría muy bien estar dentro de ti para entrar en calor.

Trago con fuerza al ver que ya se le ha puesto dura. Otra vez.

—Marc, me vas a matar a sexo.

Me sonríe y apoya una mano en mis rodillas.

—¿Se te ocurre una forma mejor de morir?

43
Tictac

La cena de Nochevieja no puede ser más incómoda para todos. Evito cruzar la mirada con mi padre y con el padre de Liam. No dejo de reproducir el beso que vi en mi cabeza. Por lo menos no se han sentado juntos, aunque la imagen de mi madre en medio de Lee y James hace que me hierva la sangre. No deberíamos estar cenando como dos familias que se llevan de maravilla, cuando el secreto que nos une y hace que hoy estemos todos sentados alrededor de esta mesa es el que es. Qué puto asco todo, en serio.

Por lo menos Marc también lo sabe y está conmigo, sentado a mi izquierda. La chica que acompaña a Liam es Emily. Sí, con la que hicimos el trío y luego nos pidió que nos metiésemos en el armario porque acababa de entrar por la puerta su novio y no nos podía descubrir. *Esa* Emily.

Liam come haciendo aspavientos, parece un crío enfadado con el mundo que busca llamar la atención. Nos mira alternativamente a Marc y a mí. A Emily le responde las cosas que ella le pregunta sin mirarla a los ojos. Ni siquiera hace el amago de girar un poco la cabeza en su dirección. Nos mira a nosotros. A Marc y a mí. Y Marc no se corta y le devuelve la mirada. Muy navideño todo.

—Bueno, bueno, hoy estáis muy callados todos. —Odio el tono desenfadado que utiliza mi padre, como si no tuviese una aventura con James y llevase años engañando a mi madre. Cabrón—. ¿Qué os contáis?

«Las horas que te quedan para que mamá sepa la verdad. Te dije que, si antes de acabar el año no sabía lo tuyo con James, se lo contaría yo mismo.»

Son las diez de la noche. Faltan dos horas para que den las doce y sea uno de enero.

Tictac...

—Nada, aquí —responde Liam, encogiéndose de hombros.

... tictac.

—¿Cómo va la obra de teatro? —nos pregunta James a Marc y a mí.

—Bien. Muy bien —responde Marc.

—La estrenáis en febrero, ¿no?

—Sí, el nueve.

—Genial. Pues tendremos que ir a verla.

Mi madre y la madre de Liam se levantan del asiento para ir a por el postre. Lee y James deciden ir a ayudarlas, así que Liam, Emily, Marc y yo nos quedamos solos en el salón, y Marc aprovecha la ocasión para dirigirse directamente a Liam y decirle lo que se lleva aguantando media cena.

—¿Se te está haciendo bola la carne? —le pregunta con un tono burlón y de resabido.

—¿Por qué? ¿Quieres masticarla tú por mí?

—Prefiero no tocar la comida de los demás.

—¿Desde cuándo? —lo ataca.

Vale, se está refiriendo a mí.

—¿Estás insinuando lo que creo? —Marc entrecierra los ojos.

—¿Yooo? —Liam se lleva una mano al pecho de forma teatral—. Yo no estoy insinuando nada —dice, pero después me mira de reojo y oculta una sonrisa maliciosa.

—Nate no es comida. —Marc da la cara por mí.

—Nate no me interesa. Por mí te lo puedes quedar para ti solito. Te lo regalo.

Marc cierra los puños.

—Una buena hostia es lo que te voy a regalar yo a ti —le dice a Liam.

Este sonríe con superioridad. Se lleva una servilleta a la boca y se limpia las comisuras con una tranquilidad que nos pone nerviosos a todos.

—Vaya, vaya. Por lo que veo, lo tuyo con Nate va bien, ¿no? ¿Qué eres, su novio? No me pegáis mucho juntos, la verdad. Pero, bueno. Si vosotros sois felices...

—Tú mejor preocúpate por tu relación con la chica que tienes a tu izquierda —responde Marc—. A la que, por cierto, no te he visto mirar ni una sola vez.

—¡Oye! —exclama Emily—. A mí no me metáis en vuestros líos.

—Oh, Marc. ¿Tan pendiente estás de mí? —Liam finge que le hace ilusión—. Es un honor.

—¿Honor? Más bien es incómodo que no nos quites los ojos de encima a Nate y a mí. ¿Qué pasa, esperas que te propongamos un trío? Porque te aviso desde ya que a mí esas cosas no me van nada. No me gusta compartir. Bueno, y que tú estás muy lejos de ser mi tipo.

La sonrisa de Liam se expande.

—¿No soy tu tipo? Creo que voy a llorar. ¿Marc, sabes? Te imaginaba más guapo, no sé por qué.

—¿Sabes, Liam? Me importa una mierda, sinceramente.

—Qué agresivo. —Y entonces Liam se dirige a mí—. Nate, deberías aprender a controlar a tu novio.

A Marc se le hincha la vena del cuello. Y cuando eso ocurre, hay que empezar a preocuparse.

De repente, se levanta como un resorte y agarra a Liam por el cuello de la camisa.

—Como no cierres la boca de una puta vez te parto la cara, gilipollas.

Liam levanta las manos en son de paz. No borra su sonrisa, pero tiene la cara roja y una gota de sudor baja por su frente y le llega hasta la nariz. Por dentro está acojonado y sus ojos también lo reflejan. «Me callo, me callo, me callo» es lo que dicen.

Marc suelta a Liam, pero luego se queda cinco segundos más de pie, respirando con fuerza, fulminándolo.

Se vuelve a sentar.

—¡¡Tachán!! ¡¿Quién quiere tarta de queso?! —Mi madre entra en el salón, sonriente, con un plato en cada mano.

La siguen Lee, James y la madre de Liam. Todos llevan platos y cubiertos.

Nos sirven una porción a cada uno. Mi padre coloca un plato en el sitio de mi madre y otro en el de James.

Vigilo los movimientos de Liam. Me da miedo que suelte algún comentario para intentar que Marc salte y pierda los papeles, sobre todo ahora que los adultos han vuelto y sabe que Marc se va a tener que controlar. Se ha quedado flotando en el aire una calma tensa entre ellos de las que no auguran nada bueno.

Entonces Liam pincha un trocito con el tenedor, lo saborea despacio y, sin dejar de masticar, felicita a mi madre.

—Está riquísima. ¿Verdad que sí, Marc? —dice con retintín y una mirada desafiante.

Marc respira fuerte por la nariz.

—¿Y a ti qué te pasa? —le pregunta Liam con una falsa naturalidad—. ¿Se te ha hecho bola la tarta?

Marc aprieta tanto los puños que se le marcan todas las venas de los brazos.

—Basta, Liam. —Saco la cara por Marc—. Deja de provocarlo.

—Yo no he hecho nada.

—No te hagas el tonto.

—¿Qué os pasa a vosotros tres? —nos pregunta la madre de Liam.

—Nada —respondemos Marc, Liam y yo al unísono.

—Liam tuvo un lío con Nate y ahora Nate se está liando con Marc —salta Emily, para sorpresa de todos—. Por eso Liam lleva toda la cena ignorándome, porque está más pendiente de ellos. —Después se mete un trozo de tarta de queso en la boca—. Mmm. Liam tenía razón. Está riquísima.

Los adultos tardan en reaccionar.

—¡¿Perdón?!

—¡¿Que qué?!

—Espero que no sea verdad.

—Liam, ¿tú te has enrollado con Nate?

—Con los dos. Hicimos un trío —aclara Emily—. Luego ellos siguieron por su propia cuenta.

—Joder, Emily. —Liam se frota la cara.

Estoy de acuerdo: joder, Emily. Parece que su propósito para terminar el año a lo grande es desatar desastres naturales en mi casa.

—¿Tríos? —Mi madre abre mucho los ojos, escandalizada.

—Se les da muy bien —admite Emily.

—La madre que la parió —dice Marc por lo bajo.

—¿Desde cuándo Nate y tú... *eso*? —La madre de Liam está roja como un tomate.

—Mamá, no me preguntes esas cosas.

—No me lo puedo creer. Si sois como hermanos.

—Pero no lo somos —dice Liam—. Estas cosas pueden pasar.

Miro a su padre y al mío.

Vaya si pueden pasar. Si Liam supiera...

—A ver, ¿a ti te gustan las chicas o los chicos? —le pregunta su madre, cruzándose de brazos—. Porque has traído a Emily, pero te has liado con Nate.

La pobre mujer se está haciendo un lío de cojones.

—Con los dos —insiste Emily—. Su hijo se ha liado con los dos.

—Buff —suspira Lee.

—Nuestro hijo es bisexual —ataja James.

—Vale, es bisexual, pero ¿te gustan más los chicos o las chicas?

Liam se encoge de hombros.

—No lo sé, mamá.

—Menudo disgusto se va a llevar tu abuela.

—Bueno, chinchín y feliz Navidad a todos. —Mi aportación.

Marc se muerde el labio inferior para no reírse.

Después todos nos quedamos con la vista clavada en la tarta de queso. El silencio se extiende hasta que James, en un intento por cambiar el rumbo de la conversación y salvar la cena de Nochevieja, decide romperlo haciendo una observación acerca de su postre.

—Lee, me has puesto un trozo demasiado grande —se queja, aunque parece encantado.

—No es verdad.

No soporto ser testigo de la complicidad que hay entre esos dos. Me encantaría levantarme y darles un tartazo.

—Sí es verdad —dice mi madre, y todas las miradas se centran en ella—. Siempre le pone el trozo más grande a él. Mirad la porción que me ha puesto a mí. —Levanta su platito para que veamos que no se lo está inventando.

Al comparar el trozo de tarta de James con el de mi madre, me doy cuenta de que es un espejo del amor que mi padre le ofrece a cada uno.

Pienso en la cuenta atrás.

Tictac.

—Qué tontería —replica mi padre.

—¿Es o no es más grande el suyo que el mío?

—Si quieres te lo cambio —le ofrece James.

—No. Tranquilo. No hace falta.

—Me parece que estás siendo un poco infantil —le ataca mi padre.

—Lo dices como si mi madre no tuviera motivos para estar molesta —no puedo evitar decir.

—Nate, estamos hablando de un trozo de tarta.

—No es por el trozo de tarta y lo sabes. Es por todo lo demás.

—¿Qué es *todo lo demás*? —pregunta mi madre.

—Eso, explícate. —Mi padre se hace el loco.

—¿Necesitas que te refresque la memoria? —le digo mirándolo a los ojos.

—No sé de qué me hablas.

Tictac.

—Si quieres te hago un cómic, papá. Te noto algo perdido.

—Nate... —intenta detenerme.

—Ya sé, se me acaba de ocurrir una idea para la primera viñeta. Voy a dibujar la cama de mis padres. James, ¿quieres que te dibuje a ti también?

—¿Y por qué ibas a dibujar tú a mi padre? —salta Liam a la defensiva.

—Eso, ¿por qué iba a querer dibujarlo a él? —Miro a Liam, me paso los dedos por el mentón, vuelvo a mirar a su padre—. James, ¿se te ocurre alguna razón?

—No. Ninguna.

—¿Nooo? ¿Segurooo?

Marc me agarra del brazo. Sé lo que intenta decirme: «Para».

—¿A qué juegas, Nate? —Liam se pone de los nervios.

—Yo estoy perdidísima ahora mismo —reconoce Emily.

—¿Nate? —me interpela mi madre—. ¿A qué te refieres con lo del cómic?

—Eso —la secunda la madre de Liam—. ¿Qué estás insinuando?

—Nate no está insinuando nada —me corta mi padre antes de que yo pueda hablar.

—Te quedan menos de dos horas para que lo sepa todo —le dejo claro—. Tú decides si se lo cuentas ya o se lo cuento yo después.

—¿Saber el qué? ¿Quién? —pregunta mi madre—. ¿Alguien me puede explicar qué está pasando?

—Tictac —le digo a mi padre, señalando mi muñeca desnuda como si llevara puesto un reloj.

—¿Lee? —Mi madre mira a mi padre—. ¿Hay algo que me tengas que contar?

—Nada. No hay nada. Se lo está inventando todo.

—Menos de dos horas —insisto—. Hicimos un trato.

—Déjate de gilipolleces y cuéntalo ya —salta Liam.

—Nate, no lo hagas —me pide Marc.

James se tira del pelo.

—¡Joder! Ya no aguanto más esta situación —gruñe.

—¿Qué situación? —Su mujer no entiende nada—. ¿James? ¿Qué situación?

James clava los codos en la mesa y apoya la frente en las manos.

—Nate nos vio besándonos la otra noche.

El silencio dura tres segundos. Y luego:

—¡Papá, ¿qué coño dices?! —Liam está flipando—. ¡¿Tú con Lee?!

—Sí. —James baja la mirada y hace una breve pausa. Necesita armarse de valor para lo siguiente que va a decir. Se lo ve angustiado, pero sé que no va a echarse atrás porque ha llegado al límite. Son demasiados años guardando el secreto. Después, sin levantar la cabeza, separa mínimamente los labios y las palabras que no lo dejan respirar son pronunciadas en voz alta—: Nos queremos. Lee y yo nos queremos.

—¡¿Desde cuándo?!

Entonces sí, James levanta la cabeza y mira a su hijo a los ojos.

—Desde siempre.

Liam abre y cierra la boca varias veces antes de pronunciarse, como si no supiese qué decir. Qué hacer. Cómo encajar las piezas.

—Estoy flipando... ¡Pero flipando de verdad! —exclama Liam. Lo conozco bien, y sé que se ha quedado a cuadros.

—¡Espera! —dice mi padre, en un intento inútil de salvar el culo—. ¡Lo puedo explicar!

—¿Lo puedes explicar? —escupe mi madre—. Llevas con él todos estos años, ¿no? ¡Incluso estabais juntos antes de conocerme a mí! Me siento tan estúpida... Mira que te lo llegué a preguntar y tú me juraste que entre James y tú no había nada. Y yo te creí como una tonta y me casé contigo. Y ahora... ¡ahora me entero de *esto*!

—Cariño...

—¿Recuerdas qué me llamaste? Me llamaste paranoica. ¡Paranoica! Decías que me estaba imaginando cosas que no eran y que estaba loca si creía que entre James y tú había algo más allá de una amistad porque para ti era como un hermano mayor. ¡Eres un hijo de puta!

—Por favor. —Mi padre intenta tocarla.

Mi madre se zafa de él con un movimiento brusco.

—¡No! Ni se te ocurra volver a tocarme en tu vida.

—Escúchame, por favor. Déjame explicártelo.

—¿Que te deje explicármelo? Oh, no. Yo contigo ya no tengo nada más que hablar. —Se levanta con los ojos humedecidos. Pone los brazos en jarras y suspira con fuerza, recuperando el aliento—. Bueno, por lo menos me alegro de que me haya salido tan buena la tarta. Si alguien quiere repetir queda un poco en la cocina. A James dejadle el trozo más pequeño. Y a mi marido... a mi marido que le den por culo. Yo me voy. Feliz año a todos.

—Por favor... —suplica mi padre una última vez.

—Ah, sí, casi se me olvida. Vosotros dos —mi madre señala con el dedo a Lee y James— tened cuidado con las uvas. No vaya a ser que os atragantéis y nos deis otro susto.

44
La forma más bonita de acabar

—Nate, tu madre es la hostia de guay. ¿Te acuerdas de la cara que se les quedó a Lee y a James cuando dijo lo de que tuviesen cuidado de no atragantarse con las uvas? Fue épico. Mis dieces. Por eso me llevo tan bien con ella.

—Mi madre está sufriendo, Marc. No es ninguna broma lo que ha pasado. Lleva una semana que no levanta cabeza. Nunca la había visto tan triste.

—Joder, ya me imagino. Solo he dicho que la contestación que les dio fue la hostia. Ojalá tuviera una grabación de ese momentazo para verla en bucle.

Elevo la vista al cielo, pero sonrío porque sé que Marc le tiene un cariño infinito a mi madre y que está de su parte.

Ha pasado una semana desde que el tictac hiciera *boom* y el matrimonio de mis padres saltara por los aires. Ahora mi madre duerme sola en la habitación de arriba y mi padre se queda a dormir en el sofá. Intentan evitarse a toda costa. Su plan es divorciarse y vivir por separado. Mi madre se quedará conmigo, mi padre volverá a su antigua casa, o sea, a la casa de mis abuelos, que queda a treinta minutos de Blacktown en coche. Es lo mejor para todos.

Yo los primeros días me esforcé por ser imparcial, solo porque mi madre así me lo pidió el día de Año Nuevo:

—Nate, Lee ha cometido un error, pero es tu padre. Tienes

que aprender a perdonarlo, aunque yo no pueda hacerlo. Es a mí a quien ha engañado, pero a ti te sigue queriendo como siempre.

—Se ha cargado nuestra familia, mamá. Lo ha fastidiado todo.

Mi madre me acarició la mejilla y me dio un beso en la frente. Yo la abracé con fuerza porque vi que empezaba a llorar. Otra vez. Cerré los ojos y acumulé más rabia contra mi padre.

Han pasado siete días desde entonces y la rabia hacia mi padre no ha menguado, es más, le he cogido una manía increíble. Cada vez que nuestras miradas se cruzan, me asalta una imagen suya y de James besándose en la cama y tengo que alejarme de él para apartarla de mi cabeza.

—¿Cómo lo llevas tú? —me pregunta Marc mientras paseamos por el bosque.

—Es raro. Me choca que mi padre le haya sido infiel a mi madre todo este tiempo con James. Pero también hay otra parte de mí a la que no le sorprende porque pienso: «En el fondo ya lo sabía».

—¿Y lo sabías?

La nieve cruje bajo las suelas de nuestras botas como si estuviéramos pisando algodón.

—No lo sabía al cien por cien, pero sí tenía mis sospechas. Al fin y al cabo, mi padre y James siempre estaban juntos. Y cuando digo siempre es siempre: viendo una serie en el salón..., bebiendo en un *pub*..., jugando a los bolos o al billar..., cantando en el karaoke..., compartiendo palomitas en el cine... Incluso se iban de viaje y desaparecían un fin de semana entero. Claro —digo, sonriendo sin ganas—, ahora entiendo por qué hacían tantos viajes exprés los dos solos. Qué asco me dan. Qué. Puto. Asco.

—Normal que te dé asco.

—Y luego está el tema de las cartas.

—¿Cartas?

—Sí, cartas de amor. Yo entonces no sabía quién se las mandaba a mi padre porque todas venían sin firma. Supongo que James también tendrá guardadas las que mi padre le escribía a él. Las encontré un día de pura casualidad.

—Debería ponerse de moda lo de escribir cartas a la persona que te gusta. Ahora todo es mucho menos romántico, a la gente le vale con que le envíes un «te quiero» con corazoncito por WhatsApp.

Suspiro.

—Mi madre no se merece todo esto.

Asiente dándome la razón.

—Desde luego que no.

—Y lo peor es que a veces oía a mi padre discutiendo por teléfono con James y pensaba «parecen un matrimonio».

—Buf.

—Por eso digo que tampoco fue ninguna sorpresa para mí.

Dejamos el bosque a nuestras espaldas y caminamos en medio de las vías del tren. Ser los únicos que pasean por este lugar hace que la nieve se mantenga blanca y resplandeciente. Las únicas pisadas que hay, además de las nuestras, son de otros animales.

Nos acercamos al vagón de tren. Marc lo señala con un ligero movimiento de cabeza. Tiene las mejillas rosas.

—¿Quieres entrar ya?

—Por favor. Pero no quiero hablar más de mis padres.

—Vale, no te preocupes, hablamos de otras cosas.

—Necesito desconectar y... no sé, que me hagas reír.

Me mira de reojo y me pilla admirando su boca. No puedo evitar que mis ojos busquen esos labios que están hechos para besar. Luego intento disimular y que no se note que el sexo me hormiguea. Quizá soy demasiado evidente o quizá él ya me conoce tan bien que sabe que en este contexto lo de reír puede sustituirse por gemir. Necesito desconectar de todo y sentirme conectado a Marc. Solo a él. A sus besos húmedos y calientes. A su mano izquierda sujetándome la cara mientras la derecha me agarra del cuello para profundizar en ese beso que da el pistoletazo de salida a acabar follando como animales. Centrarme solo en eso, en todo lo que sea darnos placer el uno al otro, como si así fuéramos a solucionar los problemas del mundo.

—Espero que también quieras que te folle un par de veces —añade con una sonrisa traviesa.

—Siempre piensas en lo mismo —me quejo devolviéndole la sonrisa.

Sí. De broma, pero me quejo. Con todo mi morro.

—Siempre me apeteces, Nathaniel. Y ahora es cuando me dices que no me estabas mirando la boca porque te apetece darme un beso.

Sonrío.

—No sé de qué me hablas.

—Ya. Y también me dirás que no te estabas imaginando que te agarro del cuello mientras te hago el amor.

Trago saliva.

Joder. Me conoce muchísimo.

Recogemos las dos latas de Coca-Cola que hemos dejado en el suelo de la entrada cubiertas de nieve hasta el borde, para que se mantengan fresquitas, y Marc mete la llave en la cerradura y abre la puerta. Nada más poner un pie dentro del vagón me siento más tranquilo, porque el único momento del día en el que no pienso en mis padres y en lo diferente que va a ser todo a partir de ahora es cuando me refugio con Marc en su casa del árbol.

Si no pasamos directamente a quitarnos la ropa es porque no tenemos prisa. Porque también es sexi saber que los dos tenemos ganas y esperar un poquito antes de acabar desnudos uno encima del otro.

Entrechocamos las latas de Coca-Cola y brindamos con una sonrisa pegajosa. La humedad del refresco nos deja los labios brillantes. Me paso la lengua cuando veo que Marc lo hace, imitando el gesto, mirándole la boca con descaro. Él también me está mirando la boca a mí. Lo hace sin ningún atisbo de vergüenza.

Ahora ninguno de los dos nos cortamos en darle cuerda a esa tensión que flota y nos envuelve. Ese algo que tira de nosotros y nos hace estar más cerca. Que está en el aire que compartimos. En los viajes que hacen nuestros ojos para darle un buen repaso al otro. En los caminos invisibles que trazamos con las miradas para acariciarnos sin necesidad de tocarnos con la piel.

Sonrío y pienso «aquí podría nacer una historia de amor».

La mía con Marc sería una historia que no está escrita porque bebe de instantes como este: dos latas de Coca-Cola y una conversación en la cama. Y justamente porque no está escrita es diferente a todas las historias que nos rodean: tanto las de los libros como las que cuelgan del techo y forman un cielo de papel y tinta.

Pero no por eso el resto de las historias dejan de estar aquí.

Y cuando uno de los papelitos que cuelga del techo empieza a balancearse por el aire hasta caer en el colchón, en medio de nosotros, no puedo evitar recogerlo con cuidado y leer lo que Marc dejó escrito alguna vez.

Quizá la forma más bonita de acabar sea cortando por teléfono. Porque cuando el tiempo pase y las heridas cicatricen, siempre nos quedará el recuerdo de que, la última vez que nos vimos, nos despedimos besándonos sin saber que no volveríamos a estar tan cerca el uno del otro.

—Trae. —Marc me lo quita de la mano y se levanta.

Coge un libro al azar de la estantería, lo abre por la mitad y guarda el papelito dentro.

—¿Lo escribiste por Madison?

—Prefiero no hablar de ella. No ahora. Este momento es solo nuestro.

—Vale. —«Sí, lo escribió por ella. Hay dolor en su voz.»

Dejamos los refrescos a los pies de la cama y nos tumbamos de lado, mirándonos de frente. No sé quién besa a quién primero. Los dos nos lanzamos a la boca del otro y nos quitamos la ropa con la misma ansia con la que nuestras lenguas se enredan.

Después de follar, Marc me pasa un brazo por los hombros. Me pongo encima de él y apoyo mi mentón en su pecho desnudo, que se mueve con cada nueva respiración que hace. Alargo la mano para tocarle la boca. Él la deja entreabierta y yo repaso la línea de sus labios con el índice. Lo hago despacio y repitiéndolo varias veces. Presto especial atención a cómo se siente el tacto húmedo de su carne sobre mi yema. Es relajante.

—Veo que te gustan mucho mis labios —susurra.

Y, sin dejar de mirarle la boca, me oigo decir:

—Tus labios son tan bonitos que parecen venenosos.

Entonces, el chico que huye de los finales se incorpora para dejarme uno escrito en la comisura. Porque no hace falta escribir con palabras lo que te llega directo al corazón. Y después de que Marc me bese de esa forma, yo ya sé que estoy perdido y que ahora es tarde para separarme de él.

Nunca querré hacerlo.

«... nos despedimos besándonos sin saber que no volveríamos a estar tan cerca el uno del otro», empiezo a darle vueltas a lo que un día escribió Marc en el papel.

Y me da miedo que nos pase lo mismo a nosotros.

Ojalá que no, y que nunca tenga que despedirme de él.

Ojalá el destino nos tenga preparado cientos de aventuras que aún nos quedan por vivir juntos.

Ojalá mi relación con Marc sea lo suficientemente fuerte como para sobrevivir a una ex que regresa a Blacktown para intentar recuperar lo que un día fue suyo.

45
Fiesta en casa de Melody

Faltan tres días para que estrenemos la obra de *Anna Karenina*. Solo tres. Antes de venir a casa de Melody he hecho una videollamada con Beatrice y Marc para repasar el guion. Llamo al timbre y espero a que nos abran. Es el primer viernes de febrero, acabamos de terminar los exámenes y Melody ha organizado una fiesta en su casa aprovechando que sus padres están fuera, algo que nos ha sorprendido gratamente a todos. No que sus padres le hayan dejado la casa sola el fin de semana, sino que Melody haya querido dar una fiesta e invitar a nuestros compañeros de clase. Pero para sorpresa la que me llevo yo cuando Melody nos abre la puerta de su casa a Marc y a mí: está tan cambiada esta noche que al principio no la reconozco. Su ropa no es negra. Repito, su ropa no es negra. Ni siquiera su maquillaje. Se ha hecho un degradado con tonos rosa en los párpados y se ha puesto estrellitas plateadas y brillantes en las comisuras. ¡Degradado rosa y estrellas! Es como si después de vomitar todos esos unicornios rositas que viven en su interior, Melody se hubiese embadurnado la cara en ellos.

—Eh... joooder. Menudo cambio de *look*.

—¿Te gusta?

Lleva un vestido verde precioso que le queda como un guante.

—Te queda muy muy bien. De verdad. Me gusta la nueva Melody.

—Gracias —dice relajándose un poco, y noto que mi aprobación le insufla más confianza en sí misma. Se echa a un lado para presentarnos a la persona que está detrás de ella—. Nate, ¿te acuerdas del chico con el que estaba hablando por esa *app* anónima?

—Sí.

Claro que me acuerdo, de eso, y de la sesión de fotos sexi que hizo con Beatrice en su casa. Y de la fotopolla que recibió a cambio. Ojalá no me acordara de eso último.

—Pues... este es —dice, y con una sonrisa llena de nervios e ilusión, mira hacia arriba. Muy arriba. Porque el chico es gigante y...

Oh, no.

Pero sí.

Es él.

—Se llama Ryder. Ryder, este es Nate. Uno de mis mejores amigos.

—Ya nos conocemos —dice Ryder.

Me estruja la mano tan fuerte o más que la vez anterior que coincidimos. Fue en la casa de un compañero del equipo de béisbol y yo iba a la fiesta con Liam en lugar de con Marc.

—¿Y de qué os conocéis?

—De coincidir en otra fiesta —dice Ryder.

—En casa de Blake. —Asiento yo. «Y, por coincidir, hemos coincidido hasta con la pelirroja que nos hemos acostado», añado en mi mente. Pelirroja que, a todo esto..., ¡está a punto de llegar con Liam!

Joder. La noche empieza fuerte.

Hechas las presentaciones, pasamos directamente a la cocina para coger un vaso de plástico y llenarlo de alcohol. Beatrice entra en ese momento a rellenar el suyo y suelta un gritito de emoción al vernos a Marc y a mí juntos. Se lanza sobre nosotros y nos llena la cara de besos.

—¡Compiiiiis!

Es evidente que lleva unas copas encima, normalmente no es tan cariñosa ni tan chillona. Marc no parece molesto, al revés, sonríe y le devuelve el beso posando los labios en su mejilla. Un beso en condiciones, de los que hacen ruido y no de los que se tiran al aire. Después le dice que él también se alegra mucho de verla fuera del teatro.

—Por cierto... —Beatrice dibuja una sonrisilla de niña pequeña—. Adivina adivinanza. ¿Quién se va a hacer superfamosa el lunes cuando Charlie Day venga a ver la obra? ¿Quiééééén?

—Cállate.

Beatrice ríe.

—¿Nerviosos?

—No —contesta Marc.

—Sí. Yo sí.

—Oye, algún día me tenéis que llevar a vuestra casita del árbol.

Beatrice nos pasa un brazo por encima de los hombros y se cuelga como un chimpancé, subiendo las rodillas y balanceando las piernas en el aire.

—Eso, tú haz el tonto, que al final nos caemos los tres —le advierto, y ella no nos suelta, pero por lo menos pone los pies en el suelo y deja de colgarse de nosotros.

Vuelve la cara hacia Marc.

—Nate me ha descrito cómo es por dentro y yo quiero ir a hacerme una sesión de fotos.

—Mmm... —Marc finge pensárselo.

Beatrice abre mucho los ojos y sonríe.

—¿Eso es un sí?

—No.

Hace un puchero, nos quita los brazos de encima y recoge su vasito de plástico.

—¡Bordeee! ¡Buuuu!

—Lo siento, Beatrice, te prometo que no es nada personal.

—Ya, ya. Pues ¿sabes qué? Que voy a esconder todas las botellas de alcohol para que solo puedas beber agua del grifo —dice sacándole la lengua.

Marc se ríe por lo graciosa y borracha que está.

—Es que... —intenta justificarse— no dejo entrar a nadie a mi casa del árbol.

—A Nate sí le dejas.

—Pero Nate es Nate.

—¿Y eso qué significa?

—Significa que Nate es especial.

Me da un vuelco el corazón.

«Significa que Nate es especial.»

Joder. Suena tan bien..., como si ahí Marc ya estuviese dejando claro que somos novios, aunque no nos hayamos puesto esa etiqueta.

Su última frase consigue robarle una sonrisa bobalicona a Beatrice. Y también un cachito de su corazón. A mí no me lo roba, pero porque no le hace falta, el mío ya lo tiene desde hace tiempo. Entero.

—Vale, por este momento *Heartstopper*, y solo por eso, dejaré que bebas alcohol —dice Beatrice con los ojos entrecerrados—. Pero sigues siendo un puto borde, Marc. No sé cómo te lo montas para que Nate te aguante y quiera estar contigo.

—Me aguanta por las cosas que le hago en la cama. Ahí lo compenso todo.

—¿Tan bueno eres?

—Pregúntaselo a Nate. —Me pasa la pelota con una sonrisa de capullo adorable.

Beatrice me mira.

—Yo no digo nada. —Hago como que tengo una cremallera en los labios.

—Bua, calla, que no hace falta que me lo confirmes. —Beatrice rompe a reír y luego se gira hacia Marc—. Me acaba de venir una imagen tuya con Olivia en el despacho que... *Mamma mia! Incredibile! Congratulazioni!* —lo felicita en italiano.

—Gracias.

—Beatrice, ya estás borrando esa imagen de tu mente —le advierto, aunque me río con ella.

Los tres pasamos al salón y Melody se une a nosotros.

—¿Qué os parece Ryder? —nos pregunta Melody a Marc, Beatrice y a mí, aprovechando que este ha ido a la cocina a rellenar su copa y la de ella.

—¿No lo tenían un poquito más pequeño? Menudo armario, guapa. Y la tía parecía tonta —dice Beatrice y, sonriendo, le pega un codazo a su amiga.

Melody nos cuenta que esta es la cuarta vez que ve a Ryder en persona, pero que, como llevan tantos meses chateando, es como si lo conociese de mucho más tiempo.

—¿Soy la única de aquí que no tiene pareja? —protesta Beatrice—. ¿Dónde coño está Liam?

Y, como si hubiese lanzado al suelo una bola de Pokémon, Liam se materializa en la puerta del salón. Pero lo hace acompañado de Emily, que lo agarra fuerte del brazo y sonríe cuando nuestras miradas se cruzan. No entiendo por qué no se acercan a saludarnos. Quiero decir, entiendo que Liam no quiera saludarnos a Marc y a mí, pero han venido a la fiesta de Melody y ni siquiera se han pasado a saludarla a ella. Y contra Beatrice tampoco tienen nada. No sé. Es todo muy raro.

—Vale, os prometo que ha sido ver a Liam con la pelirroja y ver escrito mi futuro con luces de neón —se lamenta Beatrice—: voy a acabar sola. Sola y con un montón de gatos. Como la vieja loca de los Simpson. Ese es el futuro que me espera. Qué triste. Voy a por otra copa. ¿Alguien?

Ryder regresa con dos vasitos de plástico llenos hasta el borde. Le tiende uno a Melody y frunce el ceño como si le preocupase algo. Intuyo que es porque ha debido de coincidir con Emily, su ex, en la cocina de Melody. Ha tenido que ser un encuentro incómodo e inesperado para los dos.

Nos ponemos a bailar en el salón. Ha venido mucha gente de nuestro curso y todos se lo están pasando bien. Todos... menos la anfitriona. Desde que Liam ha aparecido con Emily en la fiesta, Melody parece más callada.

Perdemos de vista a Liam y Emily. La siguiente en desaparecer es Beatrice, que va de aquí para allá como el alma libre que es. El siguiente en desaparecer es Ryder, que ha subido a la segunda planta porque necesitaba ir al baño. Marc y yo nos quedamos con Melody. Sonrío cuando veo que Marc la saca a bailar para intentar animarla. Me gusta que sea tan atento y que cuide de mi amiga. Es su fiesta, y quiero que Melody se lo pase genial.

Después de bailar una canción con Melody y hacerla girar con su vestido verde, Marc se acerca a mi oído para hablarme.

—Viene mi primo ahora, ¿vale?

—¿Tu primo?

—Sí. Solo se va a pasar un segundo. Es para que le dé las llaves.

—¿Se queda en tu casa?

—Una temporada, sí. Es que no está bien con su mujer. Se van a divorciar.

—No tenía ni idea.

Ni siquiera recordaba que Marc tuviese un primo. Apenas me ha hablado de él. Solo me lo mencionó una vez, cuando hizo la lista de los deseos que quería hacer realidad en el futuro. Dijo que quería solucionar las cosas con su primo, pero no entró en detalles y yo no le pregunté nada porque luego se puso a hablar de Madison.

—Ya... —Se rasca la nuca—. Prefería no hablarte de él por la situación que tienes tú ahora en casa. De todas formas, de lo de que se viene a vivir conmigo me he enterado hoy. Me ha llamado mi padre por la mañana para avisarme de que se lo ha ofrecido a mi primo y que este le ha dicho que sí. Y se supone que debe de estar a punto de llegar. —Saca el móvil de su bolsillo y comprueba si tiene algún mensaje nuevo—. Sí, llega ya. Tendríamos que esperarlo en la entrada, por si no oímos el timbre con tanto alboroto. Prefiero no hacerlo esperar, que viene de haber hecho un viaje en avión y luego coger un bus de tres horas para llegar hasta aquí. Estará reventado.

—Vale, vamos.

—Pero no me dejéis sola —nos pide Melody.

Nada más llegar a la entrada principal, que da acceso a la escalera para subir a la segunda planta, nuestras cabezas se elevan al intuir movimiento en la planta de arriba. Se trata de Emily. La pillamos saliendo de la habitación de los padres de Melody con cara de recién follada. Su melena pelirroja se dispara en todas las direcciones posibles. Su pintalabios, de color morado, se le ha corrido por media cara. Apoya una mano en la barandilla y baja las escaleras sin dejar de mirar a Melody.

—Todavía no nos han presentado —dice al llegar al último escalón—. Soy Emily.

—Sé quién eres —contesta Melody de malas formas, visiblemente molesta por lo que intuye que ha hecho Emily en la habitación de sus padres.

—Claro que sabes quién soy. Y yo también sé quién eres tú. Tú eres la guarrilla que le envía mensajes subidos de tono a Ryder. —Vale, eso explica por qué Liam y Emily no se han acercado antes a saludar. Emily ya sabía de antemano que la fiesta se celebraba en la casa de la chica que su ex está conociendo—. A saber qué fotos le has tenido que pasar para que alguien como él te envíe *a ti* fotos de su polla.

—Lo que haya hecho con mi cuerpo es algo que *a ti* no te incumbe.

—Conozco a las mosquitas muertas como tú.

—Tú no me conoces de nada.

—Solo eres una gorda emo amargada.

—Y tú eres una zorra a la que me encantaría agarrar del pelo y arrastrar calle abajo.

Marc y yo seguimos la discusión como si fuera un partido de tenis.

—A ti lo que te encantaría es ser como yo —dice Emily.

—¿Infiel?

—Ah, que ya sabes que le puse los cuernos a Ryder con tus amigos.

—¿Perdón?

Emily sonríe. Parece el Joker, con el pintalabios corrido por las comisuras.

—¿Qué pasa? ¿No te lo han contado? Me follé a Liam y a Nate esa noche. Ups.

—Joder, a esta le encanta airear a todo el mundo que se ha hecho un trío con vosotros —me comenta Marc por lo bajo.

—Buf, no voy a perder el tiempo contigo —dice Melody, harta de la pelirroja—. Mira, Emily, me parece estupendo que fueras la novia de Ryder, pero ahora eres su ex y Ryder ya no es nada tuyo. Él es libre de hablar y besar a la chica que quiera. Y si la chica que le apetece besar es «una gorda emo amargada», eso no es problema tuyo.

—Bueno, si te digo la verdad, no sé en qué punto estamos Ryder y yo ahora mismo.

—Pues si no lo sabes ya te lo digo yo: en tiempo pasado.

—¿Tú me lo vas a decir? —Emily suelta una risita falsa—. Tú qué coño vas a saber.

—Pues mira, más que tú, que llevo los últimos meses hablando con él.

—Lo sabré yo mejor..., que me lo acabo de follar en la habitación de tus padres.

—¿Que has hecho qué?

—Melody... —Es Ryder. Nos mira desde la planta de arriba.

—No me lo puedo creer —susurra Melody, con los ojos húmedos.

—Pues créetelo —dice Emily. Se chupa los dedos y se los pasa por las comisuras para limpiarse los restos de pintalabios.

Ryder baja las escaleras. Lo hace con el torso desnudo y el pelo revuelto. Lleva la camiseta hecha una bola en la mano derecha. Parece un gigante a punto de desplomarse. Está pálido. Sudoroso. Y... se lo ve cansado, como si viniese de hacer ejercicio.

«Joder, pobre Melody.»

Esta abre la puerta de su casa y echa a correr.

—¡Melody! —grito para detenerla.

—¡Déjame!

—Vamos a por ella —dice Marc.

Ryder se encara a Emily:

—¡¿Tú qué coño le has dicho?!

—Ah. ¿Ahora sí me hablas?

—Emily. —Ryder no está para juegos—. Qué. Le. Has. Dicho.

—Le he dicho que hemos tenido sexo.

—¡Pero ¿qué puto problema tienes?!

—Entonces... ¿no has follado con Emily? —le pregunto a Ryder.

—¡¡No!! —Ryder extiende la camiseta que lleva en la mano. Me llega un olor horrible. Tan horrible que me tapo la nariz y doy un paso atrás—. Me he vomitado encima, ¿vale? Por eso he tardado tanto en salir del baño y no la llevaba puesta, ¡joder!

—¿Qué pasa aquí? —Beatrice acaba de llegar—. ¿Dónde está Melody?

—Se ha ido.

—¿Qué? ¿Por qué?

—Porque Emily le ha dicho que ha follado con Ryder.

—Pero no ha follado conmigo —dice Ryder—. Yo estaba vomitando en el baño.

Liam sale de la habitación de los padres de Melody, despeinado, con la camiseta puesta del revés y el primer botón del pantalón desabrochado.

Nos mira uno a uno y se frota la cabeza.

—Eeeh... ¿Por qué me miráis todos así?

—Mierda —masculla Beatrice—. Me voy a buscar a Melody.

—Voy contigo —le digo.

Beatrice me lanza mi abrigo del perchero, coge el suyo y también el de Melody.

—Ahora volvemos. ¡Nate, vámonos!

—Marc, te llamo cuando encontremos a Melody.

—Vale.

Beatrice abre la puerta y se da de bruces con un cuerpo que obstaculiza su salida. ¡Pam!

Los dos se caen al suelo: él de espaldas y ella encima.

—¡¡Joder!!

Mi amiga gime de dolor por el coscorrón que se ha dado en la cabeza.

—¿Beatrice? —pregunta el chico que está debajo.

Y entonces Beatrice lo mira a la cara.

—¿Noah?

46

Pídeme que me quede y lo haré

—¿Qué tal? —dice Noah a modo de saludo.

Beatrice se queda pálida. Creo que le ha bajado el alcohol de golpe. Bueno, creo que ya se le había bajado bastante al enterarse de que había pasado algo con Melody y preocuparse por ella. Beatrice tiene un instinto protector a prueba de vodka, ron y ginebra si uno de nosotros necesita ayuda. Aunque también creo que, cuando bebe, suele fingir ir peor de lo que realmente va para poder hacer el payaso y echarle la culpa al alcohol.

—No eres real.

—Soy yo, pajarito.

¿Pajarito?

Beatrice, completamente tirada encima de él, estira las manos para llevárselas a la cara y taparse los ojos.

—Sigo borracha. Sigo borracha. Sigo borracha.

Noah le coge las muñecas para retirarle las manos de la cara.

—Mírame.

—No.

Pero yo sí lo hago. Observo a Noah y lo comparo con el chico del que Beatrice me ha hablado tantas veces. Se ha quitado los *piercings* que llevaba en las orejas y la nariz. Se le han quedado marcas, pequeños agujeros que parecen puntos negros. Antes llevaba el pelo rapado al cero por los lados y una cresta de color rojo fosforito que le cruzaba la cabeza. Ahora ha vuelto a su color natural, el negro, y se lo ha dejado crecer.

Marc carraspea a mi lado.

—Noah —lo llama.

—Hola, primo —responde Noah a su vez.

¿¿Noah es el primo de Marc??

—¿Cómo estás?

—Pues aquí, tirado en el suelo con una tía encima.

—Tú siempre haciendo una entrada triunfal.

—Tan triunfal que la chica en cuestión es mi ex.

Beatrice abre los ojos.

—Desapareciste.

—Típico de los hombres —salta Emily.

Noah no contesta.

—¡No jodas que este tío es Noah! —exclama Liam.

Hemos escuchado hablar tanto de él que se nos hace rarísimo tenerlo delante de nosotros.

Se intuye que Noah tiene el cuerpo lleno de tatuajes por el trocito de piel con tinta negra que le deja al descubierto el cuello del abrigo. Tiene tatuada en la muñeca la boca de un monstruo con dientes puntiagudos. Recuerdo que Beatrice me habló de ese tatuaje. Es un dragón que le llega hasta el hombro y se enrosca a lo largo del brazo.

—¿En serio? ¿Beatrice es tu ex? —Marc también está flipando.

—Muy en serio. ¿Me ayudas, primo?

—Claro.

Marc coge a Beatrice de los hombros para ayudarla a levantarse.

—Beatrice, ¿estás bien? —le pregunto yo.

—Dormida. Estoy dormida. Esto es un sueño.

—¿De los buenos o de los malos? —pregunta Noah con una sonrisa, incorporándose y sacudiéndose la nieve de los pantalones.

Beatrice se queda mirándolo unos segundos. Después mira su maleta. Y otra vez a Noah.

—De los malos. Una pesadilla.

—Yo también me alegro de volver a verte.

Entonces Beatrice, sin dudarlo ni un segundo, da un paso al frente y le cruza la cara a Noah con la mano bien abierta. ¡Paf! La bofetada se oye por encima de la música y nos deja helados a todos. A todos menos a Emily, que levanta un puño en el aire y grita entusiasmada.

—¡Toma ya!

No sé si a Emily le gusta más que Beatrice le haya cruzado la cara a Noah por ser su ex o porque se está formando una buena movida que no va con ella, pero se la ve encantada.

—¿Por qué has hecho eso? —Noah se lleva las manos a la mejilla y la mira con el ceño fruncido.

—Desapareciste —repite.

—Pajarito...

—No, Noah. Ni se te ocurra llamarme de esa forma.

Y veo que los ojos de Beatrice se llenan de lágrimas.

—Reconozco que la cagué muchísimo.

—Joder —dice Liam, señalándonos a los cuatro—. Noah ha estado con Beatrice y Marc está ahora con Nate. Y Beatrice y Nate también han estado juntos. Vamos, así, en resumen, vuestras parejas han sido pareja. Yo me descojono.

—Tú mejor cállate —le gruñe Marc.

—Menudo culebrón —dice Emily.

—Noah, ¿qué coño haces aquí? —pregunta Beatrice.

—Yo solo venía a por unas llaves.

—Se queda a vivir una temporada en mi casa —le explica Marc mientras saca las llaves de su bolsillo y se las da a Noah.

—¿Se queda aquí? ¿En Blacktown?

—Sí. Noah es mi primo.

Beatrice entrecierra los ojos.

—Tu primo es un hijo de puta, ¿lo sabías?

—Tendremos tiempo para hablar las cosas, pajarito. —Noah la coge de los hombros—. Sé que te hice mucho daño.

—¿Daño? —repite Beatrice—. Ojalá hubiese sido solo eso, Noah.

—Vale. Sé que te rompí el corazón.

—Y algo muchísimo peor. Te llevaste mis alas.

Después de decirlo rompe a llorar. Noah intenta abrazarla

contra su pecho. Beatrice lo golpea con el puño cerrado y se zafa de él.

—Vámonos, Nate —me llama Beatrice—. Hay que buscar a Melody.

—Deberías haberla dejado entrar en tu casa del árbol.

Marc me retira un mechón de la frente, tal y como yo acostumbro a hacer con él. Sonríe, pero niega suavemente con la cabeza para responder que no. Es así de receloso con sus cosas. Y para él este lugar es como un templo sagrado.

—¿Cómo está?

—Bien.

Miro los ojos de Marc, cada uno de un color, y él me mira a mí. Los dos estamos tumbados de lado sobre la cama.

—¿Y Melody?

—Melody se tranquilizó un poco en cuanto le dijimos que Emily no había follado con Ryder, sino con Liam. Pero no lo hizo del todo hasta que llamó por teléfono a Liam para confirmar lo que Beatrice y yo le estábamos contando. Liam le dijo que era verdad y, cuando Melody, ya más serena, le echó la bronca por usar la habitación de sus padres de picadero, este le respondió «fue porque Emily os vio a ti y a Ryder dándoos un beso y yo vi a Marc y Nate metiéndose la lengua hasta la puta campanilla». «¿Y por eso subisteis a follar a la habitación de mis padres?». «Joder, Melody, estábamos borrachos, nos dio rabia ver lo que vimos y... qué sé yo. Las penas compartidas son menos.»

—¿Penas? —pregunta Marc—. Entiendo que a Emily le afectase ver a Ryder besando a tu amiga, pero... ¿Liam?

—Bah, ni caso. Dejémoslo en que los dos estaban borrachos y que les dio un calentón. Punto. Esa es la versión real de la historia —atajo—. Lo importante es que, después de eso, los tres volvimos a su casa y Ryder se encargó de quitarle todas las inseguridades a Melody con la lengua. Porque menudo morreo. Le cogió la cara con esas manos enormes que tiene y no la soltó hasta que pasaron varios minutos. Cuando se separó de ella se le habían quedado pegadas estrellitas en los mofletes. Fue un momento muy tierno. Quizá con demasiada saliva, pero muy tierno.

—Sí, sí. El beso lo vi. Parecía que iban a follar en medio de la entrada. Espero que Ryder se lavase los dientes antes de besar así a tu amiga.

—Puaj, calla. Prefiero no saberlo.

También hablamos de Noah. Marc me cuenta por qué se enfadaron. Lo primero que hace es pedirme perdón por no ser del todo sincero conmigo. Resulta que Marc no conoció a Madison de casualidad un día en la playa. Por aquel entonces ellos ya se conocían porque Madison estaba quedando con Noah. No tenían una relación, tan solo era un rollo de verano, pero su primo parecía querer ir en serio.

El caso es que Noah había alquilado una barca de pedales y Madison y Marc se habían quedado tomando el sol en las toallas, cerca de la orilla. Marc abrió los ojos cuando Madison le tocó el hombro derecho. Miró a la chica a través de sus gafas de sol sin saber muy bien qué quería de él. Estaba nervioso porque la chica le gustaba. Se había fijado en ella desde que su primo se la presentó. Nunca había visto a una mujer como Madison. Y a ella le pasó algo parecido con Marc, porque, una vez sus miradas chocaron, se enredaron y ya no pudieron soltarse el uno al otro. Ambos se buscaban constantemente y parecía que nadie más se daba cuenta, que era algo que solo sabían ellos. Por eso, cuando Madison le propuso tomar un helado, él ya sabía que se iban a besar. Y sabía que si no se quedaba quieto en la toalla traicionaría a su primo. Pero antes de poner en una balanza los pros y los contras de dejarse llevar con la chica que le gustaba o hacer lo que creía correcto, Marc ya se había levantado y caminaba junto a Madison en dirección al paseo marítimo, dándole la espalda al mar y a la barca de pedales en la que estaba su primo Noah, ajeno a todo.

—Y tu primo se acabó enterando.

—Sí. Y nos hizo la cruz a los dos. Aunque ahora él se ha arreglado con Madison y se llevan... ¿bien? No entiendo mucho la relación que tienen, si te soy sincero. Se supone que son amigos. Eso es lo que me ha dicho Noah.

—¿Y tú? ¿Has podido arreglar las cosas con él?

—En eso estamos. Pero..., bueno, poco a poco. Al final le hice una putada. Ojo, yo tampoco sabía que Noah se estaba pillando de ella. Mi primo siempre llamaba «pajarito» a todas las chicas con las que salía, pero luego, a la hora de la verdad, no se enamoraba de ninguna. Yo pensaba que Madison solo era una chica más de su lista.

—Como Beatrice —añado yo.

—Sí. Oye, lo siento por tu amiga. Noah tendría que haber hablado con ella antes de mudarse con nosotros a Miami.

—No te disculpes por tu primo. No es tu guerra.

—Ya, pero me da cosa. Al final Beatrice es amiga tuya, pero también es mi compañera de teatro y le he cogido cariño estos meses. Joder, de todas formas, mi primo también... Por lo menos podría haberle enviado un mensaje. No sé, algo. Una persona no puede estar quedando contigo todos los días y desaparecer de la noche a la mañana sin dar explicaciones. Me pongo en el lugar de Beatrice y entiendo todo el rencor que le guarda a Noah. La bofetada de ayer se la tenía merecida. —Sonríe al recordarlo—. Llego a ser ella y no habría sido tan generoso. Mínimo una patada en los cojones. Y, ojo, he dicho mínimo.

Después me cuenta que Noah y él nunca han tenido mucha relación. Es su primo por parte de madre. Cuando todos vivían en Blacktown, Noah no daba un palo al agua y sus padres tuvieron que vender la casa en la que vivían por las deudas que se les habían acumulado. Así que, cuando el padre de Marc se tuvo que mudar a Miami por trabajo, se fueron a vivir con ellos. Por eso Noah desapareció de un día para otro. Si no le dijo nada a Beatrice fue porque su primo era un cabrón sin corazón que, en el fondo, no sentía nada por mi amiga, por mucho que a ella, en la intimidad, le hubiese hecho sentir la chica más especial del mundo.

—En Miami vivía la mejor amiga de mi madre —me sigue contando—. Mi padre quedó con ella porque nos acabábamos de mudar y aún no le había dado tiempo de hacer nuevas amistades. Empezaron a quedar para dar paseos por la playa, ir al cine, cenar en restaurantes... Y al final pasó lo que yo supe desde el principio que pasaría.

—Se besaron.

Asiente.

—Y terminaron saliendo. Duraron dos años y medio.

—¿No les daba cosa por tu madre?

—Ah, sí, sí. De hecho, se preguntaron mil veces si lo que estaban haciendo estaba bien o mal. Pero ella, la que fue la mejor amiga de mi madre, dijo que mi madre estaría contenta de verlos juntos. Yo creo que en el fondo ninguno de los dos estaba seguro de que eso fuese cierto. Supongo que solo era una forma de no sentirse tan culpables por haber empezado una relación que no tenían intención de frenar.

Marc me cuenta que él también quiso empezar de cero cuando se mudaron a Miami. Pero la relación que a él le preocupaba era la que tenía con su cuerpo y la comida.

—Noah y mis tíos vivían en nuestra casa. Noah estaba muy delgado y yo muy gordo. Los dos nos apuntamos a un gimnasio. Mi primo lo dejó dos meses después, como todo lo que empezaba. Mi padre empezó a ganar mucho dinero, así que me puso un entrenador personal y un nutricionista. Me transformé en una nueva persona. En la que siempre había querido ser. Y luego, unos años más tarde, Noah conoció a Madison. Recuerdo perfectamente el día que se la llevó a casa para follar. Desde la primera vez que la vi supe que me enamoraría de ella.

—Al final conseguiste quitársela a tu primo.

Marc arruga la frente.

—Madison era libre. Podía elegir. Yo no le quité nada a mi primo porque no era de su propiedad.

—Pero lo que hiciste estuvo feo.

—Vale, sí, estuvo feo —reconoce—. Pero en ese momento no estaba pensando con la cabeza. Pensaba con el corazón. Y a mí el corazón me decía que esa chica estaba hecha para mí, no para él. Con él se aburría como una ostra. Yo le daba más vida. Además, Madison odiaba que Noah estuviese enganchado a las drogas y, solo por eso, sé que nunca habría llegado a tener una relación seria con mi primo.

Sin darle tiempo a que diga nada más, acorto la distancia que hay entre los dos y lo beso. Lo beso porque no quiero seguir hablando de su primo y de Madison. Lo quiero a él. Y lo quiero para mí. Enterito.

Marc me corresponde al beso y los dos nos empezamos a desnudar.

Esta vez el sexo es diferente. Cuando echa la cabeza hacia atrás con la boca entreabierta y cierra los ojos, una parte de mí se siente aliviada al comprobar que consigue correrse. Ver su cara de placer es justo lo que necesitaba para correrme yo también. El orgasmo me empuja la cabeza hacia atrás y me hace cerrar los ojos y gemir en voz alta, abandonándome por completo. Después respiro trabajosamente por la boca y apoyo mis manos en sus pectorales. Marc está tumbado bocabajo y yo estoy arriba, sentado sobre él con una pierna a cada lado de su cadera.

Es raro, porque, por primera vez, no tengo la sensación de que hayamos hecho el amor.

Marc no estaba al cien por cien. Era como si tuviese la cabeza en otra parte.

Abre los ojos y me mira.

—Mañana viene mi ex a Blacktown y voy a quedar con ella.

¿Perdón?

La noticia me pilla tan desprevenido que los primeros segundos me quedo callado. Todavía no me he recuperado del orgasmo y me sale con esto.

—Solo vamos a hablar —añade al ver que yo no digo nada.

Cierro los ojos un segundo. Respiro. Los vuelvo a abrir.

—¿Me estás vacilando?

—No sabía cómo decírtelo.

—¿Desde cuándo sabes que Madison viene mañana?

—Una semana.

—Vete a la mierda. ¿También le has regalado una entrada para la función del lunes?

—¿Ves? Sabía que te iba a molestar.

—¿Molestar, Marc? Vamos, es que me lo dicen y no me lo creo.

—¿El qué no te crees? ¿Que te cuente que voy a quedar con Madison para hablar?

—No, joder. No me creo que me tengas que hablar de ella precisamente ahora.

—Cualquier momento es malo para hablar de una ex. Esto también es incómodo para mí. Deja de pensar solo en ti.

—¡Sigues dentro de mí, imbécil! ¡Me estás hablando de tu ex mientras tu polla sigue estando dentro! ¿En serio te parece que este momento es igual de malo que cualquier otro? Guau. Es que lo tuyo es muy fuerte. Con dos cojones, di que sí.

—Yo no... Joder, macho, menuda cagada.

—Y ahora suéltame. Necesito darme una ducha.

—Aquí no hay ducha. Solo hay libros.

—Vete a la mierda.

—Deja de mandarme a la mierda. Tranquilízate, ¿quieres? Vamos a hablar las cosas. —Intento levantarme, pero sus manos me agarran con fuerza y me mantienen pegado a su cadera, impidiéndomelo—. Nate. Mírame. ¿Nate?

—Quítame las manos de encima.

—No. No me voy a mover hasta que me mires y me escuches lo que tengo que decir. Y tú tampoco te vas a ir a ninguna parte.

—Ya sé lo que vas a decir.

—Permíteme dudarlo, Nate.

—No te lo permito.

—Pues me la suda. Porque me vas a escuchar. No te puedes ir así como así y dejar las cosas sin hablar. Debemos tener esta conversación. Así que haz el favor de mirarme y ser un poquito más maduro, hostia.

—Como no me sueltes y en tres segundos no hayas salido de mí, te juro por lo que más quieras que te corto los huevos y me hago un llavero con ellos. ¿He sido lo suficientemente claro?

Tan claro que se le baja la erección de golpe y sale casi por su propia cuenta. Sus manos dejan de agarrarme la cadera. Lo estaba haciendo tan fuerte que me ha dejado una marca roja en la piel. Me pongo de pie y recojo mi ropa del suelo. Me visto sin dirigirle la mirada. Tengo un cabreo encima que como oiga una sola palabra saliendo por su boca la cabeza me va a hacer clic y voy a explotar.

—Menuda mala leche.

Clic.

Me doy media vuelta y me enfrento a él.

—¿Te parece que no tengo motivos suficientes para enfadarme? Porque llevaba media hora pidiéndote que salieses de mí. No sé a qué coño estabas esperando. Ah, bueno, espera, sí que lo sé. Al coño de tu ex. Al coño de Madison. A ese estabas esperando.

Hostia..., los celos. Me muerdo la lengua y me enveneno yo solito. No los puedo controlar.

Encima mis celos le dan la mano a mi imaginación y corretean a sus anchas por mi cabeza, que se calienta como para que me salga humo por las orejas. Y no es coña. Mi imaginación ya se ha puesto a fabricar mil escenarios posibles con Marc y su ex de protagonistas. Y en todas las versiones ellos acaban juntos. Se reconcilian y se dan un beso de película. Y minutos después yo recibo un mensaje de Marc en el que me explica que lo siente mucho, pero que ella es el amor de su vida y necesita darle una segunda oportunidad. Que no puede quedarse con la duda de lo que habría pasado porque nunca se lo perdonaría. Que necesita hacer esto por él. Y que se siente fatal por mí porque no quiere hacerme daño, pero que así están las cosas.

Marc me fulmina con la mirada. Mencionar el coño de su ex lo ha cabreado. Sé que ha estado fuera de lugar, pero ahora mismo no pienso lo que sale por mi boca.

Estoy enfadado.

Enfadado conmigo por haberme enamorado de Marc.

Enfadado con Marc por seguir sintiendo algo por Madison.

Enfadado con Madison por estar intentando recuperar a Marc un año después de poner fin a su relación.

—No te pases ni un pelo, Nate. Ya te he pedido perdón por cagarla. Y tienes razón en que no era para nada el momento. Pero no voy a dejar que me hables así ni que me vuelvas a mandar a la mierda. A la próxima yo también me voy a poner a malas contigo.

¿Y con amenazas? Bien.

—Vete a la mierda, joder. Vete. A. La. Mierda.

—Solo eres un niñato.

—Y tú el mismo capullo que conocí el primer día.

—Este capullo solo intenta hablar las cosas para que no haya ningún tipo de malentendido.

—¿Hablar de qué?

—De nosotros.

—De nosotros, vale. Dispara.

—Tú y yo no estamos juntos, Nate. Pero eso ya lo sabías, ¿no?

He sido yo el que le ha pedido que dispare, pero no sabía que su bala iba directa al corazón.

—Sé que no somos novios.

—¿Pero?

«Pero creía que faltaba muy poco.»

—Pero creía que teníamos exclusividad.

—Y la tenemos. Yo solo follo contigo.

—¿Y seguro que el plan con Madison es solo hablar? ¿Que no vas a verla en persona y te va a apetecer follar con ella?

Marc desvía la mirada.

—Te estás adelantando a algo que no sabemos si va a pasar o no.

—O sea, que *sí* puede pasar.

—Claro que puede pasar, joder. Pueden pasar mil cosas. Puede pasar que mañana caiga un meteorito en la Tierra y nos vayamos todos a tomar por culo.

—Sabes que no es lo mismo.

—Mira, Nate, yo no quiero hacerte daño.

—Vale.

—Pero tampoco te puedo prometer que después de quedar con Madison tú y yo vayamos a seguir igual. Porque no tengo ni idea. No sé qué voy a sentir cuando esté delante de mi ex. No sé qué es lo que Madison me quiere decir. Y no sé lo que va a pasar.

¿Que no lo sabe? ¿Se lo adelanto yo? Lo que va a pasar es que quedará con Madison, le dará una segunda oportunidad y luego me dirá que él no sabía que esto iba a acabar así para sentirse un poco menos hijo de puta por romperme el corazón. Y colorín colorado, este tío me ha engañado. Bueno, si nos ponemos quisquillosos, Marc no me ha engañado como tal. Pero me ha hecho hacerme ilusiones. Sé que no es mi novio, pero es mi casi algo. Y los casi algo pueden llegar a ser increíblemente dolorosos.

Por eso he perdido antes los papeles. Porque siento que también lo voy a perder a él.

En el fondo, yo ya sé, aunque esto no lo hayamos hablado nunca entre nosotros, que Marc sigue sin superar lo de Madison. Al final, si el dolor se refleja en los ojos, decirlo o no en voz alta es lo de menos.

Y cuando un primer amor regresa a tu vida, los recuerdos que guardabas de esa persona pueden despertar de golpe y arrasar con todo. Porque el amor es así de cruel cuando quedan heridas abiertas.

Va a quedar con ella. Es un hecho. Y a mí me encantaría tener a Madison delante para suplicarle de rodillas que no rompa la magia que nos envuelve a Marc y a mí. Porque me he dado cuenta de que yo a Marc lo quiero de verdad y no estoy preparado para decirle adiós.

Pero, por otro lado, sé que él no es nada mío y que es libre de tomar sus propias decisiones. Aunque la que tome me duela porque signifique no volver a estar así con él. Y seguramente sea eso lo que ocurra, porque Marc nunca ha dejado de estar atado a su ex. Pensar en Madison me hace mirar el techo lleno de papelitos con canciones y textos que son fragmentos de declaraciones de amor. Joder. Soy un pringado por haber estado tan ciego y no haber visto lo que tenía delante de mis ojos. Tan cerca. Solo tenía que mirar arriba como he hecho ahora para conocer la verdad.

—Creo que me voy a ir a casa —le digo a Marc, y meto las manos en los bolsillos para asegurarme de que no me dejo nada. Cartera, móvil, llaves.

—¿Y ya está? ¿Te vas así sin más?

—Sí.

Me agarra por la muñeca cuando intento girarme.

—Espera, te llevo en moto.

—No te molestes.

—No vas a volver andando hasta casa y menos a estas horas tú solo —dice con firmeza—. Además, está nevando y te vas a congelar. Yo te llevo.

Sonrío sin ganas.

—Creo que me vendrá bien andar.

—Andar.

—Sí, andar. Necesito despejar la cabeza.

—Entiendo.

Y me encantaría que Marc no me dejase irme a casa tan rápido. Que volviera a cogerme de la mano y me pidiese que me quedara con él. Que intentase convencerme insistiendo un poquito más, como hacía antes.

Sé que él no está dentro de mi cabeza para saber cómo necesito que actúe, pero ahora mismo, después de lo que ha pasado, lo siento tan lejos de mí que necesito algo que me demuestre que sigo siendo igual de importante para él como lo era antes de que Madison volviese a aparecer en su vida.

«Pídeme que me quede contigo.»

Es lo que pienso al mirarlo a los ojos.

«Por favor, pídeme que me quede y lo haré.»

—Bueno..., me voy ya.

—Vale. Avísame cuando llegues a casa.

—Sí. Claro. Yo te aviso.

Se despide dándome un beso en la mejilla. Después me abre la puerta para que pueda salir.

Cuando pongo un pie fuera del vagón, el frío de la noche me golpea la cara.

Me abrazo a mí mismo para intentar mantener el calor que hacía dentro de su casa del árbol y no congelarme.

47

Nada es para siempre, ni siquiera un corazón roto

Al llegar a casa soy un cubito de hielo. Me sacudo el abrigo, los pantalones y la suela de los zapatos en la entrada antes de poner un pie dentro. Subo a mi habitación y me doy una ducha caliente que, de no ser por la constante preocupación que tengo por lo que puede o no pasar el domingo cuando Marc vea a Madison, me habría sabido a gloria. Después de secarme el pelo y ponerme un pijama largo, me cubro con las sábanas hasta el cuello como si fuera un gusano de seda.

Recibo un mensaje de Marc en el móvil en el que me pregunta si he llegado a casa. Si no le contesto es porque estoy dolido por la conversación que hemos tenido antes y, aunque sea infantil, clavarle un visto es mi forma de vengarme.

Eso sí, luego me contradigo a mí mismo porque agarro la almohada, la pongo sobre mi abdomen y me imagino que es la cabeza de Marc y que el edredón en el que se enredan mis piernas es su cuerpo, que me abraza y me da calor.

Cierro los ojos, respiro y mis recuerdos me llevan a cuando desperté con Marc en la tienda de campaña. A su pelo negro y revuelto. A su cara enterrada en mi estómago. A su boca entreabierta por la que se le caía la babilla. A lo guapo que estaba profundamente dormido y la ilusión que me hacía haberme despertado con él pegado de esa forma a mi cuerpo, sin soltarme ni un poquito, como si temiese que al despertar ya no estuviese allí con él. Su brazo se abrazaba a mi cadera y me había pasado una pierna por encima de mis rodillas. Me tenía atrapado. Pero en realidad eso no fue nada nuevo para mí. Porque por aquel entonces yo ya tenía la sensación de que Marc me atrapaba cada vez que sus ojos colisionaban con los míos.

Nunca necesitó estar encima de mí para hacerme sentir que ya no podría escapar de él.

Cuando el domingo a media tarde suena el timbre de mi casa, mi primer pensamiento es él. «Marc vuelve después de hablar con Madison.» O... no. Porque existe la posibilidad de que abra la puerta y, en lugar de encontrarme con un Marc que se lanza a mi cuello para besarme mucho y muy fuerte y decirme que después de hablar con Madison tiene claro que la conexión con ella ahora es cero y que se queda conmigo, me diga que se va a dar una segunda oportunidad con su ex y que lo mejor para los dos es que no sigamos viéndonos fuera del teatro, por lo menos hasta que las cosas se calmen lo suficiente como para que podamos ser amigos.

Bajo las escaleras con el corazón golpeándome fuerte en el pecho.

—La quiere a ella, no a mí —le he dicho a Beatrice por videollamada, hace apenas una hora.

—Eso no es verdad.

—Pero la está eligiendo.

—No la está eligiendo. Te ha dicho que va a hablar con ella y ha sido sincero contigo. No sabe lo que puede pasar. A mí me parece que Marc ha hecho bien en no prometerte nada. ¿Prefieres eso o que te diga lo que quieres oír?

Agarro el pomo y abro la puerta.

No es él.

—¿Liam? ¿Qué haces aquí?

—¿Esperabas que fuera Marc?

—Sí.

—Si has quedado con él, puedo volver otro día.

—Espera. —Lo detengo agarrándolo del brazo—. ¿Por qué has venido?

Y entonces me abraza. En mi imaginación había fantaseado con que lo hiciera Marc, lo que no esperaba es que fuera a ser mi mejor amigo quien se lanzase a mi cuello.

Al principio mi cuerpo responde tensándose de pies a cabeza, pero luego consigo relajarme. Le paso los brazos por la cintura para devolverle el abrazo.

—No quiero seguir enfadado contigo.

—Ni yo. —Mi respuesta es automática.

—¿Te parece bien si vamos a tomar algo y hacemos las paces?

Sonrío y Liam me lleva en su coche a la gasolinera a la que íbamos siempre que queríamos comprar cerveza. Se baja y regresa cinco minutos después con un par de botellines.

Bebemos en los asientos, con la música de la radio puesta de fondo.

—Emily y yo hemos cortado. Se pasó muchísimo con Melody. Hacerle creer que se había follado a Ryder... Menos mal que Melody y él hablaron las cosas y lo solucionaron todo. Eso sí, no me pegan nada juntos.

—Quién nos iba a decir a nosotros que el chico misterioso con el que tanto hablaba Melody fuera Ryder.

—Me alegro mucho por ella, te lo juro. Ya era hora de que nuestra Melody encontrase a alguien que le hiciera sentir cómoda con su cuerpo.

—¿Cómo están las cosas por tu casa? —pregunto entonces.

—Mi padre duerme en el sofá.

—Igual que el mío.

—De momento van a seguir así hasta que mi padre encuentre un apartamento que pueda alquilar.

—Tu padre y el mío juntos, Liam. ¿No te parece una locura?

—Habríamos sido hermanastros.

—No quiero hacer de abogado del diablo, porque lo que les han hecho a nuestras madres es una putada, pero... no sé. —Entrecierro los ojos y resoplo—. Hay una parte de mí, una parte muy pequeña, que siente pena por ellos. Porque me pongo en su situación y entiendo que ha tenido que ser muy duro para James y Lee tener una relación como la suya a escondidas. Ellos nacieron en una época diferente a la nuestra y no pudieron vivir su historia de amor como les habría gustado.

—Nate, ¿tú crees que nuestros padres llegaron a estar en algún momento enamorados de nuestras madres?

—Creo que hay preguntas de las que es mejor no conocer la respuesta.

Bebemos otro trago.

—Qué fuerte que Noah sea el primo de Marc. —Liam suelta una risita y yo le correspondo.

—Y luego dicen que en los pueblos nunca pasa nada.

—Habrá que esperar para ver qué pasa con Beatrice y Noah.

—Sí.

—Es lo malo de tener un amor del pasado. Al final siempre vuelve a ti.

No respondo porque inmediatamente pienso en Madison. Ahora mismo, mientras yo me estoy tomando una cerveza con Liam en el coche, Marc está hablando cara a cara con su ex. Eso me hace sentir vulnerable.

—¿Nervioso por mañana?

—¿Vendrás a vernos?

Asiente.

—No me lo perdería por nada del mundo. Sé lo importante que es para Beatrice y para ti. Además, me voy a partir el culo cuando te vea con peluca.

—Como me saques una foto te mato.

—¿Una? Te voy a hacer un álbum entero.

—Cabrón.

Los dos nos reímos, pero mi sonrisa dura muy poco. Y Liam se da cuenta. Siempre se da cuenta. Y algo me dice que él ya sabe que esto no es por la obra de teatro. Que me preocupa otra cosa.

O... alguien.

—Tú con Marc todo bien, ¿no? —tantea.

—Sí. Estamos bien —digo bajando la voz.

—¿Nate? ¿Qué ha pasado? Cuéntamelo.

Y se lo cuento todo, porque, aunque me haya desahogado con Beatrice, necesito hablarlo con quien siempre ha sido mi mejor amigo.

—... no entiendo cómo es capaz de decirme, después de todo lo que he vivido con él, que en realidad no somos novios y que no sabe si la situación va a cambiar después de que hoy vea a Madison. Le pregunté si existía la posibilidad de que follase con ella. ¿Sabes qué me respondió a eso? Que podían pasar mil cosas.

—Porque ese tío es un puto imbécil. Siempre lo ha sido. Pero tú creías que no porque te hacía sentir especial con su ridícula casa del árbol. Noah también le llenaba a Beatrice la cabeza de mariposas y ¿qué pasó luego? Que todo era mentira. Y ahora Marc repite el mismo patrón que su primo. ¿No te das cuenta? Hostia, Nate, abre los ojos. Les viene de familia. Marc se ha estado riendo de ti todo este tiempo.

—No, no.

—¡Sí! ¡Abre los ojos!

—Marc no es así.

—Marc te ha dicho que lo mismo se folla a su ex a pesar de lo que tiene contigo. Ese es Marc, y no el príncipe azul que has idealizado en tu cabeza. Lo tienes en un pedestal. Y está claro que él a ti no te da el lugar que te mereces.

—¿Y qué lugar merezco, Liam?

—Mereces algo mucho mejor. Alguien que no te quiera solo para follar.

—Tiene gracia.

—¿El qué?

—Que me lo digas tú.

—Nate... —Liam niega con la cabeza y sonríe—. Es increíble cómo algunas cosas nunca cambian.

—¿A qué te refieres?

—A ti. Sigues necesitando un cartel gigante porque no sabes leer entre líneas. Yo nunca te he querido solo para follar. Nada de lo que he hecho contigo ha sido solo sexo.

—No es lo que me decías.

—Ese ha sido siempre tu problema. Que te quedas con lo que te digo, pero lo que importan son las acciones. Las palabras, Nate, se las lleva el viento. Y yo podía decirte que era sexo una y mil veces, pero las dos veces que tuvimos relaciones tú sabías que no estábamos follando... porque yo te estaba haciendo el amor.

—Pero...

—Nate —me interrumpe—. ¿Quién le propuso a quién empezar a hacer tríos con chicas?

—Tú.

—¿Quieres saber por qué lo hice? —pregunta, y yo hago un gesto afirmativo con la cabeza—. Porque cuando te veía desnudo en los vestuarios no podía evitar mirarte de reojo y se me ponía dura. Porque quería follarte a ti, pero no sabía si tú eras bi o gay, ni tampoco cómo reaccionarías si yo intentaba besarte. Porque quería contarte todo lo que estaba empezando a sentir por ti, pero me daba miedo perder a mi mejor amigo. Porque hemos crecido juntos desde que éramos bebés y la posibilidad de perderte me ahogaba.

—Pero, Liam, lo que me dices ahora no tiene ningún sentido. Cuando empezamos a tener sexo solo entre nosotros, yo te dije que para mí no era solo sexo, que comenzaba a sentir cosas. Incluso te dije que, aunque no estuviese enamorado de ti, existía la posibilidad de que con el tiempo me enamorase. Y tú fuiste muy tajante al respecto. Y...

Se lanza. Aplasta sus labios contra los míos y apaga mi voz para que yo lo escuche a él. Que escuche cómo le late el corazón mientras nuestras bocas se quedan imantadas. El silencio se crea cuando ninguno de los dos respira porque están pasando y estamos sintiendo demasiadas cosas a la vez. Pero lo más seguro es que lo que él siente al darme este beso no tenga nada que ver con lo que me hace sentir a mí. Creo que también por eso no me aparto de él y dejo que me siga besando, porque besar a Liam me hace confirmar que estaba confundiendo todo ese cariño y amor que siento por él, como amigo, por otro sentimiento mucho más fuerte que en realidad no llegó a despertar en mí, porque fue Marc quien lo despertó. Y también por eso, me doy cuenta de que esto es una despedida. Que es definitivo. Un punto y aparte. Sé que nunca más volveré a besar a Liam. Creo que él en el fondo también sabe que esta es la última vez que nuestros labios se tocan así.

Se separa de mí, muy despacio, y se queda mirándome a los ojos antes de hablar.

—Perdón. Necesitaba hacerlo. Besarte. Y necesito contarte

muchas cosas. Yo estaba acojonado, Nate. Estaba acojonado porque llevaba desde los quince enamorado de ti y de repente tú me planteaste una posibilidad que en realidad no sabías si iba a llegar a darse o no. Y si te dije lo que te dije, fue porque, en el fondo, yo ya sabía que de la persona que te estabas enamorando no era de mí, sino de Marc.

—Me gustabais los dos.

—Pero te gustaba más Marc. Tú ya lo habías elegido a él incluso antes de besarlo.

—No —respondo, aunque sé que tiene razón.

—¿Sabes lo más penoso de todo? ¿Te acuerdas cuando nos encerramos en el armario de Emily para escondernos de Ryder? Pues en ese momento, si yo estuve a punto de besarte no fue por lo que habíamos hablado antes con Emily en la cama, fue porque yo ya sabía que a ti también te gustaban los chicos y que te la podía poner dura. Pero no lo supe porque te gustase yo. Lo supe porque desde el primer momento que mencionaste el nombre de Marc en la cafetería, cuando nos hablaste de tu nuevo compañero y de lo mal que os lleváis Beatrice y tú con él, yo vi cómo te brillaban los ojos y no necesité más para saber que ese chico te gustaba.

—En ese momento Marc me parecía un capullo.

—Se te iluminaba la cara hablando de él, Nate. Me da igual que pensases que el tío era gilipollas porque era un borde contigo. Ver cómo ha ido evolucionando tu relación con Marc ha sido como leer una novela de *enemies to lovers*. A ver, todo lector que ya haya leído un libro así antes sabe cómo va a acabar. Todos esperan que en algún momento de la historia esa rivalidad dé paso a la pasión, que los protagonistas se den cuenta de que se atraen demasiado como para seguir fingiendo que no se quieren ver ni en pintura, ya que, en realidad, se tienen unas ganas que flipas. A mí me sucedió exactamente eso contigo, Nate. Vi lo que te iba a pasar con Marc antes de que tú mismo supieras lo que empezabas a sentir por él. Supongo que es lo que tiene ver las cosas desde fuera, que la realidad adquiere una claridad que no puede ser apreciada cuando lo vives todo bajo tu propia piel.

—Liam, yo...

—No, espera, déjame acabar. Ahora que ya he empezado necesito ser sincero y soltarlo todo. —Su mirada se llena de una humedad que parece querer convertirse en lágrimas—. Nate, yo no soy como tú. O como Marc. Me creía hetero, pero ahora ya no lo sé. Y no lo sé porque me enamoré de ti y descubrí lo mucho que me gusta el sexo contigo. Eso es algo que nunca voy a olvidar. El problema es que, aunque quiera tener algo contigo, también me siento muy perdido con todo esto porque no sé quién soy.

Asiento porque entiendo lo que quiere decir. Liam tampoco podría comprometerse conmigo, aunque yo estuviese enamorado de él.

—Quieres algo conmigo, pero no estás preparado para estar en una relación.

—Sí. Es justo eso. Que no estoy preparado para estar en una relación por muy enamorado que esté de ti. Antes necesito saber si eso que pasó me volverá a suceder o si ha sido solo contigo. Pensaba que las dudas se me resolverían teniendo mucho sexo, por eso te insistía tanto... Pero lo que tengo que hacer es centrarme en mí. Madurar. Sobre todo, tengo que aceptarme a mí mismo cuando descubra quién soy.

Después de compartir conmigo todo lo que se guardaba para sí, de abrirme su corazón y dejar que los sentimientos hablasen por él, Liam se muerde los labios para no llorar.

Me incorporo en el asiento y lo abrazo tan rápido que casi le tiro la cerveza encima.

—Lo siento mucho. Siento que te sientas así y que no sepas quién eres. Y también siento haberme enamorado de Marc y no de ti... aunque hubo momentos en que pensé que sí, no te creas —le digo con todo el cariño que le tengo, tratando de arrancarle una sonrisa.

—No lo sientas, Nate. Nadie elige de quién se enamora. Tú no elegiste enamorarte de Marc y yo no elegí enamorarme de ti. Ahora debo aprender a entender lo que siento y lo que soy, aunque no sea contigo.

Trago con fuerza.

—Liam, no puedo evitar sentirme una persona horrible.

—Pues no seas bobo. Tranquilo. Estaré bien.

Y de pronto Liam se rompe. Las lágrimas brotan de sus ojos. Le tiemblan los hombros. Yo lo estrecho entre mis brazos y acaricio su espalda trazando círculos, pensando en que ojalá fuera posible extraerle todo ese dolor que siente ahora con la palma de mi mano.

—No quiero que estés así por mí.

—Lo superaré —dice, más animado—. Nada es para siempre, ni siquiera un corazón roto.

Me duele verlo así, pero también siento una punzada de dolor en el pecho porque su «nada es para siempre» me lleva a pensar en Marc.

—Solo necesito un poco de tiempo para volver a ser tu amigo, Nate. Eso y aclararme conmigo mismo, con lo que siento y lo que soy. —Se separa de mí y apoya una mano en mi rodilla—. Todo se arreglará, ya lo verás. En un par de meses me vuelves a tener en tu casa todos los domingos viendo pelis en el salón.

Lo miro para saber si me lo dice de verdad.

—¿Me lo prometes?

Liam le da un trago al botellín y me sonríe con sus ojos verdes.

—Si tú me prometes a mí que seguiréis comprando palomitas de mantequilla.

—Hecho.

48
El espectáculo debe continuar

Repaso el guion con un nudo en la garganta. Estoy en el camerino del teatro. Quedan quince minutos para que empiece la función en la que tanta ilusión y esfuerzo he puesto durante los últimos meses y nunca he estado tan nervioso en toda mi vida. Este traje me da demasiado calor. La peluca es incómoda y no paro de rascarme la cabeza.

—Lo harás bien, tranquilo. —Beatrice coloca una mano en mi pierna. Su vestido, la peluca, el maquillaje... Mi amiga está preparada para brillar sobre el escenario. Su caracterización de Anna Karenina es perfecta—. Pero deja de tocarte la peluca. Me estás poniendo de los nervios.

—¿Sabes si ha venido?

—¿Charlie Day? —Asiento y ella sonríe con ilusión—. Lo he visto sentado en la primera fila. Y... no te lo vas a creer, pero no es el único famoso que ha venido a vernos. ¿Sabes quién estaba sentado a la derecha de Charlie Day? Robert, el cantante del grupo The Scream. Te lo juro. El de The Scream. Serán amigos o algo. ¡Me siento como si fuéramos a actuar en un espectáculo de Broadway!

Creo que voy a vomitar.

Marc entra en el camerino caracterizado de Vronsky. Lo miro a través del espejo, sin girarme hacia él. Lleva maquillaje, todo el rostro blanco salvo los pómulos, a los que le han dado un tono rosa. Le han puesto una peluca rubia y rizada, también una lentilla azul para que sus ojos sean del mismo color, y un bigote postizo que, en otra situación, le habría preguntado si lo puedo tocar.

—Hola, Beatrice. —Su voz rasgada me provoca un tirón en el pecho.

No sé qué ha pasado con él y Madison. Me dijo que prefería hablar conmigo en persona porque era importante.

Mi amiga le devuelve el saludo y le desea mucha mierda. Después Marc se queda mirándome a través del espejo y nuestros ojos no tardan en quedar imantados. Algunas cosas nunca cambian. Solo espero que tampoco lo hayamos hecho nosotros.

—Nate..., ¿podemos hablar un segundo a solas?

No sé si es muy buena idea tener esta conversación cuando estamos a punto de salir al escenario. Pero necesito saber qué ha pasado con Madison.

Antes de que pueda decirle que sí, que yo también necesito hablar con él, Olivia irrumpe en el camerino y nos pide a los tres que pasemos a bambalinas. Y lo hace dirigiéndonos una mirada de rabia a Marc y a mí. Desde que Marc no se acuesta con ella, Olivia no soporta vernos juntos. Sabe que tenemos algo, y sus celos le han hecho perder toda la ilusión que tenía puesta en esta obra. A veces tengo la sensación de que empieza a pensar que todo esto ya no le merece la pena. Que tiene ganas de alejarse de este pueblo y volver a la gran ciudad, con proyectos nuevos y más ambiciosos.

Dejo el guion y nos dirigimos al escenario por la parte trasera.

Los tres nos quedamos esperando entre bambalinas. Beatrice en un extremo del teatro y Marc y yo en el otro. El telón que tapa el escenario no nos deja ver el auditorio, pero nos llega el murmullo de la gente que espera o va tomando asiento. Sé que entre el público están mis padres, los de Liam, el propio Liam y Melody.

—Lo vas a hacer genial —me dice Marc.

—Creo que no puedo hacerlo.

Entonces Marc me agarra de la mano para que lo mire a los ojos.

—Claro que puedes. Puedes con esto y mucho más. Yo confío en ti.

Sonrío y asiento con la cabeza. Él también está tenso. Sé que es por lo que quiere decirme y por los nervios antes de salir al escenario.

—Tú también lo vas a hacer genial.

Después miro el decorado. Una silla, solo eso, y un fondo que simula una estación de tren. De pronto se me escapa una carcajada incontrolable.

Marc me mira como si me hubiese vuelto loco.

—¿Nate?

—¿No te parece gracioso que el lugar en el que se conocieron Anna Karenina y Vronsky fuera, precisamente, en una estación de tren?

—¿La verdad? No lo había pensado.

—Pues yo ahora pienso en la casa del árbol y me parece que es como un círculo que se cierra.

Busco con la mirada a Beatrice y, cuando me ve, levanta un pulgar hacia arriba para tratar de infundirme confianza. Le devuelvo el gesto y sonrío con nerviosismo. Me sé mi parte de memoria, pero me da miedo quedarme en blanco cuando vea a Charlie Day observándome desde la primera fila. Tengo que conseguir controlar la respiración para que los nervios no me jueguen una mala pasada.

Por suerte yo no salgo en la primera escena. Sí salen Marc y Beatrice, cada uno desde un extremo para encontrarse en el centro. Por eso me he quedado a solas con Marc.

—Oye, Nate, todavía nos quedan diez minutos y... me gustaría hablar contigo.

—Vale, pues... tú dirás.

—He sido un gilipollas.

Una voz se adelanta a contestarle por mí.

—Por fin estamos de acuerdo en algo.

Me vuelvo hacia Liam.

—Liam, ¿qué...? ¿Qué cojones haces aquí?

—Evitar que cometas un error.

Marc, disfrazado de Vronsky, lo fulmina con la mirada.

—Vuelve a tu asiento —le pide.

—¿Por qué iba a hacerte caso?

—Porque llevo desde ayer esperando a tener un momento a solas con Nate para pedirle perdón, y me resulta bastante incómodo hacerlo contigo delante. Y porque estoy a punto de salir al escenario y no quiero hacerlo sin decírselo. Así que, si no te importa...

—Sí me importa. Me importa mi mejor amigo, al que, por si lo has olvidado, conozco desde hace diecisiete años, cuando tú solo lo conoces desde hace unos meses.

Beatrice nos observa desde el otro lado del escenario, sin entender qué hace Liam con nosotros y por qué estamos discutiendo a escasos minutos de que empiece la función.

—Liam, no hace falta. —Le paro los pies.

Pero Marc responde a su ataque lanzándole otro.

—Tú le dijiste a Nate que solo era sexo cuando empezaba a ilusionarse contigo. Le hiciste sentir como una puta mierda. Como puedes ver, no me olvido de nada. Pero parece que tú solo te acuerdas de lo que a ti te conviene.

—Marc... —lo llamo para detenerlo a él también.

Liam da un paso adelante.

—Nate y tú teníais prácticamente una relación de novios. Si alguien ha estado haciéndole ilusiones a alguien ese eres tú, joder. Después de todo lo que habéis vivido en tan poco tiempo... ¿cómo pudiste decirle que no sabías si cuando estuvieras delante de tu ex te iba a apetecer follártela? O sea, que, si te entraba el calentón, ¿son cosas que pasan?

—No, claro que no. Me expliqué fatal. No era eso lo que le quería decir.

—Lo hiciste mal —escupe Liam—. Ahora asume las consecuencias.

—Liam, ya vale —le pido yo.

—¿Podemos hablar a solas? —me suplica Marc.

—No, no puede —responde Liam otra vez por mí.

—Liam, por favor, vuelve a tu sitio.

Liam se gira rápidamente hacia mí.

—Nate, hazme caso, Marc no te quiere. Una persona que te quiere no te dice lo que él te dijo.

—¿Qué sabes tú de querer a alguien? —lo increpa Marc.

—Sé que yo quiero a Nate. Sé que estoy enamorado de él. Y sé que estoy jodido porque él te quiere a ti.

Marc me mira con los ojos muy abiertos.

—¿Me quieres?

—Sí.

—Porque es tonto —dice Liam, que se cruza de brazos y sacude la cabeza.

—Hostia, macho. —Marc resopla y se vuelve hacia él—. ¿Ya, no?

—Nate debería haberme elegido a mí. Yo soy mejor que tú.

No sé por qué le dice eso ahora si él mismo me reconoció ayer que, aunque yo estuviese enamorado de él y no de Marc, él no se siente preparado para tener una relación conmigo, así que tampoco podríamos estar juntos. Creo que es esa rivalidad que hay entre ellos la que habla por Liam. No mide sus palabras. No traga a Marc y le suelta lo primero que piensa.

—El amor no trata de ser el mejor, Liam —le explica el otro—. El amor trata de hacer feliz a la persona con la que estás.

—Tú no harás feliz a Nate. Tú solo le harás daño. Estarás con él hasta que te aburras y decidas desaparecer como hizo tu primo Noah con Beatrice. Y le dejarás con el corazón roto. Porque eso es lo que hacen los capullos como tú. No me hace falta conocerte, solo con mirarte a los ojos ya sé la clase de tío que eres.

Marc pierde la paciencia. Aprieta la mandíbula y habla rotundo y claro, dispuesto a zanjar el asunto.

—Mira, estaba intentado contenerme, pero ya me estoy cabreando en serio. Antes de hacer acusaciones falsas y tirar mierda sobre los demás asegúrate de tener la casa limpia. Porque me estás echando en cara que le dijera a Nate que no podía prometerle que no volvería a acostarme con mi ex, y es cierto que ahí estuve fatal, pero ¿y tú qué? ¿Se te ha olvidado lo que hiciste el viernes? Porque tú le acabas de decir que lo quieres y te follaste a otra hace menos de dos días.

Liam abre y cierra la boca varias veces. No sabe cómo responder a Marc.

—Si de verdad quieres a alguien —continúa este—, no le

haces lo que le has hecho a Nate ni lo manipulas de esa forma. Al principio le hiciste creer que tú jamás tendrías nada con él. Y ahora te aprovechas de la situación porque Nate te ha contado la discusión que tuvo el otro día conmigo, sabes que la he cagado, que está dolido, que se siente vulnerable, y tú, en lugar de apoyarlo, ves la oportunidad perfecta para echar más mierda sobre mí, de llenarle la cabeza de cosas como que él no me importa, y luego, para coronarte, coges y le dices que en realidad tú sí lo quieres y que es una pena que él me quiera a mí.

—Porque es una pena. Conmigo estaría mucho mejor.

Marc resopla. Está cansado de discutir, pero sabe que no nos queda mucho tiempo.

—Liam, tú no quieres a Nate. Y si lo quieres, lo quieres mal. Porque parece que solo intentas volverlo loco. —Después se gira para clavar sus ojos en mí—. Nate, yo habré cometido mil errores, pero si algo tengo claro es que si te dije que no sabía lo que podía pasar con Madison fue porque preferí no prometerte nada que no fuese cien por cien seguro. No soy un hombre perfecto, me equivoco como todo el mundo y a veces tomo malas decisiones de las que luego me arrepiento, pero sí soy un hombre de palabra, y cuando hago una promesa la cumplo. Te pido perdón por haberte hecho daño con lo que te dije, pero si lo hice fue porque yo, antes de prometerte que estaríamos juntos, necesitaba saber si lo mío con Madison estaba cerrado. Tenía que verla en persona y tener la conversación que no tuvimos en su día y que llevábamos retrasando más de un año. Quería hacer las cosas bien porque tú mereces algo real. Y lo que siento por ti es real. Tan real que, cada vez que nos vemos, antes de besarte para despedirnos ya te estoy echando de menos y quiero que sea mañana. Contigo siempre me ha resultado demasiado fácil sonreír, reírme a carcajadas, coleccionar instantes, hacer el amor y sentirme completo. Y a mí me daba miedo dejarme llevar por todas las emociones que estaba viviendo contigo y prometerte algo que no sabía si estaba preparado para darte. Pero ayer estuve con Madison y no sentí eso que siento cuando estoy contigo. Porque lo que tenía con ella hace tiempo que está roto. Y confirmé lo que en el fondo ya sabía, pero me resistía a decirte en voz alta.

Me coge de las manos.

Trago saliva.

Se me hace raro verlo con los dos ojos del mismo color y la peluca rubia y rizada. Es como si todo esto me lo estuviera diciendo él, pero también me lo estuviera diciendo Vronsky, su personaje.

—Joder, quería que este fuese un momento bonito entre los dos y... y no esperaba decírtelo delante de Liam —me reconoce—. Pero te lo voy a decir ya, porque, aunque no sea la declaración de amor que te mereces, no quiero que pase ni un segundo más sin que lo tengas claro. Y quiero que salgas al escenario y hagas del marido de Anna Karenina sabiendo que el amante de su mujer en realidad se muere por ti, no por ella.

Lo último me saca una sonrisa.

«Señoras y señores, la función comenzará en cinco minutos», se oye por megafonía.

Marc ignora el aviso, respira hondo y suelta por fin lo que se guarda dentro.

—No me gustas, Nathaniel, porque la palabra *gustar* se queda muy pequeña en comparación con todo lo que siento. Yo te quiero. Te quiero y no puedo estar más enamorado de ti.

Es como tirarte en paracaídas pero sentir que, en lugar de bajar, subes.

Un segundo después lo que siento son dos emociones muy fuertes y muy distintas entre sí. Las palabras de Marc han hecho que los ojos se me llenen de lágrimas y que esté a punto de estropearme el maquillaje. Estoy feliz. Inmensamente feliz. Ni en sueños me había imaginado una declaración de amor tan bonita como esa, y justo antes de uno de los momentos más importantes de mi vida.

Me dan ganas de besarlo. De lanzarme sobre él y aplastar mis labios contra los suyos. Pero si no lo he hecho todavía, aunque por dentro me esté muriendo de ganas, es porque necesito que Marc sepa que Liam y yo nos besamos ayer.

Ahí es cuando el sentimiento de felicidad se ve empañado por el sentimiento de culpa.

Sé que no estoy obligado a contárselo porque no somos novios. Marc ni siquiera sabía lo que iba a pasar cuando quedó con Madison, me lo acaba de reconocer. Además, cuando probé los labios de Liam en mi interior no se despertó nada. Fue un beso vacío. Pero..., joder, es que se lo tengo que decir. Porque como no se lo diga voy a tener la sensación de que lo estoy engañando. Y no quiero tener esa sensación tan fea con él. No quiero ocultarle nada. Se lo tengo que decir.

—Ayer besé a Liam.

La mirada de Marc se oscurece como si se hubiese apagado de golpe.

—¿Que hiciste qué?

—Besar a Liam.

Me mira en silencio. Noto que se me cierra la garganta. Necesito que Marc haga algo. Que se enfade conmigo, que me diga que no se lo puede creer, lo que sea. Pero que haga algo. No soporto que me siga mirando de esa manera. Tan triste. Como si me hubiese perdido cuando los dos estábamos a punto de empezarlo todo.

El que sí rompe el silencio es Liam. Y lo hace para defenderme.

—Bueno, Nate no me besó. Lo besé yo a él.

Marc me sigue mirando solo a mí.

—Pero tú dejaste que Liam te besara.

—Sí —respondo con un hilo de voz.

—Vale —dice con tono ausente.

—Marc..., espera.

—Fue un beso sin importancia —dice Liam.

En realidad, sí fue un beso importante, porque con ese beso nos despedimos el uno del otro y yo pude confirmar que en mi corazón solo hay espacio para una persona. Sé que Liam lo dice porque está intentando echarme un capote. Y sé que a Marc no le va a servir de nada, que solo piensa en que me acaba de confesar su amor por mí y que la respuesta que él esperaba que yo le diera era cualquiera menos esta. Supongo que esperaba un «Yo también te quiero a ti». Cualquier cosa menos «Ayer besé a Liam».

Por eso sus ojos reflejan tanto dolor.

Me esfuerzo por buscar algo que decir. Algo con lo que Marc entienda que estoy enamorado de él.

—Marc, yo...

Pero no me da tiempo a añadir nada más, porque entonces comienza a sonar música clásica por los altavoces y se apagan las luces del auditorio.

Es la hora.

La función acaba de empezar.

Se abre el telón.

Beatrice sale al escenario y el público aplaude. A continuación, una voz en *off* explica a los espectadores el motivo de que Anna Karenina se encuentre viajando desde San Petersburgo a Moscú. Evitar que su hermano Stiva y la mujer de este, Dolly, se divorcien. Lo que Anna no sabe es que, cuando llegue a Moscú, conocerá a un hombre que pondrá en peligro su propio matrimonio.

Me quedo callado. Tengo a Marc a medio metro de distancia, pero lo siento increíblemente lejos de mí.

Hay una silla colocada en un lateral del escenario. Beatrice llega hasta ella arrastrando una maleta invisible. Se sienta y finge mirar por la ventanilla durante el viaje. También hace como que habla con la señora con la que comparte asiento, aunque el auditorio solo ve a Beatrice sentada en una silla, porque el reto que se le plantea es ese: convencer al público de que Anna Karenina está viajando en tren y que allí hay alguien más, delante de ella. Como cuando un mimo se queda encerrado en una jaula invisible de la que no consigue salir y que cada vez se hace más y más pequeña. Es la dinámica de la función.

Cuando Anna llega a su destino, se levanta y se despide con cortesía de su compañera de viaje. Después echa a caminar con paso seguro y elegante, dispuesta a abandonar el tren.

Es la señal.

Ahora es cuando Vronsky entra en escena y ambos se conocen.

Es su turno.

Marc se vuelve para echarme una última mirada, una que está cargada de decepción, antes de dar media vuelta y salir al escenario. Los focos iluminan su rostro maquillado, pero no consiguen hacer lo mismo con sus ojos, que permanecen tristes, ausentes. No está metido en su personaje. Creo que no puede dejar de pensar en que he besado a Liam. Le he hecho daño de verdad.

Liam me mira desconcertado.

—¿Nate? ¿Por qué te quedas quieto? ¡Haz algo!

—No puedo hacer nada. Se ha ido.

—Mira que os gusta ser dramáticos a los actores... Tampoco se ha ido muy lejos, ¿no? —Señala el escenario con la cabeza—. Creo que todavía te da tiempo de alcanzarlo.

Me guiña un ojo y yo me río sin ganas.

—Ni siquiera sé qué puedo hacer para que Marc me perdone. Quiero decirle que lo quiero. Que lo quiero y que yo también quiero estar con él. Que los dos sentimos lo mismo. Y que siento mucho... lo que pasó. Pero me da miedo que eso no sea suficiente para él.

Liam me coge por los hombros y se pone serio.

—Escúchame. Hazlo porque lo que te voy a decir es importante. Ahora él está enfadado por lo del beso, pero eso es algo que podéis solucionar fácilmente. Lo que no es fácil es que dos personas que sienten lo que sentís vosotros el uno por el otro se encuentren. Y que las dos partes estén dispuestas a darlo todo.

Me pongo en el lugar de Liam y pienso en lo difícil que debe de ser para él decirme esto.

—¿Por qué lo haces?

—Porque eres mi mejor amigo y te quiero. Y porque tú te mereces a alguien que sea valiente por ti todos los días. No como yo, que solo soy valiente cuando siento que te voy a perder. —Suelta un suspiro largo—. Marc y yo tendremos nuestras diferencias, sí, y a mí él me sigue cayendo fatal, vale, pero debo reconocer que el tío está pillado por ti y que me ha parecido muy sincero. Joder, macho, que después de esa declaración de amor me apetece hasta a mí ir detrás de él..., y eso que con la peluca rubia que le han puesto está feo de cojones.

Eso me roba una sonrisa.

—Gracias, Liam, de verdad.

—De nada. Y... Nate. Nunca voy a reconocer que te lo he dicho yo, pero no dejes escapar a ese capullo.

Me vuelvo hacia el escenario.

Miro a Marc.

Mi Marc.

Y..., a pesar de todo lo que acaba de ocurrir, cuando mis ojos encuentran los suyos, sonrío.

No. Por supuesto que no lo voy a dejar escapar. Joder, estaría loco si lo hiciera.

49
Se cierra un círculo

Liam regresa a su asiento y yo me quedo viendo la actuación de Beatrice y Marc desde las bambalinas. Mi amiga está espectacular. Se mueve con gracia, completamente metida en su papel de mujer de alta sociedad. Anna Karenina comienza un peligroso coqueteo con un hombre que no es su marido, regalándole sonrisas y pestañeos a un Vronsky al que parece que han echado a los leones.

Marc lo está pasando mal, y yo lo estoy pasando mal por él.

Está tenso, sus movimientos son rígidos y se traba en varias ocasiones. No para de mirar cada dos por tres al auditorio, como si antes de decir su frase tuviese que hacer un esfuerzo para repasar mentalmente qué era lo siguiente que ponía en el guion. Yo sufro viéndolo desde aquí, porque me siento responsable, y tengo que hacer acopio de mi fuerza de voluntad para no saltarme el guion y aparecer de sorpresa en el escenario, interrumpiendo la escena como el que entra en la iglesia para detener una boda.

Beatrice, en lugar de poner caras raras, ayuda a Marc a seguir cuando este se equivoca y consigue que recupere el hilo de la escena, salvando así la función.

Miro hacia el auditorio. Ha venido casi todo el pueblo de Blacktown. Busco a mis padres. Al primero que encuentro es a mi padre sentado con James. En otra fila de butacas está mi madre, acompañada de la madre de Liam. Veo a Liam abriéndose paso entre pies y piernas para llegar hasta la butaca vacía que hay al lado de su madre, reservada con un abrigo. En segunda fila están Melody y Ryder. Melody se inclina hacia él para decirle algo al oído, sin dejar de ver la función, y de pronto, Charlie Day, que está en primera fila junto a Robert, el cantante de The Scream, se levanta de su asiento y se dirige con paso decidido a uno de los laterales del teatro.

¿Qué... qué hace? ¿Por qué cojones se va?

No, no, espera. No se va, viene. Viene hacia aquí. Sí. Porque Charlie Day acaba de subir las escaleras y se ha colado entre bambalinas, igual que ha hecho Liam antes. Está al otro lado del escenario, en el mismo sitio donde Beatrice esperaba su momento antes de salir.

Habla con Olivia. Bueno, discute con ella.

Él tiene la cara roja, abre mucho la boca al hablar y no deja de mover los brazos.

—¡¡Te has estado riendo de mí todo este tiempo!!

Beatrice y Marc dudan un segundo en el que se quedan callados, luego, tratan de seguir adelante con la función.

Charlie Day decide bajar el tono, imagino que para evitar montar un escándalo y que luego se hable de esto en la prensa del corazón. Ya no me llegan sus voces, pero sí puedo verlos a ellos, y lo que veo es que la mirada de él no cambia. Está roto. Enfadado. Se siente engañado por una mujer a la que se lo ha dado todo, y sé que no la va a perdonar. La mirada de Olivia es de angustia. Su marido se ha enterado. Aún no sé cómo, pero se ha enterado de lo suyo con Marc.

Cuando Charlie se marcha definitivamente, Olivia vuelve la cara hacia el escenario. Mira el decorado y a Marc y a Beatrice sin ilusión, como si ese proyecto que antes la llenaba hubiese dejado de tener sentido para ella. Luego sus ojos se quedan fijos en Marc. En ese Vronsky que enamoró a Anna Karenina e hizo que el matrimonio de esta se rompiese, igual que él ha roto el suyo en la vida real. Y creo que por eso los puños de Olivia se cierran y su expresión se llena de ira. Supongo que es porque no puede evitar pensar que, a ella, de alguna forma, también la han engañado. Porque Marc y Olivia tenían algo, aunque solo fuera sexo. Y luego él dejó de tener sexo con ella para empezar a tenerlo conmigo. Me eligió a mí. Y ella ha tenido que aguantar toda esa conexión que flotaba entre nosotros durante los ensayos de las últimas semanas. Y creo que ya no puede más. O quizá, simplemente, ya no tiene nada que perder porque considera que lo ha perdido todo.

Olivia se da cuenta de que la estoy mirando. Clava sus ojos sobre mí. Trago saliva y aparto la mirada por instinto.

Cuando vuelvo a mirar, de reojo, ella ya no está. Se ha ido.

Marc dice su última frase antes de abandonar el escenario y meterse entre bambalinas.

Es mi turno.

Me toca salir.

Ahora es cuando Anna Karenina regresa a San Petersburgo con su marido y le cuenta a este cómo ha sido su estancia en Moscú. Anna se da cuenta de que no puede dejar de pensar en Vronsky y que volver a coincidir con él puede complicarlo todo.

Respiro hondo, me remango los puños del traje y salgo al escenario.

Había imaginado muchas veces este momento en mi cabeza. Cómo sería. Cómo me sentiría delante de toda esa gente. Si sería capaz de darles una buena actuación o si me quedaría en blanco y haciendo el mayor ridículo de mi vida.

Pero lo que nunca me había imaginado es que, antes de que me diese tiempo a pronunciar mi frase, saltaría la alarma de incendios y que los rociadores empezarían a escupir agua y me mojarían por completo, desde la peluca hasta los zapatos.

Todo sucede muy deprisa.

Beatrice me mira con los ojos muy abiertos, sin entender qué coño está pasando. Luego mira hacia los lados con nerviosismo, buscando el fuego por alguna parte, pero no hay nada. Ni siquiera hay humo.

Los espectadores abandonan sus butacas y corren hacia la salida.

Ante mis ojos veo como, en pocos segundos, todo por lo que he estado luchando estos meses se echa a perder.

Vamos al exterior con el resto de la gente. El vestido de Beatrice se llena de nieve y barro.

—¡A la mierda el puto vestido! Con lo bonito que era.

Se quita la peluca, la sacude, salpicándome con gotitas de agua, y luego se la pone debajo del brazo. Está muy graciosa solo con la redecilla en la cabeza.

—¿Quién coño ha sido el que ha hecho saltar la alarma de incendios? —pregunta Marc, también empapado.

—Ni idea —responde Beatrice—. Nadie tenía ningún motivo para querer joder la función.

Entonces recuerdo la mirada de odio y su nombre me viene como una flecha.

—Mierda, ha sido ella.

—¿Quién?

—Olivia. Se ha cargado su propio espectáculo.

—No me lo puedo creer. Con lo que nos hemos esforzado y al final... al final no ha servido para nada —se lamenta Beatrice.

Pero entonces pienso, «ni de coña». Esto no va a acabar así. No podemos simplemente volver a casa.

—Si no podemos hacer la función en el teatro, la haremos fuera.

Los dos me miran como si la idea no fuera realista.

—Nate, ¿estás loco? ¡Ya no podemos hacer la función! —exclama Beatrice—. Mírame. Mira mi vestido. Mojado y lleno de barro. Está hecho una mierda. Parece que me he tirado al suelo y que me he puesto a hacer la croqueta. Y de cómo debo tener la cara mejor ni hablamos, porque si a vosotros se os ha corrido el maquillaje..., a mí, que la maquilladora me ha puesto tres kilos encima, se me ha tenido que caer por capas. Ahora mismo debo de dar más miedo que el payaso de *It*.

—Yo estoy con Beatrice. No podemos hacer la función.

—¿Y por qué no?

—Porque estamos hechos un asco.

Señalo a toda la gente que ha venido a vernos.

—Ellos están aquí para pasar un buen rato. Casi todos son personas que conocemos. Y seguro que la mayoría prefiere que les montemos un buen *show* improvisado a tener que decirles que, sintiéndolo mucho, se tienen que ir a casa.

—En eso Nate tiene razón.

Sonrío al ver que ahora tengo a Beatrice de mi parte.

—Yo, lo siento, pero no lo veo. —Marc se encoge de hombros.

—Pues estás a punto de hacerlo —le anuncio.

—¿Qué...?

Y entonces me dirijo al público y todo el murmullo calla de golpe.

—¡Señoras y señores, el espectáculo está a punto de continuar!

Melody comienza a aplaudir entusiasmada, dándome su apoyo, y luego el resto de la gente la sigue y se anima a aplaudir con ella.

Marc me tira de la manga.

—Nate, pero ¿qué haces? —murmura.

—No lo sé. Intentar salvar la función. Improvisar. Saltar al vacío. ¿Tú qué vas a hacer? ¿Saltas o te quedas de brazos cruzados?

Entonces veo la duda bailando sobre sus ojos, y no necesito más para lanzarme a lo que ya he empezado.

Dejo la vergüenza a un lado y me dejo llevar como nunca lo he hecho.

—¡Oh, mi querida Anna! ¿Son ciertos los rumores?

Beatrice se pone la peluca, del revés, y carraspea antes de meterse en su personaje.

—¿De qué rumores habla, querido?

La gente forma un círculo alrededor de nosotros.

Camino rodeando a Anna Karenina, dándole un mayor dramatismo a la escena.

—Dicen que la han visto con un tal Vronsky...

Anna se lleva una mano al pecho y pone ojitos de cordero.

—Tan solo hemos hablado.

—¿Y de qué habéis hablado?

—De lo que le mide el rabo.

El público estalla en una carcajada. No se lo esperaban. Yo tampoco.

—¿Cómo te atreves a hablar a tu esposo con tan pocos modales?

—Oh, querido, no me dé lecciones a mí, que yo también he escuchado otros rumores. Dicen que a usted también se le ha visto con Vronsky... No haga ahora como que no lo conoce.

—No sé de qué me habla, mi señora.

—Quizá él nos pueda sacar de dudas a los dos —dice, y entonces avanza con paso decidido hacia Marc y lo coge fuerte del brazo, por si acaso este pensaba intentar huir de la encerrona—. Aquí lo tengo. Vronsky, damas y caballeros.

Aplausos.

La cara de Marc es un poema. No sabe dónde meter la cabeza.

—Eh...

Y me mira. Me mira pidiendo que lo salve. Y yo no dudo ni un segundo en hacerlo. Y, como tengo que seguir con la función hasta el final, sin salirme de mi personaje le digo todo lo que me hubiese gustado decirle antes.

—Querido Vronsky..., mi mujer está en lo cierto. Y yo ya no puedo soportar seguir ocultando lo que siento hacia ti. Solo puedo pedirte perdón por haber besado a Anna. Por favor, perdóname. Ojalá puedas, porque no sabes cuánto te quiero y las ganas que tengo de poder estar contigo. Sí, Vronsky. Yo te quiero. Muchísimo. Te quiero como nunca he querido a nadie. Como... como si el mundo se fuera a acabar mañana. Tengo la sensación de que los dos hemos estado jugando con fuego mucho tiempo, pero yo ya no quiero jugar, Marc, digo Vronsky..., yo lo que quiero ahora es besarte y quemarme contigo.

Y lo hace él.

Vronsky me coge de la cintura, me mira a los ojos y me besa.

Y Anna Karenina suelta un grito desgarrador. Se lleva las manos al estómago y se deja caer al suelo, sobreactuada. Después finge que llora desconsoladamente al ver que su amante y su marido terminan juntos.

—¡Bieeen! —celebra una niña pequeña, encantada con el final.

Algunos de los espectadores ríen, otros se quedan con la boca abierta, flipando, sin saber si deberían aplaudir o no. No entienden muy bien lo que acaban de ver.

Pero a mí me da igual, porque me lo he pasado de puta madre y he acabado con el chico.

Después de..., bueno, tampoco diría «salvar la función», pero sí de ofrecer un *show* alternativo, la gente poco a poco se dispersa y termina yéndose a sus casas.

Melody y Ryder se acercan cogidos del brazo. Nuestra amiga nos felicita con una sonrisa que le ocupa toda la cara.

—Me ha encantado. ¡Hacía tiempo que no me lo pasaba tan bien!

—Gracias —decimos los tres.

Luego su sonrisa se borra.

—Siento mucho que Charlie Day no se haya quedado a verlo.

—La suerte no ha estado hoy de nuestro lado.

Melody comparte una mirada rápida con Ryder antes de volver a dirigirse a nosotros.

—Os tengo que confesar una cosa. Lo de que se fuera Charlie Day ha sido culpa mía.

—¿Qué?

—Sí. He metido la pata. —Asiente avergonzada—. Cuando ha empezado la función Marc estaba como... distraído.

—Y yo le he preguntado a Melody que cómo era posible que hubieran dejado subir al escenario a alguien tan malo —añade Ryder, y entonces mira a Marc—. Lo siento, *bro*. Es que al principio no dabas una.

—Le he contado que Marc se había estado tirando a la directora..., y Charlie Day me ha tenido que oír, estoy segura, porque luego se ha levantado y se ha pirado.

Beatrice resopla.

—Tía... ¿Cómo le cuentas algo así a tu novio teniendo a Charlie Day sentado delante de vosotros?

—¡Lo siento! ¡No sabía que lo iba a escuchar!

—Tranquila —le digo yo.

Melody nos mira a los tres.

—¿Me perdonáis?

Asentimos al unísono.

—Pues claro, boba.

Ya no queda casi nadie. Mis padres se han marchado, por separado, hace un rato. Beatrice se acaba de ir, y los siguientes en hacerlo han sido Melody y Ryder. En cuanto a nosotros, no sé muy bien el plan que tenemos. Le voy a preguntar a Marc si le apetece escaparse un rato conmigo a la casa del árbol. Ahora que por fin nos hemos reconciliado, mi mente no deja de quitarle la ropa y necesito pasar de la imaginación a la acción.

—Enhorabuena, chicos. Al final habéis sabido darle la vuelta a la situación —dice Robert.

Sí, Robert el cantante de The Scream. El hombre alto y delgado, con gafas de sol y una melena oscura y larga, que se ha estado sacando fotos a la salida del teatro después de acabar la función improvisada. Hasta yo he estado tentado de acercarme para pedirle una.

Y ahora el que se acerca es él.

—Nate, te presento a mi padre. Papá, este es Nate.

—Por fin nos conocemos. Marc me ha hablado mucho sobre ti —dice, y esboza una sonrisa idéntica a la de su hijo.

Tardo unos segundos en contestar, porque al principio solo puedo mirar a Robert y abrir y cerrar la boca como un pez.

—Encantado. A mí Marc me ha contado muy poco sobre ti.

Y quizá peco de ser demasiado sincero, incluso otra persona podría haber pensado que estaba siendo borde, pero por suerte a Robert le gusta mi espontaneidad, porque se le escapa una carcajada y luego se queda mirando a su hijo con cariño.

—Típico de él.

Ahora entiendo por qué me ha hablado tan poco de su familia y por qué nunca me ha llevado a su casa. También la razón por la que lo cogieron en *Anna Karenina*.

Un rato más tarde, a solas con Marc en el interior de las instalaciones del teatro, hablamos de ello.

—Así que te metieron en la obra porque Charlie Day y tu padre son amigos.

—Sí. Ya te dije que no fue por Olivia. Lo de follar con ella fue algo que surgió después.

—¿Por qué no me contaste nunca que tu padre es famoso?

—Me daba miedo. Sé el efecto que causa en los demás. Las

personas, en cuanto se enteran de quién es, dejan de verme a mí y pasan a verme como el hijo de Robert. Me ven y no pueden evitar acordarse de que mi padre es miembro de The Scream. Que es famoso. Que su voz es la que suena en la radio mientras van en coche a trabajar cada mañana. Y me daba miedo que me pasara eso contigo. Que me dejaras de mirar como lo haces siempre, con esa pureza de querer estar cerca de alguien solo porque te gusta como es. La sombra de la fama puede mancharlo todo. No quería ser invisible para ti.

No puedo reprocharle nada, porque, teniendo en cuenta que lo primero que Marc supo de mí fue que soñaba con hacerme famoso, entiendo perfectamente que su temor fuera que me acercase a él por interés.

—Y yo diciéndote que tus canciones se parecían mucho a las de The Scream. ¡Qué vergüenza!

Marc sonríe y le resta importancia haciendo un gesto con la mano.

—¿Sabes? Me he dado cuenta de que no quiero seguir con la obra.

Espera..., ¿qué?

—¿Lo vas a dejar? ¿Después de todo lo que te has esforzado en mejorar tu interpretación?

Asiente.

—Me metí en esto por mi padre. Quería demostrarle que yo también podía hacer cosas importantes. Pero no necesito que me vea todo el mundo. Porque el mundo ya me da igual. El mundo me la suda. Que les den a todos. Solo me importas tú. Mientras tú me veas, yo seré feliz.

Sus últimas palabras son como un abrazo.

—Es imposible que no te vea, Marc. Eres y serás mi primer y último amor.

Marc me besa en los labios, pero luego insiste en lo que me ha dicho porque sabe que tiene consecuencias para mí.

—No quiero seguir con la obra..., pero lo voy a hacer. Por ti. Porque, si lo dejo ahora, cuando acabamos de estrenar, tú no vas a poder mostrar a la gente todo el talento que tienes. Y no solo a la gente, también a Charlie Day.

—Esa oportunidad ya la he perdido —digo apenado.

—Hablaré con mi padre. Le pediré que vengan a vernos otro día. Haré lo que sea para que ese hombre vea tu actuación, te lo prometo.

—¿Por qué?

—¿Cómo que por qué? Porque sé lo importante que es para ti. Y porque no sabes lo importante que tú eres para mí.

Creo que no puedo quererlo más de lo que lo quiero ahora mismo.

Pero entonces Marc me demuestra que sí puedo hacerlo. Que es posible quererlo todavía un poco más. Porque se pega a mí, acuna mi cara con sus enormes manos y, mirándome a los ojos, me dice bajito:

—No quiero guardarte más secretos. Quiero que me conozcas tal y como soy. Sin capas. Sin miedo a que luego puedas hacerme daño. Quiero dártelo todo. Porque confío en ti. Así que pregúntame lo que quieras y yo te responderé con total sinceridad.

Sonrío por lo mono que es.

—¿Lo que quiera?

—Sí.

Mis ojos bajan a su boca.

—Vale, primera pregunta. ¿Te apetece que hagamos el amor?

Marc abre los ojos, sorprendido, aunque rápidamente su mirada adquiere un brillo salvaje, encantado con mi propuesta. Sus labios se curvan y esbozan una sonrisa tan irresistible que estoy a punto de bajarme los pantalones. Me mira como si ya me estuviera viendo desnudo.

—Te refieres... ¿aquí? —Su voz se vuelve un tono más rasgada, más íntima y cálida.

—Aquí..., en el suelo..., contra la pared... Me da igual dónde. En todas partes. Donde te dé la gana. Tú solo... hazme el amor.

Echa un vistazo a ambos lados del pasillo para asegurarse de que estamos solos. Después vuelve a mí, me hace un buen repaso y se humedece los labios con urgencia.

—Te lo voy a hacer —me asegura, y me fijo en que sus pupilas se dilatan—. Te voy a follar con tanto amor que va a saltar otra vez la puta alarma de incendios.

Me coge en volandas, y yo le paso los brazos por el cuello y envuelvo su cadera con mis piernas para no caerme hacia atrás. Después me lleva por el pasillo como un peso muerto, sin dejar de besarme, de decirme que me quiere, de lo mucho que se alegra de estar así conmigo y lo bien que nos lo vamos a pasar. Avanza con pasos lentos y torpes hasta llegar a una puerta que empuja con la espalda para abrirla y entrar.

Lo primero que veo es una mesa de escritorio con un ordenador y un montón de papeles. Es el despacho de Olivia. No me da tiempo a pensar en si esto es una buena idea o no, porque delante de mí tengo al hombre de mi vida y en mi cabeza ahora mismo hay un mono con platillos pidiéndome que le quite el disfraz de conde Vronsky para poder comérmelo entero.

Marc camina cargando conmigo por la habitación unos pasos más, rodea la mesa y, luego sí, baja los brazos con cuidado para dejarme sentado en el borde del escritorio. Me quita los pantalones y el bóxer de un solo tirón. Después comienza a desabrocharme los botones de mi traje mientras yo le desabrocho a él el suyo. Me besa con desesperación cuando lo dejo únicamente con la camisa blanca desabotonada y abierta. Mis ojos recorren su apretado abdomen. Está increíblemente sexi así. Se inclina para besarme, y entre beso y beso, le quito la peluca rubia y el bigote, y Marc se deshace de la mía, lo cual es un alivio, porque me estaba dando muchísimo calor. Mis dedos se hunden en su frondoso cabello negro y revuelto y tiran de él, haciendo que Marc suelte algunos gemidos que me hacen separar más las piernas sin que él me lo pida, porque mi cuerpo reclama el suyo y busca la forma de tenerlo cada vez más cerca.

—Te necesito dentro de mí.

Entonces apoya una mano en mi pecho y me empuja hacia atrás con suavidad para que me tumbe en la mesa.

—Espera —dice, y lo veo abrir el primer cajón del escritorio y sacar un condón y un botecito pequeño de lubricante. No necesito preguntarle por qué sabía que eso estaba ahí.

Me muerdo el labio inferior para reprimir una sonrisa.

—Olivia nos va a matar.

—Si prefieres lo dejamos aquí y seguimos en la casa del árbol.

—No.

—Vale.

—Pero nos va a matar.

—Nos va a matar.

Y me coge de los tobillos y pone mis piernas en alto, sobre sus hombros. Se baja los pantalones hasta las rodillas. Se aplica una generosa capa de lubricante en los dedos y juega un par de minutos con mi abertura, hasta que puede introducir varios dedos con facilidad y sin que me duela. Después se pone el condón y me guiña un ojo antes de empezar a metérmela. Hago una profunda inhalación mientras noto la forma en la que mi interior se estira para dejarlo entrar. Cuando Marc consigue introducir hasta el último centímetro de carne se queda mirándome a los ojos. Lo hace con cariño, con un amor sincero y puro, y la manera en la que luego entra y sale de mí también lo es. Me folla sin prisa, como si tuviéramos todo el tiempo del mundo para disfrutarnos el uno al otro.

Su boca se pone a repartir besos por mi cuello y mi clavícula. Me acaricia los brazos con los dedos, y luego sus manos pasan a cogerme de la cara para darme un beso profundo. Su lengua reclama la mía. Sus dientes pellizcan mis labios con suavidad. Inclina la cabeza para unir nuestras frentes y respira por la boca, soltando el aliento con fuerza, antes de lanzarse de nuevo a por más.

Marc empuja entre mis piernas. Su polla deja un vacío en mi interior cada vez que la saca y me llena por completo cuando la mete. Noto cada centímetro de su erección. Y la noto caliente, suave y muy dura al mismo tiempo. Gimo en la siguiente penetración y me abrazo con fuerza a su espalda. Le araño la camisa con las uñas. Marc me trata como si mi cuerpo para él fuera un templo sagrado. Le suplico que no deje de follarme así, y él suelta una palabrota entre dientes y entonces me dice que no puede creerse lo apretado que estoy y que se va a correr enseguida. Me pide perdón y yo le digo que no pasa nada, que puede correrse, y él cierra los ojos un segundo y continúa haciéndome el amor, tratando de durar lo máximo posible para que terminemos a la vez.

—Joder..., qué puto culo tienes, Nathaniel.

Me llevo una mano a mi erección y comienzo a masturbarme mientras él sigue entrando y saliendo de mi cuerpo de esa forma tan dulce con la que me vuelve más loco de lo que ya me tiene.

Sé que Marc está a punto de correrse porque sus empujones pasan a ser fuertes embestidas. Y entonces mis pies tiemblan sobre sus hombros. También lo hace la mesa del escritorio sobre la que estoy tumbado bocarriba. A mi izquierda veo un ordenador que corre peligro. A mi derecha ya empiezan a caer algunos papeles que estaban apilados.

Estoy a punto de pedirle que tenga cuidado, pero no quiero que tenga cuidado. Quiero que me haga el amor a su manera. Porque me encanta que después de ser tan dulce se ponga tan bruto. Porque que alguien te folle fuerte no significa que te quiera menos. Porque hay tantas formas de hacer el amor como personas en el mundo. Y porque él y yo somos él y yo, y solo necesito mirarlo a los ojos para saber lo enamorado que está de mí.

—Me corro ya... —Jadea, con la camisa abierta y el pecho perlado de sudor, sin dejar de moverse.

Y lo hacemos juntos. Nos corremos soltando un gemido que llena toda la habitación. Y después de corrernos y de mancharme el estómago de mi propio semen, Marc me da un beso rápido antes de que su cuerpo se desplome, agotado, encima del mío.

Cierro los ojos y echo la cabeza hacia atrás del todo, y cuando los abro veo la puerta del despacho.

Y está abierta.

La puta puerta está abierta.

Y hay un brazo sujetando el picaporte.

Y yo le veo la cara del revés.

Y tiene los ojos muy abiertos.

Y es Olivia.

Epílogo 1
Un año después

Es increíble lo mucho que nos puede cambiar la vida en un año. Pienso en ello mientras entro en la que en unos meses será la nueva casa de Marc. Él me confesó una vez que su sueño era poder vivir en su casa del árbol. Convertir ese vagón en su dormitorio y que, al abrir la puerta, en lugar de unas vías de tren pudiese decidir si pasar a la cocina o al salón. Cuando terminen las obras su sueño será una realidad.

Marc me señala dónde irá la cocina y dónde estará el salón.

—¿Qué te parece? Va cogiendo forma, ¿no?

De momento no tiene paredes ni puertas, aunque los tablones de madera que están dispuestos por el suelo de hormigón separan las distintas estancias y ayuda a que te hagas una idea de cómo será la casa. A través de los tablones puedo ver el vagón de tren. Queda completamente integrado, como una habitación más.

—¿Pondrás también una chimenea?

Asiente y su mirada brilla de ilusión.

—Por supuesto. Cierra los ojos, Nathaniel. —Los cierro—. Y ahora imagínatelo. La madera ardiendo en la chimenea. Los dos descansando en el sofá después de un largo día. Tú tumbado de lado y con la cabeza en mi regazo. Yo leyéndote un libro en voz alta y acariciándote la cara cuando me dé cuenta de que te has quedado dormido.

Sonrío porque me imagino la escena.

—También quiero reformar el interior de la casa del árbol. Voy a quitar las dos estanterías de libros y las pasaré al salón. Y pienso deshacerme de las canciones y las historias sin terminar y darle una capa de pintura. Compraré una cama en condiciones y pondré un cabecero. Y abriré una ventana para que entre mucha luz. Joder, piensa en cómo tiene que ser despertarte todas las mañanas en este lugar... —dice señalando el bosque que se extiende delante de nosotros—. ¿No te parece una puta pasada? Sales de la casa del árbol y vas a la cocina a prepararte un café con leche, y te lo tomas en el porche. Porque también van a construir un porche, no sé si te lo había dicho. Pondré una mesita de madera. Y un balancín para sentarnos y ver el bosque en primera línea.

Habla con la misma ilusión con la que te habla un niño cuando te cuenta algo que lo fascina.

—Va a ser una casa de cuento.

Marc tiene el dinero y los permisos que le pedían para hacer la obra. El terreno es suyo, lo heredó de su madre, y el dinero lo ha ganado componiendo canciones para el grupo de su padre y otros artistas.

No sabía que se podía ganar tanto siendo compositor. Aunque es verdad que le vino muy bien que Robert, su padre, fuera de invitado a *The Tonight Show* y que, cuando hablaron de *Todos mis silencios*, la canción que catapultó a The Scream al estrellato, Robert le revelase al presentador, para sorpresa de todos —también fue una sorpresa para Marc, porque no se lo esperaba—, que la canción en realidad no la había escrito él, sino su hijo, igual que el resto de las canciones de su grupo.

Después de eso intentaron contactar muchas veces con Marc. Durante una semana no se habló de otra cosa en redes sociales. Todos querían saber más sobre ese chico anónimo que había escrito canciones con las que habían llorado y bailado tantas veces.

Marc ganó una popularidad de la que no quería saber nada. Él prefería vivir una vida tranquila y alejada del foco mediático, pero también le sirvió para que le lloviesen las ofertas de trabajo. Empezó a componer para otros artistas de talla internacional. Lo hacía desde Blacktown y, solo cuando era necesario, viajaba a Miami o a Los Ángeles para reunirse con sus clientes en los estudios y mostrarles su trabajo.

Robert habló con Charlie Day para que volviese a ver la obra. El otro al principio se negó en rotundo. «Tu hijo se ha estado follando a mi mujer.» Pero, finalmente, Robert consiguió convencerlo. Fue en la cuarta función. Charlie Day estaba sentado en primera fila, igual que el día del estreno, y, a pesar de que los tres hicimos un buen trabajo interpretativo, el señor Day se marchó nada más terminar. Beatrice y yo nos quedamos bastante decepcionados. Marc intentó animarnos llevándonos de fiesta, pero hasta que pasaron unos días no volvimos a recuperar la ilusión de convertirnos en estrellas de cine. Era el primer *no* que recibíamos, aunque técnicamente no lo fuera porque no era un *casting*. Pero ambos lo sentimos como un fracaso.

Marc siguió interpretando a Vronsky hasta que encontramos un sustituto para él.

A Beatrice no le fue bien en el amor, pero recuperó sus alas y mandó a Noah a la mierda cuando este intentó besarla de nuevo.

Noah se quedó solo unos meses en Blacktown, después regresó a Miami.

Madison..., no he vuelto a saber nada de ella, espero que le vaya todo muy bien. Y muy lejos.

Melody y Ryder siguen juntos. El armario de Melody se ha llenado de color, y tiene la galería del móvil repleta de fotos íntimas que guarda para compartir con su novio.

Liam y yo hemos recuperado la tradición de los domingos y siempre que viene la casa huele a palomitas de mantequilla.

Mi madre se descargó una aplicación de citas, pero dice que eso no es para ella.

Mi padre se mudó con James a su apartamento y ahora intentan recuperar el tiempo perdido. Quedo para comer con ellos y con Liam una vez por semana, y, aunque al principio a Liam y a mí se nos hacía muy raro ver a nuestros padres juntos, besándose en la boca, poco a poco nos vamos acostumbrando al cambio. Se podría decir que ahora, además de mi mejor amigo, Liam también es mi hermanastro.

En cuanto a Marc y a mí... Él me ha enseñado que lo mejor de una historia de amor es que, cuando dos personas se conocen, no hay nada escrito. Que estas tienen que estar dispuestas a dejarse llevar con los ojos cerrados y sin hacer trampas. Me ha enseñado a saltar a la página en blanco. A conjugar «te quiero» con «no me gustas». A usar las contradicciones para crear nuestro propio idioma. A no darlo todo por hecho. Porque incluso las personas más sinceras y transparentes ocultan algo.

Eso es la vida. Eso es el amor.

Por supuesto, Marc es mi novio. Y también mi lugar favorito del planeta. Porque ahí donde él está es donde yo quiero estar. Donde me siento a salvo. Donde soy feliz.

Me he acostumbrado muy rápido a su compañía. A su perfume, con ese toque a hierbabuena mezclado con su olor corporal. A los abrazos fuertes. A los besos desesperados. A hacernos el amor follando a lo bestia. Me he acostumbrado a él y a su casa del árbol perdida en una estación de tren abandonada, a las afueras del pueblo, con el bosque a sus espaldas.

Tener pareja me ha ayudado a huir de los cuentos de hadas y aceptar que, cuando estás con alguien, no todo es de color rosa. Hay cosas que no te gustan de la otra persona, y aun así te quedas con ella porque decides quererlo con lo bueno y con lo malo.

La comunicación, la confianza, el sexo, el no poder parar de reír..., eso se nos da bien. Es fácil. Sencillo. Son cosas que me salen solas con Marc, igual que quererlo, porque siento que él y yo estamos hechos el uno para el otro. Pero hay otras cosas que sí son complicadas, ya que los dos, por muy enamorados que estemos, somos personas muy distintas entre sí, con carácter, y que chocan por tonterías del día a día.

Lo que a Marc no le gusta de mí es que a veces le pongo la cabeza como un bombo porque me enrollo como una persiana. Dice que le doy demasiada importancia a cosas que a él no le afectan como a mí, y que tengo que aprender a no pensar tanto. A mí lo que me molesta de él es que, cuando le digo algo con lo que él no está de acuerdo, se convierte en el Marc borde y prepotente que tan mal me caía, aunque solo sea durante un segundo y por mecanismo de autodefensa. Luego se relaja y me come a besos. Es su forma de pedirme perdón. Siempre me mima cuando nota que algo me ha molestado. Y yo reconozco que a veces me hago un poco el ofendido porque quiero que venga detrás de mí y me abrace muy fuerte... y que luego me quite la ropa y me haga el amor durante horas. En el fondo él lo sabe. Conoce todas mis caras y yo siempre he sido demasiado transparente como para ponérselo difícil. Por eso, en cuanto ve que me cruzo de brazos y finjo que estoy picado con él, Marc me sonríe con ternura y sacude la cabeza antes de bajarse los pantalones. Hacemos un buen equipo.

Sin duda, ha sido un año increíble en el que me quedaría a vivir.

Pero siempre llega un momento en el que toca despedirse.

Incluso cuando ninguna de las dos partes quiere decir adiós.

Epílogo 2
Yo te quiero libre

Marc me está llevando al aeropuerto en coche. Lo miro y se me forma un nudo en la garganta.

—¿En qué piensas? —me pregunta al leer mis ojos.

—En que planeamos un futuro juntos que ahora no podemos cumplir.

—Nate... No lo hagas más difícil.

Aunque me duela, sé que tenemos que dejarnos escapar para que cada uno pueda perseguir su sueño. Luego, el tiempo dirá si volvemos a encontrarnos en mitad del camino.

Mudarme a Los Ángeles es la decisión más dura a la que me enfrento con dieciocho años. Pero también la correcta.

He pasado un año tan increíble junto a Marc que me daba miedo que, cuando llegase la hora de despedirme, ninguno fuese capaz de soltar al otro.

Por eso estoy tan nervioso ahora. Porque no quiero decirle adiós.

—Los Ángeles está repleto de gente joven y guapa que va a luchar por lo mismo que yo.

De pronto me veo dudando de si debería o no perseguir mi sueño.

—La vida es un juego, Nate. Trabaja duro y prueba suerte. De eso se trata, ¿no? Es lo emocionante de vivir.

—¿Y si no soy lo suficientemente bueno? ¿Y si me paso

años trabajando en una cafetería, haciendo mil audiciones y nunca consigo ningún papel importante?

Es su oportunidad. Yo me siento inseguro, tengo miedo y le estoy dando a elegir. Si Marc me pide que me quede con él, estoy convencido de que no seré capaz de subirme a ese avión.

Pero Marc me demuestra una vez más hasta qué punto me quiere.

—Si no lo consigues, nadie podrá decir que no lo has intentado. Y solo por eso tú ya deberías sentirte orgulloso de ti mismo. Yo lo estaré, tanto si te cogen de protagonista en una superproducción como si vuelves a Blacktown con una mano delante y otra detrás. Te veré y diré: «Lo has hecho, Nathaniel. Has perseguido tu sueño y estoy orgulloso de ti». Pero para eso tienes que irte a vivir a Los Ángeles. Si te quedas aquí, nunca sabrás cómo habría sido tu vida de haber elegido el camino que te pedía tu corazón. Y no sabrás lo que es volar porque te habrás quedado atado a una persona. Y yo no quiero ser tu jaula. Yo te quiero libre.

—Gracias, Marc. No sabía cuánto necesitaba escuchar esto hasta que me lo has dicho.

Y ahí me doy cuenta de que lo mejor de la forma en la que Marc y yo nos amamos es que los dos queremos ver volar al otro muy alto. Que nos queremos libres y sin ataduras.

Marc quiere que yo me mude a Los Ángeles, aunque sus ojos por dentro me pidan que me quede en Blacktown con él porque sabe que cuando me suba al avión pasará un tiempo hasta que decida volver de visita. Yo quiero que Marc se quede para terminar de construir la casita junto al bosque y tener la vida tranquila con la que siempre ha soñado, aunque por dentro también me muera de ganas de pedirle que se venga conmigo y lo deje todo por mí. Pero es algo que ninguno se ve capaz de pedirle al otro porque es un sentimiento egoísta. Los dos comprendemos que nuestros caminos se separan y que ha llegado el momento de que cada uno siga el que la vida tiene preparado para él.

Marc mete una mano en el bolsillo y me entrega una cajita envuelta en papel de regalo.

—¿Y esto?

—Ábrelo. Es para ti.

—Pero yo no tengo ningún regalo para darte a ti.

—Tú eres mi regalo, Nathaniel.

Abro la cajita de madera y me encuentro en su interior una llave idéntica a la suya, la que abre la cerradura del vagón de tren, solo que esta no está oxidada, sino que es nueva, y tiene una cadenita de oro para que la lleve colgada en el cuello.

Marc me ayuda a ponérmela.

—Ahora mi casa del árbol también es tuya.

Toco la llave con los dedos y cierro los ojos.

No sé qué nos deparará el futuro, porque la vida, como el amor, es imprevisible.

Quizá aprendamos a ser felices teniendo una relación a distancia. O quizá, si con el paso de los meses decidimos ponerle fin, ambos seamos capaces de encontrar el amor en otras personas que también nos hagan felices, a pesar de que ninguna nos despierte la piel con la misma intensidad. Porque Marc y yo siempre seremos Marc y yo, y todo lo que no seamos nosotros nos sabrá a menos por esa simple razón.

—Estarás bien —me asegura—. Los dos estaremos bien. Confía en mí.

—Vale. Pero, por favor, no te olvides de nosotros.

—No lo haré.

—Recuerda que esto es un hasta pronto y no un adiós. Y que cuando tengas la casa terminada me tienes que leer un libro frente al fuego.

—Vuela alto, Nathaniel.

No quiero llorar, pero cada vez me cuesta más contener las lágrimas.

—Me da miedo separarme de ti.

Marc lleva su mano a mi rostro y me roza los labios con el pulgar.

—Cuando tengas miedo, toca la llave y piensa que siempre tendrás una casa del árbol esperándote por si un día decides volver.

Epílogo 3
Fuimos para siempre

Desde la ventana del salón se ve el bosque en primera línea. A veces se me acerca una ardilla y me mira con curiosidad mientras me tomo mi tazón de leche caliente con galletas en el porche. Es mi rincón favorito. Allí pasamos las horas leyendo el periódico y haciendo sudokus. Tenemos la casa llena de jarrones con flores. Y un dormitorio que también es una casa del árbol.

Es donde estoy ahora con él.

Miro las arrugas de su cara. Solo somos dos ancianos vestidos de etiqueta minutos antes de coger las llaves del coche y marchar en dirección al aeropuerto.

La última vez que me subí en un avión fue para dejar la vida que tenía en Los Ángeles y construir una nueva junto a Marc.

—Si no vamos, nadie nos echará en falta —le digo, porque no quiero ir y él lo sabe de sobra, igual que sabe que si no voy luego me acabaré arrepintiendo.

El hombre de setenta y nueve años que me ayuda a atarme la corbata sonríe.

—Te van a entregar un Premio de Honor. Por supuesto que van a saber que no has ido.

Cuando éramos jóvenes y me ayudaba a abrocharme el casco de la moto, él siempre aprovechaba que estaba cerca de mi cuello para tocarlo con sus dedos y erizarme la piel. Lo sigue haciendo ahora, cincuenta y siete años después. Termina de ajustarme la corbata y sus manos huesudas me acarician con un amor infinito. El tipo de amor que solo se alcanza cuando has estado décadas compartiendo tu vida con la misma persona.

—Ni siquiera sé si voy a ser capaz de subir las escaleras cuando me toque recoger el premio —continúo quejándome.

—Claro que vas a poder. Tus piernas siguen siendo fuertes.

Chasqueo la lengua contra el paladar y niego con la cabeza.

—Que no, que no, que yo estoy muy mayor para estas cosas.

—Te has convertido en un cascarrabias.

—Yo no soy un cascarrabias. —Frunzo el ceño—. Retíralo ahora mismo.

Él esboza una sonrisa de capullo.

—¿O si no?

—O si no... duermes en el sofá.

—¿Qué te hace pensar que yo quiero dormir contigo en la misma cama? —pregunta, el muy sinvergüenza, después de llevar durmiendo casi la vida entera conmigo.

Pero decido seguirle el rollo, porque nos encanta alimentar ese tira y afloja entre los dos.

—Ah, no sé, pensaba que yo era tu tipo.

Él se encoje de hombros.

—Lo siento. No me gustas, Nathaniel.

—Ni tú a mí, chico de las contradicciones.

A Marc le encanta que lo siga llamando «chico de las contradicciones», a pesar de lo lejos que estamos de ser esos chicos que se conocieron y se enamoraron.

Me mira muy cerca y me sonríe con esos ojos que el paso del tiempo no ha hecho que dejen de brillar. El derecho, azul como el fondo de una piscina; el izquierdo, marrón como la corteza de un árbol. Su mirada sigue siendo igual de electrizante y salvaje que entonces. Es la única parte de su cuerpo que no ha envejecido.

—Ahora en serio. Tenemos que ir pensando en salir ya si no queremos perder el avión —me mete prisa.

—Es que quiero perder el avión.

—Cascarrab...

—Cállate.

—Dame un beso. Igual así me callo.

—Yo no te lo voy a dar. Dámelo tú.

Siento el tacto rugoso de sus dedos cuando sus manos toman mis mejillas. Después se inclina para besarme. Lo hace con tanta ternura que me veo obligado a cerrar los ojos para saborear mejor el momento que me regala.

Cuando los abro, Marc se pasa la lengua por el labio inferior y me mira con deseo.

Hace años que no me gusta mirarme en el espejo, porque veo toda esa carne que ahora cuelga en sitios donde antes era firme y plana. La edad no perdona. Cada vez que me hacen una foto me veo más calvo y las orejas y la nariz más grandes. Pero hay algo que Marc consigue todos los días: que durante unos segundos me olvide de que acabo de cumplir setenta y cuatro años. Porque me mira de una forma que me hace sentir joven de nuevo.

Un rato más tarde estamos en el avión. La azafata nos ayuda a dejar el equipaje en los compartimentos. Me doy cuenta de que se queda mirándome más tiempo del necesario.

—Tu cara... Yo a ti te he visto en alguna parte. ¿De qué me suenas? ¿Eres actor?

Asiento y el pasado regresa a mí como una ola que arrasa con todo. Y me veo con dieciocho años trabajando en una pastelería y haciendo una audición tras otra. Las llamadas por teléfono con Marc. Mis ganas de volver y él convenciéndome para que no tirase la toalla tan pronto. Mi primer papel pequeño en una serie. Mi primera película como protagonista. Mi primera nominación a un premio que nunca gané, pero que me puso en el ojo del huracán. Mi nombre ocupando titulares. La película que reventó en taquilla. Mi fama subiendo como la espuma. Aquella vez en la que Marc y yo casi lo dejamos por mi culpa. Yo estaba muy lejos de él, y no hablo de distancia física, me refiero a que hubo un año que fue muy oscuro para mí. Solo salía de fiesta con amigos famosos que no eran mis amigos de verdad. Dejé de tener los pies en el suelo. La gente me reconocía y yo no sabía quién era. Por suerte, y aunque no estábamos pasando por un buen momento, tenía a Marc. Siempre lo he tenido a él. Y me hizo volver a la realidad. Abrir los ojos. Me hizo recordar quién era y por qué hacía lo que hacía. Y poco a poco me di cuenta de que ya no quería seguir actuando. Que me apetecía algo completamente diferente. Una vida más tranquila. Y entonces decidí que era el momento de volver. A mi pueblo. A mis raíces. A mi casa del árbol. Con Marc. Cuando terminé las grabaciones, hablé con mi representante para decirle que lo dejaba. Hice las maletas y volví a Blacktown, con un Marc esperándome en el aeropuerto que no podía creerse que me fuese a vivir con él de verdad.

—Estoy jubilado —le digo a la azafata.

—Pero... ¿quién eres? —me pregunta entonces, como si mi cara fuera un acertijo para ella.

Mi marido apoya una mano sobre mi pierna y sus dedos se ponen a dibujar curvas invisibles.

Lo miro. Sus ojos hacen que todo arda. Es increíble que después de tantos años mi estómago se siga poniendo del revés cuando su corazón y el mío se encuentran cerca el uno del otro. Conectados. La forma en la que el amor cambia, pero nunca se agota.

Entonces Marc se vuelve hacia la azafata y responde por mí.

—Es el amor de mi vida.

Agradecimientos

Escribir este libro ha sido un verdadero placer. Nate, Marc, Liam..., os voy a echar de menos. Sé que no sois reales, pero, joder, me habéis acompañado durante tantos meses que he vivido vuestra historia de amor como si fuera mía. Eso sí, yo desde la pantalla del ordenador, en pijama y bata, y con mis piernas haciendo las posturas más raras en la silla del escritorio, porque se ve que cuando escribo me sale una vena contorsionista que no controlo. Luego me quejo de dolor de espalda.

Gracias, Dani, por ser mi mejor amigo y porque con tus consejos esta novela tiene el final que se merece. Eres un tío chulísimo.

Gracias, mamá, porque, aunque en esta ocasión no te he dejado leer nada de lo que estaba escribiendo (ahora sí puedes, ¡espero que te guste mucho!), me has acompañado durante todo el proceso creativo, siempre animándome a seguir.

Gracias, Anna, por ser la mejor editora que podría tener y dejarme cambiar el final antes de llevar el libro a imprenta. ¡Lo conseguimos!

Gracias al Grupo Planeta y a todas las personas que forman parte del sello Crossbooks. Gracias por darme la oportunidad de que esta nueva historia llegue a las librerías.

Y, sobre todo, gracias a ti, que has leído mi novela. Gracias por regalarme tu tiempo en estas páginas. Espero que las hayas disfrutado.

Nos vemos muy pronto.